2022年

国家统一法律职业资格考试

客观题
三国法宝典

王斌◎编著

法眼观天下，
文心品三国。

王斌

中国政法大学出版社

2022 · 北京

图书在版编目（ＣＩＰ）数据

2022 年国家统一法律职业资格考试客观题三国法宝典/王斌编著.—北京：中国政法大学出版社，2022.3

ISBN 978-7-5764-0387-9

Ⅰ.①2… Ⅱ.①王… Ⅲ.①国际法－资格考试－自学参考资料②国际私法－资格考试－自学参考资料③国际经济法－资格考试－自学参考资料 Ⅳ.①D99

中国版本图书馆 CIP 数据核字(2022)第 042739 号

出　版　者	中国政法大学出版社
地　　　址	北京市海淀区西土城路 25 号
邮寄地址	北京 100088 信箱 8034 分箱　邮编 100088
网　　　址	http://www.cuplpress.com（网络实名：中国政法大学出版社）
电　　　话	010-58908285(总编室)　58908433（编辑部）58908334(邮购部)
承　　　印	固安华明印业有限公司
开　　　本	787mm×1092mm　1/16
印　　　张	20.5
字　　　数	490 千字
版　　　次	2022 年 3 月第 1 版
印　　　次	2022 年 3 月第 1 次印刷
定　　　价	65.00 元

前　言

一、学科特点

法律职业资格考试中的"三国法"涉及国际法、国际私法与国际经济法三个部门。三法均以"国际"开头，"国际"一词有两种含义：一指国家间的，如国际法；二指跨国的或含有跨国因素的，如国际经济法、国际私法。就实质而言，上述三法各有其调整对象，内容有别，命题特点各异。

国际法主要调整国与国之间的关系，具有明显的公法性质。其内容庞杂，涉及国际法律责任、国际法上的空间划分、国际法上的个人、外交与领事关系、条约、国际争端解决以及战争和武装冲突等诸多方面。国际法考点分散，几乎每章都有涉及，近年考试体现出以下特点：一是凡有重要条约者经常考到，如外交关系、条约法、海洋法等；二是当年的国际社会热点问题常被考到；三是加强了对相关国内法的考查，如 2005～2007 年连续三年考查中国《国籍法》有关内容，2017、2020 年考题也有涉及。

国际私法主要调整具有涉外因素的民商事关系，是典型的私法。其内容较为集中，主要包括国际私法总论、国际民商事法律适用、国际民商事争议解决以及区际法律问题等几大块。以往考试中，总论和国际民商事法律适用所占分值较大，但 2004 年之后，对程序性规定的考查有所加强。考生需特别注意的是，2011 年 4 月生效的《涉外民事关系法律适用法》首次将冲突规范规定在同一部单行法律中，以此为基础，2012 年最高院颁布了《关于适用〈中华人民共和国涉外民事关系法律适用法〉若干问题的解释（一）》。

国际经济法的调整对象不仅包括国家、国际组织间的经济关系，还包括不同国家的个人、法人、国家、国际组织相互之间的经济关系，兼具公法和私法双重性质。其内容涉及国际货物买卖、国际货物运输与保险、国际贸易支付、对外贸易管理、WTO、知识产权的国际保护、国际投资、国际融资、国际税法等。该法考点集中，体现出明显的"重者恒重"，其中国际货物买卖、运输与保险、支付、贸易救济措施等内容几乎每年必考，如 2016～2017、2019～2020 年连续考到反倾销措施。

二、复习策略

对于法考中的三国法，考生复习时可采取以下策略：

第一，奠定其他部门法基础之后再复习三国法。三国法总体上考点分散，记忆内容较多，从应试角度看，不应将三国法置于复习之初，以免后来发生遗忘。同时，三国法很多内容与其他部门法密切相关，如，国际民事诉讼其实属民诉法的涉外部分，国际货物销售合同公约本质是合同法领域的问题。因此，考生在制定复习计划时，应注意先后安排，具备一定基础后再复习三国法，可起到事半功倍之效。

第二，掌握规则本身为主，不必深究。"法典背后有强大的思想运动"，国际条约和成文国际惯例也不例外，其制定和形成必然涉及到国与国关系的考量、不同当事人之间的权衡等各种因素。然而，三国法包含法源众多，若把公约和惯例的条文相加，堪比法典。法律职业资格考试仅考查规则本身"是什么",至于规则"为什么"如此规定则不属考试范围,考生应将有限的复习时间放在掌握规则本身。

第三,抓住重点内容,获取应拿分数。虽然三国法考点零散,但每年总有重点内容反复出现,对于此类考点,考生应加大复习力度,务必拿分。对于非重点内容,如考生时间有限,一般掌握即可。

第四,注意关注社会热点问题和新增法律法规。这两方面已成为近些年的常考点,考生在复习时应多加留意。

第五,通过做题巩固所学内容。弄懂书本知识并不等于掌握做题技巧,"一看书就懂,一做题就错"是不少考生的通病,对此,还要通过做题加以化解。三国法很多内容远离现实生活,仅通过生活感悟和自身实践是无法真正理解的,在没有其他途径的情况下,通过做题和分析加深理解是最好的方法。

三、教材体例说明

本书主要包括"知识点""深度解析""归纳总结""图标精要"四个板块:

"知识点"为本书主干,是三国法内容的具体讲解,在学习初期,应先通读该部分所涉内容,打好基础。该部分中还包括"真题示例"和"提示注意"两个小项。"真题示例"主要在基本内容之后附上经典真题,使考生融会贯通。"提示注意"则针对易考点和易混淆点,向考生加以强调。

"深度解析"是对某些相对复杂的理论或实践问题的详解和深入剖析,使考生透彻理解相关概念或原理。

"归纳总结"附在有关重点章节之后,是对该部分知识要点的归纳,同时向考生指明复习该章节时应注意的问题。

"图标精要"是每章内容的精华版,以表格形式呈现,言简意赅,可作为考生复习后期背诵时使用。

全国人大常委会2020年出台《出口管制法》,2021年修改了《民事诉讼法》,本书相应进行了补充和修改。

新浪微博@"三国法王斌"。

祝各位考生2022年法考取得佳绩!

目　录

国际法

国际私法

国际法

第一章　国际法导论

码上揭秘

【知识点】

一、国际法的渊源

国际法的渊源，即国际法的表现形式。《国际法院规约》第38条被普遍认为是对国际法渊源的最权威说明。根据该条规定，国际法的渊源包括：国际条约、国际习惯和一般法律原则，其他各项是确立国际法原则时的辅助资料。

（一）国际法的渊源

1. 国际条约

国际条约是国际法主体间根据国际法就权利义务内容所缔结的书面协议。条约是现代国际法最主要的渊源。

2. 国际习惯

国际习惯是由各国重复类似的行为而形成的具有法律约束力的行为规则或制度。其形成须具备两个要件：（1）物质要件，即存在各国重复类似的行为实践（须有通例的存在）；（2）心理要件，即此种重复类似的行为实践被各国认为具有法律拘束力（存在法律确信）。

【提示注意】上述两项条件必须同时具备方能成为国际习惯。

例1：由于甲国海盗严重危及国际海运要道的运输安全，在甲国请求下，联合国安理会通过决议，授权他国军舰在经甲国同意的情况下，在规定期限可以进入甲国领海打击海盗。据此决议，乙国军舰进入甲国领海解救被海盗追赶的丙国商船。安理会的决议能否使军舰进入领海打击海盗成为国际习惯？

不能。国际习惯的构成包括两个要素：一是物质要件，即存在各国重复类似的行为；二是心理要件，即重复类似的行为模式被各国认为具有法律拘束力。不能仅仅因为安理会的一项决议就使一种行为模式成为国际习惯。

3. 一般法律原则

指各国法律体系中共有的原则，如"善意""禁止权利滥用""禁止反言"等。其在国际司法实践中处于补充和辅助地位，很少被单独适用。

同时，《国际法院规约》第38条所规定的国际条约、国际习惯和一般法律原则即为国际法院审理案件时的法律依据。

（二）确立国际法原则的辅助资料

1. 司法判例。包括国际司法机构和仲裁机构的判例，也包括各国国内的司法判例。

2. 国际法权威学者的学说。各国国际法权威学者的学说是确证国际法原则的有力方法和证据。

3. 国际组织的决议。国际组织的决议，即使本身对成员国没有拘束力的决议，如联合国大会的一般决议或宣言，对于有关国际法规则的认识和建立也具有重要的价值。其地位高于权威学者的学说。

【提示注意】 司法判例、学者学说和国际组织的决议不是国际法的渊源。

【深度解析】 如何理解确立国际法原则的辅助资料？

国际司法机构在审理案件时要对适用的国际法原则、规则和制度进行认证和确定，这种经认证的原则、规则和制度不仅为以后审理案件时所援引，而且在一般国际实践中也得到尊重。国内司法判例在一定条件下表现出一个国家对国际法的观点，对国际法的确定和发展具有影响，如果许多国内司法判例表现出对国际法的同样观点，则可形成关于国际法的国家实践。

以往，国际文件和司法判例常引用国际法学者的著作，来证明国际法原则、规则和制度的存在并解释其涵义。虽然当前引用已大为减少，但国际法学者的学说，特别是权威学者的学说，仍能够提供可靠资料来说明国际法的原则、规则和制度。

国际组织的决议，特别是联合国大会的决议很多情况下不具有法律拘束力，因而不构成国际法的渊源。但有些决议中包含着有关国际法的内容，往往确认、阐明以至创立了国际法原则、规则和制度，对国际法的形成和发展起到重要作用。

可见，司法判例（包括国际司法判例和国内司法判例）、国际法权威学者的学说和国际组织的决议虽然本身不是国际法的渊源，但从中可以找到国际法的存在，因而被称为确立国际法原则的辅助资料。

二、国际法基本原则

国际法基本原则，是指被各国公认的，适用于国际法所有领域，构成国际法基础并具有强行法性质的原则。其具有以下特征：（1）各国公认；（2）适用于国际法所有领域；（3）构成国际法基础；（4）具有强行法性质。

（一）国家主权平等原则

1. 国家主权

国家主权是国家的根本属性，指国家独立自主地处理其内外事务的统治权力。主权包括以下三层含义：（1）对内最高权，指国家在国内行使的最高统治权；（2）对外独立权，指国家在与他国交往中，不受他国左右，独立处理内外事务的权利；（3）自保权，指国家在遭受外来侵略和武力攻击时进行单独或集体反击的自卫权，以及为防止侵略和武装攻击而建设国防的权利。

2. 国家主权平等原则

在国际社会中，各国具有平等的国际人格，各国在国际法面前处于平等地位。

（二）不干涉内政原则

1. 内政

国家基于其管辖的领土而行使主权的表现，包括建立各种制度，处理立法、行政、司法事务，以及制定对外政策、开展对外交往等所有方面的措施和行动。判断内政须从两个角度入手：（1）该事项本质上是否属于国内管辖；（2）国家在该事项中的行为是否违反国际法。

2. 不干涉内政原则

（1）任何国家或国际组织，在国际关系中，不得以任何借口干涉他国内政；（2）各国可以对他国违反国际法的行为采取相应的行动，但该行动必须严格在国际法框架中进行。

【真题示例】

甲国是一个君主立宪制的国家，其下列行为中，哪些属于国际法上的国家内政范围，外国

不得进行干涉？（2002 - 55，多选）①

A. 甲国决定废除君主立宪制，改用共和制作为其基本政治制度

B. 为解决该国存在的种族间的冲突，甲国通过立法决定建立种族隔离区

C. 甲国决定邀请某个外国领导人来访

D. 甲国决定申请参加某个政府间的国际组织

（三）不得使用威胁或武力原则

两层含义：（1）禁止侵略行为；（2）禁止武力威胁和进行侵略战争的宣传。

当前国际法下，两种情形下使用武力属合法例外：（1）自卫；（2）联合国集体安全制度下的武力使用（安理会授权动武）。

【深度解析】当前国际法下如何认定侵略？

当前国际法框架下，唯有联合国安理会有权根据情节及后果确定是否构成侵略。对于侵略的具体涵义，1974 年联合国大会《关于侵略定义的决议》第 1 条规定："侵略是指一个国家使用武力侵犯另一个国家的主权、领土完整或政治独立，或以本《定义》所宣示的与联合国宪章不符的任何其他方式使用武力。"该决议第 3 条非穷尽地列举了 7 种侵略行为，包括：（1）一个国家的武装部队侵入或攻击另一国家的领土；或因此种侵入或攻击而造成的任何军事占领，不论时间如何短暂；或使用武力吞并另一国家的领土或其一部分；（2）一个国家的武装部队轰炸另一国家的领土，或一个国家对另一国家的领土使用任何武器；（3）一个国家的武装部队封锁另一国家的港口或海岸；（4）一个国家的武装部队攻击另一国家的陆、海、空军或商船和民航机；（5）一个国家违反其与另一国家订立的协定所规定的条件使用其根据协定在接受国领土内驻扎的武装部队，或在协定终止后，延长该武装部队的驻扎期间；（6）一个国家以其领土供另一国家使用，让该国用来对第三国进行侵略行为；（7）一个国家或以其名义派遣武装团体、非正规军或雇佣兵，对另一国家进行武力行为，其严重性相当于上述所列各项行为；或该国实际卷入了这些行为。

（四）和平解决国际争端原则

该原则要求，国家间在发生争端时，各国都必须采取和平方式予以解决，争端当事国及其他国家应避免任何使争端或情势恶化的措施或行动。

（五）民族自决原则

被殖民统治和压迫的民族拥有决定自己命运，摆脱殖民统治，建立民族独立国家的权利。

适用范围：殖民地民族的独立。

【提示注意】该原则不适用于一国国内的民族分离主义活动。

例 2：甲国是一个多民族国家，其南部斯坦邦为某少数民族占多数区域。20 年前，南部斯坦邦获得一定自治权，但其仍为甲国下辖区域，甲国宪法也对此明确规定。2007 年，南部斯坦邦发生动乱，反政府组织单方宣布成立南部斯坦共和国，并对外宣称，根据民族自决原则，南部斯坦邦有权脱离甲国中央政府建立独立国家。该反政府组织的理由是否可以成立？

不可以。南部斯坦邦是甲国领土的一部分，民族自决原则不适用于甲国内部的民族分离主义活动。

（六）善意履行国际义务原则

国家应善意履行由公认的国际法原则和规则产生的义务，同时，国家应善意履行其作为缔约国而产生的条约义务。

---

① ACD。B 项中甲国的行为违反国际法，故不属于内政，国际社会可以干涉。

【提示注意】根据《联合国宪章》，《宪章》义务优先于其他条约义务。

例3：2008年，A国与B国达成一项条约，条约某款具体规定与《联合国宪章》某规定相冲突，A、B两国在该问题上应如何适用条约？

应适用《联合国宪章》的规定。

【真题示例】

关于国际法基本原则，下列哪些选项是正确的？（2013－75，多选）①

A. 国际法基本原则具有强行法性质

B. 不得使用威胁或武力原则是指禁止除国家对侵略行为进行的自卫行动以外的一切武力的使用

C. 对于一国国内的民族分离主义活动，民族自决原则没有为其提供任何国际法根据

D. 和平解决国际争端原则是指国家间在发生争端时，各国都必须采取和平方式予以解决

三、国际法与国内法的关系

（一）相关理论

一元论：国际法与国内法同属于一个法律体系。在此基础上又进一步分为"国内法优先说"和"国际法优先说"。

二元论：国际法与国内法是两个不同的法律体系，各自有其不同性质、效力根据、调整对象和适用范围，二者互不隶属，各自独立。

中国学者的观点：国际法与国内法是两个不同的法律体系，但由于国家是国内法的制定者，又是国际法制定的参与者，所以两者之间又有着密切的联系，互相渗透，互相补充，而非互相排斥和对立。

（二）相关实践

1. 国家不得以国内法规定作为其违背国际义务的理由；同时，国际法不干预一国国内法的制定，除非该国承担了相关特殊义务。

例4：甲乙两国于1996年签订投资保护条约，该条约至今有效。2004年甲国政府依本国立法机构于2003年通过的一项法律，取消了乙国公民在甲国的某些投资优惠，而这些优惠恰恰是甲国按照前述条约应给予乙国公民的。（1）甲国立法机构是否有权通过与条约不一致的立法？（2）甲国是否要为此承担国际法律责任？

（1）有权。国际法通常不干预一国国内法的制定，虽然甲乙两国签订有投资条约，但条约作为国际法并不干涉甲国的立法行为。（2）承担。甲乙两国投资条约的规定已赋予甲国相关义务，虽然国际法不干预一国国内法的制定，但如果国内立法的内容违背其承担的国际义务，国家仍应对此承担国际责任。

2. 条约在国内的适用方式，国际上主要有两种：（1）"转化"，将条约通过立法程序转化为国内法后，才能在国内适用；（2）"并入"，即条约可视为国内法的一部分而在国内直接适用，无需立法转化。

（三）国际法在中国的适用

1. 条约在中国的适用

第一，条约在中国的适用方式主要包括三种：

---

① ACD。不得使用威胁或武力原则并非禁止一切武力的使用，两种情形下的武力使用是允许的：（1）国家对侵略行为进行的自卫行动；（2）联合国集体安全制度下的武力使用（即安理会授权动武）。B项错误。

（1）条约直接适用。如《民事诉讼法》第267条规定："中华人民共和国缔结或者参加的国际条约同本法有不同规定的，适用该国际条约的规定，但中华人民共和国声明保留的条款除外。"

（2）条约与国内法平行适用。如1961年《维也纳外交关系公约》与1986年《外交特权与豁免条例》，1963年《维也纳领事关系公约》与1990年《领事特权与豁免条例》。

（3）条约转化适用。如《香港特别行政区基本法》第39条规定："《公民权利和政治权利国际公约》、《经济、社会与文化权利的国际公约》和国际劳工公约适用于香港的有关规定继续有效，通过香港特别行政区的法律予以实施。"再如WTO协议在中国的适用。

第二，条约与国内法冲突的解决，分为两种情形：

（1）民商事范围内，条约与国内法不同，条约可以优先适用（但知识产权领域的条约转化为国内法的除外）；

（2）民商事范围外，法律没有统一规定，条约能否直接适用，视法律的具体规定而定。

【提示注意】知识产权领域的条约通常规定的是对知识产权保护的最低标准，而非完全统一的具体规则，此类条约若转化为国内法，则国内法中的规定将更加具体，保护标准也可能有所提高，故此时并不优先适用条约。

2. 国际习惯在中国的适用

（1）在民事范围内，国际习惯的适用次序排在国内法和条约之后，是对国内法和条约的补充（原《民法通则》第142条第3款规定："中华人民共和国法律和中华人民共和国缔结或者参加的国际条约没有规定的，可以适用国际惯例。"）；

（2）适用国际习惯不得违背公共利益（原《民法通则》第150条规定："依照本章规定适用外国法律或者国际惯例的，不得违背中华人民共和国的社会公共利益。"）。

【归纳总结】

本章涉及国际法的基本理论问题。首先，作为一个独立的部门法，国际法的表现形式（渊源）只有国际条约、国际习惯和一般法律原则三类。第二，国际法的基本原则常被用来国家主权平等原则。

1. 主权 {
  对内最高权：国家在国内行使的最高统治权；
  对外独立权：国家在与他国交往中，不受他国左右，独立处理内外事务的权利；
  自保权：国防权 + 自卫权
}

2. 不干涉内政原则

判断内政的标准 {
  （1）该事项本质上是否属于国内管辖
  （2）国家在该事项中的行为是否违反国际法
}

3. 不得使用威胁或武力原则 {
  （1）禁止侵略行为
  （2）禁止武力威胁和进行侵略战争的宣传
  （3）例外 {
    A. 自卫
    B. 联合国集体安全制度下的武力使用
  }
}

4. 和平解决国际争端原则

5. 民族自决原则（不适用于一国内部的民族分离主义活动）

6. 善意履行国际义务原则（《宪章》义务优先于其他条约义务）

四、条约在中国国内的适用

（一）条约在国内适用的通行方式

（1）"转化"：条约经立法程序转化为国内法，才能在国内适用；

（2）"并入"：条约可以在国内直接适用（通常在一国的宪法中作出规定）。

（二）条约在中国的适用

（1）适用方式	①条约直接适用	A.《民事诉讼法》第267条 中华人民共和国缔结或者参加的国际条约同本法有不同规定的，适用该国际条约的规定，但中华人民共和国声明保留的条款除外。 B.《民事诉讼法》第268条 对享有外交特权与豁免的外国人、外国组织或者国际组织提起的民事诉讼，应当依照中华人民共和国有关法律和中华人民共和国缔结或参加的国际条约的规定办理。
	②条约与国内法平行适用	A. 1961年《维也纳外交关系公约》（中国1975年加入）与1986年《外交特权与豁免条例》； B. 1963年《维也纳领事关系公约》（中国1979年加入）与1990年《领事特权与豁免条例》
	③条约转化适用	A.《香港特别行政区基本法》第39条 《公民权利和政治权利国际公约》、《经济、社会与文化权利的国际公约》和国际劳工公约适用于香港的有关规定继续有效，通过香港特别行政区的法律予以实施。 B. WTO协议：不能在中国法院直接适用，需转化适用。
（2）条约与国内法冲突的解决	①民商事范围内	条约与国内法不同，条约可以优先适用（但知识产权领域的条约转化为国内法的除外）。
	②民商事范围外	没有统一规定，能否直接适用，视法律的具体规定而定。

码上揭秘

第二章　国际法律责任

第一节　国际法主体

【知识点】

当前国际法下，国际法主体包括三类：（1）国家；（2）政府间国际组织；（3）争取独立的民族。

一、国家

（一）国家的构成要素
- （1）定居的居民（基本条件）
- （2）确定的领土（物质基础）
- （3）政府
- （4）主权（根本属性）

（二）国家的基本权利

1. 独立权

国家依照自己的意志处理内外事务并不受他国控制和干涉的权利。

2. 平等权

国家在参与国际法律关系时具有平等的地位和资格。

3. 自保权（国防权＋自卫权）

（1）国防权：国家在和平时期进行国防建设，防止外来侵略的权利；

（2）自卫权：国家受到外国武力攻击时，有权采取单独或集体的武力反击措施。自卫权的行使要满足"一个前提"和"两个条件"。

"一个前提"：即必须受到武力攻击；

"两个条件"：一是"必要性"，通俗说就是没有其他更有效办法，必须进行武力还击；二是"相称性"，也就是武力还击的程度和受到武力攻击的程度应大致相当。

例1：2003年3月20日，美国以伊位克隐藏有大规模杀伤性武器构成对美国的威胁为由，绕开联合国安理会，公然单方面决定对伊拉克实施大规模军事打击。美国出兵伊拉克的行为是否符合国际法？

不符合。当前国际法下使用武力的合法情形有两种：一是自卫，二是得到安理会授权。首先，美国出兵伊拉克不属于自卫，其事先并未受到伊拉克武力攻击，不满足自卫的前提；其次，其出兵行为也没有得到安理会授权，而是绕开联合国单方行动。

4. 管辖权

（1）属地管辖权：国家对于其领土和领土内的一切人、物和事件，都有进行管辖的权利。例外：不适用于领域内依法享有特权与豁免的外国人或外国财产。

（2）属人管辖权：国家对于具有其国籍的人，具有管辖的权利，其管辖对象还可包括具有该国国籍的法人、船舶、航空器等。

（3）保护性管辖权：国家对于在本国领域外从事对该国国家或其公民犯罪行为的外国人进行管辖的权利。保护性管辖权的实现方式有两种：①行为人进入受害国被依法逮捕；②通过引渡实现受害国的管辖。

（4）普遍管辖权：根据国际法的规定，对于危害国际和平与安全及全人类利益的某些国际犯罪行为，不论行为人国籍和行为发生地，各国都有进行管辖的权利。

管辖对象：①战争罪、破坏和平罪、违反人道罪、海盗罪等（各国公认的对象）；②灭绝种族、贩毒、贩奴、种族隔离、实施酷刑、劫机（有关公约确认的对象）。

行使区域：只能在本国领土或不属于任何国家管辖的区域行使。

【提示注意】保护性管辖和普遍管辖不同。保护性管辖针对的是侵害本国或本国公民利益的行为，普遍管辖针对的是危害国际和平与安全及全人类利益的国际犯罪行为（见2009年试卷一第31题）。

（三）国家主权豁免

1. 国家主权豁免，即国家的行为及其财产不受或免受他国管辖。它来自"平等者之间无管辖权"这一基本法则，正因为国际社会国与国地位平等，故一国不得对另一国进行管辖。

2. 国家主权豁免具体表现为：（1）一国不对他国的国家行为和财产进行管辖；（2）一国法院非经外国同意，不受理以外国国家为被告或国家行为作为诉由的诉讼；（3）一国法院非经外国同意，不对外国国家代表或国家财产采取司法执行措施。

3. 国家主权豁免可以放弃，放弃应满足两项条件：一是"自愿"，即一国放弃豁免权由该国自己决定，他国不得强迫；二是"特定"和"明确"，即一国对某一特定案件或事项放弃豁免权，并不意味着在今后所有案件或事项中都放弃豁免权。

国家主权豁免的放弃包括两种形式：（1）明示放弃，即国家通过条约、合同、声明等方式表示放弃；（2）默示放弃，即国家通过某种行为进行放弃，包括：①国家作为原告在外国法院起诉；②国家正式出庭应诉；③国家提起反诉；④国家作为诉讼利害关系人介入诉讼。根据2005年《联合国国家及其财产管辖豁免公约》第8条，下列行为不构成放弃豁免：（1）一国同意适用另一国的法律；（2）一国出庭主张豁免或主张对有待裁决财产的权利；（3）一国代表在另一国法院出庭作证；（4）一国未在另一国法院的诉讼中出庭。同时，国家对管辖豁免的放弃，并不意味着对执行豁免的放弃。也就是说，即使国家放弃了管辖豁免，外国法院也不能因此当然地对该国国家财产实施扣押、查封等强制执行措施，执行豁免的放弃必须另行明示作出。

【真题示例】

（2014－75，多选）甲国某公司与乙国驻甲国使馆因办公设备合同产生纠纷，并诉诸甲国法院。根据相关国际法规则，下列哪些选项是正确的？[①]

A. 如合同中有适用甲国法律的条款，则表明乙国放弃了其管辖的豁免

B. 如乙国派代表出庭主张豁免，不意味着其默示接受了甲国的管辖

C. 如乙国在本案中提起了反诉，则是对管辖豁免的默示放弃

D. 如乙国曾接受过甲国法院的管辖，甲国法院即可管辖本案

―――――――――

[①] BC。同意适用另一国法律、出庭主张豁免均不构成放弃豁免，A项错误，B项正确。国家提起反诉属于默示放弃，C项正确。放弃豁免权须是特定和明确的，一国对某一特定案件或事项放弃豁免权，并不意味着在今后所有案件或事项中都放弃豁免权，D项错误。

4. 国家主权豁免分绝对豁免和相对豁免。传统国际法上的国家豁免为绝对豁免，即不论行为的性质如何，国家的一切行为都享有豁免。20 世纪之后，国家从事商业活动增多，国家与公司、个人等私法主体的纠纷也相应增加，如国家仍一味享有绝对豁免，则私法主体可能无法通过司法渠道维护自身权益，这对私法主体显然不公，相对豁免由此产生。相对豁免，也称"限制豁免"，其认为，并非所有国家行为都可享有豁免，国家的商业行为不享有豁免，只有非商业行为才享有豁免。

【深度解析】如何理解绝对豁免主义和相对豁免主义？

绝对豁免主义认为，国家的一切行为都享有豁免。19 世纪以前，国家很少进行商业活动，因此，所有的国家行为都享有豁免。20 世纪以来，国家大量地参与国际贸易、金融、投资等商业活动，其交易对象包括众多外国自然人和法人。如国家一切行为都享有豁免，将使得外国个人和法人在与国家进行交易中处于不利地位，有悖于商事主体平等原则。在该情况下，相对豁免主义逐渐得以发展。相对豁免主义，也称限制豁免主义，该理论主张将国家行为分为商业行为（管理权行为、私法行为）和非商业行为（统治权行为、公法行为），认为国家的商业行为不应享有豁免，只有非商业行为才享有豁免。

目前，限制豁免的基本观点已逐渐得到越来越多国家和学者的接受。实践中，一些国家的国内立法及某些区域性条约，也不同程度地采纳了限制豁免原则。联合国大会于 2005 年签署的《联合国国家及其财产管辖豁免公约》也采取了限制豁免主义立场。但该公约目前还没有生效，传统的绝对豁免主义原则仍被认为是一项有效的国际习惯法规则。

二、国际法上的承认

国际法上的承认，指既存国家或国际组织对新国家、新政府或其他事态的出现，以一定方式表示接受，同时表明愿意与其发展正常关系的单方面行为。

（一）承认的特征

1. 承认的主体既可以是国家，也可以是政府间国际组织；承认的对象主要是新国家或新政府。

2. 承认是承认者的单方行为，不改变被承认者的性质。

例 2：2008 年 2 月，塞尔维亚科索沃地区宣布独立，美国、英国、法国、德国、意大利等国宣布承认科索沃为一个主权独立国家，而俄罗斯、摩尔多瓦和另一些欧盟成员国不承认科索沃独立。科索沃已获得不少国家的承认，能否据此认为科索沃已构成国际法意义上的国家？

不能。作为被承认者，科索沃的性质能否改变——由一国地方行政区域变为一独立国家，并不是看它是否得到其他国家的承认，而要从国家的构成要素去判断，即看是否具备了居民、领土、政府和主权四项要素。

3. 承认是一种政治法律行为。承认是承认者的自主行为，不是一项法律义务，是否承认、对谁承认主要出于国家自身的政治考虑，如科索沃宣布独立后，美国立刻对其承认，而作为塞尔维亚盟友的俄罗斯一直不予承认；同时，承认一经作出，即产生一定的法律后果，从这个意义上，它又是一种法律行为。

【深度解析】构成国际法上的国家是否必须得到其他国家的承认？

关于承认的性质，即承认对新国家的国际法主体资格有何影响，西方学者存在两种观点："宣告说"和"构成说"。"宣告说"认为，新国家的国际法主体资格取决于其成为国家的事实，现存国家的承认仅具有宣告或确认的性质。"构成说"认为，承认是构成新国家国际法主体资格的要件，没有现存国家的承认，新国家就没有国际法主体资格，就不能成为国际社会的成员。

我国学界倾向"宣告说"，认为承认本身不是新国家成为国际法主体的条件，一个实体一旦具备了国家的四个要素，其作为国家就已经成为事实。

（二）承认的形式

1. 明示承认

包括通过正式通知、函电、照会、声明等单方面表述，也包括在缔结的条约或其他正式国家文件中进行表述。

2. 默示承认

包括：（1）建立外交关系；（2）缔结政治性条约；（3）正式接受领事；（4）正式投票支持参加政府间国际组织。注意，下列三种情形不构成默示承认：（1）共同参加多边国际会议或国际条约；（2）建立非官方或非完全外交性质的机构；（3）某些级别和范围的官员接触。

（三）承认的类型

1. 对新国家的承认

对新国家的承认，指既存国家或国际组织对新国家出现这一事实的单方面宣告和认定。这种承认并不是被承认者成为国际法主体的条件。四种情形下涉及国家承认：独立、合并、分离和分立。国家承认产生以下法律后果：（1）为建立正式外交及领事关系奠定基础；（2）双方可以缔结各方面条约或协定；（3）承认国应尊重新国家作为国际法主体享有的一切权利，包括尊重其法律法令的效力及其行政和司法管辖的有效性，承认新国家及其财产的管辖豁免权。

2. 对新政府的承认

对新政府的承认，指承认者对他国新政府出现所作出的一种单方面行为，表示愿意将该新政府作为其国家代表，从而与其建立正常关系。只有因社会革命或政变而产生新政府才涉及政府承认，合法的政府更迭不产生政府承认问题。政府承认产生以下法律后果：（1）意味着对旧政府承认的撤销；（2）承认者必须尊重新政府拥有的作为国家合法代表的一切资格和权利，包括在位于国内外国家财产上的权利，在国际组织或国际会议中的代表权等。

（四）法律承认和事实承认

法律承认和事实承认划分的标准在于，承认者作出承认时，是将承认的对象作为一种法律上的存在，还是一种事实上的存在。

法律承认，指认定被承认者作为法律的正式人格的存在，表明承认者愿意与被承认者发展全面正常的关系，带来全面而广泛的法律效果。这种承认是正式、不可撤销的。通常所说的承认都是指法律承认。

事实承认，主要存在于英美外交实践中，指为了处理既需要与某个对象进行交往而又不愿或不宜与其进行全面正式交往的情况，产生的一种权宜做法，如对叛乱团体的承认往往为一种权宜做法。事实承认是不完全、非正式和暂时性的，可随时撤销。

三、国际法上的继承

国际法上的继承，指在特定情况下，国际法上的权利义务由一个承受者转移给另一个承受者所发生的法律关系。包括国家继承、政府继承和国际组织的继承，其中最主要的是国家继承。其具体继承规则如下：

1. 条约的继承	继承：非人身性条约（与领土有关的条约，如：领土边界、河流交通、水利灌溉等条约）。
	不继承：（1）人身性条约（与国际法主体资格有关的条约）； （2）政治性条约（和平友好、同盟互助、共同防御等条约）。

续表

2. 财产的继承	不动产：随领土一并转移（不动产随领土一并转属继承国）； 动产：所涉领土实际生存原则（动产由哪国继承，要看该动产与哪国领土有关）。
3. 债务的继承	继承：（1）国家债务（国家整体所负，对他国或国际组织所借之债）；（2）地方化债务（以国家名义所借，用于国内特定地方的债务）。 不继承：（1）地方债务（地方政府承担的对他国或国际组织所借之债）；（2）国家对外国私人所负之债；（3）私人团体对外所负债务；（4）恶债（违反国际法基本原则或违背继承国根本利益所负之债，如战争债务）。

【真题示例】

甲国与乙国 1992 年合并为一个新国家丙国。此时，丁国政府发现，原甲国中央政府、甲国南方省，分别从丁国政府借债 3000 万美元和 2000 万美元。同时，乙国元首以个人名义从丁国的商业银行借款 100 万美元，用于乙国 1991 年救灾。上述债务均未偿还。甲乙丙丁四国没有关于甲乙两国合并之后所涉债务事项的任何双边或多边协议。根据国际法中有关原则和规则，下列哪一选项是正确的？（2008 - 33，单选）①

A. 随着一个新的国际法主体丙国的出现，上述债务均已自然消除

B. 甲国中央政府所借债务转属丙国政府承担

C. 甲国南方省所借债务转属丙国政府承担

D. 乙国元首所借债务转属丙国政府承担

四、国际组织

（一）国际组织的分类

国际组织分为政府间国际组织和非政府间国际组织。

政府间国际组织，是通过政府间协议成立的，旨在进行国际合作，具有常设机构的国家间联合体。其享有以下权利能力和行为能力：（1）缔约；（2）派遣与接受外交使团（节）；（3）承认或被承认；（4）继承或被继承；（5）提出国际索赔和承担国际责任；（6）享受特权与豁免等。政府间国际组织是国际法的主体。

非政府间国际组织，是不同国家的社会团体或个人组成的跨国联合。在联合国经社理事会取得咨商地位或观察员身份的非政府间国际组织，在联合国系统内，拥有向联合国相关机构提供咨询意见的权利。非政府间国际组织不是国际法主体，而是属于在一国注册的国内团体，受国内法规范。

【深度解析】非政府组织在联合国取得咨商地位是否即构成国际法的主体？

为了加强与非政府间国际组织的合作，联合国经社理事会根据《联合国宪章》及有关决议给予一些非政府组织"咨商地位"，与此类非政府组织建立了联系。经社理事会给予非政府组织的咨商地位分为三种：（1）普遍咨商地位，授予工作领域涵盖经社理事会管辖的大多数事务的非政府组织；（2）特别咨商地位，授予在经社理事会活动的某些领域中具有专门能力的非政府组织；（3）注册咨商地位，授予对经社理事会某一方面工作能够提供有用咨询的非政府组织。在经社理事会取得咨商地位或观察员身份的非政府组织，在联合国系统内，拥有向联合国相关机构提供咨询意见的权利，可以参与各联合国专门机构活动，出席会议，提交书面

---

① B。B 项属于国家债务，应予继承；C 项属于地方债务，D 项属于私人对外所负债务，均不予继承。

报告，就相关议题发表建议，举行非政府组织论坛，接受委托参与联合国某些专业项目的决策或执行等。

因此，在联合国取得咨商地位仅是联合国与非政府组织加强联系的一种方式，并不能因此而改变非政府组织的性质。在当前国际法下，能够成为国际法主体的国际组织只有政府间国际组织，不包括非政府组织。

【真题示例】

"恐龙国际"是一个在甲国以非赢利性社会团体注册成立的组织，成立于1998年，总部设在甲国，会员分布在20多个国家。该组织的宗旨是鼓励人们"认识恐龙，回溯历史"。2001年，"恐龙国际"获得联合国经社理事会注册咨商地位。现该组织试图把活动向乙国推广，并准备在乙国发展会员。依照国际法，下列哪些表述是正确的？(2006－78，多选)①

A. 乙国有义务让"恐龙国际"在乙国发展会员

B. 乙国有权依照其本国法律阻止该组织在乙国的活动

C. 该组织在乙国从事活动，必须遵守乙国法律

D. 由于该组织已获得联合国经社理事会注册咨商地位，因此，它可以被视为政府间的国际组织

(二) 联合国体系

1. 联合国体系的组成

会员国	被接纳为新会员国的条件： (1) 被接纳的是一个爱好和平的国家； (2) 其接受宪章规定的义务，愿意并能够履行宪章义务； (3) 经安理会推荐（申请国首先向秘书长提出申请，秘书长将其申请交由安理会，安理会审议并通过后向大会推荐）； (4) 获得大会准许（经大会审议并获 2/3 多数通过）。 目前，联合国会员国为 193 个。	
联合国 主要机关	(1) 大会	①不是立法机关，而主要是一个审议和建议机关； ②具有广泛的职权，可以讨论宪章范围内或联合国任何机关的任何问题，但安理会正在审议的除外。
	(2) 安理会	①是联合国在维持国际和平与安全方面负主要责任的机关，也是联合国内唯一有权采取行动的机关； ②由 15 个理事国组成，中、美、英、法、俄为常任理事国，其他理事国按地域分配名额由大会选出，任期 2 年，不得连任； ③安理会作出的决定，对于当事国和所有成员国都有拘束力。
	(3) 经济及社会理事会	①在大会权力下，负责协调联合国及各专门机构间经济社会工作的机关，由 54 个理事国组成； ②理事会决议采用简单多数表决制。

---

① BC。非政府间国际组织虽然是国际组织，但要受相关国家的国内法制约，一是其注册成立地国，二是活动所在国。如果该组织在某国进行活动，该国有权依法阻止，A 项错误，BC 两项正确。获得联合国注册咨商地位并不改变非政府组织的性质，D 项错误。

续表

	（4）托管理事会	在大会权力下，负责监督托管领土行政管理的机关。 联合国成立以来，其托管下的11块托管领土先后获得独立或自治而结束了托管，托管理事会的地位有待解决。
	（5）国际法院	联合国的司法机关。
	（6）秘书处	①联合国的行政管理机关，为联合国的其他机关服务； ②秘书长是联合国的行政首长，由安理会推荐，经大会简单多数票通过后委任。
联合国专门机构	（1）是根据特别协定同联合国建立固定联系，或根据联合国决定成立的负责特定领域事务的政府间国际组织； （2）具有独立的法律地位，按照自身章程自主活动，不是联合国的附属机构； （3）与联合国的合作通过与经社理事会的协调来完成；目前，与经社理事会签订协议的联合国专门机构有17个，此外，"国际原子能机构"和"世界贸易组织"与联合国建立了合作关系，也被视为联合国专门机构。	

2. 联合国大会的表决制度

（1）实行一国一票制。

（2）一般问题采用简单多数通过，重要问题采用2/3多数通过；实践中也常采用协商一致的方式通过决议。上述"重要问题"包括：①维持国际和平与安全；②选举安理会、经社理事会和托管理事会理事国；③接纳新会员国；④中止会员国权利或开除会籍；⑤实施托管问题；⑥联合国预算及会员国会费的分摊。

（3）对于联合国组织内部事务通过的决议对会员国具有拘束力，对于其他一般事项作出的决议属于建议性质，不具有法律拘束力。

【深度解析】联合国大会通过的决议是否具有法律拘束力？

联合国大会主要是一个审议和建议机关，具有广泛的职权，可以讨论宪章范围内或联合国任何机关的任何问题，但安理会正在审议的除外。其通过的决议可能涉及联合国内部行政、财政等方面事务（如，接纳新会员国、联合国预算及会员国会费的分摊等），也可能涉及内部事务以外的各类事项（如，保护妇女儿童、加强全球公共卫生能力建设等），决议是否具有法律拘束力不能一概而论。根据《联合国宪章》，对于联合国组织内部事务通过的决议对会员国具有拘束力，对于其他一般事项作出的决议属于建议性质，不具有法律拘束力。

【真题示例】

联合国大会由全体会员国组成，具有广泛的职权。关于联合国大会，下列哪一选项是正确的？（2015－32，单选）①

A. 其决议具有法律拘束力

B. 表决时安理会5个常任理事国的票数多于其他会员国

C. 大会是联合国的立法机关，三分之二以上会员国同意才可以通过国际条约

---

① D。大会对于联合国组织内部事务通过的决议对于会员国具有拘束力，对于其他一般事项作出的决议属于建议性质，不具有法律拘束力，A项错误。大会表决实行会员国一国一票制，B项错误。大会不是联合国的立法机关，而主要是一个审议和建议机关，对于一般问题的决议采取简单多数通过，对于其他重要问题的决议采取2/3多数通过，C项错误。大会可以讨论宪章范围内或联合国任何机关的任何问题，但安理会正在审议的除外，D项正确。

D. 可以讨论《联合国宪章》范围内或联合国任何机关的任何问题，但安理会正在审议的除外

3. 安理会的表决制度

安理会的表决事项分为程序性事项和非程序性事项。

（1）对于程序性事项，安理会中只要有9个同意票即可通过。注意：这里并不涉及安理会常任理事国的否决权，只要安理会15个成员国中有9个或以上的国家投了赞成票，即便有常任理事国投反对票，决议也可通过。

（2）非程序性事项，也叫作实质性事项，其通过要满足"大国一致原则"：①同意票必须达到9票；②不得有常任理事国的反对票；③常任理事国的弃权或缺席不影响决议的通过。注意：实质性事项涉及常任理事国的否决权，即使有9个或以上的国家投了赞成票，但只要有一个常任理事国反对，决议便无法通过。

常见的"非程序性事项"包括：①和平解决国际争端及采取有关行动；②向大会推荐接纳新会员国或秘书长人选；③建议中止会员国权利或开除会籍。

【提示注意】决议内容不同，对相关国家能否投票的规定不尽相同。①关于和平解决争端的决议，作为争端当事国的理事国不得投票；②关于采取执行行动的决议，作为争端当事国的理事国可以投票，并且常任理事国可以行使否决权。

例3：甲国是安理会常任理事国之一。某年，甲国与乙国因边界问题发生争端，安理会决定通过相关决议，要求甲乙两国就边界争端通过和平方式解决。（1）就该决议事项，作为争端当事国的甲国是否可以投票？（2）如果上述决议已获安理会通过，但甲乙两国争端并未有效解决，反而进一步升级，安理会某理事国提议通过决议设立甲乙两国边界缓冲区，并派出维和部队驻守，对该决议事项，甲国是否可以投票？

（1）不可以。关于和平解决争端的决议，作为争端当事国的甲国不得投票。（2）可以。关于采取执行行动的决议，作为争端当事国的甲国可以投票，由于它是常任理事国，还可以就该事项行使否决权。

（3）双重否决权。五个常任理事国拥有两次否决权，被称为双重否决权：①决定是否属于程序性事项，五大国拥有否决权；②对非程序性事项进行表决，五大国拥有否决权。

【真题示例】

联合国会员国甲国出兵侵略另一会员国。联合国安理会召开紧急会议，讨论制止甲国侵略的决议案，并进行表决。表决结果为：常任理事国4票赞成、1票弃权；非常任理事国8票赞成、2票否决。据此，下列哪一选项是正确的？（2016－32，单选）[1]

A. 决议因有常任理事国投弃权票而不能通过

B. 决议因非常任理事国两票否决而不能通过

C. 投票结果达到了安理会对实质性问题表决通过的要求

D. 安理会为制止侵略行为的决议获简单多数赞成票即可通过

---

[1] C。"制止甲国侵略的决议案"属于非程序性事项，对此，常任理事国的弃权不影响决议的通过，A项错误。对于非程序性事项，常任理事国拥有否决权，非常任理事国并不享有否决权，B项错误。本题中，共12票赞成（已达到9票），且没有常任理事国投反对票，常任理事国的1票弃权不影响决议的通过，符合"大国一致原则"，决议可以通过，C项正确。制止侵略行为的决议属非程序性事项，须满足上述"大国一致原则"，仅简单多数赞成不能通过，D项错误。

【归纳总结】

第一，国际法主体只包括国家、政府间国际组织和争取独立的民族三类，个人不是国际法主体，非政府组织也不是国际法主体。第二，国家享有主权豁免，意味着其不受他国管辖；国家也可以放弃豁免权，意味着其在某些方面愿意接受别国管辖。国家如何放弃豁免，哪些行为意味着放弃，这是历年考试中经常涉及的问题。2004 联合国大会通过的《联合国国家及其财产管辖豁免公约》采纳了限制豁免主义立场，表明在此问题上的一种趋势，但因其尚未生效，传统的绝对豁免主义仍然有效。第三，国际组织种类众多，联合国最为重要，特别是要注意联合国大会和安理会的职能、表决制度等。

第二节 国际法律责任

【知识点】

国际社会中，国家也存在因违背其国际义务而应承担责任的情形。判断一国是否承担国际法律责任，应看其是否满足相应的构成要件。另外，在某些特定情形下，国家的国际法律责任可以免除。

一、责任构成（存在国家不法行为）

（一）行为可归因于国家

以下几类行为可归因于国家：

（1）国家机关的行为。这里的"国家机关"，从类别上包括立法、司法、行政机关和军队；从级别上，既包括中央机关，也包括地方机关。

（2）经授权行使政府权力的其他实体的行为。

（3）实际上代表国家行事的人的行为，如一国外交代表在外国执行公务的行为。

（4）别国或国际组织交与一国支配的机关的行为。注意：该行为被视为支配国的行为。

例4： 甲国将其某机械化工兵营交与乙国支配。在乙国指挥下，该工兵营在丙国某山谷地带大量布雷，导致丙国平民伤亡。对该工兵营的行为应由哪国承担责任？

乙国。甲国将其工兵营交与乙国支配，乙国是支配国，该行为应视为支配国的行为。

（5）上述国家机关或授权人员的越权或不法行为。

例5： 科特曾是甲国驻乙国外交官，其任职期间多次通过个人渠道将甲国某先进武器卖给乙国反政府武装，后被乙国侦查机关发现。乙国政府就此向甲国提出强烈抗议，并要求甲国政府承担因此导致的一系列后果。甲国政府则声明，科特的行为属于越权，并非受到本国政府的指示，并且科特已被甲国召回，将在甲国受到审判，因此甲国并不承担相关责任。甲国是否可以免责？

不能。外交人员的越权行为也应被视为国家行为；同时，国家对本国官员的惩罚与国家本身的责任是不同范畴的问题，甲国不能因此而免除国家责任。

（6）组成新国家的叛乱运动机关的行为。注意：该行为应被视为新国家的行为。

【深度解析】叛乱运动机关的行为是否一定被视为国家行为？

根据国际法，在一国领土或其管理下的任何领土内的叛乱运动机关的行为，不应视为该国的国家行为。但随着事态的发展，当叛乱或革命起义导致形成一个国家的新政府时，其行为应视为该新政府所代表的国家的行为；当叛乱或革命起义导致在原国家一部分领土上组成一个新国家时，其行为被视为该新国家的行为。因此，叛乱运动机关的行为能否被认定为国家行为，关键看是否形成新政府或组成新国家。

例6：甲国内部发生叛乱，叛乱组织在叛乱期间大量掠夺外国侨民财产。（1）甲国政府是否应对此承担国家责任？（2）后来，叛乱组织完全夺取甲国政权，成立了新的"半岛共和国"，则"半岛共和国"是否应对掠夺侨民财产的行为负责？

（1）不承担，该行为应视为叛乱组织自身的行为。（2）负责。如果该叛乱组织最终成立了新国家，则上述行为应视为该新国家的行为。

（二）行为违背国际义务

这里的国际义务包括国家根据国际条约、国际习惯或其他国际法渊源所应承担的义务。具体分为两种情形：①国家违背一般国际义务，被称为国际不法行为；②国家违背至关重要的国际义务，被称为国际罪行。

二、排除行为不法性的情况（免责情形）

1. 受害国同意。注意：受害国同意可以免除加害国行为的不法性，前提是加害国的行为没有违反国际强行法。如果加害国的行为本身已违反国际强行法，即使其事先得到受害国同意，加害国也不能免责。

【深度解析】如何理解"受害国同意"可以排除加害国行为的不法性？

一国不符合该国国际义务的行为，如经与该义务直接相关的对方国家以正式有效的方式表示同意，则在被同意的范围内，该行为在与该国的关系上就被排除了不法性。如外国军舰通常不得随便驶入一国内水，但经沿岸国明示同意，外国军舰进入一国内水就不视为对其领土主权的侵犯。但是，这里的"受害国同意"必须不得违反国际强行法所确立的义务，任何国家不得以所谓已获得有关国家同意为由而从事与整个国际社会承认的基本法律原则背道而驰的行为。如某国借"同意"之名，对别国行侵略之实，已违背了国际法基本原则，其行为的不法性不能免除。

2. 对抗与自卫。一国针对他国的不法行为而采取对抗或自卫行动，如果符合国际法的其他要求，则该行为不法性可被排除。

3. 不可抗力和偶然事故。

例7：甲国一架军用直升飞机因遭遇风暴而发生故障，在未经允许的情况下进入乙国领空，甲国是否应对此向乙国承担国际责任？

不承担。甲国军用飞机是在遇到不可抗力的情况下进入乙国领空的，其行为的不法性可以排除。

4. 危难或紧急状态。

三、国家间接责任

一国私人的行为对外国国家或个人造成侵害，国家对该行为存在失职或放纵，由此所引起的责任称为间接责任。判断国家是否承担间接责任，关键看国家是否存在"失职"或"放纵"。

【真题示例】

甲国警察布某，因婚姻破裂而绝望，某日持枪向路人射击。甲国警方迅速赶到事发现场，采取措施控制事态并围捕布某。布某因拒捕被击毙。但布某的疯狂射击造成数人死亡，其中包

括乙国驻甲国参赞科某。根据国际法的有关规则，就该参赞的死亡，下列判断哪一项是正确的？（2004 - 30，单选）①

A. 甲国国家应承担直接责任　　　　B. 甲国国家应承担间接责任

C. 甲国国家应承担连带责任　　　　D. 甲国国家没有法律责任

四、责任形式

国家承担国际法律责任的形式主要有六种：（1）终止不当行为；（2）恢复原状；（3）赔偿；（4）道歉；（5）保证不再重犯；（6）限制主权。

> 【归纳总结】
>
> "法备小人，不防君子"，国家亦然。世界并非都由君子国家构成，国家同样会做错事，做错事就要追责。通过本节学习应明白三个问题：（1）满足哪些条件国家应当承担责任；（2）哪些情况下国家可以免责；（3）国家如何承担责任。

第三节　国际责任制度的新发展

【知识点】

一、国际刑事责任

传统国际法对于国家刑事责任基本持否定态度。纽伦堡审判和东京审判创立了"双罚原则"，即对于实施国际罪行的国家，既要追究国家的责任，也追究负有责任的国家领导个人的刑事责任。

二、国际赔偿责任

传统国际法要求，国家仅在违背其国际义务的情况下承担国际责任。当代，随着科学技术的发展，国家越来越多从事核能利用、航空航天、跨界河流开发等高危险性活动。此类活动国际法虽不禁止，但如对别国造成损害，受害国也可要求赔偿，这就是所谓的国际赔偿责任。

现行的赔偿责任制度有三类：

（1）国家责任制，即国家承担对外国损害的责任。主要适用于外空探索领域。

（2）双重责任制，即国家与营运人共同承担对外国损害的赔偿责任，换言之，国家保证营运人的赔偿责任，并在营运人不足赔偿的情况下，对规定的限额进行赔偿。主要适用于核能利用领域。

（3）营运人责任制，即无论营运人是国家或私人企业，都由营运人直接承担赔偿责任。适用于其他领域。

例 8：2011 年，甲国某核电站因极强地震引发爆炸后，甲国政府依国内法批准将核电站含低浓度放射性物质的大量污水排入大海。乙国海域与甲国毗邻，均为《关于核损害的民事责任的维也纳公约》缔约国。对于乙国所受损害，应由核电站所属电力公司承担，还是由甲国政府

---

① D。布某的行为属其个人行为，甲国无须承担责任。

承担?

应由核电站所属电力公司和甲国政府共同承担。因为本例发生在核能利用领域，应适用双重责任制。

【真题示例】

甲国某船运公司的一艘核动力商船在乙国港口停泊时突然发生核泄漏，使乙国港口被污染，造成严重损害后果。甲乙两国都是《关于核损害的民事责任的维也纳公约》及《核动力船舶经营人责任公约》的缔约国，根据上述公约及有关规则确定，乙国此时应得到7800万美元的赔偿，但船运公司实际赔偿能力最多只能够负担5000万美元。对此事件，根据国际法上的国家责任制度，甲国国家对乙国承担的义务是什么?(2002-16，单选)①

A. 甲国国家应承担全部7800万美元的赔付

B. 甲国有义务在保证船运公司赔付乙国5000万美元的同时，船运公司无力赔付的其余2800万美元，由甲国政府先行代为赔付

C. 甲国有义务保证督促船运公司进行赔偿，但以船运公司能够负担的实际赔偿能力为限，即只能赔付5000万美元，其余2800万美元可以不予赔付

D. 由于该行为不是甲国国家所从事，故甲国国家不需就此事件承担任何义务

【归纳总结】

"国际赔偿责任"≠"国际法律责任"。国际法律责任要求国家的行为违背国际义务，而国际赔偿责任无此项要求，只要国家对别国造成损害即应赔偿。

【图表精要】

国际法主体 { (1) 国家 / (2) 政府间国际组织 / (3) 争取独立的民族

一、国家

(一) 国家的构成要素 { (1) 定居的居民（基本条件）/ (2) 确定的领土（物质基础）/ (3) 政府 / (4) 主权（根本属性）

(二) 国家的基本权利

1. 独立权	国家依照自己的意志处理内外事务并不受他国控制和干涉的权利。
2. 平等权	国家在参与国际法律关系时具有平等的地位和资格。
3. 自保权	(1) 国防权：国家在和平时期进行国防建设，防止外来侵略的权利； (2) 自卫权：国家受到外国武力攻击时，有权采取单独或集体的武力反击措施。 自卫权 { 前提：受到武力攻击 条件 { "必要性"（没有其他解决办法，必须进行武力还击） "相称性"（武力还击的程度和受到武力攻击的程度应大致相当）

---

① B。核能利用中的损害应适用双重责任制，国家应保证营运人赔偿，营运人无力赔偿部分由国家负责赔偿。

续表

4. 管辖权	（1）属地管辖权	国家对于其领土和领土内的一切人、物和事件，都有进行管辖的权利。 例外：不适用于领域内依法享有特权与豁免的外国人或外国财产。
	（2）属人管辖权	国家对于具有其国籍的人，具有管辖的权利，其管辖对象还可包括具有该国国籍的法人、船舶、航空器等。
	（3）保护性管辖权	国家对于在本国领域外从事对该国国家或其公民犯罪行为的外国人进行管辖的权利。 实现方式：①行为人进入受害国被依法逮捕； ②通过引渡实现受害国的管辖。
	（4）普遍管辖权	根据国际法的规定，对于危害国际和平与安全及全人类利益的某些国际犯罪行为，不论行为人国籍和行为发生地，各国都有进行管辖的权利。 对象：战争罪、破坏和平罪、违反人道罪、海盗罪等（各国公认的对象）； 灭绝种族、贩毒、贩奴、种族隔离、实施酷刑、劫机（有关公约确认的对象）。 行使区域：只能在本国领土或不属于任何国家管辖的区域行使。

（三）国家主权豁免

1. 概念	国家的行为及其财产不受或免受他国管辖。	
2. 表现形式	（1）一国不对他国的国家行为和财产进行管辖； （2）一国法院非经外国同意，不受理以外国国家为被告或国家行为作为诉由的诉讼； （3）一国法院非经外国同意，不对外国国家代表或国家财产采取司法执行措施。	
3. 国家豁免的放弃	（1）条件	①自愿（一国放弃豁免权由该国自己决定，他国不得强迫）； ②特定和明确（一国对某一特定案件或事项放弃豁免权，并不意味着在今后所有案件或事项中都放弃豁免权）。
	（2）形式	①明示放弃：通过条约、合同、声明等方式表示放弃。 ②默示放弃：A. 作为原告在外国法院起诉； 　　　　　　B. 正式出庭应诉； 　　　　　　C. 提起反诉； 　　　　　　D. 作为诉讼利害关系人介入诉讼。
	（3）不构成放弃豁免的情形	A. 一国同意适用另一国的法律； B. 国家或其代表出庭阐述立场或作证，或主张对有关财产的权利； C. 一国未在另一国法院的诉讼中出庭； D. 国家对管辖豁免的放弃，不意味着对执行豁免的放弃（即使国家放弃了管辖豁免，外国法院也不能因此当然地对该国国家财产实施扣押、查封等强制执行措施）。执行豁免的放弃必须另行明示作出。
4. 国家豁免的分类	（1）绝对豁免：国家的一切行为都享有豁免； （2）相对豁免：商业行为不享有豁免，非商业行为享有豁免。	

（四）国际法上的承认与继承

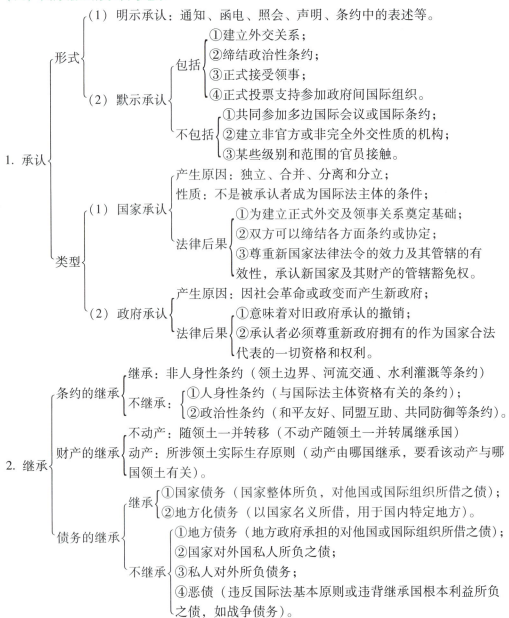

1. 承认
　　形式
　　　　（1）明示承认：通知、函电、照会、声明、条约中的表述等。
　　　　（2）默示承认
　　　　　　包括
　　　　　　　　①建立外交关系；
　　　　　　　　②缔结政治性条约；
　　　　　　　　③正式接受领事；
　　　　　　　　④正式投票支持参加政府间国际组织。
　　　　　　不包括
　　　　　　　　①共同参加多边国际会议或国际条约；
　　　　　　　　②建立非官方或非完全外交性质的机构；
　　　　　　　　③某些级别和范围的官员接触。
　　类型
　　　　（1）国家承认
　　　　　　产生原因：独立、合并、分离和分立；
　　　　　　性质：不是被承认者成为国际法主体的条件；
　　　　　　法律后果
　　　　　　　　①为建立正式外交及领事关系奠定基础；
　　　　　　　　②双方可以缔结各方面条约或协定；
　　　　　　　　③尊重新国家法律法令的效力及其管辖的有效性，承认新国家及其财产的管辖豁免权。
　　　　（2）政府承认
　　　　　　产生原因：因社会革命或政变而产生新政府；
　　　　　　法律后果
　　　　　　　　①意味着对旧政府承认的撤销；
　　　　　　　　②承认者必须尊重新政府拥有的作为国家合法代表的一切资格和权利。

2. 继承
　　条约的继承
　　　　继承：非人身性条约（领土边界、河流交通、水利灌溉等条约）
　　　　不继承
　　　　　　①人身性条约（与国际法主体资格有关的条约）；
　　　　　　②政治性条约（和平友好、同盟互助、共同防御等条约）。
　　财产的继承
　　　　不动产：随领土一并转移（不动产随领土一并转属继承国）
　　　　动产：所涉领土实际生存原则（动产由哪国继承，要看该动产与哪国领土有关）。
　　债务的继承
　　　　继承
　　　　　　①国家债务（国家整体所负，对他国或国际组织所借之债）；
　　　　　　②地方化债务（以国家名义所借，用于国内特定地方）。
　　　　不继承
　　　　　　①地方债务（地方政府承担的对他国或国际组织所借之债）；
　　　　　　②国家对外国私人所负之债；
　　　　　　③私人对外所负债务；
　　　　　　④恶债（违反国际法基本原则或违背继承国根本利益所负之债，如战争债务）。

二、国际组织

（一）国际组织
　　政府间国际组织：根据政府间协议成立，是国际法主体；
　　非政府间国际组织：①不是根据政府间协议成立，不是国际法主体；
　　②属于在一国注册的国内团体，受国内法规范；
　　③取得咨商地位或观察员身份的非政府组织，有权向联合国提供咨询，或参与联合国有关活动。

（二）联合国体系

联合国主要机关
- （1）大会（审议和建议机关，但安理会在审事项不得讨论）
- （2）安理会（负责国际和平与安全，授权会员国采取行动）
- （3）经济及社会理事会（负责协调联合国内各机构间经社事务）
- （4）托管理事会（负责对托管领土管理）
- （5）国际法院（司法机关，受理国家间争端）
- （6）秘书处（行政机关，秘书长由安理会推荐，并经大会**简单多数**票通过后委任）

联合国大会和安理会的表决制度

1. 联合国大会表决制度	（1）实行一国一票制； （2）一般问题采用简单多数通过，<u>重要问题采用2/3多数通过</u>；实践中也常采用协商一致的方式通过决议； （3）对于联合国组织内部事务通过的决议对会员国具有拘束力，对于其他一般事项作出的决议属于建议性质，不具有法律拘束力。	
	上述"重要问题"包括：①维持国际和平与安全； ②选举安理会、经社理事会和托管理事会理事国； ③接纳新会员国； ④中止会员国权利或开除会籍； ⑤实施托管问题； ⑥联合国预算及会员国会费的分摊。	
2. 安理会表决制度	（1）程序性事项	9个同意票即可通过。
	（2）非程序性事项	"大国一致原则"： ①同意票必须达到9票； ②不得有常任理事国的反对票； ③常任理事国的弃权或缺席不影响决议的通过。
		"非程序性事项"包括但不限于： ①和平解决国际争端及采取有关行动； ②向大会推荐接纳新会员国或秘书长人选； ③建议中止会员国权利或开除会籍。 注意： ①关于<u>和平解决争端</u>的决议：作为争端当事国的理事国**不得投票**； ②关于<u>采取执行行动</u>的决议：作为争端当事国的理事国**可以投票**，并且常任理事国**可以行使否决权**。
	（3）双重否决权	①决定是否属于程序性事项，五大国拥有否决权； ②对非程序性事项进行表决，五大国拥有否决权。

三、国际责任

（一）国际法律责任（行为违背国际义务）

国际法律责任	1. 责任构成（存在国家不法行为）	（1）行为归因于国家	①国家机关的行为（类别上，包括：立法、司法、行政机关和军队；级别上，既包括中央机关，也包括地方机关）； ②经授权行使政府权力的其他实体的行为； ③实际上代表国家行事的人的行为； ④别国或国际组织交与一国支配的机关的行为（被视为支配国的行为）； ⑤上述国家机关或授权人员的越权或不法行为； ⑥组成新国家的叛乱运动机关的行为（被视为新国家的行为）。
		（2）行为违背国际义务	①违背一般国际义务：国际不法行为； ②违背至关重要的国际义务：国际罪行。
	2. 排除行为不法性的情况	（1）受害国同意（前提：加害国的行为没有违反国际强行法）； （2）对抗与自卫； （3）不可抗力和偶然事故； （4）危难或紧急状态。	
	3. 国家间接责任	一国私人的行为对外国国家或个人造成侵害，国家对该行为存在失职或放纵，由此所引起的责任称为间接责任。	
	4. 责任形式	（1）终止不当行为　　（2）恢复原状 （3）赔偿　　　　　　（4）道歉 （5）保证不再重犯　　（6）限制主权	

（二）国际赔偿责任（行为没有违背国际义务，但对别国造成损害）

国际赔偿责任	（1）国家责任制：国家承担对外国损害的责任。	适用：外空探索
	（2）双重责任制：国家与营运人共同承担对外国损害的赔偿责任，即，国家保证营运人的赔偿责任，并在营运人不足赔偿的情况下，对规定的限额进行赔偿	适用：核能利用
	（3）营运人责任制：由营运人直接承担赔偿责任	适用：其他领域

第三章　国际法上的空间划分

第一节　领　土

【知识点】

一、领土和领土主权

领土，是国家主权支配和管辖下的地球的特定部分及附属的特定上空。它由领陆、领水、领空和底土四部分构成。

领土	领陆	国家主权管辖下的地球表面的陆地部分。
	领水	国家主权管辖下的全部水域，包括内水和领海。
	领空	领陆和领水上方一定高度的空间。
	底土	领陆和领水下面的部分。

领土主权，指国家对领土最高的、排他的权利。具体包括两方面内容：（1）对领土的所有权，即国家对其领土享有拥有、使用和处分的最高权；（2）排他的领土管辖权，即国家对在领土范围内的人、物和事件享有属地管辖权。

二、河流制度

	概念	法律地位
1. 内河	从源头到入海口完全在一国境内的河流。	国家享有完全主权，外国船舶未经允许不得航行。
2. 界河	流经两国之间作为两国领土分界线的河流。	河流以主航道或中心线为界分属沿岸国，各国对所属水域行使管辖权。
3. 多国河流	流经两个或两个以上国家的河流。	流经各国的河段分别属于各国领土，各国对位于其领土的河段拥有主权；每一沿岸国对该河流行使主权时，都应顾及其他沿岸国的利益；一般对所有沿岸国开放，非沿岸国船舶未经允许不得航行。
4. 国际河流	根据条约规定，对所有国家开放航行的多国河流。	一般允许所有国家的船舶无害航行；河流的管理一般由根据条约成立的专门机构进行。
5. 国际运河	两端连通海洋，人工开凿的水道。	地位由有关条约确立，一般对所有国家开放。

【真题示例】

甲河是多国河流，乙河是国际河流。根据国际法相关规则，下列哪些选项是正确的？(2011-74，多选)①

A. 甲河沿岸国对甲河流经本国的河段拥有主权

B. 甲河上游国家可对自己享有主权的河段进行改道工程，以解决自身缺水问题

C. 乙河对非沿岸国商船也开放

D. 乙河的国际河流性质决定了其属于人类共同的财产

三、领土的取得方式

(一) 传统方式

1. 先占。指国家有意识地取得不在其他任何国家主权下土地的主权的行为。

先占必须具备两个条件：(1) 先占的对象必须为无主地；(2) 先占应为"有效占领"。所谓"有效占领"包含两个要求：①国家应具有取得该无主地主权的意思，并公开地表现出来，如某国发现一块无主地之后插上国旗宣誓主权；②国家对该地采取实际的控制，包括采取立法、司法、行政措施等。

先占主要被用来解释某些历史遗留问题，当前世界上已基本不存在先占的对象。

例1：大丰岛本是甲国固有领土，早在约500年前该岛已被列入其管辖范围，但一直无人居住。后乙国在一次战争中占领大丰岛，并声称对该岛拥有主权。但甲国对乙国的占领从未予以承认，多次在各种场合表明自己拥有大丰岛主权的立场。根据有关国际法，乙国的占领能否构成先占？

不能。虽然大丰岛在乙国占领前一直无人居住，但属甲国管辖范围，并非无主地，故乙国的占领不能构成先占。

2. 时效。指由于国家公开地、不受干扰地、长期占有他国领土，从而获得该领土的主权。通过时效取得他国领土是否合法，各界历来存在争议。多数学者认为其不符合国际法。

3. 添附。指自然或人为的领土增加。具体包括两种：①自然添附，即领土的自然增加，如河口三角洲、涨滩等；②人工添附，即领土的人为增加，如围海造田。注意：人工添附不得损害他国利益。

例2：甲乙两国之间存在一条界河。为进一步开发利用该河流观光资源，甲国在界河本国一侧建造一人工岛，但该岛屿建成后，河水流向发生严重改变，致使对岸的乙国农田大量被淹。甲国的添附行为是否符合国际法？

不符合。因为该行为损害了乙国的利益。

4. 征服。指一国以武力方式占有他国领土。当前国际法下，通过征服取得他国领土显然非法。

5. 割让。指一国根据条约将部分领土转移给另一国。具体包括两种：

(1) 强制割让，即一国通过武力迫使他国割让领土。如甲午战争后，清政府根据《马关条约》被迫将台湾割让给日本。强制割让是战争或胁迫的结果，显属非法。

(2) 非强制割让，即国家自愿通过条约将部分领土转移给他国，包括领土的买卖、赠与、

---

① AC。对多国河流的航行、使用、管理等事项，一般都应由有关国家协议解决，各国不得有害地利用该河流，不得使河流改道或堵塞河流，B项错误。国际河流流经各国领土的河段仍然是该国主权下的领土，并非人类共同的财产，D项错误。

互换等。典型如南北战争后期，美国以总价 720 万美元的价格从俄罗斯手中购买了阿拉斯加。非强制割让是国家自愿进行的，合法。

【深度解析】领土割让是否全部非法？

割让分强制割让和非强制割让两种。强制割让，指一国通过使用武力以签订和约的形式迫使他国将领土转移给自己，如 1895 年甲午战争后，中国根据《马关条约》被迫将台湾割让给日本。强制割让是战争胁迫的结果，违背了不得使用威胁或武力原则，故属非法。

非强制割让，通常是有关国家在平等自愿基础上进行和平谈判的结果。非强制割让包括：（1）买卖，如 1867 年俄国将阿拉斯加地区卖给了美国；（2）赠与，如 1866 年奥地利将威尼斯赠与法国；（3）互换，如 1960 年中国和缅甸根据两国签订的边界条约，将中缅边界的两块土地进行了交换。非强制割让合法。

【真题示例】

亚金索地区是位于甲乙两国之间的一条山谷。18 世纪甲国公主出嫁乙国王子时，该山谷由甲国通过条约自愿割让给乙国。乙国将其纳入本国版图一直统治至今。2001 年，乙国发生内乱，反政府武装控制该山谷并宣布脱离乙国建立"亚金索国"。该主张遭到乙国政府的强烈反对，但得到甲国政府的支持和承认。根据国际法的有关规则，下列哪一选项是正确的？（2007 – 30，单选）①

A. 国际法中的和平解决国际争端原则要求乙国政府在解决"亚金索国"问题时必须采取非武力的方式

B. 国际法中的民族自决原则为"亚金索国"的建立提供了充分的法律根据

C. 上述 18 世纪对该地区的割让行为在国际法上是有效的，该地区的领土主权目前应属于乙国

D. 甲国的承认，使得"亚金索国"满足了国际法上构成国家的各项要件

（二）现代方式

1. 殖民地独立。指殖民地人民根据民族自决原则从原殖民国独立出来成立新国家。

2. 公民投票。指有关国家在符合国际法的前提下，采取公民投票的方式，对有争议地区的归属进行表决，以各方都接受的表决结果决定领土的变更。

四、边境制度

（一）界标的维护

在界标维护的问题上，相邻国家应承担以下义务：（1）"共同维护"，在已设界标边界线上，相邻国家对界标的维护负有共同责任，应使界标的位置、形状、型号和颜色符合边界文件中规定的一切要求；（2）"防止"，双方应采取必要措施防止界标被移动或损坏；（3）"通知"与"重建"，若一方发现上述情况，应尽快通知另一方，在双方代表在场的情况下修复或重建；（4）"惩罚"，国家有义务对移动或损坏界标的行为给予惩罚。

（二）边境土地的使用

一国在使用边境土地时，不得损害对方国家利益。

例 3：甲乙两国是陆地邻国。为促进边境地区发展，甲国在本国边境地区建立一座化工

---

① C。和平解决国际争端原则适用于国家间发生的争端，"亚金索国"问题属乙国内部问题，该原则并不适用，A 项错误。民族自决原则不适用于一国内部的民族分离主义活动，B 项错误。对新国家的承认，是既存国家对新国家出现这一事实的单方面宣告和认定，并不是被承认者成为国际法主体的条件，D 项错误。

厂。由于甲国位于上风向，每年季风季节，大量化学废气飘向乙国。乙国多次向甲国提出抗议，但甲国认为化工厂建在本国领土内并不违反国际法。根据国际法，应如何认定甲国的行为？

甲国的行为不符合国际法。虽然化工厂建在本国领土，但甲国在利用边境土地时应充分考虑邻国利益，不应对乙国造成损害。

(三) 界水的利用

在利用界水时，相邻国家应遵循以下规则：(1) 一国在使用界水时，不得使河水枯竭或泛滥，不得故意使河水改道；(2) 渔民只能在本国一侧捕鱼；(3) 相邻国家在界水上享有平等的航行权，船舶航行时应具有国籍标志，除遇难等特殊情况外，一方船舶不得在对方靠岸停泊；(4) 一方在界水上修建工程设施应取得另一方同意。

【真题示例】

风光秀丽的纳列温河是甲国和乙国的界河。两国的边界线确定为该河流的主航道中心线。甲乙两国间没有其他涉及界河制度的条约。现甲国提议开发纳列温河的旅游资源，相关旅行社也设计了一系列界河水上旅游项目。根据国际法的相关原则和规则，下列哪一项活动不需要经过乙国的同意，甲国即可以合法从事？(2006-30，单选)①

A. 在纳列温河甲国一侧修建抵近主航道的大型观光栈桥

B. 游客乘甲国的旅游船抵达乙国河岸停泊观光，但不上岸

C. 游客乘甲国渔船在整条河中进行垂钓和捕捞活动

D. 游客乘甲国游船在主航道上沿河航行游览

(四) 边民的往来

相邻国家通常给予边民交往特殊便利。

(五) 边境事件的处理

一般事件 (如偷渡、违章越界、损坏界标等) 由两国代表组成的共同管理机构处理，重大事件由外交机关处理。

【真题示例】

甲乙两国边界附近爆发部落武装冲突，致两国界标被毁，甲国一些边民趁乱偷渡至乙国境内。依相关国际法规则，下列哪一选项是正确的？(2016-33，单选)②

A. 甲国发现界标被毁后应尽速修复或重建，无须通知乙国

B. 只有甲国边境管理部门才能处理偷渡到乙国的甲国公民

C. 偷渡到乙国的甲国公民，仅能由乙国边境管理部门处理

D. 甲乙两国对界标的维护负有共同责任

五、两极地区的法律地位

(一) 南极地区

南极地区指南纬60度以南的地区，包括南极洲及其沿海岛屿和海域。1961年生效的《南极条约》确立了南极地区的法律制度，具体如下：

---

① D。参见"界水的利用"。

② D。在已设界标边界线上，相邻国家对界标的维护负有共同责任，应使界标符合边界文件中的规定，D项正确。双方应采取必要措施防止界标被移动、损坏或灭失，若一方发现上述情况，应尽快通知另一方，在双方代表在场的情况下修复或重建，A项错误。对于偷渡问题，应由甲乙两国成立的共同管理机构进行处理，BC两项错误。

1. 南极只用于和平目的。禁止在南极地区从事有关军事行动，但是为科学研究或其他和平目的的使用军事人员或设施不被禁止。

2. 科学考察自由和科学合作。

3. 冻结对南极的领土要求。（1）对南极领土不得提出新的或扩大现有要求；（2）《南极条约》不构成对任何现有的南极领土主张的支持或否定；（3）条约有效期间进行的任何活动不构成主张支持或否定对南极领土要求的基础。

4. 维持南极地区水域的公海制度。

5. 保护南极环境与资源。

6. 建立南极协商会议。会议每2年召开一次，交换有关情报，讨论有关南极问题。

【真题示例】

甲乙丙三国均为南极地区相关条约缔约国。甲国在加入条约前，曾对南极地区的某区域提出过领土要求。乙国在成为条约缔约国后，在南极建立了常年考察站。丙国利用自己靠近南极的地理优势，准备在南极大规模开发旅游。根据《南极条约》和相关制度，下列哪些判断是正确的？（2010－78，多选）①

A. 甲国加入条约意味着其放弃或否定了对南极的领土要求

B. 甲国成为条约缔约国，表明其他缔约国对甲国主张南极领土权利的确认

C. 乙国上述在南极地区的活动，并不构成对南极地区提出领土主张的支持和证据

D. 丙国旅游开发不得对南极环境系统造成破坏

（二）北极地区

北极地区指北极圈以内的区域，主要部分是北冰洋。目前还没有关于北极法律地位的相关条约。北冰洋适用海洋法的有关原则和制度，大部分为公海。

【归纳总结】

"领土"为全方位、综合性概念，切不要狭义理解为仅是一国的陆地部分，其不仅包括领陆，还包括领水、领空、底土。国家对上述区域享有完全的、排他的主权。

① CD。

第二节　海洋法

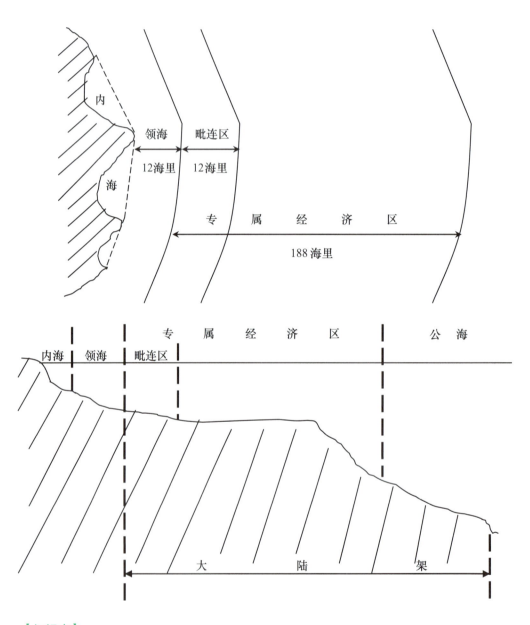

【知识点】

一、内海及有关制度

（一）领海基线

领海基线，是一国领陆或内水与领海的分隔线，也是海洋法中划分其他海域的起算线。具体包括两种：（1）正常基线，即落潮时海水退到离海岸最远的潮位线，适用于海岸线比较平直的情形；（2）直线基线，即连接海岸或近海岛屿最外缘各点的直线，适用于海岸线曲折的情形。中国的领海基线采用直线基线。

（二）内海与港口制度

1. 范围

内海是一国领海基线以内的海域，包括内陆海、内海湾、内海峡和其他位于海岸与领海基线之间的海域。

2. 性质

（1）内海是一国内水的一部分，处于国家主权管辖之下；

（2）外国船舶未经许可不得进入；

（3）国家有权对其内海加以利用和控制。

3. 港口制度

国家对位于其港口的外籍船舶具有管辖权，但实践中，沿海国一般不介入船舶内部事件。

（1）在刑事管辖方面，通常只管辖以下案件：①扰乱港口安宁；②受害者为沿海国或其国民；③案情重大；④应船长或船旗国领事请求。

（2）在民事管辖方面，只有当案件涉及沿海国公民的利益或其他船舶以外的因素，或涉及船舶本身在港口内航行、停留期间的权利义务时，沿海国才予以管辖。

二、领海与毗连区

（一）领海

1. 范围

领海是一国领海基线以外毗邻一国领陆或内水的一定宽度的海水带。其宽度不得大于 12 海里。

2. 性质

（1）沿海国对领海水体、上空、底土享有完全主权；

（2）外国船舶在领海中享有无害通过权。

3. 沿海国权利

国家对领海中航行的外国船舶拥有管辖权，但实践中，国家一般不对外国船舶上人员在船上的行为进行管辖。

（1）在刑事管辖方面，通常只管辖以下案件：①罪行后果及于沿海国；②扰乱当地安宁或沿海国良好秩序；③打击毒品所必需；④应船长、船旗国外交代表或领事请求（如经船长请求，沿海国采取措施前应通知船旗国外交代表或领事官员）。

（2）在民事管辖方面，沿海国不应为对外国船舶上的人行使管辖而停止该船航行或改变其航向。

例4："风帆号"是在甲国注册由丙国船东所有的商船。根据海洋法公约，当"风帆号"在乙国领海航行时，发生下列哪些行为，乙国可以管辖？（1）"风帆号"上的乙国船员约翰和丁国船员彼德因斗殴导致约翰重伤；（2）因船上发生刑事案件，丁国籍船长大卫请求乙国政府予以处理；（3）因船上发生刑事案件，丙国驻乙国某地领事请求乙国政府予以处理。

（1）可以，因为受伤船员为乙国公民，罪行后果及于沿海国；（2）可以，应船长请求，沿海国可以管辖；（3）不可以，经船旗国外交代表或领事请求，沿海国才予以管辖，本例中的船旗国为甲国。

4. 无害通过权

无害通过权，指外国船舶在不损害沿海国和平安宁和正常秩序的条件下，拥有无须事先通知或征得沿海国许可而连续不断地通过其领海的权利。具体包括两种情形：①为驶入或驶出内水而通过领海；②仅穿越领海而不驶入内水。

根据《海洋法公约》，无害通过应满足"通过"和"无害"两方面的要求。

（1）"通过"

①船舶必须连续不停地迅速通过，除非发生不可抗力、遇难和救助，不得停船或下锚，潜水艇通过时要浮出水面并展示船旗；②无害通过不得损害沿海国和平、安宁和良好秩序；③无害通过无须事先通知或征得沿海国许可；④该制度只适用于船舶，不适用于飞机；⑤沿海国不应对各国船舶有所歧视，不得仅以通过领海为由向外国船舶征收费用，对航行危险的情况应妥为公布；⑥沿海国可制定有关无害通过的法规，指定海道或对油轮、核动力船等船舶实行分道航行制，为国家安全可在特定水域暂停实行无害通过。

（2）"无害"

通过必须是无害的，有下列行为即为有害：①武力威胁或使用武力、军事演习、搜集情报、进行危害国防安全的宣传；②在船上起落飞机或任何军事装置；③违反沿海国有关法律规章以及上下任何商品、货币或人员；④故意和严重的污染行为；⑤捕鱼，研究或测量、干扰沿海国通讯系统；⑥与通过没有关系的其他任何活动。

【真题示例】

甲国的一个航海航空爱好者组织"碧海蓝天协会"准备进行一次小型飞机"蓝天号"和赛艇"碧海号"的海上联合表演，计划涉及我国的领海和领海上空。对此，根据国际法的有关规则和我国的相关法律，下列哪些判断是正确的？（2002-58，多选）①

A. "蓝天号"飞行表演如在我国领海上空进行，必须得到我国的允许

B. "碧海号"赛艇表演如果在我国领海中进行，必须得到我国的允许

C. "蓝天号"在前往表演空域途中，如果仅仅是以通过为目的，从而飞过我国的领海上空，则无须得到我国的许可

D. "碧海号"在前往表演海域的途中，如果仅仅是以通过为目的，从而穿越我国的领海，则无须得到我国的许可

【深度解析】军舰在别国领海是否享有无害通过权？

根据《海洋法公约》，一切船舶均享有无害通过领海的权利。我国《领海及毗连区法》第6条规定："外国非军用船舶，享有依法无害通过中华人民共和国领海的权利。外国军用船舶进入中华人民共和国领海，须经中华人民共和国政府批准。"由此可见，对于军舰是否享有无害通过权，公约和国内法的规定不尽相同，公约的规定包括了"一切"船舶，而中国国内法则将军舰排除在外，仅有非军用船舶享有该项权利。

（二）毗连区

1. 范围

毗连区是沿海国在领海以外毗连领海划定的一定宽度的海水带。其宽度从领海基线量起不超过24海里。

2. 性质

（1）毗连区不是国家领土，国家对毗连区不享有主权；

---

① ABD。无害通过制度只适用于船舶，不适用于飞机，飞机通过我国领海上空须得到我国允许，A项正确，C项错误。"碧海号"赛艇在领海中进行表演，与通过没有直接关系，不属无害通过，须得到我国允许，B项正确。"碧海号"赛艇以通过为目的，穿越领海，属无害通过，无须得到我国许可，D项正确。

（2）毗连区由沿海国根据本国法律划定。

3. 沿海国权利

（1）沿海国在毗连区内可对海关、财政、移民、卫生等特定事项进行管辖，但管辖范围不包括毗连区上空；

（2）其他性质取决于其所处的海域，或为公海或为专属经济区（如国家设立专属经济区，毗连区为专属经济区的一部分；反之，如未设立专属经济区，则毗连区位于公海之内）。

【深度解析】如何理解毗连区的范围？

毗连区是沿海国在领海以外毗连领海划定的一定宽度的海水带。《海洋法公约》规定，"毗连区从测算领海宽度的基线量起，不得超过24海里"。但需注意的是，在这24海里范围内，从领海基线量起，前12海里为领海，因而毗连区的实际宽度是12海里。对此，我国《领海及毗连区法》的表述更加明确，该法第4条规定："中华人民共和国毗连区为领海以外邻接领海的一带海域。毗连区的宽度为12海里。中华人民共和国毗连区的外部界限为一条其每一点与领海基线的最近点距离等于24海里的线。"

【法条引述】

《中华人民共和国领海及毗连区法》

第3条 中华人民共和国领海的宽度从领海基线量起为十二海里。

中华人民共和国领海基线采用直线基线法划定，由各相邻基点之间的直线连线组成。

中华人民共和国领海的外部界限为一条其每一点与领海基线的最近点距离等于十二海里的线。

第4条 中华人民共和国毗连区为领海以外邻接领海的一带海域。毗连区的宽度为十二海里。

中华人民共和国毗连区的外部界限为一条其每一点与领海基线的最近点距离等于二十四海里的线。

第5条 中华人民共和国对领海的主权及于领海上空、领海的海床及底土。

第6条 外国非军用船舶，享有依法无害通过中华人民共和国领海的权利。

外国军用船舶进入中华人民共和国领海，须经中华人民共和国政府批准。

第7条 外国潜水艇和其他潜水器通过中华人民共和国领海，必须在海面航行，并展示其旗帜。

第8条 外国船舶通过中华人民共和国领海，必须遵守中华人民共和国法律、法规，不得损害中华人民共和国的和平、安全和良好秩序。

外国核动力船舶和载运核物质、有毒物质或者其他危险物质的船舶通过中华人民共和国领海，必须持有有关证书，并采取特别预防措施。

中华人民共和国政府有权采取一切必要措施，以防止和制止对领海的非无害通过。

外国船舶违反中华人民共和国法律、法规的，由中华人民共和国有关机关依法处理。

第9条 为维护航行安全和其他特殊需要，中华人民共和国政府可以要求通过中华人民共和国领海的外国船舶使用指定的航道或者依照规定的分道通航制航行，具体办法由中华人民共和国政府或者其有关主管部门公布。

第10条 外国军用船舶或者用于非商业目的的外国政府船舶在通过中华人民共和国领海时，违反中华人民共和国法律、法规的，中华人民共和国有关主管机关有权令其立即离开领海，对所造成的损失或者损害，船旗国应当负国际责任。

第12条 外国航空器只有根据该国政府与中华人民共和国政府签订的协定、协议，或者经中华人民共和国政府或者其授权的机关批准或者接受，方可进入中华人民共和国领海上空。

第13条 中华人民共和国有权在毗连区内，为防止和惩处在其陆地领土、内水或者领海内违反有关安全、海关、财政、卫生或者入境出境管理的法律、法规的行为行使管制权。

第14条 中华人民共和国有关主管机关有充分理由认为外国船舶违反中华人民共和国法律、法规时，可以对该外国船舶行使紧追权。

追逐须在外国船舶或者其小艇之一或者以被追逐的船舶为母船进行活动的其他船艇在中华人民共和国的内水、领海或者毗连区内时开始。

如果外国船舶是在中华人民共和国毗连区内，追逐只有在本法第十三条所列有关法律、法规规定的权利受到侵犯时方可进行。

追逐只要没有中断，可以在中华人民共和国领海或者毗连区外继续进行。在被追逐的船舶进入其本国领海或者第三国领海时，追逐终止。

本条规定的紧追权由中华人民共和国军用船舶、军用航空器或者中华人民共和国政府授权的执行政府公务的船舶、航空器行使。

三、专属经济区和大陆架

	专属经济区	大陆架
1. 范围	领海以外，从基线量起不超过200海里。	领海以外依其陆地领土的全部自然延伸。 ①从基线量起，不够200海里的扩展至200海里； ②超过200海里，最远为从领海基线量起350海里，或2500米等深线外100海里。
2. 性质	不是沿海国领土； 不是沿海国固有，沿海国需要宣告。	不是沿海国领土； 沿海国固有，沿海国无需宣告或占领。
3. 沿海国权利	（1）沿海国对专属经济区不拥有领土主权，但享有某些主权权利： ①勘探、开发、利用、养护各种资源； ②建造、使用、管理人工岛屿和设施、海洋科研、环保方面的管辖权； ③制定本区域相关法律，可采取登临、检查、逮捕等执法措施。 （2）沿海国对外国违法船舶采取措施应遵循以下规则： ①被捕船只及其船员提供适当的保证书或其他担保后，应迅速予以释放； ②对于在专属经济区内仅违反渔业法规的处罚，如无相反协议，不得包括监禁或任何形式的体罚； ③逮捕或扣留外国船只时，沿海国应将所采取的措施和处罚迅速通知船旗国。 （3）权利的"专属性"：上述权利专属于沿海国享有，其他国家未经许可不得享有。	（1）沿海国对大陆架不拥有领土主权，但享有某些主权权利： ①勘探、开发大陆架上资源； ②建造、使用人工岛屿和设施及对上述设施进行管辖。 （2）权利的"专属性"（同专属经济区） （3）权利限制： ①大陆架上权利不影响上覆水域和水域上空的法律地位； ②开发200海里以外大陆架上的资源，应向国际海底管理局交纳一定费用或实物。
4. 他国权利	（1）航行和飞越； （2）铺设海底电缆和管道（但线路的划定须经沿海国同意）。	铺设海底电缆和管道（但线路的划定须经沿海国同意）。

【深度解析】如何理解沿海国在大陆架上的权利"不影响上覆水域和水域上空的法律地位"？

大陆架，指领海以外依其陆地领土的全部自然延伸，扩展到大陆边外缘的海底区域的海床和底土。沿海国对大陆架的权利仅针对该海域的"海床"和"底土"部分，不适用于上覆水域和水域上空。如一国设立专属经济区，在200海里范围内，大陆架的上覆水域和水域上空应适用专属经济区的法律制度；在200海里以外的大陆架上覆水域和水域上空，则适用公海的法律制度。

例5： 甲国是一个地理上宽大陆架的沿海国，也是发达国家，其地理大陆架从领海基线到大陆边外缘的距离为380海里。（1）根据《海洋法公约》，甲国大陆架的范围应如何确定？（2）如果甲国欲开采200海里以外大陆架上石油资源应如何处理？

（1）最远为从领海基线量起350海里，或2500米等深线外100海里。（2）甲国应向国际海底管理局交纳一定费用或实物。

例6： 甲国为沿海国，但从未发表过任何关于大陆架的法律或声明，也从未在大陆架上进行过任何活动。现乙国在甲国不知晓的情况下，在甲国毗连区海底进行科研钻探活动。甲国对此向乙国提出严正抗议。而乙国认为，甲国对该区域从未宣告或进行有效占领，乙国有权进行科研钻探活动。根据相关国际条约，乙国的行为是否合法？

不合法。毗连区海底属于一国大陆架的一部分，沿海国享有大陆架上的权利无须宣告或占领。同时，沿海国对大陆架的权利具有"专属性"的特点，科研钻探的权利专属于甲国享有，乙国非经甲国同意不得从事上述活动。

【真题示例】

甲国在其宣布的专属经济区水域某暗礁上修建了一座人工岛屿。乙国拟铺设一条通过甲国专属经济区的海底电缆。根据《联合国海洋法公约》，下列哪一选项是正确的？（2010 - 31，单选）①

A. 甲国不能在该暗礁上修建人工岛屿

B. 甲国对建造和使用该人工岛屿拥有管辖权

C. 甲国对该人工岛屿拥有领土主权

D. 乙国不可在甲国专属经济区内铺设海底电缆

【法条引述】

《中华人民共和国专属经济区和大陆架法》

第2条 中华人民共和国的专属经济区，为中华人民共和国领海以外并邻接领海的区域，从测算领海宽度的基线量起延至二百海里。

中华人民共和国的大陆架，为中华人民共和国领海以外依本国陆地领土的全部自然延伸，扩展到大陆边外缘的海底区域的海床和底土；如果从测算领海宽度的基线量起至大陆边外缘的距离不足二百海里，则扩展至二百海里。

中华人民共和国与海岸相邻或者相向国家关于专属经济区和大陆架的主张重叠的，在国际法的基础上按照公平原则以协议划定界限。

第3条 中华人民共和国在专属经济区为勘查、开发、养护和管理海床上覆水域、海床及其底土的自然资源，以及进行其他经济性开发和勘查，如利用海水、海流和风力生产能等活

---

① B。沿海国对专属经济区不拥有领土主权，只享有某些主权权利，C项表述错误。

动，行使主权权利。

中华人民共和国对专属经济区的人工岛屿、设施和结构的建造、使用和海洋科学研究、海洋环境的保护和保全，行使管辖权。

本法所称专属经济区的自然资源，包括生物资源和非生物资源。

第4条 中华人民共和国为勘查大陆架和开发大陆架的自然资源，对大陆架行使主权权利。

中华人民共和国对大陆架的人工岛屿、设施和结构的建造、使用和海洋科学研究、海洋环境的保护和保全，行使管辖权。

中华人民共和国拥有授权和管理为一切目的在大陆架上进行钻探的专属权利。

本法所称大陆架的自然资源，包括海床和底土的矿物和其他非生物资源，以及属于定居种的生物，即在可捕捞阶段在海床上或者海床上不能移动或者其躯体须与海床或者底土保持接触才能移动的生物。

第9条 任何国际组织、外国的组织或者个人在中华人民共和国的专属经济区和大陆架进行海洋科学研究，必须经中华人民共和国主管机关批准，并遵守中华人民共和国的法律、法规。

第11条 任何国家在遵守国际法和中华人民共和国的法律、法规的前提下，在中华人民共和国的专属经济区享有航行、飞越的自由，在中华人民共和国的专属经济区和大陆架享有铺设海底电缆和管道的自由，以及与上述自由有关的其他合法使用海洋的便利。铺设海底电缆和管道的路线，必须经中华人民共和国主管机关同意。

第12条 中华人民共和国在行使勘查、开发、养护和管理专属经济区的生物资源的主权权利时，为确保中华人民共和国的法律、法规得到遵守，可以采取登临、检查、逮捕、扣留和进行司法程序等必要的措施。

中华人民共和国对在专属经济区和大陆架违反中华人民共和国法律、法规的行为，有权采取必要措施，依法追究法律责任，并可以行使紧追权。

【提示注意】

2016年最高院发布了《关于审理发生在我国管辖海域相关案件若干问题的规定（一）》，该规定明确了"我国管辖海域"的范围以及我国在该区域内对相关案件的管辖权：

1. 我国管辖海域，是指中华人民共和国内水、领海、毗连区、专属经济区、大陆架，以及中华人民共和国管辖的其他海域。中国公民或组织在我国与有关国家缔结的协定确定的共同管理的渔区或公海从事捕捞等作业的，适用本规定。

2. 中国公民或者外国人在我国管辖海域实施非法猎捕、杀害珍贵濒危野生动物或者非法捕捞水产品等犯罪的，依照我国刑法追究刑事责任。

四、群岛水域和国际航行海峡

（一）群岛水域

1. 范围

群岛水域，是群岛国群岛基线所包围的内水之外的海域。

群岛国可以连接群岛最外缘各岛和各干礁的最外缘各点构成直线群岛基线。

群岛基线的确定需要满足以下条件：（1）基线应包括主要岛屿和一个区域，在该区域内，陆地面积：水域面积应在1:1~1:9之间；（2）基线超过100海里的线段，最多不得超过基线总数的3%；（3）基线不能明显偏离群岛轮廓，不能将其他国家的领海与公海或专属经济区隔断。

【提示注意】群岛水域的划定不妨碍群岛国按照《海洋法公约》划定内水，及在基线之外划定领海、毗连区、专属经济区和大陆架。

2. 性质

（1）群岛国对群岛水域包括其上空和底土拥有主权；

（2）群岛国应尊重与其他国家间的现有协定，以及其他有关国家在该区域的传统合法权益或现有情况（如他国在该区域内的传统捕鱼权利）。

3. 通过制度

（1）无害通过：所有国家的船舶享有通过除群岛国内水以外的群岛水域的无害通过权。

（2）群岛海道通过：群岛国可以指定适当的海道及其上空的空中航道（群岛海道），所有国家的船舶和飞机都享有连续不停地迅速通过或飞越该海道或空中航道的权利。

注意"无害通过"与"群岛海道通过"的区别：第一，无害通过仅针对船舶，群岛海道通过既适用于船舶，也包括飞机；第二，无害通过适用于群岛国内水以外的整个群岛水域，群岛海道通过仅在群岛国指定的群岛海道中适用。

【真题示例】

甲国是群岛国，乙国是甲国的隔海邻国，两国均为《联合国海洋法公约》的缔约国。根

据相关国际法规则，下列哪一选项是正确的？（2014－33，单选）①

A. 他国船舶通过甲国的群岛水域均须经过甲国的许可

B. 甲国为连接其相距较远的两岛屿，其群岛基线可隔断乙国的专属经济区

C. 甲国因已划定了群岛水域，则不能再划定专属经济区

D. 甲国对其群岛水域包括上空和底土拥有主权

（二）国际航行海峡

1. 概念

国际航行海峡，两端连接公海或专属经济区，用于国际航行的海峡。

2. 通过制度

国际航行海峡的通过包括：过境通行制度、公海自由通过制度、无害通过制度以及特别协定制度四种。不同的通过制度，适用于不同情形的海峡：

通过制度	适用情形
公海自由通过制度	海峡中存在公海或专属经济区的航道。
无害通过制度	海峡由一国大陆和该国岛屿构成，且该岛屿向海一面的海域有一条在航行和水文特征方面同样方便地穿过公海或专属经济区的航道（见下图）。
特别协定制度	此类海峡的通过制度由专门的国际条约加以规定，如：位于土耳其的博斯普鲁斯海峡和达达尼尔海峡的通过制度，由1936年《蒙特利尔公约》加以规定。
过境通行制度	上述三种情形之外的国际航行海峡。在该情形下，所有国家的船舶和飞机都享有以连续不停和迅速通过为目的的航行和通过自由。

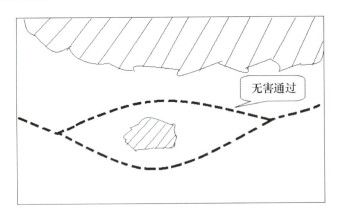

无害通过

适用无害通过的海峡

五、公海

（一）范围

公海，指内海、领海、专属经济区、群岛水域以外的全部海域。公海不属于任何国家领土的组成部分，任何国家不得将公海的任何部分置于其主权之下，也不得对公海本身行使管

---

① D。所有国家的船舶享有通过除群岛国内水以外的群岛水域的无害通过权，A项错误。划定群岛基线不能明显偏离群岛轮廓，不能将其他国家的领海与公海或专属经济区隔断，B项错误。群岛水域的划定不妨碍群岛国划定内水，及在基线之外划定领海、毗连区、专属经济区和大陆架，C项错误。

辖权。

（二）公海的六大自由

任何国家在公海上都享有以下六种权利，被称为公海的六大自由。

1. 航行自由。船舶在公海上航行的挂旗规则：（1）必须悬挂国旗；（2）只能悬挂一国国旗；（3）悬挂两国或两国以上旗帜或视方便而换用旗帜的，视为无国籍船舶。

2. 飞越自由。

3. 铺设海底电缆和管道自由。在铺设时，不应影响其他国家已铺设的电缆和管道。

4. 捕鱼自由。

5. 建造人工岛屿和设施自由。各国有权在公海建造人工岛屿或设施，这种人工岛屿或设施不具有自然岛屿的地位，但可以在其周围划定宽度不超过 500 米的安全地带。

6. 科学研究自由。

（三）公海上的管辖权

1. 船旗国管辖。船舶内部事务，一般由船旗国专属管辖。

2. 普遍管辖。以下行为属于普遍管辖的对象：海盗、非法广播、贩奴和贩毒。

（四）登临权和紧追权

1. 登临权

登临权，也称临检权，指一国军舰、军用飞机或其他得到正式授权，有清楚标志可识别的政府船舶或飞机，对公海上的外国船舶（军舰等享有豁免权的除外），有合理根据认为其存在不法情况时，拥有登船检查并采取相关措施的权利。

（1）主体：军舰、军用飞机或其他得到授权并有清楚标志可识别的政府船舶和飞机；

（2）对象：公海上的外国船舶，军舰等享有豁免权的除外；

（3）适用情形：海盗、贩奴；非法广播；船舶无国籍；虽挂外国旗或拒不展示船旗，但实际上与登临军舰属同一国籍；

（4）后果：如错误登临，造成损失，登临国承担国际责任。

2. 紧追权

紧追权，指沿海国拥有的对于违反其法规并从该国管辖范围内的海域向公海行驶的外国船舶进行追逐的权利。

（1）主体：同登临权；

（2）对象：违反本国法规，从本国管辖海域向公海行驶的外国船舶；

（3）规则：

①紧追始于一国内水、领海、毗连区或专属经济区，由毗连区开始的紧追限于船舶对该区域所涉法律的违反，由专属经济区开始的紧追限于船舶对该区域或大陆架所涉法律的违反；紧追止于他国领海，被紧追船舶进入本国或第三国领海都应终止。

②在被紧追船舶的视听范围内发出停止信号后，才可开始紧追。

③紧追可以追入公海中继续进行，直至追上并依法采取措施，但必须是连续不断的。

【提示注意】紧追必须"连续不断"，不得中断。如果中途更换紧追船舶或飞机，在先船舶或飞机必须在后继者到达后方可退出，否则视为中断，中断后不能再紧追。

【真题示例】

乙国军舰 A 发现甲国渔船在乙国领海走私，立即发出信号开始紧追，渔船随即逃跑。当 A 舰因机械故障被迫返航时，令乙国另一艘军舰 B 在渔船逃跑必经的某公海海域埋伏。A 舰返航半小时后，渔船出现在 B 舰埋伏的海域。依《联合国海洋法公约》及相关国际法规则，下列

哪一选项是正确的?(2009-30,单选)①

A. B 舰不能继续 A 舰的紧追

B. A 舰应从毗连区开始紧追,而不应从领海开始紧追

C. 为了紧追成功,B 舰不必发出信号即可对渔船实施紧追

D. 只要 B 舰发出信号,即可在公海继续对渔船紧追

六、国际海底区域

(一) 范围

国际海底区域,指国家管辖范围以外的海床、洋底及其底土,即国家领土、专属经济区及大陆架以外的海底及其底土。区域内资源由国际海底管理局代表全人类加以管理。

(二) 法律地位

1. 国际海底区域及其资源是人类共同继承财产,任何国家不得对区域或其任何部分主张主权或行使主权权利,任何人不得将区域或其资源的任何部分据为己有;

2. 区域对所有国家开放,各国都可以为和平目的加以利用;

3. 区域内的活动应为全人类的利益而进行;

4. 区域内一切资源属于全人类,由国际海底管理局代表全人类加以管理。

(三) 开发制度

国际海底区域实行平行开发制,即一方面由海底管理局企业部进行,另一方面由缔约国的自然人或法人与管理局以合作的方式进行。具体而言,在区域内的一个矿区被勘探后,开发申请者向海底管理局提供两块价值相当的矿址,海底管理局选择一块作为"保留区",另一块作为"合同区"与申请者签订合同进行开发。

【归纳总结】

海洋是人类活动的重要场所,也是各国利益争端之所在。因涉及《联合国海洋法公约》,海洋法也是法考的重要章节,历年经常考到。复习本节,考生应弄清三个问题:(1) 各类海域如何划分,其范围怎么确定;(2) 在各类海域中沿海国享有哪些权利;(3) 在各类海域中其他国家享有哪些权利。

第三节 空间法

【知识点】

一、民用航空法

(一) 基本制度 (《芝加哥公约》)

1. 领空主权原则

(1) 国家对其领空拥有完全的、排他的主权,外国航空器进入国家领空需经该国许可并

---

① A。军舰 B 在 A 舰退出后半小时才等到渔船的出现,表明紧追已经中断,因而 B 舰不能继续 A 舰的紧追,A 项正确,D 项错误。从内水、领海、毗连区或专属经济区都可以开始紧追,B 项错误。紧追必须在被追船舶的视听范围内发出停驶信号后才能开始,C 项错误。

遵守领空国法律；

（2）对于非法入境的外国民用航空器，国家可以要求其立即离境或在指定地点降落，但不得危及航空器内人员的生命和航空器安全，避免使用武器；

（3）国家有权制定外国航空器在境内飞行的规章制度，指定降停机场；

（4）国家保留国内航线专属权，为安全及军事需要有权在其领空划定禁区。

【提示注意】对于非法入境的外国民用航空器，国家可以要求其立即离境或在指定地点降落，但要避免使用武器。在该问题上，1983年，韩国一架民航飞机偏离航道飞入苏联禁飞区，苏联军机拦截并向其发射两枚导弹，导致机上269人全部丧生。第二年，国际民航组织大会修订了1944年《芝加哥公约》，特别补充强调"避免使用武器"。

【真题示例】

甲国发生内战，乙国拟派民航包机将其侨民接回，飞机需要飞越丙国领空。根据国际法相关规则，下列哪些选项是正确的？（2011－75，多选）①

A. 乙国飞机因接其侨民，得自行飞越丙国领空

B. 乙国飞机未经甲国许可，不得飞入甲国领空

C. 乙国飞机未经允许飞越丙国领空，丙国有权要求其在指定地点降落

D. 丙国军机有权在警告后将未经许可飞越丙国领空的乙国飞机击落

2. 航空器国籍制度

（1）民用航空器须在一国登记并因此而取得登记国国籍；

（2）航空器在两个或两个以上国家重复进行的登记被认为无效，但其登记可以由一国转移到另一国；

（3）登记国对航空器上的事件拥有管辖权。

（二）民航安全制度（《东京公约》《海牙公约》《蒙特利尔公约》）

1. 危害民用航空安全的行为

（1）针对飞行中的航空器：暴力劫机、对机内人员使用暴力足以危及飞行安全；

（2）针对使用中的航空器：破坏航空器、在航空器内放置爆破装置；

（3）其他行为：破坏航行设施或扰乱其工作、传递明知是虚假的情报等。

【提示注意】"飞行中"，指航空器从装载完毕，机舱外部各门均已关闭时起，直至打开任一机舱门以便卸载时为止；"使用中"，指从地面人员或机组人员为某一特定飞行而对航空器进行飞行前的准备时起，直到降落后24小时止。

2. 管辖国家

（1）与航空器有关的国家：航空器登记国、降落地国、承租人营业地国；

（2）与罪行有关的国家：嫌疑人所在国或国籍国、罪行发生地国、罪行后果涉及国；

（3）根据本国法可以行使管辖权的国家。

【真题示例】

乘坐乙国航空公司航班的甲国公民，在飞机进入丙国领空后实施劫机，被机组人员制服后交丙国警方羁押。甲、乙、丙三国均为1963年《东京公约》、1970年《海牙公约》及1971年

---

① BC。乙国飞机即使接其侨民，未经允许也不得飞越丙国领空，A项错误。

《蒙特利尔公约》缔约国。据此，下列哪一选项是正确的？（2017-32，单选）①

A. 劫机发生在丙国领空，仅丙国有管辖权

B. 犯罪嫌疑人为甲国公民，甲国有管辖权

C. 劫机发生在乙国航空器上，仅乙国有管辖权

D. 本案涉及国际刑事犯罪，应由国际刑事法院管辖

3. "或引渡或起诉"原则

危害民航安全的行为是一种可引渡的罪行，但各国没有强制引渡的义务，国家可以根据引渡条约或国内法决定是否引渡；如果犯罪嫌疑人所在国决定不予引渡，则应在本国对嫌疑人进行起诉。

【真题示例】

甲国某航空公司国际航班在乙国领空被乙国某公民劫持，后乙国将该公民控制，并拒绝了甲国的引渡请求。两国均为1971年《关于制止危害民用航空安全的非法行为的公约》等三个国际民航安全公约缔约国。对此，下列哪一说法是正确的？（2013-33，单选）②

A. 劫持未发生在甲国领空，甲国对此没有管辖权

B. 乙国有义务将其引渡到甲国

C. 乙国可不引渡，但应由本国进行刑事审判

D. 本案属国际犯罪，国际刑事法院可对其行使管辖权

二、外层空间法

（一）外空法的主要原则

1. 共同利益原则：任何国家探索和利用外层空间，都必须是为全人类谋利益。

2. 自由探索和利用原则：外层空间对全人类开放，所有国家都有权在平等基础上根据国际法自由探索和利用外空。

3. 不得据为己有原则：任何国家、团体或个人都不得将外层空间据为己有。

4. 和平利用原则：外层空间用于和平目的，禁止在天体建立军事基地或设施，禁止在天体进行武器试验或军事演习。

【真题示例】

月球主人公司是甲国人汤姆在甲国注册的公司，专门从事出售月球土地的生意。该公司把月球分为若干部分供购买者选购，并称通过与该公司订立"月球契约"，买方就拥有了其购买的月球特定部分的所有权。对此，根据外层空间法的有关规则，下列判断哪一项是正确的？（2004-31，单选）③

A. 该类契约规定的所有权，必须得到甲国国家的特别批准方能在国际法上成立

B. 该类契约可以构成甲国国家对月球相关部分主张主权的证据

C. 即使该类契约受甲国国内法的保护，该所有权在国际法上也不能成立

D. 该类契约必须在联合国外空委员会登记，以确立购买者在国际法上的所有权

---

① B。甲国为犯罪嫌疑人国籍国，乙国为航空器登记国，丙国为罪行发生地国，故甲、乙、丙三国均有权管辖，B项正确，AC两项错误。国际刑事法院的管辖范围限于灭绝种族罪、战争罪、危害人类罪、侵略罪等，不包括危害民航安全的罪行，D项错误。

② C。虽然劫持未发生在甲国领空，但甲国作为航空器登记国仍有权管辖，A项错误。国际刑事法院的管辖范围包括灭绝种族罪、战争罪、危害人类罪、侵略罪等，不包括危害民航安全的罪行，D项错误。

③ C。

（二）外空法的主要制度

1. 登记制度

（1）发射国发射空间物体应在本国登记，并向联合国秘书长报告；

（2）空间物体由两个以上国家发射，应共同决定其中的一个国家进行登记；

（3）登记国对外空物体拥有所有权和管辖权；

（4）若登记国已知道登记物体已不在轨道上存在，应尽快通知联合国秘书长。

2. 营救制度

（1）援助：对获悉或发现在一国领土内的宇航员，领土国应立即采取一切可能的措施，营救宇航员并给予必要帮助；

（2）通知：各国在获悉或发现宇航员发生意外、遇难或紧急降落时，应立即通知其发射国及联合国秘书长；

（3）送还：对于发生意外的空间物体和宇航员应送还其发射国。

3. 责任制度

（1）发射国对其空间物体在地球表面造成的损害，或对飞行中的飞机造成的损害——承担绝对责任（空——地：绝对责任）。

（2）发射国对其空间物体在地球表面以外的地方，对于其他国家的空间物体造成损害——承担过错责任（空——空：过错责任）。

（3）当发射国的空间物体在地球表面以外的地方，对另一国空间物体造成损害，并因此对第三国造成损害时：

①如果是在第三国的地球表面或对飞行中的飞机造成的——前两国对第三国负绝对责任（空——空——地：绝对责任）；

②如果对地球表面以外的第三国外空物体造成损害——前两国依各自的过错承担相应的责任（空——空——空：过错责任）。

（4）空间物体对下列人员造成的损害不适用《责任公约》：

①发射国国民；

②在空间物体从发射至降落的任何阶段内参加操作的外国公民；

③应发射国的邀请而留在紧接预定发射或回收区的外国公民。

【提示注意】根据《责任公约》，"发射国"包括：（1）发射或促使发射空间物体的国家；（2）从其领土或设施发射空间物体的国家。

【真题示例】

乙国与甲国航天企业达成协议，由甲国发射乙国研制的"星球一号"卫星。因发射失败卫星碎片降落到甲国境内，造成人员和财物损失。甲乙两国均为《空间物体造成损害的国际责任公约》缔约国。下列选项正确的是：(2009-98，不定项)①

A. 如"星球一号"发射成功，发射国为技术保密可不向联合国办理登记

B. 因"星球一号"由甲国的非政府实体发射，甲国不承担国际责任

C. "星球一号"对甲国国民的损害不适用《责任公约》

———————————

① CD。发射空间物体应在本国登记，并向联合国秘书长报告，涉及技术保密也不例外，A项错误。外空探索领域实行国家责任制，即使卫星由非政府实体发射，国家也应对其损害负责赔偿，B项错误。空间物体对地球表面或飞行中的飞机造成损害的，发射国承担绝对责任，本题中，乙国是促使发射空间物体的国家，甲国是从其领土或设施发射空间物体的国家，两国均为发射国，D项正确。

D. 甲国和乙国对"星球一号"碎片造成的飞机损失承担绝对责任

【归纳总结】

　　空间法涉及"空气空间"和"外层空间"两部分的法律制度。历年较少涉及前者（2011年试卷一第75题考到国际民航基本制度、2013年试卷一第33题考到国际民航安全制度），而外层空间法几乎年年都考，复习时应注意外空法的四项原则和三大制度。

第四节　国际环境保护法

【知识点】

一、国际环境保护法的主要原则

（一）国家环境主权和不损害其管辖范围以外环境的原则
各国享有开发本国资源的权利，同时有义务保证其活动不损害别国或国际空间的环境。

（二）国际合作原则
环境问题的解决有赖于国际社会的普遍参与，各国在环境保护方面应加强合作。

（三）共同但有区别的责任原则
责任的共同性：环境是全人类共同利益所在，保护环境需要各国的合作与共同努力；

责任的区别性：由于各国经济、科技发展水平不同，其在环境恶化过程中所起作用不同，不应要求各国承担完全相同的责任，发达国家应承担更大的责任。

（四）可持续发展原则
各国应以可持续的方式利用和开发自然资源，不能以牺牲环境为代价，而应充分考虑后代人类的利益。

【真题示例】

　　甲乙两国是温室气体的排放大国，甲国为发达国家，乙国为发展中国家。根据国际环境法原则和规则，下列哪一选项是正确的？（2008-34，单选）①

　　A. 甲国必须停止排放，乙国可以继续排放，因为温室气体效应主要是由发达国家多年排放积累造成的

　　B. 甲国可以继续排放，乙国必须停止排放，因为乙国生产效率较低，并且对于环境治理的措施和水平远远低于甲国

　　C. 甲乙两国的排放必须同等地被限制，包括排放量、排放成份标准、停止排放时间等各方面

　　D. 甲乙两国在此问题上都承担责任，包括进行合作，但在具体排量标准，停止排放时间等方面承担的义务应有所区别

---

① D。

二、国际环境保护法的主要制度

1. 大气环境保护	（1）防止气候变化	《气候变化框架公约》	将缔约国划分为"附件一国家"和"附件二国家"。公约对所有缔约国义务、"附件一国家义务"、"附件二国家义务"分别作出了规定。 主要措施：限制和控制温室气体的排放（未规定禁止排放）。
		《京都议定书》	《京都议定书》只规定了工业化国家的减排义务，发展中国家不承担削减义务。 减排折算方式： ①"净排放量"，从本国实际排放量中扣除森林所吸收的二氧化碳的数量； ②"集团方式"，将欧盟国家视为一个整体，只要其达到减排总额，可以不管集团内部成员国的排量增减； ③"排放权交易"，发达国家排放量超出其额度，可以向其他排放量低于自身额度的发达国家购买排放量； ④"绿色交易"（绿色开发机制），发达国家可以通过资助在发展中国家营造森林或转让有关绿色技术，相应地抵消其部分排放量。
		《巴黎协定》	2015年12月通过的《巴黎协定》，明确了2020年以后应对气候变化国际机制的整体框架。 ①减排模式：采取"自下而上"的减排模式，2020年以后，各国定期提交"国家自主贡献"方式；取代了《京都议定书》"自上而下"（确定全球减排总量，向各国摊派指标）的减排模式； ②重申公平原则、共同但有区别的责任原则、各自能力原则； ③重申2℃的全球温度升高控制目标，制定了具体的程序和机制。
	（2）臭氧层保护	《保护臭氧层维也纳公约》《关于消耗臭氧层物质的蒙特利尔议定书》	规定了有关管制措施，以及相关的报告制度、消费水平限制和淘汰时间表。 规定氟氯烃最后禁用时间：发达国家为2030年，发展中国家为2040年。
2. 海洋环境保护	防止海洋倾倒废物	《防止倾倒废物及其他物质污染海洋的公约》	采用了物质分类名单和许可证制度，对于向海洋倾倒的废物，分为： ①"黑名单"物质——禁止倾倒； ②"灰名单"物质——需国家颁发"特别许可证"； ③"白名单"物质——需得到"一般许可证"。

续表

3. 自然生态和资源保护	生物资源保护	《濒危野生动植物种国际贸易公约》 建立了濒危野生物种清单基础上的许可证制度： ①附件一是受贸易影响濒于灭绝的物种——此类贸易受到最严格管制，只有极特殊情况下才被允许； ②附件二是如不管理可能成为濒于灭绝的物种——此类贸易必须加以限制； ③附件三是一般保护的物种——此类贸易各国自行决定管理。 其中，附件一、二所列物种出口都必须事先取得出口许可证；附件一物种的进口还应取得进口许可证。
4. 控制危险废物的越境转移	《巴塞尔公约》	(1) 危险废物越境转移的条件 ①缔约国禁止向另一缔约国出口危险废物，除非进口国没有禁止该废物进口，且以书面形式向出口国表示同意； ②出口国有理由认为，拟出口废物不会被以对环境无害的方式在进口国处理，则不得出口； ③不得向非缔约国出口或自非缔约国进口危险废物。 (2) 危险废物越境转移的程序 ①通知与答复：出口国或危险废物的生产者或出口者，应向进口国进行书面通知，进口国应作出书面答复； ②证实要求：出口国应证实，通知人已得到进口国书面同意；进口国应证实，出口者和处置者已订立合同，合同中详细说明对废物的无害处置方法； ③废物无法处置时的处理：危险废物如不能按合同规定处置，如无其他合法安排，应运回出口国； ④担保要求：危险废物的任何越境转移都必须有相关的保险、保证或担保； ⑤公约不适用于放射性废物。

【归纳总结】

国际环境保护是当前国际社会关注的热点问题。2015 年 11 月召开的巴黎气候大会坚持共同但有区别的责任原则，回应各方关切，顺利达成《巴黎协定》，对 2020 年之后的国际气候治理机制作出了框架性的安排。考生在复习时应注意相关国际热点问题。

【图表精要】

一、领土

(一) 领土

领土
- (1) 领陆：国家主权管辖下的地球表面的陆地部分；
- (2) 领水：国家主权管辖下的全部水域，包括内水和领海；
- (3) 领空：领陆和领水上方一定高度的空间；
- (4) 底土：领陆和领水下面的部分。

（二）领土的取得方式

1. 传统方式	（1）先占	国家有意识地取得不在其他任何国家主权下土地的主权的行为。 必须具备两个条件： ①先占的对象必须为无主地； ②先占应为"有效占领"（A. 国家应具有取得该无主地主权的意思，并公开地表现出来；B. 国家对该地采取实际的控制，包括采取立法、司法、行政措施等）。 目前，世界上已基本不存在先占的对象。
	（2）时效	由于国家公开地、不受干扰地、长期占有他国领土，从而获得该领土的主权。 性质：存在争议。
	（3）添附	自然或人为的领土增加。 ①自然添附：领土的自然增加（如河口三角洲、涨滩等）； ②人工添附：领土的人为增加（如围海造田），人工添附不得损害他国利益。 性质：合法。
	（4）征服	一国以武力方式占有他国领土。 性质：非法。
	（5）割让	一国根据条约将部分领土转移给另一国。 ①强制割让：一国通过武力迫使他国割让领土（非法）； ②非强制割让：国家自愿通过条约将部分领土转移给他国，包括，领土的买卖、赠与、互换等（合法）。
2. 现代方式	（1）殖民地独立	殖民地人民根据民族自决原则从原殖民国独立出来成立新国家。
	（2）公民投票	有关国家在符合国际法的前提下，采取公民投票的方式，对有争议地区的归属进行表决，以各方都接受的表决结果决定领土的变更。

（三）河流制度

河流制度
- （1）内河：国家享有完全主权；
- （2）界河：以主航道或中心线为界分属沿岸国；
- （3）多国河流：对沿岸国开放；
- （4）国际河流：依条约对所有国家开放；
- （5）国际运河：一般对所有国家开放。

（四）边境制度

1. 界标的维护	（1）"共同维护"：相邻国家对界标的维护负有共同责任，应使界标符合边界文件中的一切要求； （2）"防止"：双方应采取必要措施防止界标被移动或损坏； （3）"通知"与"重建"：若一方发现上述情况，应尽快通知另一方，在双方代表在场的情况下修复或重建； （4）"惩罚"：国家有义务对移动或损坏界标的行为给予惩罚。

续表

2. 边境土地的使用	不得损害对方国家利益。
3. 界水的利用	（1）一国在使用界水时，不得使河水枯竭或泛滥，不得故意使河水改道； （2）渔民只能在本国一侧捕鱼； （3）船舶航行时应具有国籍标志，除遇难等特殊情况外，一方船舶不得在对方靠岸停泊； （4）一方在界水上修建工程设施应取得另一方同意。
4. 边民的往来	给予边民交往特殊便利。
5. 边境事件的处理	一般事件（如偷渡、违章越界、损害界标等）由共同管理机构处理，重大事件由外交机关处理。

二、海洋法

（一）内海、领海、毗连区、专属经济区、大陆架

领海基线 { 正常基线：落潮时海水退到离海岸最远的潮位线。
直线基线：连接海岸或近海岛屿最外缘各点的直线。（中国采用）

	内海	领海	毗连区	专属经济区	大陆架
范围	基线以内的海域	基线以外≤12海里	领海以外，从基线起≤24海里	领海以外，从基线起≤200海里	领海以外依其陆地领土的全部自然延伸； 范围： ①从基线起，不够200海里扩展至200海里； ②超过200海里，最远350海里或2500米等深线外100海里。
性质	领土 ①沿海国享有完全的、排他的主权； ②外国船舶非经允许不得进入。	领土 ①沿海国对领海水体、上空、底土享有完全主权； ②外国船舶在领海中享有 <u>无害通过权</u>。	非领土； 沿海国根据本国法律划定。	非领土； 非沿海国固有，<u>需要宣告</u>。	非领土； ★沿海国固有，无须宣告或占领。

	内海	领海	毗连区	专属经济区	大陆架
沿海国权利	对港口内外籍船舶的管辖： ★1. 刑事案件 原则上不管，除非： ①扰乱港口安宁； ②受害者为沿海国或其国民； ③案情重大； ④应船长或船旗国领事请求。 2. 民事案件 船舶内部事项，原则上不管，除非涉及港口国公民利益或船舶在港口内航行时的权利义务。	对领海内外籍船舶的管辖： ★1. 刑事案件 原则上不管，除非： ①罪行后果及于沿海国； ②扰乱当地安宁或沿海国良好秩序； ③打击毒品所必需； ④应船长、船旗国外交代表或领事请求。 （如经船长请求，沿海国采取措施前应通知船旗国外交代表或领事官员） 2. 民事案件 通常不管，除非涉及船舶通过时所负义务。	特定事项的管制权：海关、财政、移民、卫生等。 其他性质取决于其所处的海域（或为公海或为专属经济区）。	沿海国对于专属经济区不拥有领土主权，但享有某些主权权利： 1. 勘探、开发、利用、养护各种资源； 2. 建造、使用、管理人工岛屿和设施、海洋科研、环保方面的管辖权； 3. 制定本区域相关法律，可采取登临、检查、逮捕等执法措施。 ★"专属性"	沿海国对大陆架不拥有领土主权，但享有某些主权权利： 1. 勘探、开发大陆架上资源； 2. 建造、使用人工岛屿和设施及对上述设施进行管辖。 ★"专属性"限制： 1. 大陆架上权利不影响上覆水域和水域上空的法律地位； 2. 开发200海里以外大陆架上资源，应向国际海底管理局交纳一定费用或实物。
他国权利	一般情况下，船舶内部案件由船旗国管辖。	无害通过权 1. "通过"； 2. "无害"。	同专属经济区；无专属经济区的同公海。	1. 航行和飞越； 2. 铺设海底电缆和管道（但线路的划定须经沿海国同意）。	铺设海底电缆和管道（但线路的划定须经沿海国同意）。

领海的无害通过制度

概念	外国船舶在不损害沿海国和平安宁和正常秩序的条件下，拥有无须事先通知或征得沿海国许可而连续不断地通过其领海的权利。 两种情形：（1）为驶入或驶出内水而通过领海； 　　　　　（2）仅穿越领海而不驶入内水。

续表

规则	1. "通过"	（1）船舶必须连续不停地迅速通过，除非发生不可抗力、遇难和救助，不得停船或下锚，<u>潜水艇通过时要浮出水面并展示船旗</u>； （2）无害通过不得损害沿海国和平、安宁和良好秩序； ★（3）无害通过无须事先通知或征得沿海国许可； ★（4）该制度只适用于船舶，不适用于飞机； （5）沿海国不应对各国船舶有所歧视，不得仅以通过为由向外国船舶征收费用，对危险情况应妥为公布； （6）沿海国可制定有关无害通过的法规，指定海道或分道航行，为国家安全可在特定水域暂停实行无害通过。
	2. "无害"	通过必须是无害的，有下列行为即为有害： （1）武力威胁或使用武力、军事演习、搜集情报、进行危害国防安全的宣传； （2）在船上起落飞机或任何军事装置； （3）违反沿海国有关法律规章以及上下任何商品、货币或人员； （4）故意和严重的污染行为； ★（5）捕鱼、研究或测量、干扰沿海国通讯系统； ★（6）与通过没有关系的其他任何活动。

（二）群岛水域和国际航行海峡

1. 群岛水域

范围	群岛国群岛基线所包围的内水之外的海域。 群岛基线的确定： （1）应包括主要岛屿和一个区域，在该区域内，陆地面积：水域面积在 1∶1～1∶9； （2）超过 100 海里的线段，不得超过基线总数的 3%； （3）不能明显偏离群岛轮廓，不能将其他国家的领海与公海或专属经济区隔断。		
群岛国权利	性质：类似领海，但并非领海 （1）群岛国对群岛水域（包括上空和底土）拥有主权； （2）外国船舶在群岛水域享有无害通过权； （3）群岛国应尊重其他国家在该区域的传统合法权益（如，捕鱼）。		
通过制度		（1）无害通过 所有国家的**船舶**享有通过群岛水域（不包括内水）的无害通过权。	（2）群岛海道通过 群岛国可以指定适当的海道及其上空的空中航道（"群岛海道"），所有国家的**船舶和飞机**享有通过该海道和空中航道的权利。
	适用范围	群岛水域（不包括内水）	群岛国指定的适当的海道及其上空的空中航道
	对象	船舶	船舶和飞机

2. 国际航行海峡

概念	两端连接公海或专属经济区，用于国际航行的海峡。			
通过制度		（1）公海自由航行	（2）无害通过	（3）特别协定制度	（4）过境通行
	对象	船舶和飞机	船舶	船舶	船舶和飞机
	适用情形	海峡中存在公海或专属经济区	海峡由一国大陆和该国岛屿构成，该岛屿向海一面有一条同样方便的海道	如博斯普鲁斯海峡、达达尼尔海峡	前三种情形之外
	要求	宽	严	由专门协定加以规定	类似无害通过，但较之宽松

（三）公海

1. 六大自由	（1）航行自由；（2）飞越自由；（3）铺设海底电缆和管道自由；（4）捕鱼自由；（5）建造人工岛屿和设施自由；（6）科学研究自由。 船舶在公海上航行的挂旗规则：①必须悬挂国旗；②只能悬挂一国国旗；③悬挂两国或两国以上旗帜或视方便而换用旗帜的，视为无国籍船舶。	
2. 管辖权	（1）船旗国管辖：船舶内部事务，一般由船旗国专属管辖； （2）普遍管辖：海盗、非法广播、贩奴和贩毒。	
3. 管辖措施	登临权（临检权）	定义：一国军舰、军用飞机或其他得到正式授权，有清楚标志可识别的政府船舶或飞机，对公海上的外国船舶（军舰等享有豁免权的除外），有合理根据认为其存在不法情况时，拥有登船检查并采取相关措施的权利。 （1）主体：军舰、军用飞机或其他得到授权并有清楚标志可识别的政府船舶和飞机； （2）对象：公海上的外国船舶，军舰等享有豁免权的除外； （3）适用情形：海盗；贩奴；非法广播；船舶无国籍；虽挂外国旗或拒不展示船旗，但实与登临军舰属同一国籍； （4）后果：如错误登临，造成损失，登临国承担国际责任。
	紧追权	定义：沿海国拥有的对于违反其法规并从该国管辖范围内的海域向公海行驶的外国船舶进行追逐的权利。 （1）主体：同登临权； （2）对象：违反本国法规，从本国管辖海域向公海行驶的外国船舶； （3）规则： ①始于：本国内水、领海、毗连区或专属经济区； 止于：他国领海； ②先警告，再紧追； ③在公海中可继续紧追，直至追上并依法采取措施，但必须连续不断。 注意：紧追必须"连续不断"，如果中途更换紧追船舶或飞机，在先船舶或飞机必须在后继者到达后方可退出，否则视为中断，中断后不能再紧追。

（四）国际海底区域

1. 概念	国家管辖范围以外的海床、洋底及其底土，即国家领土、专属经济区及大陆架以外的海底及其底土。 区域内资源由国际海底管理局代表全人类加以管理。
2. 开发制度	平行开发制：一方面由海底管理局企业部进行；另一方面由缔约国的自然人或法人与管理局以合作的方式进行。 具体做法：在区域内的一个矿区被勘探后，开发申请者向海底管理局提供两块价值相当的矿址，海底管理局选择一块作为"保留区"，另一块作为"合同区"与申请者签订合同进行开发。 平行开发制 { 保留区 合同区

三、民用航空法和外空法

（一）民用航空安全制度

"或引渡或起诉"原则：危害民航安全的行为是一种可引渡的罪行，但各国没有强制引渡的义务，国家可以根据引渡条约或国内法决定是否引渡；如果犯罪嫌疑人所在国决定不予引渡，则应在本国对嫌疑人进行起诉。

（二）外空法

1. 主要原则
（1）共同利益原则；
（2）自由探索和利用原则；
（3）不得据为己有原则；
（4）和平利用原则。

2. 主要制度

（1）登记制度	①发射国发射空间物体应在本国登记，并向联合国秘书长报告； ②空间物体由两个以上国家发射，应共同决定其中的一个国家进行登记； ③登记国对外空物体拥有所有权和管辖权； ④若登记国已知道登记物体已不在轨道上存在，应尽快通知联合国秘书长。
（2）营救制度	①援助：对获悉或发现在一国领土内的宇航员，领土国应立即采取一切可能的措施，营救宇航员并给予必要帮助； ②通知：各国在获悉或发现宇航员发生意外、遇难或紧急降落时，应立即通知其发射国及联合国秘书长； ③送还：对于发生意外的空间物体和宇航员应送还其发射国。

续表

（3）责任制度	①发射国对其空间物体在地球表面造成的损害，或对飞行中的飞机造成的损害——承担绝对责任（空——地：绝对责任）。 ②发射国对其空间物体在地球表面以外的地方，对于其他国家的空间物体造成损害——承担过错责任（空——空：过错责任）。 ③当发射国的空间物体在地球表面以外的地方，对另一国空间物体造成损害，并因此对第三国造成损害时： A. 如果是在第三国的地球表面或对飞行中的飞机造成的——前两国对第三国负绝对责任（空——空——地：绝对责任）； B. 如果对地球表面以外的第三国外空物体造成损害——前两国依各自的过错承担相应的责任（空——空——空：过错责任）。 空间物体对下列人员造成的损害不适用《责任公约》： ①发射国国民；②参加发射的外国公民；③应邀留在发射区或回收区的外国公民。

四、国际环境保护法

（一）主要原则

1. 国家环境主权和不损害其管辖范围以外环境的原则；
2. 国际合作原则；
3. 共同但有区别的责任原则；
4. 可持续发展原则。

（二）《京都议定书》（发展中国家不承担削减义务）

减排方式	1. "净排放量"	从本国实际排放量中扣除森林所吸收的二氧化碳的数量。
	2. "集团方式"	将欧盟国家视为一个整体，只要其达到减排总额，可以不管集团内部成员国的排量增减。
	3. "排放权交易"	发达国家排放量超出其额度，可以向其他排放量低于自身额度的发达国家购买排放量。
	4. "绿色交易"（绿色开发机制）	发达国家可以通过资助在发展中国家营造森林或转让有关绿色技术，相应地抵消其部分排放量。

（三）2015年《巴黎协定》

1. 减排模式

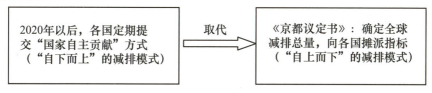

2. 重申公平原则、共同但有区别的责任原则、各自能力原则
3. 重申2℃的全球温度升高控制目标，制定了具体的程序和机制

第四章 国际法上的个人

第一节 国 籍

【知识点】

一、国籍的取得和丧失

1. 国籍的取得	(1) 出生取得	①血统主义：一个人出生时取得的国籍仅取决于其父母的国籍，而不问其出生在何地； 单系血统主义：仅以父亲的国籍决定子女的国籍； 双系血统主义：可由双亲任一方的国籍决定子女的国籍； ②出生地主义：一个人出生时取得的国籍仅取决于其出生地，而不问其父母的国籍如何； ③混合制：兼采血统主义和出生地主义。
	(2) 加入取得	①申请入籍：经自愿申请并经入籍国相关程序审查批准而获得国籍； ②因法定事实取得：由于某些法定事实的发生（跨国婚姻、收养、取得住所、领土转移等），根据所涉国家的法律而获得该国国籍。
2. 国籍的丧失	(1) 自愿丧失	①自愿退籍：某人依其本国法律主动申请退出该国国籍，得到批准后丧失该国国籍； ②选择放弃：根据某人原国籍国法律或有关国际条约，如果选择其他国籍，则意味着丧失了其原有国籍。
	(2) 非自愿丧失	①因法定事实丧失：某些法定事实的发生（婚姻、收养、入籍等），导致某人根据有关国家立法丧失其原有国籍； ②被剥夺国籍：某些国家法律规定，该国可依法剥夺某人的该国国籍。

二、国籍的冲突和解决

（一）国籍的冲突 { 1. 积极冲突：同时具有两个或两个以上国家的国籍
2. 消极冲突：不具有任何国家的国籍

例1：张三出生在甲国，其父亲是乙国人，母亲是丙、丁双重国籍人。甲、丙两国采取纯粹的出生地主义，乙、丁两国都采取纯粹的双系血统主义。根据有关国际法规则和国际实践，张三可能具有哪国国籍？

甲、乙、丁三国国籍。甲国采取出生地主义，张三出生在甲国，可具有甲国国籍；乙国采取双系血统主义，而张三父亲是乙国人，张三可具有乙国国籍；丁国采取双系血统主义，而张三母亲具有丁国国籍，张三可具有丁国国籍。另外，丙国采取出生地主义，张三没有出生在丙国，不可能具有丙国国籍。

(二) 解决国籍冲突的方式

1. 通过国内立法，即各国在制定国籍法时，充分防止和解决可能产生的国籍冲突问题。

2. 通过双边或多边条约方式。

三、中国《国籍法》主要内容

1. 不承认双重国籍原则		第3条　中华人民共和国不承认中国公民具有双重国籍。
2. 国籍的取得	(1) 出生取得	第4条　父母双方或一方为中国公民，本人出生在中国，具有中国国籍。 第5条　父母双方或一方为中国公民，本人出生在外国，具有中国国籍；但父母双方或一方为中国公民并定居在外国，本人出生时即具有外国国籍的，不具有中国国籍。 第6条　父母无国籍或国籍不明，定居在中国，本人出生在中国，具有中国国籍。
	(2) 加入取得	第7条　外国人或无国籍人，愿意遵守中国宪法和法律，并具有下列条件之一的，可以经申请批准加入中国国籍： 一、中国人的近亲属； 二、定居在中国的； 三、有其它正当理由。 第8条　申请加入中国国籍获得批准的，即取得中国国籍；被批准加入中国国籍的，不得再保留外国国籍。
3. 国籍的丧失	(1) 选择放弃	第9条　定居外国的中国公民，自愿加入或取得外国国籍的，即自动丧失中国国籍。
	(2) 自愿退籍	第10条　中国公民具有下列条件之一的，可以经申请批准退出中国国籍： 一、外国人的近亲属； 二、定居在外国的； 三、有其它正当理由。 第11条　申请退出中国国籍获得批准的，即丧失中国国籍。 第12条　国家工作人员和现役军人，不得退出中国国籍。
4. 国籍的恢复		第13条　曾有过中国国籍的外国人，具有正当理由，可以申请恢复中国国籍；被批准恢复中国国籍的，不得再保留外国国籍。
5. 国籍申请的受理和审批		第14条　中国国籍的取得、丧失和恢复，除第九条规定的以外，必须办理申请手续。未满十八周岁的人，可由其父母或其他法定代理人代为办理申请。 第15条　受理国籍申请的机关，在国内为当地市、县公安局，在国外为中国外交代表机关和领事机关。 第16条　加入、退出和恢复中国国籍的申请，由中华人民共和国公安部审批。经批准的，由公安部发给证书。

例2：中国公民陆某2001年通过其在甲国的亲戚代为申请甲国国籍，2002年获甲国批准。2004年5月陆某在中国因违法行为被刑事拘留。此时，陆某提出他是甲国公民，要求我有关部门通知甲国驻华领事。经查，根据甲国法律陆某持有的甲国护照真实有效；陆某本人到案发时从未离开中国，也从未申请退出中国国籍。根据中国国籍法有关规定，应如何确定陆某当前的国籍？

陆某仍然具有中国国籍。表面看来，陆某已通过亲戚申请了甲国国籍且获得批准，似乎已是甲国人。仔细分析，其实不然。首先，题目要求根据中国国籍法进行判断，而非一般的常识。进一步，判断陆某当前的国籍关键看其是否丧失中国国籍，由于中国不承认双重国籍，陆某只能有一种国籍——丧失则为外国籍，反之则为中国籍。再进一步分析，《国籍法》关于国籍丧失的规定主要来自第9条和第11条。有人认为，本题的情形已符合第9条"自愿加入或取得外国国籍的，即自动丧失中国国籍"的规定，因而陆某已丧失中国国籍。这里要注意第9条适用的前提条件"定居外国的中国公民"，而本题明确指出"陆某本人到案发时从未离开中国"，显然第9条这里不能适用。再来看第11条"申请退出中国国籍获得批准的，即丧失中国国籍"，本题也明确说明陆某"从未申请退出中国国籍"，故第11条也无法适用。综上，陆某并未丧失中国国籍，仍是中国人。

例3：中国人王某定居美国多年，后自愿加入美国国籍，但没有办理退出中国国籍的手续。根据我国相关法律规定，王某是否需办理退出中国国籍的手续？

不需要。根据《国籍法》第9条，"定居外国的中国公民，自愿加入或取得外国国籍的，即自动丧失中国国籍。"本例中，王某是定居美国的中国人，自愿加入了美国国籍，因此已经自动丧失中国国籍，不需要再办理退出中国国籍的手续。

例4：中国人陈某（女）与甲国人麦克婚后在甲国定居，后陈某在甲国生下一女。根据我国国籍法，陈某之女是否一定具有中国国籍？

不一定。根据《国籍法》第5条，"父母双方或一方为中国公民，本人出生在外国，具有中国国籍；但父母双方或一方为中国公民并定居在外国，本人出生时即具有外国国籍的，不具有中国国籍。"因此，陈某之女可能取得外国国籍，只有未取得外国国籍的情况下才具有中国国籍。

【真题示例】

中国公民李某与俄罗斯公民莎娃结婚，婚后定居北京，并育有一女李莎。依我国《国籍法》，下列哪些选项是正确的？（2017－75，多选）①

A. 如李某为中国国家机关公务员，其不得申请退出中国国籍

B. 如莎娃申请中国国籍并获批准，不得再保留俄罗斯国籍

C. 如李莎出生于俄罗斯，不具有中国国籍

D. 如李莎出生于中国，具有中国国籍

【归纳总结】

《国籍法》是近年来考试的热点之一，2005～2007、2009、2010、2015、2017、2020年都考过《国籍法》中的相关条款，考生复习时应特别注意该法。

---

① ABD。参见《国籍法》第4、5、8、12条。

第二节　外国人的法律地位

【知识点】

一、2012 年《出境入境管理法》主要内容

（一）出入境管理机关（第 4 条）

1. 中华人民共和国驻外使馆、领馆或者外交部委托的其他驻外机构（合称驻外签证机关）负责在境外签发外国人入境签证。

2. 出入境边防检查机关负责实施出境入境边防检查。

3. 县级以上地方人民政府公安机关及其出入境管理机构负责外国人停留居留管理。

（二）签证办理

1. 外国人入境，应当向驻外签证机关申请办理签证，但是依法免办签证、申请临时入境手续的除外（第 15 条）。

2. 不予签证情形（第 21 条）

外国人有下列情形之一的，不予签发签证：（1）被处驱逐出境或者被决定遣送出境，未满不准入境规定年限的；（2）患有严重精神障碍、传染性肺结核病或者有可能对公共卫生造成重大危害的其他传染病的；（3）可能危害中国国家安全和利益、破坏社会公共秩序或者从事其他违法犯罪活动的；（4）在申请签证过程中弄虚作假或者不能保障在中国境内期间所需费用的；（5）不能提交签证机关要求提交的相关材料的；（6）签证机关认为不宜签发签证的其他情形。对不予签发签证的，签证机关可以不说明理由。

3. 免办签证情形（第 22 条）

外国人有下列情形之一的，可以免办签证：（1）根据中国政府与其他国家政府签订的互免签证协议，属于免办签证人员的；（2）持有效的外国人居留证件的；（3）持联程客票搭乘国际航行的航空器、船舶、列车从中国过境前往第三国或者地区，在中国境内停留不超过 24 小时且不离开口岸，或者在国务院批准的特定区域内停留不超过规定时限的；（4）国务院规定的可以免办签证的其他情形。

4. 须办理临时入境手续情形（第 23 条）

有下列情形之一的外国人需要临时入境的，应当向出入境边防检查机关申请办理临时入境手续：（1）外国船员及其随行家属登陆港口所在城市的；（2）本法第 22 条第 3 项规定的人员需要离开口岸的；（3）因不可抗力或者其他紧急原因需要临时入境的。临时入境的期限不得超过 15 日。

（三）外国人入境出境

1. 不准入境情形（第 25 条）

外国人有下列情形之一的，不准入境：（1）未持有效出境入境证件或者拒绝、逃避接受边防检查的；（2）具有本法第 21 条第 1 款第 1 项至第 4 项规定情形的；（3）入境后可能从事与签证种类不符的活动的；（4）法律、行政法规规定不准入境的其他情形。对不准入境的，出入境边防检查机关可以不说明理由。

2. 不准出境情形（第 28 条）

外国人有下列情形之一的，不准出境：（1）被判处刑罚尚未执行完毕或者属于刑事案件被

告人、犯罪嫌疑人的，但是按照中国与外国签订的有关协议，移管被判刑人的除外；（2）有未了结的民事案件，人民法院决定不准出境的；（3）拖欠劳动者的劳动报酬，经国务院有关部门或者省、自治区、直辖市人民政府决定不准出境的；（4）法律、行政法规规定不准出境的其他情形。

（四）外国人停留居留

1. 凭签证停留（第29条）

（1）外国人所持签证注明的停留期限不超过180日的，持证人凭签证并按照签证注明的停留期限在中国境内停留。

（2）需要延长签证停留期限的，应当在签证注明的停留期限届满7日前提出申请。

（3）延长签证停留期限，累计不得超过签证原注明的停留期限。

2. 申办居留证件（第30~32条）

（1）申请：外国人所持签证注明入境后需要办理居留证件的，应当自入境之日起30日内，向拟居留地县级以上地方人民政府公安机关出入境管理机构申请办理外国人居留证件；出入境管理机构应当自收到申请材料之日起15日内进行审查并作出审查决定，根据居留事由签发相应类别和期限的外国人居留证件。

（2）证件有效期：外国人工作类居留证件的有效期最短为90日，最长为5年；非工作类居留证件的有效期最短为180日，最长为5年。

（3）不予签发居留证件情形：①所持签证类别属于不应办理外国人居留证件的；②在申请过程中弄虚作假的；③不能按照规定提供相关证明材料的；④违反中国有关法律、行政法规，不适合在中国境内居留的；⑤签发机关认为不宜签发外国人居留证件的其他情形。

（4）停留变居留：符合国家规定的专门人才、投资者或者出于人道等原因确需由停留变更为居留的外国人，经批准可以办理外国人居留证件。

（5）延长居留期限：在中国境内居留的外国人申请延长居留期限的，应当在居留证件有效期限届满30日前提出申请。

3. 申办停留证件（第34条）

（1）申办情形：①免办签证入境的外国人需要超过免签期限在中国境内停留的；②外国船员及其随行家属在中国境内停留需要离开港口所在城市；③具有需要办理外国人停留证件其他情形的。

（2）外国人停留证件的有效期最长为180日。

4. 外国人停留居留管理（第37~43条）

（1）一般要求：外国人在中国境内停留居留，不得从事与停留居留事由不相符的活动，并应当在规定的停留居留期限届满前离境。

（2）证件查验：年满16周岁的外国人在中国境内停留居留，应当随身携带本人的护照或者其他国际旅行证件，或者外国人停留居留证件，接受公安机关的查验；在中国境内居留的外国人，应当在规定的时间内到居留地县级以上地方人民政府公安机关交验外国人居留证件。

（3）住宿登记：外国人在中国境内旅馆住宿的，旅馆应当按照旅馆业治安管理的有关规定为其办理住宿登记，并向所在地公安机关报送外国人住宿登记信息；外国人在旅馆以外的其他住所居住或者住宿的，应当在入住后24小时内由本人或者留宿人，向居住地的公安机关办理登记。

（4）出生和死亡登记：在中国境内出生的外国婴儿，其父母或者代理人应当在婴儿出生60日内，持该婴儿的出生证明到父母停留居留地出入境管理机构为其办理停留或者居留登记；

外国人在中国境内死亡的，其家属、监护人或者代理人，应当按照规定，持该外国人的死亡证明向出入境管理机构申报，注销外国人停留居留证件。

（5）工作要求：外国人在中国境内工作，应当按照规定取得工作许可和工作类居留证件。任何单位和个人不得聘用未取得工作许可和工作类居留证件的外国人。外国人有下列行为之一的，属于非法就业：①未按照规定取得工作许可和工作类居留证件在中国境内工作的；②超出工作许可限定范围在中国境内工作的；③外国留学生违反勤工助学管理规定，超出规定的岗位范围或者时限在中国境内工作的。

（五）永久居留（第47～49条）

1. 对中国经济社会发展作出突出贡献或者符合其他在中国境内永久居留条件的外国人，经本人申请和公安部批准，取得永久居留资格。

2. 取得永久居留资格的外国人，凭永久居留证件在中国境内居留和工作，凭本人的护照和永久居留证件出境入境。

3. 外国人有下列情形之一的，由公安部决定取消其在中国境内永久居留资格：（1）对中国国家安全和利益造成危害的；（2）被处驱逐出境的；（3）弄虚作假骗取在中国境内永久居留资格的；（4）在中国境内居留未达到规定时限的；（5）不适宜在中国境内永久居留的其他情形。

【真题示例】

马萨是一名来华留学的甲国公民，依中国法律规定，下列哪些选项是正确的？（2017－76，多选）①

A. 马萨入境中国时，如出入境边防检查机关不准其入境，可以不说明理由

B. 如马萨留学期间发现就业机会，即可兼职工作

C. 马萨留学期间在同学家中短期借住，应按规定向居住地的公安机关办理登记

D. 如马萨涉诉，则不得出境

王某是定居美国的中国公民，2013年10月回国为父母购房。根据我国相关法律规定，下列哪一选项是正确的？（2014－34，单选）②

A. 王某应向中国驻美签证机关申请办理赴中国的签证

B. 王某办理所购房产登记需提供身份证明的，可凭其护照证明其身份

C. 因王某是中国公民，故需持身份证办理房产登记

---

① AC。《出境入境管理法》第25条第2款规定："对不准入境的，出入境边防检查机关可以不说明理由。"A项正确。第41条第1款规定："外国人在中国境内工作，应当按照规定取得工作许可和工作类居留证件。任何单位和个人不得聘用未取得工作许可和工作类居留证件的外国人。"马萨作为留学生，未取得相关许可不得在中国兼职工作，B项错误。第39条规定："外国人在中国境内旅馆住宿的，旅馆应当按照旅馆业治安管理的有关规定为其办理住宿登记，并向所在地公安机关报送外国人住宿登记信息。外国人在旅馆以外的其他住所居住或者住宿的，应当在入住后二十四小时内由本人或者留宿人，向居住地的公安机关办理登记。"C项正确。第28条规定："外国人有下列情形之一的，不准出境：（一）被判处刑罚尚未执行完毕或者属于刑事案件被告人、犯罪嫌疑人的，但是按照中国与外国签订的有关协议，移管被判刑人的除外；（二）有未了结的民事案件，人民法院决定不准出境的；……"可见，马萨如涉及刑事诉讼，中国根据对方的引渡条约进行引渡时，可以出境；马萨如涉及民事诉讼，则须"人民法院决定不准出境"，才不得出境。D项错误。

② B。根据《出境入境管理法》第9条和第15条，中国公民出境入境，应当依法申请办理护照或者其他旅行证件；外国人入境，应当向驻外签证机关申请办理签证。本题中，王某是中国公民，其回国应办理护照而非签证，A项错误。第14条规定："定居国外的中国公民在中国境内办理金融、教育、医疗、交通、电信、社会保险、财产登记等事务需要提供身份证明的，可以凭本人的护照证明其身份。"B项正确，C项错误。根据第12条第3项，中国公民"有未了结的民事案件，人民法院决定不准出境的"，不准出境，D项错误。

D. 王某回中国后，只要其有未了结的民事案件，就不准出境

二、外国人待遇

1. 国民待遇：国家给予其境内的外国人与本国国民同等的待遇。

2. 最惠国待遇：一国给予另一国国家或国民的待遇不低于现在或将来给予任何第三国国家或国民的待遇。

3. 差别待遇：一国给予外国人不同于本国人的待遇，或给予不同国家的外国人不同的待遇。

4. 普遍优惠待遇：发达国家在与发展中国家交往中，单方面给予发展中国家某些特殊优惠，而不要求发展中国家给予发达国家同样的优惠。

三、外交保护

外交保护，指一国国民（自然人、法人）在外国受到不法侵害，且依该外国法律程序得不到救济时，其国籍国可以通过外交方式要求该外国进行救济，以保护其国民的利益。

（一）外交保护的条件

1. 侵害行为的国家性：侵害是由所在国国家不当行为所致，如损害是由外国私人所致，而所在国不存在任何直接或间接责任，则不得行使外交保护。

【提示注意】这里的"行为"既包括国家积极的作为，也包括消极的不作为。前者如，某国执法人员殴打外国公民并将其非法拘禁；后者如，某外国公民在一国受到该国公民的抢劫，报案后，该国警察袖手旁观，不予保护。

2. 国籍连续原则：从受害行为发生到外交保护结束，受害人持续拥有保护国国籍。

3. 用尽当地救济：受害人在提出外交保护之前，必须用尽当地法律规定的一切救济手段，包括行政和司法救济手段。

【真题示例】

甲国公民廖某在乙国投资一家服装商店，生意兴隆，引起一些从事服装经营的当地商人不满。一日，这些当地商人煽动纠集一批当地人，涌入廖某商店哄抢物品。廖某向当地警方报案。警察赶到后并未采取措施控制事态，而是袖手旁观。最终廖某商店被洗劫一空。根据国际法的有关规则，下列对此事件的哪些判断是正确的？(2006－77，多选)①

A. 该哄抢行为可以直接视为乙国的国家行为

B. 甲国可以立即行使外交保护权

C. 乙国中央政府有义务调查处理肇事者，并追究当地警察的渎职行为

D. 廖某应首先诉诸于乙国行政当局和司法机构，寻求救济

（二）外交保护的适用范围

1. 国民被非法逮捕或拘禁；

2. 国民的财产或利益被非法剥夺；

3. 国民受到歧视性待遇；

4. 国民被"拒绝司法"。

---

① CD。廖某受到侵害后还没有利用当地救济，其本国不能行使外交保护权，B项错误，D项正确。

【归纳总结】

2012 年 6 月 30 日全国人大常委会通过了《中华人民共和国出境入境管理法》，2013 年 7 月 1 日起施行，原《中华人民共和国外国人入境出境管理法》和《中华人民共和国公民出境入境管理法》同时废止。《出境入境管理法》共 8 章 93 条，对中国公民出入境、外国人入境出境、外国人停留居留、交通运输工具边检、调查和遣返等事项作了系统规定。该法有可能成为今后一段时间的考查热点，考生应对此关注。

第三节　引渡和庇护

一、引渡和庇护的国际法规则

（一）引渡

引渡，指一国将处于本国境内的被外国指控为犯罪或已经判刑的人，应外国的请求，送交外国审判或处罚的一种国际司法协助行为。

1. 引渡的主体

（1）引渡的主体是国家，引渡在国家之间进行；

（2）引渡需根据引渡条约进行，无条约义务时，一国可自由决定是否引渡。

2. 引渡的对象

（1）引渡的对象是被请求国指控为犯罪或判刑的人；

（2）"本国国民不引渡"：一般情况下，各国有权拒绝引渡本国公民。

3. 可引渡的罪行

（1）"双重犯罪原则"：被请求引渡人的行为必须是请求国和被请求国法律都认定为是犯罪的行为；

（2）"政治犯不引渡"。但要注意，下列罪行不被视为政治犯罪：①战争罪、反和平罪和反人类罪；②种族灭绝或种族隔离罪；③非法劫持航空器；④侵害外交代表。

4. 引渡的后果

（1）"罪名特定原则"：对于该罪犯，请求国只能以请求引渡时所指定的罪名进行审判或处罚；

（2）如果以其他罪名进行审判或将罪犯转引渡给第三国，一般须经原引出国同意。

（二）庇护

庇护，指一国对于遭到外国追诉或迫害而前来避难的外国人，准予其入境和居留，给予保护，并拒绝将其引渡给另一国的行为。

1. 决定给予哪些人庇护是国家的权利，国家没有必须给予庇护的义务。

2. 庇护的对象主要是政治犯。

3. 不引渡并不等于庇护。

4. 域外庇护（一国利用本国在外国的使领馆馆舍或船舶、飞机为场所进行的庇护），无国际法依据。

【深度解析】为什么说"不引渡并不等于庇护"？

庇护，指一国对遭到外国追诉或迫害而前来避难的外国人，准予其入境和居留，给予保护，并拒绝将其引渡给另一国的行为。不引渡，仅指一国对该外国人决定不予引渡。庇护的内涵明显宽于不引渡：(1) 对于已在领土内的避难者，庇护意味着庇护国允许避难者在其境内居留，并对其进行保护；(2) 对于尚不在庇护国领土内的避难者，庇护还意味着准其入境。

【真题示例】

甲国人艾某在甲国打工时因不满雇主詹某，炸毁了詹某的厂房和住所，逃至乙国。艾某的行为根据甲国刑法，有可能被判处死刑。甲乙两国之间没有任何涉及刑事司法协助方面的双边或多边条约。基于以上情况，根据国际法，下列判断何者为正确？(2004－89，不定项)①

A. 如甲国向乙国提出引渡请求，则乙国有义务将艾某引渡给甲国

B. 如艾某向乙国提出庇护请求，则乙国有义务对艾某进行庇护

C. 乙国可以既不对艾某进行庇护，也不将其引渡给甲国

D. 甲国可以在乙国法院对艾某提起刑事诉讼

二、中国的引渡制度

(一) 外国向中国请求引渡

1. 引渡的条件（《引渡法》第7、8、9条）

注意区分《引渡法》第8条与第9条：第8条为"应当"拒绝引渡的情形，第9条为"可以"拒绝引渡的情形。

2. 引渡的程序

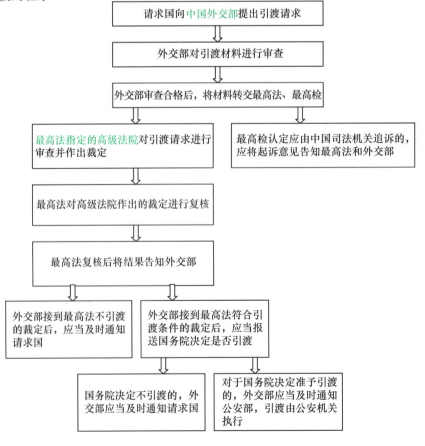

① C。在刑事领域，一国不可在另一国法院提起刑事诉讼，D项错误。

（二）中国向外国请求引渡

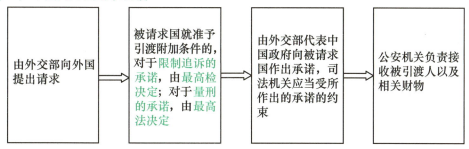

【法条引述】

《中华人民共和国引渡法》

第4条　中华人民共和国和外国之间的引渡，通过外交途径联系。中华人民共和国外交部为指定的进行引渡的联系机关。引渡条约对联系机关有特别规定的，依照条约规定。

第7条　外国向中华人民共和国提出的引渡请求必须同时符合下列条件，才能准予引渡：

（一）引渡请求所指的行为，依照中华人民共和国法律和请求国法律均构成犯罪；

（二）为了提起刑事诉讼而请求引渡的，根据中华人民共和国法律和请求国法律，对于引渡请求所指的犯罪均可判处一年以上有期徒刑或者其他更重的刑罚；为了执行刑罚而请求引渡的，在提出引渡请求时，被请求引渡人尚未服完的刑期至少为六个月。

对于引渡请求中符合前款第一项规定的多种犯罪，只要其中有一种犯罪符合前款第二项的规定，就可以对上述各种犯罪准予引渡。

第8条　外国向中华人民共和国提出的引渡请求，有下列情形之一的，应当拒绝引渡：

（一）根据中华人民共和国法律，被请求引渡人具有中华人民共和国国籍的；

（二）在收到引渡请求时，中华人民共和国的司法机关对于引渡请求所指的犯罪已经作出生效判决，或者已经终止刑事诉讼程序的；

（三）因政治犯罪而请求引渡的，或者中华人民共和国已经给予被请求引渡人受庇护权利的；

（四）被请求引渡人可能因其种族、宗教、国籍、性别、政治见解或者身份等方面的原因而被提起刑事诉讼或者执行刑罚，或者被请求引渡人在司法程序中可能由于上述原因受到不公正待遇的；

（五）根据中华人民共和国或者请求国法律，引渡请求所指的犯罪纯属军事犯罪的；

（六）根据中华人民共和国或者请求国法律，在收到引渡请求时，由于犯罪已过追诉时效期限或者被请求引渡人已被赦免等原因，不应当追究被请求引渡人的刑事责任的；

（七）被请求引渡人在请求国曾经遭受或者可能遭受酷刑或者其他残忍、不人道或者有辱人格的待遇或者处罚的；

（八）请求国根据缺席判决提出引渡请求的。但请求国承诺在引渡后对被请求引渡人给予在其出庭的情况下进行重新审判机会的除外。

第9条　外国向中华人民共和国提出的引渡请求，有下列情形之一的，可以拒绝引渡：

（一）中华人民共和国对于引渡请求所指的犯罪具有刑事管辖权，并且对被请求引渡人正在进行刑事诉讼或者准备提起刑事诉讼的；

（二）由于被请求引渡人的年龄、健康等原因，根据人道主义原则不宜引渡的。

第10条　请求国的引渡请求应当向中华人民共和国外交部提出。

第14条 请求国请求引渡，应当作出如下保证：

（一）请求国不对被引渡人在引渡前实施的其他未准予引渡的犯罪追究刑事责任，也不将该人再引渡给第三国。但经中华人民共和国同意，或者被引渡人在其引渡罪行诉讼终结、服刑期满或者提前释放之日起三十日内没有离开请求国，或者离开后又自愿返回的除外；

（二）请求国提出请求后撤销、放弃引渡请求，或者提出引渡请求错误的，由请求国承担因请求引渡对被请求引渡人造成损害的责任。

第15条 在没有引渡条约的情况下，请求国应当作出互惠的承诺。

第16条 外交部收到请求国提出的引渡请求后，应当对引渡请求书及其所附文件、材料是否符合本法第二章第二节和引渡条约的规定进行审查。

最高人民法院指定的高级人民法院对请求国提出的引渡请求是否符合本法和引渡条约关于引渡条件等规定进行审查并作出裁定。最高人民法院对高级人民法院作出的裁定进行复核。

第17条 对于两个以上国家就同一行为或者不同行为请求引渡同一人的，应当综合考虑中华人民共和国收到引渡请求的先后、中华人民共和国与请求国是否存在引渡条约关系等因素，确定接受引渡请求的优先顺序。

第19条 外交部对请求国提出的引渡请求进行审查，认为符合本法第二章第二节和引渡条约的规定的，应当将引渡请求书及其所附文件和材料转交最高人民法院、最高人民检察院。

第21条 最高人民检察院经审查，认为对引渡请求所指的犯罪或者被请求引渡人的其他犯罪，应当由我国司法机关追诉，但尚未提起刑事诉讼的，应当自收到引渡请求书及其所附文件和材料之日起一个月内，将准备提起刑事诉讼的意见分别告知最高人民法院和外交部。

第50条 被请求国就准予引渡附加条件的，对于不损害中华人民共和国主权、国家利益、公共利益的，可以由外交部代表中华人民共和国政府向被请求国作出承诺。对于限制追诉的承诺，由最高人民检察院决定；对于量刑的承诺，由最高人民法院决定。

在对被引渡人追究刑事责任时，司法机关应当受所作出的承诺的约束。

例5：中国公民李某（曾任某国有企业总经理）2004年携贪污的巨款逃往甲国。根据甲国法律，对李某贪污行为的最高量刑为15年。甲国与我国没有引渡条约。甲国表示，如果中国对李某被指控的犯罪有确凿的证据，并且作出对其量刑不超过15年的承诺，可以将其引渡给中国。根据我国引渡法的有关规定，（1）我国对于甲国上述引渡所附条件，是否作出承诺表示接受，由哪个机关决定？（2）如果我国决定接受甲国上述引渡条件，表示接受该条件的承诺由哪个机关向甲国作出？

（1）最高人民法院。（2）外交部。根据《引渡法》第50条，对于量刑的承诺由最高人民法院决定，表示接受该条件的承诺由外交部作出。

【真题示例】

甲国公民汤姆于2012年在本国故意杀人后潜逃至乙国，于2014年在乙国强奸一名妇女后又逃至中国。乙国于2015年向中国提出引渡请求。经查明，中国和乙国之间没有双边引渡条约。依相关国际法及中国法律规定，下列哪一选项是正确的？（2015-33，单选）①

A. 乙国的引渡请求应向中国最高人民法院提出

B. 乙国应当作出互惠的承诺

C. 最高人民法院应对乙国的引渡请求进行审查，并由审判员组成合议庭进行

D. 如乙国将汤姆引渡回本国，则在任何情况下都不得再将其转引

① B。参见《引渡法》第10、14、15、16条。

三、联合国两公约中的引渡规则

《联合国反腐败公约》（2005 年 12 月生效）和《联合国打击跨国有组织犯罪公约》（2003 年 9 月生效）是国际社会在反腐败和打击跨国有组织犯罪领域进行合作的基本法律依据，两个公约关于缔约国间引渡的规则基本一致，明确和充实了多边引渡制度。主要内容如下：

1. 公约可以作为缔约国间引渡的依据	公约可以但不必然作为缔约国间产生引渡义务的法律依据。
2. 公约所规定的可引渡犯罪扩展适用于缔约国的其他引渡条约	各缔约国承诺，将公约所规定的可引渡犯罪，作为可以引渡的犯罪列入它们之间将来缔结的引渡条约。
3. 放宽双重犯罪的条件	如果缔约国本国法律允许，可以就本公约所涵盖但依照本国法律不予处罚的任何犯罪准予引渡。 双重犯罪：请求国法律 & 被请求国法律 —→ 请求国法律 & 公约
4. "或引渡或起诉"与"或引渡或执行"原则	如果被请求引渡人为被请求国本国公民： （1）如果为提起诉讼请求引渡，被请求国应"或引渡或起诉"； （2）如果为执行判决请求引渡，被请求国应"或引渡或执行"。
5. "政治犯不引渡"	规定了"政治犯不引渡"原则，而对死刑犯是否引渡没有规定。
6. 相关程序的补充	规定了引渡前临时措施，要求各缔约国简化引渡程序。

【归纳总结】

引渡和庇护也是法考的热点之一。考生复习时除要掌握相关国际法规则，还要注意《引渡法》中的规定。中国《引渡法》规定了"外国向中国请求引渡"和"中国向外国请求引渡"两种情形，两种情形中有关引渡的条件和程序不同，应注意区别。

【图表精要】

一、国籍

（一）国籍的取得和丧失

1. 取得
　　出生取得
　　　　血统主义：单系血统主义、双系血统主义
　　　　出生地主义
　　　　混合制（多数国家采用，包括我国）
　　加入取得
　　　　申请入籍
　　　　因法定事实取得：跨国婚姻、收养、取得住所、领土转移等

2. 丧失
　　自愿丧失：自愿退籍、选择放弃
　　非自愿丧失
　　　　因法定事实丧失——婚姻、收养、入籍等
　　　　被剥夺国籍

（二）国籍的冲突和解决

1. 国籍的冲突
　　积极冲突：同时具有两个或两个以上国家的国籍，即双重或多重国籍
　　消极冲突：不具有任何国家的国籍，即无国籍

2. 国籍冲突的解决 { (1) 通过国内立法
(2) 通过双边或多边条约

（三）中国的国籍制度

参看：《中华人民共和国国籍法》

1. 原则

第3条 中华人民共和国不承认中国公民具有双重国籍。

2. 出生取得

第4条 父母双方或一方为中国公民，本人出生在中国，具有中国国籍。

第5条 父母双方或一方为中国公民，本人出生在外国，具有中国国籍；但父母双方或一方为中国公民并定居在外国，本人出生时即具有外国国籍的，不具有中国国籍。

第6条 父母无国籍或国籍不明，定居在中国，本人出生在中国，具有中国国籍。

3. 国籍的丧失

第9条 定居外国的中国公民，自愿加入或取得外国国籍的，即自动丧失中国国籍。

第11条 申请退出中国国籍获得批准的，即丧失中国国籍。

第12条 国家工作人员和现役军人，不得退出中国国籍。

4. 国籍申请的受理和审批

第15条 受理国籍申请的机关，在国内为当地市、县公安局，在国外为中国外交代表机关和领事机关。

第16条 加入、退出和恢复中国国籍的申请，由中华人民共和国公安部审批。经批准的，由公安部发给证书。

二、外国人的法律地位

（一）外国人出入境管理

入境 { (1) 持有护照并获签证（国家间可通过协议免签证）；
(2) 在入境口岸接受安全、卫生检查；
(3) 国家在某些情况下可拒绝外国人入境。

居留 { (1) 持有签证方可停留，长期停留须办理居留证件；
(2) 不得从事与停留或居留事由不相符的活动；
(3) 须在规定的停留或居留期限届满前离境。

出境 { (1) 一般不禁止外国人合法出境，但可规定某些条件；
(2) 出境前应办理出境手续，并付清捐税和债务，了结官司；
(3) 国家在特定情况下可令外国人限期离境或将其驱逐出境。

参看：2012年《出境入境管理法》（第21～23、28、31、43、59、62条）

（二）外国人待遇

外国人待遇	（1）国民待遇	国家给予其境内的外国人与本国国民同等的待遇。
	（2）最惠国待遇	一国给予另一国家或国民的待遇不低于现在或将来给予任何第三国家或国民的待遇。
	（3）差别待遇	一国给予外国人不同于本国人的待遇，或给予不同国家的外国人不同的待遇。
	（4）普遍优惠待遇	发达国家在与发展中国家交往中，单方面给予发展中国家某些特殊优惠，而不要求发展中国家给予发达国家同样的优惠。

（三）外交保护

外交保护	概念	一国国民在外国受到不法侵害，且依该外国法律程序得不到救济时，其国籍国可以通过外交方式要求该外国进行救济，以保护其国民的利益。
	外交保护的条件	①侵害是由所在国国家不当行为所致； ②国籍连续原则：从受害行为发生到外交保护结束，受害人持续拥有保护国国籍； ③用尽当地救济：受害人在提出外交保护之前，必须用尽当地法律规定的一切救济手段，包括行政和司法救济手段。

三、引渡和庇护

（一）有关国际法规则

1. 引渡	（1）引渡的主体	①引渡的主体是国家，引渡在国家之间进行； ②引渡需根据引渡条约进行，无条约义务时，一国可自由决定是否引渡。
	（2）引渡的对象	①引渡的对象是被请求国指控为犯罪或判刑的人； ②"本国国民不引渡"：一般情况下，各国有权拒绝引渡本国公民。
	（3）可引渡的罪行	①"双重犯罪原则"：被请求引渡人的行为必须是请求国和被请求国法律都认定为是犯罪的行为； ②"政治犯不引渡"。 不应视为政治犯罪的行为 { ①战争罪、反和平罪和反人类罪 ②种族灭绝或种族隔离罪 ③非法劫持航空器 ④侵害外交代表
	（4）引渡的后果	①"罪名特定原则"：对于该罪犯，请求国只能以请求引渡时所指定的罪名进行审判或处罚； ②如果以其他罪名进行审判或将罪犯转引渡给第三国，一般须经原引出国同意。
2. 庇护		（1）决定给予哪些人庇护是国家的权利，国家没有必须给予庇护的义务； （2）庇护的对象主要是政治犯； （3）不引渡并不等于庇护； （4）域外庇护无国际法依据。

（二）中国的引渡制度

1. 外国向中国请求引渡

（1）引渡的条件

①**双重犯罪**（第7条第1款）；

②**量刑或刑期要求**：为了提起刑事诉讼而请求引渡的，根据中国法律和请求国法律，对于引渡请求所指的犯罪均可判处1年以上有期徒刑或者其他更重的刑罚；为了执行刑罚而请求引渡的，在提出引渡请求时，被请求引渡人尚未服完的刑期至少为6个月（第7条第2款）；

③**条约或互惠关系**：在没有引渡条约的情况下，请求国应当作出互惠的承诺（第15条）。

（2）应当拒绝引渡的情形（第8条）

①**本国国民不引渡**；

②**已经判决或终止诉讼**：在收到引渡请求时，中国的司法机关对于引渡请求所指的犯罪已经作出生效判决，或者已经终止刑事诉讼程序的；

③**政治犯不引渡**：因政治犯罪而请求引渡的，或者中国已经给予被请求引渡人受庇护权利的；

④**司法程序不公**：被请求引渡人可能因其种族、宗教、国籍、性别、政治见解或者身份等方面的原因而被提起刑事诉讼或者执行刑罚，或者被请求引渡人在司法程序中可能由于上述原因受到不公正待遇的；

⑤**军事犯罪**：根据中国或者请求国法律，引渡请求所指的犯罪纯属军事犯罪的；

⑥**已过追诉时效或已被赦免**：根据中国或者请求国法律，在收到引渡请求时，由于犯罪已过追诉时效期限或者被请求引渡人已被赦免等原因，不应当追究被请求引渡人的刑事责任的；

⑦**被请求人受到非人道待遇**：被请求引渡人在请求国曾经遭受或者可能遭受酷刑或者其他残忍、不人道或者有辱人格的待遇或者处罚的；

⑧**缺席判决**：请求国根据缺席判决提出引渡请求的。但请求国承诺在引渡后对被请求引渡人给予在其出庭的情况下进行重新审判机会的除外。

（3）<u>可以拒绝引渡</u>的情形（第9条）

①**中国有权管辖且准备起诉**：中华人民共和国对于引渡请求所指的犯罪具有刑事管辖权，并且对被请求引渡人正在进行刑事诉讼或者准备提起刑事诉讼的；

②**年龄、健康等原因不宜引渡**：由于被请求引渡人的年龄、健康等原因，根据人道主义原则不宜引渡的。

（4）引渡的程序

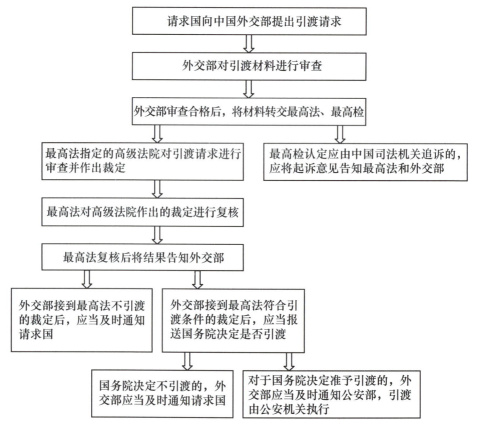

2. 中国向外国请求引渡

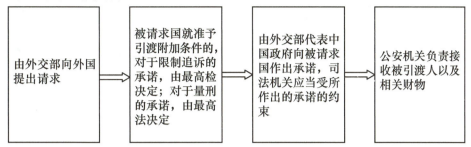

（三）联合国两公约中的引渡规则

（《联合国反腐败公约》、《联合国打击跨国有组织犯罪公约》）

1. 公约可以作为缔约国间引渡的依据	公约**可以但不必然**作为缔约国间产生引渡义务的法律依据。
2. 公约所规定的可引渡犯罪扩展适用于缔约国的其他引渡条约	各缔约国承诺，将公约所规定的可引渡犯罪，作为可以引渡的犯罪列入它们之间将来缔结的引渡条约。
3. 放宽双重犯罪的条件	如果缔约国本国法律允许，可以就本公约所涵盖但依照本国法律不予处罚的任何犯罪准予引渡。 双重犯罪：请求国法律 & 被请求国法律 ── 请求国法律 & 公约
4. "或引渡或起诉"与"或引渡或执行"原则	如果被请求引渡人为被请求国本国公民： （1）如果为提起诉讼请求引渡，被请求国应"**或引渡或起诉**"； （2）如果为执行判决请求引渡，被请求国应"**或引渡或执行**"。
5. "政治犯不引渡"	规定了"政治犯不引渡"原则，而对死刑犯是否引渡没有规定。
6. 相关程序的补充	规定了引渡前临时措施，要求各缔约国简化引渡程序。

第五章 外交关系法和领事关系法

第一节 外交关系法

【知识点】

一、外交机关

(一) 外交机关体系

外交机关
- (1) 中央外交机关
  - ①国家元首：最高代表，元首享有完全特权与豁免
  - ②政府：一国最高行政机关，首脑享有完全特权与豁免
  - ③外交部门：处理日常外交事务，部长享有完全特权与豁免
- (2) 外交代表机关
  - ①常驻外交代表机关
    - 使馆
      - 大使级
      - 公使级
      - 代办级
    - 驻国际组织的常驻代表
  - ②临时外交代表机关（特别使团）
    - 事务性使团
    - 礼节性使团

(二) 使馆

1. 使馆人员

使馆人员
- (1) 馆长
  - ①大使：元首向元首派遣的最高一级使节，享有最高礼遇
  - ②公使：元首向元首派遣的第二级使节，礼遇稍逊于大使
  - ③代办：外交部长向外交部长派遣的使节，与"临时代办"不同
- (2) 一般外交人员
  - ①参赞：协助馆长处理外交事务的高级别外交人员
  - ②武官：作为武装力量代表，处理军事合作事务
  - ③秘书：分一、二、三等，按指示办理外交事务和文书
  - ④随员：最低一级的外交官
- (3) 行政技术人员：译员、工程师、行政主管、会计等，不是外交人员
- (4) 服务人员：司机、清洁工、修理工等，不是外交人员

【深度解析】代办与临时代办有何区别？

代办，是一国外交部长向另一国外交部长派遣的使节。与大使、公使相比，代办是第三等级的馆长。临时代办，是在馆长职位空缺或不能执行职务时被委派为临时馆长，代行馆长职务的使馆外交人员。如，甲国驻乙国大使回国述职，使馆馆长职位空缺，此时，由使馆中某参赞临时担任馆长，该参赞即为"临时代办"。因此，代办与临时代办是不同的职务概念。

2. 使馆职务

(1) 代表：使馆在处理派遣国和接受国交往事务中，全面代表派遣国；

（2）保护：在国际法许可的范围内，保护派遣国及其国民的利益；

（3）谈判和交涉：代表派遣国政府与接受国政府进行谈判和交涉；

（4）调查和报告：以一切合法的手段，调查接受国的各种情况，并及时向派遣国报告；

（5）促进：促进派遣国和接受国之间的友好关系，发展两国各方面的合作。

3. 外交代表的派遣

（1）使馆馆长和武官：须事先征得接受国同意。

（2）其他人员：可直接派遣，一般无须事先征求接受国同意，但如果委派接受国国籍的人或第三国国籍的人为外交人员，仍须经接受国同意。

（3）接受国可以不说明理由地拒绝某人作为派遣国使馆人员，也可以随时不加解释地宣布任何外交人员为"不受欢迎的人"，对其他非外交人员则可宣布为"不能接受"。

（4）对于被宣布为"不受欢迎的人"或"不能接受"的使馆人员，如果在其到达接受国境内以前被宣告，接受国可以拒绝给予其签证或拒绝其入境；如果在其入境以后被宣告，则派遣国应酌情召回该人员或终止其在使馆中的职务，否则，接受国可以拒绝承认该人员为使馆人员，甚至令其限期离境。

【提示注意】如接受国对使馆人员不予认可，对外交人员可宣布为"不受欢迎的人"，对其他非外交人员则应宣布为"不能接受"，两类称谓不可混淆。

4. 使馆和外交代表职务的开始与终止

（1）职务的开始

①使馆馆长执行职务视为使馆职务的开始；

②馆长职务的开始一般按双方协议或有关国家国内法进行（根据我国规定，馆长正式递交国书的日期为其执行职务的开始日期）；

③除馆长外，其他人员职务以其到达接受国担任使馆职务为开始。

（2）职务的终止

外交代表的职务遇下列情形之一即告终止：①派遣国通知接受国其外交代表职务业已终止；②接受国通知派遣国拒绝承认该外交代表为使馆人员；③派遣国与接受国断绝外交关系或暂时中断外交关系；④派遣国或接受国主体资格丧失；⑤派遣国因革命而产生新政府。

二、外交特权与豁免

（一）使馆的特权与豁免

1. 使馆馆舍不得侵犯

（1）接受国人员非经馆长许可，不得进入使馆馆舍，即使是送达司法文书、遇火灾或流行病发生，也不例外；

（2）接受国有义务采取一切适当措施保护使馆馆舍免受侵入或损害；

（3）使馆馆舍及财产免受搜查、征用、扣押或强制执行。

2. 使馆档案及文件不得侵犯

使馆档案及文件无论何时何地均不得侵犯，即使两国断交、使馆馆长长期或暂时撤退、发生武装冲突也不例外。

例1：甲乙两国原本互设大使馆，后两国交恶而断交，并于次年爆发战争。甲国外交人员在撤离乙国时，将部分文件留在原甲国驻乙国使馆所在地。乙国认为两国现已处于战争状态，于是对甲国使馆中的文件予以没收。根据相关条约，乙国的行为是否合法？

不合法。使馆档案及文件无论何时何地均不得侵犯，即使两国爆发战争也不例外。

3. 通讯自由

（1）使馆为一切公务目的有使用外交信差、外交邮袋及明密码电信的权利；但非经接受国同意，不得安装或使用无线电发报机；

（2）使馆来往公文不得侵犯，接受国不得对外交邮袋开拆或扣留；

（3）外交信差在执行职务时人身不可侵犯，不受任何逮捕或拘留；

（4）外交邮袋可托交飞机机长转递，但机长不能视为外交信差。

4. 使馆免纳捐税

使馆免纳捐税，但并不免交水电费及其他服务费用。

5. 使馆人员有行动和旅行自由

使馆人员为执行公务享有行动自由，且私人活动也享有上述自由，但该自由受国际法和接受国法律限制，如不得进入接受国法律禁止区域、不得从事间谍活动等。

6. 使用派遣国国家标志

使馆馆舍、馆长寓所及交通工具上可使用派遣国国旗或国徽。

（二）外交人员的特权与豁免

1. 人身不可侵犯

（1）接受国不得对外交人员搜查、逮捕或拘留，但可对外交人员实施的犯罪行为进行制止或实施正当防卫；

（2）接受国有义务保护外交人员人身不受侵犯，应采取措施保障外交人员安全。

2. 寓所、财产和文书信件不可侵犯

（1）外交人员的住所，包括临时住所（如旅馆的房间），非经许可不得进入；

（2）不得对外交人员的文书和信件开拆、扣留或查封；

（3）不得对外交人员的财产搜查、扣押、征用或强制执行；但在外交人员不得主张豁免的民诉案件中，可在不侵犯人身和寓所的情况下对其财产进行执行。

3. 管辖豁免

（1）刑事领域：完全豁免，即接受国法院不得对外交人员进行刑事审判和处罚。

（2）行政领域：外交人员免于户籍和婚姻登记，其违反行政法规的行为不受行政制裁。

（3）民事领域：接受国法院通常不对外交人员进行民事管辖，但存在下列例外：①外交人员在接受国境内有关私有不动产之物权诉讼，但其代表派遣国为使馆用途置有的不动产不在此列；②外交人员以私人身份作为遗嘱执行人、遗产管理人、继承人或受赠人之继承事项的诉讼；③外交人员在接受国内在公务范围以外从事专业或商业活动引起的诉讼；④外交人员主动起诉而引起的与该诉讼直接相关的反诉。

（4）作证义务

外交人员没有出庭作证的义务，也没有提供证词的义务。

（5）管辖豁免的放弃

外交人员上述管辖豁免可以放弃，但须满足以下条件：①只能由派遣国放弃；②必须是明示放弃；③对管辖豁免的放弃，不视为对执行豁免的放弃。

【真题示例】

杜某为甲国驻乙国使馆的三等秘书，艾某为丙国驻乙国使馆的随员。杜某在乙国首都实施抢劫，有1名乙国人在抢劫中被其杀死。艾某当时恰好目击了该抢劫杀人事件。甲乙丙三国都是《维也纳外交关系公约》的缔约国，且三国之间没有其他双边的涉及外交和领事特权与豁

免方面的协定。根据国际法规则，下列判断哪些是错误的？（2002 - 94，不定项）①

A. 如杜某本人表示放弃其管辖豁免，则乙国即可以对其提起刑事诉讼，无论使馆是否同意

B. 如艾某本人表示愿意出庭作证，则乙国即可以带其到法庭作证，无论使馆是否同意

C. 乙国向甲国提出请求，要求放弃杜某的豁免，如甲国没有答复，则可以推定甲国已经同意放弃，从而对杜某提起刑事诉讼

D. 如甲国表示放弃杜某的管辖豁免，则乙国可以对杜某进行提起刑事诉讼，而不论杜某本人是否同意

4. 某些方面免税和免验

（1）外交人员免纳一切对人或对物课征的国家、区域或地方性的捐税，主要是个人所得税和其他直接税，但间接税、对于接受国境内私有不动产课征的捐税、遗产税以及有关费用等一般不在免除之列；

（2）外交人员及与其构成同一户口的家属的私人用品入境时免征关税；外交人员的私人行李免受查验，但若有重大理由，可在外交人员或其授权代理人在场时查验。

5. 其他特权与豁免

外交人员免于适用接受国施行的社会保险办法，并免除一切劳务和各种公共服务，如兵役、担任陪审员等；免除军事募捐、征用等军事义务。

（三）外交人员特权与豁免的适用范围

1. 人员范围——哪些人可以享有豁免

（1）外交人员（包括过境前往第三国的外交人员）；

（2）外交人员的家属（包括过境外交人员的家属）：与外交人员构成同一户口的家属（我国：配偶、未成年子女），如不是接受国国民，享有与外交人员相同的特权与豁免；

（3）行政和技术人员及其家属：行政和技术人员及与其构成同一户口的家属，如不是接受国国民，且不在该国永久居留者，也享有一定的特权与豁免，但有某些例外：①执行职务范围以外的行为，不享有民事和行政管辖豁免；②到任后进口的自用物品不能免纳关税；③其行李不免除海关查验；

（4）服务人员：使馆的服务人员，如不是接受国国民，且不在该国永久居留者，仅享有一定的优遇。

【真题示例】

康某是甲国驻华使馆的官员。与康某一起生活的还有其妻、其子（26 岁，已婚）和其女（15 岁）。该三人均具有甲国国籍。一日，四人在某餐厅吃饭，与邻桌发生口角，引发斗殴并致对方重伤。警方赶到时，斗殴已结束。甲国为《维也纳外交关系公约》的缔约国，与我国没有相关的其他协议。根据国际法和我国法律的相关规定，下列哪一选项是正确的？（2007 - 33，单选）②

A. 警方可直接对康某采取强制措施，包括立即限制其人身自由

B. 警方可直接对其妻依法采取强制措施，包括立即限制其人身自由

---

① ABC。外交人员管辖豁免的放弃，只能由派遣国进行，外交人员本人放弃无效，A、B 错误。放弃豁免权应明示作出，甲国未答复不能视为放弃，C 项错误。

② C。外交人员、与外交人员共同生活的配偶及未成年子女（如不是接受国国民），均享有外交特权与豁免，不受逮捕或者拘留，而康某的儿子 26 岁，已经成年，不属于享有特权与豁免的范围。

C. 警方可直接对其子依法采取强制措施，包括立即限制其人身自由

D. 警方不得对康家的任何人采取任何强制措施，包括立即限制其人身自由

2. 时间范围——豁免何时开始，何时终止

（1）开始：进入接受国境内就任之时，开始享有。

（2）结束：职务如已终止，特权与豁免在该人员离境之时或给予其离境的合理期间结束之时终止。

（3）两种特殊情形：①如两国发生武装冲突，特权与豁免应继续有效，至上述时间为止；②如使馆人员死亡，其家属继续享有相关特权与豁免，直到给予其离境的合理期间结束时为止。

例2：汤姆逊是甲国驻乙国大使馆参赞，其妻玛丽。汤姆逊于2006年3月在乙国执行职务期间突发重病死亡。乙国警方调查发现，玛丽在乙国期间曾参与贩毒活动，于是在汤姆逊死后立刻对玛丽实施逮捕。根据相关国际条约，乙国警方的行动是否符合国际法？

不符合。使馆人员死亡后，其家属继续享有相关特权与豁免，直到给予其离境的合理期间结束时为止。玛丽作为使馆参赞的配偶，在汤姆逊死后一定时间内仍享有外交特权与豁免，不得对其实施逮捕。

（四）使馆及享有外交特权与豁免人员的义务

1. 尊重接受国的法律规章。

2. 不得干涉接受国的内政。如，不得介入接受国的党派斗争；不得参加或支持旨在反对接受国政府的集会、游行或示威活动等。

3. 使馆馆舍不得用于与使馆职务不相符合的其他用途。如，不得利用使馆馆舍庇护接受国或第三国人员；不得将使馆作为关押本国或其他国家人员的场所；不得将使馆馆舍作为颠覆、破坏或危害接受国的场所。

4. 使馆与接受国洽谈公务，应与接受国外交部或另经商定的其他部门按照相关程序办理。

5. 外交代表不应在接受国内为私人利益从事任何专业或商业活动。

对违反上述义务的使馆及人员，接受国可采取以下措施：（1）对派遣国政府提出抗议并要求其承担国际责任；（2）宣布使馆人员为不受欢迎的人，并要求其限期离境；（3）对严重危害接受国安全、违反国际法的行为可以依国际法采取对抗措施。

【真题示例】

安某和皮某分别是甲国驻乙国使馆的三等秘书和随员。安某多次参加乙国群众举行的反政府集会和游行；皮某则是大量订阅乙国反对党公开出版的刊物并将有关内容向甲国报告。根据国际法的有关规则，下列判断何者为正确？（2005-95，不定项）①

A. 安某的行为违背了外交人员对驻在国的有关义务规定

B. 皮某的行为违背了外交人员对驻在国的有关义务规定

C. 一旦安某或皮某的行为被确定为违背了相关的义务，其外交特权与豁免即应被剥夺

D. 一旦外交人员的行为被确定为违背了相关的义务，驻在国可以宣布其为"不受欢迎的人"要求其在限定时间内离境

三、特别使团

特别使团，指一国经另一国同意或邀请，派往另一国，代表派遣国进行谈判或完成某项特

---

① AD。安某参加乙国反政府集会和游行，属干涉接受国内政；皮某的行为属于外交人员调查和报告职务的体现。对于安某的违法行为，乙国可宣布其为不受欢迎的人，要求其限期离境。

定外交任务的临时机构。特别使团制度规定在 1969 年《特别使团公约》中。

（一）派遣

应事先取得接受国同意，接受国可随时撤销此项同意。

（二）职务

由派遣国与接受国约定。特别使团人员也适用"不受欢迎的人"和"不能接受"的制度。

（三）特权与豁免

与使馆人员的特权与豁免基本相同，区别如下：（1）特别使团的房舍不可侵犯，但遇到火灾或其他严重灾难而无法获得团长答复时，可推定获得同意而进入房舍；（2）在民事行政管辖豁免的例外方面，比照使馆外交人员，在四种例外基础上，又增加了有关人员公务范围以外使用车辆引起的交通肇事诉讼，接受国可以管辖。

（四）对接受国的义务

与使馆及其人员的义务基本相同。

例3：经乙国同意，甲国派特别使团与乙国进行特定外交任务谈判，甲国国民贝登和丙国国民奥马均为使团成员。(1) 甲国特别使团下榻的房舍遇到火灾而无法获得使团团长明确答复时，乙国是否可以进入房舍救火？(2) 贝登在公务之外开车肇事被诉诸乙国法院，乙国法院是否有权管辖？

(1) 可以。特别使团的房舍遇到火灾或其他严重灾难而无法获得团长答复时，可推定获得同意而进入房舍。(2) 有权。特别使团外交人员公务范围以外使用车辆引起的交通肇事诉讼，接受国可以管辖。

第二节　领事关系法

【知识点】

一、领馆

领馆人员
- 领事官员
  - 职业领事：派遣国任命，专职从事领事职务
  - 名誉领事：非专职，从在接受国的本国侨民或当地商人或律师中选任，从事某些职务
- 领事雇员：译员、速记员、办公室助理员、档案员等，受雇担任领馆行政或技术事务
- 服务人员：司机、清洁工、修理工、传达人员等，受雇担任领馆杂务

根据《维也纳领事关系公约》，领事官员原则上应属派遣国国籍，但如果经接受国明示同意，也可委派接受国国籍的人或第三国国籍的人为领事官员。

二、外交特权与豁免和领事特权与豁免之比较

	外交特权与豁免	领事特权与豁免
馆舍财产	(1) 非经馆长同意绝对不得进入； (2) 接受国有保护义务； (3) 免受搜查、征用、扣押或强制执行。	(1) 未经馆长许可不得进入领馆工作区，如遇到火灾或其他灾害须采取保护时，可推定馆长同意； (2) 接受国有保护义务； (3) 馆舍及财产原则上不得征用，如有必要可征用，但应作出补偿。
档案	无论何时何地均不得侵犯。	同使馆。
通讯	(1) 非经接受国同意，不得安装或使用无线电发报机； (2) 外交信差：执行职务时，人身不可侵犯； (3) 外交邮袋：不得开拆或扣留；可交机长转递，但机长不视为外交信差。	(1) 非经接受国同意，不得安装或使用无线电发报机； (2) 领事信差：执行职务时，人身不可侵犯； (3) 领馆邮袋：一般不得开拆或扣留，有重大理由可在派遣国代表在场下开拆；若派遣国拒绝，邮袋退回原发送地。
人身	不得对外交人员搜查、逮捕或拘留。	对领事官员通常不得予以逮捕或拘留，但犯有严重罪行的除外。
寓所、文书、信件、财产	寓所、文书、信件、财产不受侵犯。	未规定。
管辖	刑事领域：完全豁免。	刑事领域：重罪不豁免。
	行政领域：免户籍、婚姻登记，行政违法不受制裁。	行政领域：执行职务的行为不受行政管辖。
	民事领域：四项例外 (1) 私有不动产物权诉讼； (2) 以私人身份参与的继承诉讼； (3) 因职务范围以外的专业或商务活动涉诉； (4) 外交人员主动起诉被反诉。	民事领域：三项例外 (1) 因领事官员未明示或默示以派遣国代表身份而订立契约所发生的诉讼； (2) 因车船飞机意外事故致第三人受损之诉； (3) 领事官员主动起诉被反诉。
	作证义务：无作证义务。	作证义务：职务所涉事项无作证义务，除此之外不得拒绝作证。
	特权与豁免的放弃：①只能由派遣国放弃；②必须是明示放弃；③对管辖豁免的放弃，不视为对执行豁免的放弃。	

【真题示例】

甲乙两国均为《维也纳领事关系公约》缔约国，阮某为甲国派驻乙国的领事官员。关于

阮某的领事特权与豁免，下列哪一表述是正确的？（2013 - 32，单选）①

    A. 如犯有严重罪行，乙国可将其羁押

    B. 不受乙国的司法和行政管辖

    C. 在乙国免除作证义务

    D. 在乙国免除缴纳遗产税的义务

三、中国的规定

我国分别于 1986 年和 1990 年颁布了《外交特权与豁免条例》和《领事特权与豁免条例》，两条例规定与两公约基本相同，但对特权与豁免的规定在某些方面稍宽于公约：

（一）持我国外交签证或互免签证国家外交护照的人，也享有相应的特权与豁免；

（二）未经允许不得进入的领馆范围为整个领馆而不限于领馆工作区；

（三）领事官员的寓所、文书、信件、财产不受侵犯，而领事公约对此未作规定；

（四）领事官员执行职务外行为的管辖豁免，按照中国与外国签订的双边条约、协定或根据对等原则办理；

（五）对某些问题进行了澄清细化，如：把享有特权与豁免的人员家属明确限定为"共同生活的配偶及未成年子女"；使领馆和其成员携带自用的枪支、子弹入出境，必须经中国政府批准。

【深度解析】外交关系和领事关系有什么联系和区别？

	外交关系 （《维也纳外交关系公约》）	领事关系 （《维也纳领事关系公约》）
概念	国家通过外交机关的交往而形成的相互关系。	国家根据协议，通过互派领事机构执行领事职务而形成的国家关系。
联系	1. 性质相同：使馆和领事馆都是根据国家协议为执行对外政策而常驻外国的机构，国家间同意建立外交关系即包含同意建立领事关系； 2. 领导机构相同：使馆和领事馆都由本国外交部门领导；在接受国，领事馆通常受本国使馆领导。	
区别	1. 交涉对象不同：使馆全面代表本国与接受国中央政府交涉，领事馆一般与接受国地方政府交涉； 2. 职务范围不同：使馆的职务范围为接受国全境，领事馆的职务范围限于特定辖区； 3. 特权与豁免不同：二者享有特权与豁免的程度与范围不同。	

【归纳总结】

外交关系和领事关系既有联系，也有区别。往年考试以考查外交关系法为主，近年也常有涉及领事关系法。复习时，可在对比两类规则的基础上加以掌握。

---

① A。接受国对领事官员不得逮捕或羁押，但对犯有严重罪行的除外，A 项正确。领事官员执行职务行为，不受接受国的司法和行政管辖，并非任何情况均不受接受国管辖，B 项错误。领事官员对其职务所涉事项没有作证义务，除此之外不得拒绝，C 项错误。领事官员可以免于纳税，但通常免纳的是直接税，间接税、遗产税、服务费等不在免除之列，D 项错误。

【图表精要】

一、外交关系法

(一) 外交机关

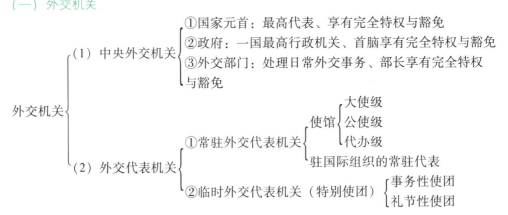

1. 使馆人员

$$
使馆人员
\begin{cases}
(1)\ 馆长
\begin{cases}
①大使：元首向元首派遣的最高一级使节，享有最高礼遇\\
②公使：元首向元首派遣的第二级使节，礼遇稍逊于大使\\
③代办：外交部长向外交部长派遣的使节，与"临时代办"不同
\end{cases}\\
(2)\ 一般外交人员
\begin{cases}
①参赞：协助馆长处理外交事务的高级别外交人员\\
②武官：作为武装力量代表，处理军事合作事务\\
③秘书：分一、二、三等，按指示办理外交事务和文书\\
④随员：最低一级的外交官
\end{cases}\\
(3)\ 行政技术人员：译员、工程师、行政主管、会计等，不是外交人员\\
(4)\ 服务人员：司机、清洁工、修理工等，不是外交人员
\end{cases}
$$

2. 使馆职务

(1) 代表：使馆在处理派遣国和接受国交往事务中，全面代表派遣国；

(2) 保护：在国际法许可的范围内，保护派遣国及其国民的利益；

(3) 谈判和交涉：代表派遣国政府与接受国政府进行谈判和交涉；

(4) 调查和报告：以一切合法的手段，调查接受国的各种情况，并及时向派遣国报告；

(5) 促进：促进派遣国和接受国之间的友好关系，发展两国各方面的合作。

3. 外交代表的派遣
$$
\begin{cases}
①使馆馆长和武官：须事先征得接受国同意。\\
②其他人员：可直接派遣，一般无须事先征求接受国同意（但如果委派接受国国籍的人或第三国国籍的人为外交人员，仍须经接受国同意）。
\end{cases}
$$

（二）外交特权与豁免

1. 使馆与外交人员的特权与豁免

外交特权与豁免

（1）使馆
- ①馆舍不得侵犯
  - A. 未经馆长许可不得进入使馆馆舍；
  - B. 接受国有保护义务；
  - C. 馆舍及财产免受搜查、征用、扣押或强制执行。
- ②档案不得侵犯（无论何时何地）
- ③通讯自由
  - A. 非经接受国同意，不得安装或使用无线电发报机；
  - B. 外交信差：执行职务时，人身不可侵犯；
  - C. 外交邮袋：不得开拆或扣留，可交机长转递，但机长不视为外交信差。
- ④使馆免纳捐税
- ⑤使馆人员有行动和旅行自由
- ⑥使用国家标志

（2）人员
- ①人身不可侵犯
  - A. 不得对外交人员搜查、逮捕或拘留
  - B. 接受国有义务保护外交人员人身不受侵犯
- ②寓所、财产、文书信件不可侵犯
- ③管辖豁免
  - A. 刑事：完全豁免（接受国不得进行刑事审判和处罚）
  - B. 行政：免户籍和婚姻登记、违反行政法规的行为不受行政制裁等
  - C. 民事
    - 原则：一般不对外交人员进行民事管辖
    - 例外
      - a. 在接受国境内的私有不动产物权诉讼（但代表派遣国为使馆购置不动产除外）；
      - b. 以私人身份参与的继承诉讼；
      - c. 在接受国内公务范围以外从事专业或商业活动引起的诉讼；
      - d. 外交人员主动起诉而引起的与该诉讼相关的反诉。
  - D. 作证义务：免除（出庭作证、提供证词）
  - E. 豁免的放弃：只能由派遣国放弃；明示放弃；对管辖豁免的放弃，不视为对执行豁免的放弃。
- ④某些方面免税和免验
- ⑤其他（免于接受社会保险、免于服兵役等）

2. 使馆及其人员在接受国的义务

（1）尊重接受国的法律规章；

（2）不得干涉接受国的内政；

（3）使馆馆舍不得用于与使馆职务不相符合的其他用途；

（4）使馆与接受国洽谈公务，应与接受国外交部或另经商定的其他部门按照相关程序办理；

（5）外交代表不应在接受国内为私人利益从事任何专业或商业活动。

二、领事关系法

（一）领事特权与豁免

```
领事特权与豁免
├─（1）领馆
│    ├─①馆舍不得侵犯
│    │    ├─A. 未经馆长许可不得进入领馆工作区，如遇到火灾或其他灾害须采取保护时，可推定馆长同意；
│    │    ├─B. 接受国有保护义务；
│    │    └─C. 馆舍及财产原则上不得征用，如有必要可征用，但应作出补偿。
│    ├─②档案不得侵犯（无论何时何地）
│    ├─③通讯自由
│    │    ├─A. 非经接受国同意，不得安装或使用无线电发报机；
│    │    ├─B. 领事信差：执行职务时，人身不可侵犯；
│    │    └─C. 领馆邮袋：一般不得开拆或扣留，有重大理由可在派遣国代表在场下开拆，若派遣国拒绝，邮袋退回原发送地；
│    └─其余和外交特权与豁免类似
└─（2）领事官员
     ├─①人身不可侵犯：通常不得逮捕或拘留，但犯有严重罪行的除外。
     ├─②管辖豁免
     │    ├─原则：领事官员执行职务行为，不受接受国司法和行政管辖。
     │    ├─例外
     │    │    ├─A. 因领事官员未明示或默示以派遣国代表身份而订立契约所发生的诉讼；
     │    │    ├─B. 第三者因车辆船舶或航空器在接受国内所造成的意外事故而要求损害赔偿的诉讼（交通肇事引起的损害赔偿诉讼）；
     │    │    └─C. 主动起诉引起的与该诉讼相关的反诉。
     │    ├─作证义务：对职务所涉事项无作证义务，除此之外不得拒绝。
     │    └─豁免的放弃：只能由派遣国放弃；明示放弃；对管辖豁免的放弃，不视为对执行豁免的放弃。
     ├─③某些方面免税和免验
     └─④其他
```

（二）中国《外交特权与豁免条例》和《领事特权与豁免条例》的特殊规定

1. 持我国外交签证或互免签证国家外交护照的人，也享有相应的特权与豁免；

2. 未经允许不得进入的领馆范围为整个领馆而不限于领馆工作区；

3. 领事官员的寓所、文书、信件、财产不受侵犯，而领事公约对此未作规定；

4. 领事官员执行职务外行为的管辖豁免，按照中国与外国签订的双边条约、协定或根据对等原则办理；

5. 对某些问题进行了澄清细化，如：把享有特权与豁免的人员家属明确限定为"共同生活的配偶及未成年子女"；使领馆和其成员携带自用的枪支、子弹出入境，必须经中国政府批准。

码上揭秘

第六章　条约法

第一节　条约的缔结

【知识点】

一、条约成立的实质要件

（一）具备缔约能力和缔约权

1. 缔约能力：国际法主体拥有的合法缔结条约的能力；

2. 缔约权：拥有缔约能力的主体，根据其内部规则赋予某个机关或个人对外缔结条约的权限；

3. 缔约方必须具有完全的缔约权，即缔约机关不得超越其国内法规定的限制，缔约代表不得超越对其权限的特殊限制。

（二）自由同意

以下情况下所表示的同意不能被认为是自由同意：（1）错误，这里指与缔约时假定存在并构成一国受条约拘束的必要根据的事实或情势有关的错误，而非条约的文字错误；（2）诈欺和贿赂；（3）强迫，包括对一国谈判代表的强迫和对国家的强迫。

（三）符合强行法

强行法，指国际社会全体公认不能违背，并且以后仅能以同等性质的规则才能变更的规则。条约与强行法相抵触而无效，具体分为两种情形：（1）条约在缔结时与现行强行法相抵触，自始无效；（2）条约在缔结后与新产生的强行法相抵触，自发生抵触时失效。

例1：假设甲、乙两国自愿经过谈判、签署和批准程序，缔结了一项条约。该条约内容包括：出于两国的共同利益，甲国将本国领土提供给乙国的军事力量使用，用来攻击并消灭丙国国内的某个种族。根据国际法，上述条约是否合法有效？

无效。当前国际法下，国家间不得使用威胁或武力，种族灭绝也为国际法所禁止，该条约内容违反了国际强行法，自始无效。

【深度解析】如何理解《条约法公约》中规定的"错误""诈欺和贿赂"以及"强迫"？

根据《条约法公约》，以下三种情况中所表示的同意不能被认为是自由同意。

（1）错误。这里所指并非条约的文字错误，而是缔约国在表示同意接受条约约束时，所依据的事实或情势存在根本的错误。但是，如果错误是由有关国家本身的行为造成，或在缔结条约时知道或应该知道该错误，则不得援引该错误而主张条约无效。

例2：甲乙两国签订边界条约，条约规定两国边界线应沿某分水岭划定。根据勘界委员会绘制的地图，A区域在甲国一侧，乙国当时未提出异议；但一年后，乙国发现地图有误，如严格按照分水岭划界，A区域应属乙国。在此情况下，该国可援引错误，主张其所表示的同意不是真正的同意，因而条约无效。

（2）诈欺和贿赂。在谈判条约时，一方对另一方进行诈欺或对谈判代表进行贿赂，从而违反缔约国的自由同意，受到诈欺或代表受贿赂的国家可以主张所缔结的条约无效。

（3）强迫。包括对一国谈判代表的强迫和对国家的强迫。前者指通过行为或威胁对一国代表实施强迫而获得其同意受条约拘束的表示。后者指违反《联合国宪章》的原则以武力或威胁对一国实施强迫而获得条约的缔结。以强迫手段缔结的条约自始无效。

二、条约的缔结程序

第一步：约文的议定。缔约方为达成条约而进行的谈判、约文起草和草案的商定。

各方的谈判代表通常须具备全权证书，但以下人员无须出具全权证书：

（1）国家元首、政府首脑和外交部长谈判缔约；

（2）使馆馆长议定派遣国和接受国之间的条约约文；

（3）国家向国际会议或国际组织派遣的代表，议定该会议或组织中的条约约文。

第二步：约文的认证。谈判方确认共同同意该约文是正确的和作准的，应作为当事方之间拟缔结的条约约文。认证的方式一般有：草签、暂签、签署、通过。

（1）草签：谈判代表将其姓氏或姓名的首字母签于条约约文的下面，表示该约文不再更改。

（2）暂签（待核准的签署）：是等待政府确认的签署，在本国确认以前，它只有认证条约约文的效力，并非表明国家同意受条约约束；待核准的签署经本国确认后，才发生正式签署的效力（见2013年试卷一第74题）。

（3）签署：谈判代表将姓名签于条约约文之下。现实中，签署可以具有两种法律意义：①只具有认证的作用；②不仅是认证，而且表明签字国同意受条约的拘束。签署具有何种意义，要视条约本身的规定或缔约各方的约定而定。

（4）通过：公约草案拟定后，在国际会议上，以表决或协商一致的方式对约文认证。

第三步：表示同意受条约的拘束。缔约方作出意思表示，表明同意受条约的拘束。主要方式有签署、批准、加入和接受等。

（1）签署：一国通过签署表示同意受条约的拘束，发生于下列情况：①条约规定签署有这种效果；②谈判国约定签署有这种效果；③该国在其代表的全权证书或在谈判过程中表示该国赋予签署这种效果。

（2）批准：从国内法来看，批准是一国权力机关依据国内法对条约的认可；从国际法来看，批准表明一国同意受条约的拘束（通过交换或交存批准书来实现，即通知对方或其他各方其同意受条约拘束）。

【提示注意】是否批准一项条约，由各国自行决定；即使对于已签署的条约，国家也没有必须批准的义务。

（3）加入：未对条约进行签署的国家表示同意受条约的拘束，成为条约当事方的一种方式。加入主要适用于开放性多边条约；加入表明国家确定同意受条约拘束，加入后一般不须再经批准。签署通常只能在条约规定的开放签署的期限内进行，而加入一般没有期限的限制，可以在条约生效之前或生效之后进行。

（4）接受：实践中，通过接受表示同意受条约的拘束有两种情形：①没有在条约上签署的国家，用接受来表示同意受条约拘束，成为条约的缔约国，其效果类似于加入；②国家在条约上签署以后，用接受表示最终同意受条约的拘束，其效果类似于批准（实为一种简化了的批准手续）。

三、条约的登记

根据《联合国宪章》，联合国任何会员国所缔结的一切条约应尽速在联合国秘书处登记，并由秘书处公布；未经登记的条约不得在联合国任何机关援引。

【提示注意】登记不是条约生效的要件。未经登记的条约只是不得在联合国任何机关援引，并非不能生效（见2014年试卷一第32题）。

四、条约的保留

条约的保留，指一国在签署、批准或加入条约时所作的单方声明，不论措辞如何，其目的在于排除或更改条约中某些规定对该国适用时的法律效果。

对于一国提出的保留，其他缔约国可以接受，也可以反对。

【提示注意】条约的保留可在签署、批准或加入条约的任何阶段提出，无论条约本身是否生效，一国均可提出保留。但条约对一国生效后（即对该国产生拘束力后），则该国不得再对条约提出保留，否则被视为毁约。

【真题示例】

甲、乙、丙国同为一开放性多边条约缔约国，现丁国要求加入该条约。四国均为《维也纳条约法公约》缔约国。丁国对该条约中的一些条款提出保留，下列哪一判断是正确的？（2009 - 29，单选）①

A. 对于丁国提出的保留，甲、乙、丙国必须接受

B. 丁国只能在该条约尚未生效时提出保留

C. 该条约对丁国生效后，丁国仍然可以提出保留

D. 丁国的加入可以在该条约生效之前或生效之后进行

（一）不得提出保留的情形

1. 条约规定禁止保留；

2. 条约准许特定的保留，但有关保留不在条约准许的保留范围内；

3. 保留与条约的目的和宗旨不符。

（二）保留的接受

1. 条约明文准许保留的，一般不需要其他缔约国事后予以接受；

2. 如果从谈判国有限数目以及条约的目的和宗旨，可知该条约在全体当事国的全部适用是每一当事国同意受该条约拘束的必要条件时，保留须经全体当事国接受；

3. 条约如果是一个组织的约章，保留须经该组织有关机关接受；

4. 不属于上述情况的，由缔约国决定是否接受保留。

注意：

（1）保留经另一缔约国接受时，就该国而言，保留国即成为该条约的当事国；

（2）保留经另一缔约国反对时，并不妨碍条约在保留国和反对保留国之间生效，除非反对保留国明确表示反对条约在两国之间生效；

例3：甲乙两国为某多边条约的当事国，甲国对该条约第20条提出保留，乙国对甲国提出的保留明确表示反对。如果乙国没有进一步声明，该条约的其他条款在甲乙两国间是否可以继续适用？

---

① D。

可以。保留经另一缔约国反对时，并不妨碍条约在保留国和反对保留国之间生效。

（3）一国表示同意受该条约拘束而附有保留的行为，只要至少有一个缔约国接受该保留，即为有效。

（三）保留的效果

1. 在保留国与接受保留之间：按保留的范围，改变该保留所涉及的一些条约的规定。

2. 在保留国与反对保留国之间：若反对保留国并不反对该条约在保留国与反对保留国之间生效，则保留所涉及的规定，在保留的范围内，不适用于该两国之间。

3. 在未提出保留的国家之间：按照原来条约的规定，无论未提出保留的国家是否接受另一缔约国的保留。

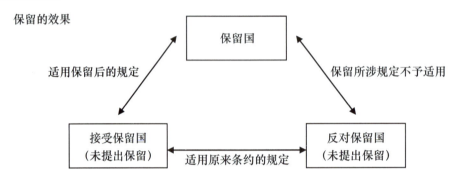

保留的效果

例4：根据1958年《领海与毗连区公约》规定，一切船舶享有领海无害通过权，甲国在加入公约时对该条提出保留，主张军舰不享有领海无害通过权，军舰通过一国领海时须事先征得沿海国同意。乙国接受甲国的保留，丙国反对甲国提出的保留但并不反对条约在两国间生效。（1）在甲国与乙国之间，条约应如何适用？（2）在甲国与丙国之间，条约应如何适用？（3）在乙国与丙国之间，条约应如何适用？

（1）甲国与乙国之间，属保留国与接受保留国，适用保留后的规定，即军舰通过领海时须征求对方同意的规则。（2）甲国与丙国之间，属保留国与反对保留国，保留所涉及的规定不予适用，因此既不适用军舰通过领海时须征求对方同意的规则，也不适用军舰享有无害通过权的规则。（3）乙国与丙国之间，属于未提出保留的国家，适用原来条约的规定，即军舰享有在领海无害通过权的规则。

五、中国《缔结条约程序法》主要内容

1. 缔约权	（1）全国人大常委会决定同外国缔结的条约和重要协定的批准和废除； （2）国家主席根据全国人大常委会的决定，批准和废除同外国缔结的条约和重要协定； （3）国务院同外国缔结条约和协定； （4）外交部在国务院领导下管理同外国缔结条约和协定的具体事务。
2. 谈判代表的委派	（1）以国家或政府名义缔约的，由外交部或主管部门报请国务院委派代表； （2）以政府部门名义缔约的，由部门首长委派代表； （3）代表的全权证书由国务院总理签署，也可以由外交部长签署。

续表

3. 条约的批准与核准	(1) 条约和重要协定适用批准程序，由全国人大常委会决定，根据第 7 条，此类条约和协定包括：①友好合作条约、和平条约等政治性条约；②有关领土和划定边界的条约、协定；③有关司法协助、引渡的条约、协定；④同中国法律有不同规定的条约、协定；⑤缔约各方议定须经批准的条约、协定；⑥其他须经批准的条约、协定；批准书由中华人民共和国主席签署，外交部长副署。 (2) 除上述条约和协定外，其他具有条约性质的文件由国务院核准；核准书由国务院总理签署，也可以由外交部长签署。 (3) 经全国人大常委会决定批准或者加入的条约和重要协定，由全国人大常委会公报公布。其他条约、协定的公布办法由国务院规定。
4. 多边条约的加入	(1) 加入多边条约和协定，分别由全国人大常委会或者国务院决定； (2) 对于第 7 条所列条约和协定，由外交部或者国务院有关部门会同外交部审查后报请国务院，再由国务院提请全国人大常委会作出加入的决定； (3) 对于第 7 条以外的条约和协定，由外交部或者国务院有关部门会同外交部审查后，报请国务院作出加入的决定； (4) 加入书由外交部长签署，具体手续由外交部办理。
5. 多边条约的接受	(1) 接受多边条约和协定，由国务院决定； (2) 经中国代表签署的或者无须签署的载有接受条款的条约、协定，由外交部或者国务院有关部门会同外交部审查后，报请国务院作出接受的决定； (3) 接受书由外交部长签署，具体手续由外交部办理。

【真题示例】

根据《维也纳条约法公约》和《中华人民共和国缔结条约程序法》，关于中国缔约程序问题，下列哪些表述是正确的？(2013 – 74，多选)[①]

A. 中国外交部长参加条约谈判，无需出具全权证书

B. 中国谈判代表对某条约作出待核准的签署，即表明中国表示同意受条约约束

C. 有关引渡的条约由全国人大常委会决定批准，批准书由国家主席签署

D. 接受多边条约和协定，由国务院决定，接受书由外交部长签署

【归纳总结】

"条约的保留"和我们日常所说的"保留"有相似之处。平日里，我们如不同意某人所言观点，常说"我保留自己的意见"。国家在签署或加入某条约时也会遇到类似的问题，如其对条约中某项条款不同意，也可对该条款提出保留，意即排除此规定对该国适用时的法律效果。

[①] ACD。待核准的签署是等待政府确认的签署，在本国确认以前，它只有认证条约约文的效力，并非表明国家同意受条约约束，B 项错误。

第二节 条约的效力

【知识点】

一、条约的生效

条约的生效,指一个条约在法律上成立,发生约束各缔约方的法律效果。条约生效的国际法意义在于,条约从此将对缔约方产生法律拘束力,各缔约方应根据条约承担相应义务。

条约生效的日期由条约规定,或依照各缔约国约定,常见的生效方式有:(1)签署后生效;(2)经批准通知或交换批准书后生效;(3)交存批准书或加入书后生效;(4)条约规定于一定的日期生效。

【提示注意】"条约的生效"≠"条约对某国生效"。条约的生效,即条约本身的生效,其生效日期由条约规定或依照各缔约国约定。条约对某国是否生效,由该国的态度决定,如果某国不愿接受条约的约束,它可以选择不签署或不加入该条约,此时,条约本身可能已经生效,但对该国并不具有法律效力。

例5: 2003年5月,第56届世界卫生大会通过了《烟草控制框架公约》,根据该公约规定,40个国家将批准书交存联合国秘书长后第90天起条约生效。2004年11月30日,秘鲁成为第40个交存批准书的国家。2006年1月,甲国决定加入该条约,但尚未进行签署和批准。(1)条约此时是否已经生效?(2)条约此时对甲国是否生效?

(1)条约已经生效,此时早已满足"40个国家将批准书交存联合国秘书长后第90天"的条件。(2)条约对甲国没有生效,甲国还未签署和批准该条约。

二、条约的适用

1. 时间范围:自生效之日起开始适用,原则上没有溯及力。
2. 空间范围:如当事国没有相反表示,则一般认为适用于各当事国全部领土。

三、条约的冲突

条约的冲突,指一国就同一事项先后参加的几个条约的规定相互矛盾,从而引起哪个条约应当优先适用的问题。解决条约冲突应适用以下规则:

1. 先后就同一事项签订的两个条约的当事国完全相同:一般适用后约,先约失效。
2. 先后就同一事项签订的两个条约的当事国部分相同,部分不同时:(1)在同为两条约当事国之间,适用后约优于先约的原则;(2)在同为两个条约的当事国与仅为其中一个条约的当事国之间,适用两国均为当事国的条约。
3. 如条约本身规定了解决冲突的规则,则适用该规则。

例6: 甲乙丙三国订有贸易条约。后甲乙两国又达成了新的贸易条约,其中许多规定与三国前述条约有冲突。新约中规定,旧约被新约取代。甲乙两国均为《维也纳条约法公约》的缔约国。(1)甲乙两国之间应如何适用条约?(2)甲丙两国之间应如何适用条约?

这里,旧条约包括甲乙丙三个当事国,新条约包括甲乙两个当事国,显然属于先后两条约的当事国部分相同,部分不同的情形。(1)甲乙两国同为新旧两个条约的当事国,适用后约优于先约的原则,应适用新条约。(2)甲国同为新旧两条约的当事国,丙国仅为旧条约的当事国，应适用两国均为当事国的条约，即旧约。

【真题示例】

甲乙丙三国为某投资公约的缔约国，甲国在参加该公约时提出了保留，乙国接受该保留，丙国反对该保留，后乙丙丁三国又签订了涉及同样事宜的新投资公约。根据《维也纳条约法公约》，下列哪些选项是正确的？（2014－76，多选）①

A. 因乙丙丁三国签订了新公约，导致甲乙丙三国原公约失效

B. 乙丙两国之间应适用新公约

C. 甲乙两国之间应适用保留修改后的原公约

D. 尽管丙国反对甲国在原公约中的保留，甲丙两国之间并不因此而不发生条约关系

四、条约对第三国的效力

（一）条约为第三国创设义务

如果条约有意为第三国创设一项义务，必须经第三国以书面形式明示接受，才能对第三国产生义务。

（二）条约为第三国创设权利

如果条约有意为第三国创设一项权利，原则上仍应得到第三国同意；但是，如果第三国没有相反的表示，应推断其同意接受这项权利，不必以书面形式明示接受。

（三）为第三国创设权利义务的更改

（1）条约为第三国创设义务时，该项义务一般须经条约各当事国与该第三国的同意方得取消或变更；（2）条约为第三国创设权利时，如果经确定原意为非经该第三国同意不得取消或变更该项权利，当事国不得随意取消或变更。

【真题示例】

嘉易河是穿越甲、乙、丙三国的一条跨国河流。1982 年甲、乙两国订立条约，对嘉易河的航行事项作出了规定。其中特别规定给予非该河流沿岸国的丁国船舶在嘉易河中航行的权利，且规定该项权利非经丁国同意不得取消。事后，丙国向甲、乙、丁三国发出照会。表示接受该条约中给予丁国在嘉易河上航行权的规定。甲、乙、丙、丁四国都是《维也纳条约法公约》的缔约国。对此，下列哪项判断是正确的？（2006－33，单选）②

A. 甲、乙两国可以随时通过修改条约的方式取消给予丁国的上述权利

B. 丙国可以随时以照会的方式，取消其承担的上述义务

C. 丁国不得拒绝接受上述权利

D. 丁国如果没有相反的表示，可以被推定为接受了上述权利

---

① BCD。乙丙同为先后两个投资公约的缔约国，两国之间应适用新公约，B 项正确。乙丙丁三国签订新公约，这只可能导致新旧条约之间的冲突，但并不导致原公约失效，A 项错误。在保留国与接受保留国之间，适用保留后的规定，C 项正确。丙国反对甲国提出的保留，通常只是保留所涉及的规定不予适用而已，并非两国之间不发生条约关系，D 项正确。

② D。条约为丁国创设权利时，规定该项权利非经丁国同意不得取消，所以甲乙两国不得随意取消，A 项错误。条约为第三国创设义务时，该项义务一般须经条约各当事国与该第三国的同意方得取消或变更，因此，丙国若打算取消其义务，还应得到甲乙两国同意，B 项错误。条约为第三国创设权利，第三国可以拒绝，C 项错误。如果第三国没有相反的表示，应推断其同意接受这项权利，D 项正确。

第三节　条约的解释和修订

【知识点】

一、条约的解释

（一）一般规则

1. 根据通常含义和上下文；
2. 符合条约的目的和宗旨；
3. 善意解释（解释不能使一方不公平地优于另一方）。

（二）辅助规则

1. 使用条约解释的补充资料（谈判记录、历次草案、讨论纪要等）；但这些资料仅为上述方法的补充，不具有决定性。

2. 两种以上文字的条约的解释：

（1）两种以上文字作准的条约，除条约规定或当事国另有协议，每种文字的文本同样作准；

（2）作准文本以外的条约译本，不能作为作准文本，仅为解释条约提供参考；

（3）在各种文字的作准文本中，条约用语被推定为意义相同，如有分歧，除条约明文规定以一种文字解释外，各方只受其本国文字文本的约束，且不得从对方文字文本的不同解释中获得利益；

（4）在几个作准文本中发现存在歧义，而适用上述规则仍不能消除分歧时，应采用顾及条约目的和宗旨的最能调和各文本的意义。

例7：甲乙两国缔结某条约时，约定甲乙两国文字的文本同样为作准文本，并以第三种文字的文本作为参考文本。条约生效后，甲国发现，依乙国文字文本进行解释对甲国更加有利。根据条约法公约，甲国是否可以根据乙国文本进行解释适用？

不能。在各种文字的作准文本中，条约用语被推定为意义相同，如有分歧，除条约明文规定以一种文字解释外，各方只受其本国文字文本的约束，且不得从对方文字文本的不同解释中获得利益，因此，甲国只能依据本国语言文本进行解释。

二、条约的修订

1. 条约修订后，凡有权成为条约当事国的国家，也应有权成为修订后条约的当事国；
2. 修订条约的协定对于是条约当事国而非协定当事国的国家无拘束力；
3. 对于修订条约的协定生效后成为条约当事国的国家，如果该国没有相反的表示，应视为修订后条约的当事国；在该国与不受修订条约的协定拘束的当事国之间，适用未修订的条约。

例8：甲乙丙丁四国签订了某多边贸易协定，随着实践的发展，甲乙丙三国均提议修订该贸易协定中的个别条款，并提出了方案。甲乙丙三国就新方案达成了一个议定书，但丁国因不能接受议定书的某些内容而拒绝在议定书上签字。在议定书生效一年后，戊国申请加入了该多边贸易协定。（1）该议定书对丁国是否具有拘束力？（2）如果戊国没有相反表示，应视为哪个条约的当事国？（3）戊国与丁国之间应适用哪个条约？

（1）没有。丁国没有参加该议定书，议定书对丁国无拘束力。（2）对于议定书生效后成为条约当事国的戊国，如该国没有相反表示，应视为修订后多边贸易协定的当事国。（3）戊国为条约修订后新加入的国家，丁国为不受修订条约的协定拘束的当事国，应当适用修订前的多边贸易协定。

三、条约的终止和暂停施行

（一）原因

1. 条约本身的规定。例如，条约规定期满而没有延期，则条约终止。

2. 条约当事方共同的同意。

3. 单方解约或退约。一般不经其他缔约国同意，不得单方面终止或退出条约，除非经确定某一条约的当事国原意为容许有废止或退出的可能，或由条约的性质可认为含有废止或退出的可能。

【提示注意】当事国单方解约或退约，必须提前12个月通知其终止或退出条约的意思。

4. 条约履行完毕。

5. 条约因被代替而终止。

6. 条约履行不可能。如果实施条约所必不可少的标的物永久消失或毁坏，以致不可能履行条约时，当事国可以此为由终止或退出条约；如果不能履行属于暂时性的，则当事国只能暂停实施。须注意，如果这种履行的不可能是由于当事国本身违反国际法造成，则当事国须承担相应的国际责任。

7. 条约当事方丧失国际人格。

8. 断绝外交关系或领事关系。断绝外交关系或领事关系，仅使得以此种关系为必要条件的条约终止，但其他条约不受影响。

9. 战争。

【提示注意】战争爆发后并非所有条约都终止，见第八章第一节之"战争开始的法律后果"。

10. 一方违约。作为一种合法的对抗，当事国一方违约，另一方可以终止或暂停施行该条约。但须注意，这里针对的对方"违约"，必须是"重大违约"，一般的违约不能导致另一方废约。这里的"重大违约"，包括：（1）条约当事国一方非法单面终止条约；（2）当事国违反条约的规定，而这项规定是实现条约目的和宗旨所必要的。

对于双边条约，当事国之一有重大违约，守约方有权终止该条约，或全部或部分停止其施行。对于多边条约，当事国一方有重大违约，则其他守约方有权以一致同意的方式，采取如下两种措施：（1）在守约方与违约方之间，终止该条约，或全部或部分停止其施行；（2）在全体条约当事方之间，终止该条约，或全部或部分停止其施行。

【真题示例】

菲德罗河是一条依次流经甲乙丙丁四国的多国河流。1966年，甲乙丙丁四国就该河流的航行事项缔结条约，规定缔约国船舶可以在四国境内的该河流中通航。2005年底，甲国新当选的政府宣布：因乙国政府未能按照条约的规定按时维修其境内航道标志，所以甲国不再受上述条约的拘束，任何外国船舶进入甲国境内的菲德罗河段，均须得到甲国政府的专门批准。自2006年起，甲国开始拦截和驱逐未经其批准而驶入甲国河段的乙丙丁国船舶，并发生多起扣

船事件。对此，根据国际法的有关规则，下列表述正确的是：（2008－98，不定项）①

A. 由于乙国未能履行条约义务，因此，甲国有权终止该条约

B. 若乙丙丁三国一致同意，可以终止该三国与甲国间的该条约关系

C. 若乙丙丁三国一致同意，可以终止该条约

D. 甲乙两国应分别就其上述未履行义务的行为，承担同等的国家责任

11. 情势变迁。注意：边界条约不适用情势变迁原则。

（二）程序

1. 当事方在终止或暂停施行条约时，必须书面通知条约的其他当事方，并说明其拟对条约采取的措施及理由。

2. 如果其他当事方在接到通知满 3 个月后未提出反对，作出通知的当事国可以实施其拟采取的措施。

3. 如果其他当事方反对，则应通过和平方式解决争端；如果提出反对后 12 个月内仍不能解决，任何一方可提请国际法院解决，或双方提交仲裁，或请求联合国秘书长实施强制和解程序（中国对该规定提出保留）。

（三）后果

1. 条约有规定的依规定。

2. 条约没有规定的依如下规则：（1）解除各当事国继续履行条约的义务；（2）不影响各当事国在条约终止前由于实施该条约所产生的任何权利、义务或法律状况；（3）在暂停实施期间，各当事国应避免足以阻挠条约恢复施行的行为。

【深度解析】如何理解条约法中的"情势变迁"？

情势变迁，指条约缔结后，出现了在缔结条约时不能预见的根本性变化，则缔约国可以终止或退出该条约。为了防止滥用情势变迁原则，《条约法公约》对该原则的适用规定了严格的条件限制：（1）缔约时的情势必须发生了不可预见的根本性变化；（2）缔约时的情势构成当事国同意受条约拘束的必要根据；（3）情势变迁的结果将根本改变依条约尚待履行的义务范围；（4）边界条约不适用情势变迁原则；（5）如果情势的改变是由于一个缔约国违反条约义务或其他国际义务造成的，则该国不能援引情势变迁终止或废除有关条约。

【图表精要】

一、条约成立的实质要件

条约成立的实质要件
- （1）具备缔约能力和缔约权
- （2）自由同意——不属于
  - ①错误（缔约时假定存在的事实发生错误）
  - ②诈欺和贿赂
  - ③强迫
- （3）符合强行法
  - ①缔结时与现行强行法相抵触：自始无效。
  - ②缔结后与新产生强行法抵触：自发生抵触时失效。

---

① BC。乙国的行为仅构成一般违约，不属于重大违约，在一般违约的情况下，甲国无权终止条约，A 项错误。甲国非法单方面终止条约，已构成重大违约，对此，乙丙丁三国有权以一致同意的方式，在该三国与甲国之间终止该条约，或者在所有当事国之间终止该条约，BC 正确。甲乙两国均涉及违约，但程度不同，承担责任大小也不相同，D 项错误。

二、条约的缔结

1. 约文的议定──→2. 约文的认证（签署）──→3. 表示同意受条约的拘束（批准）

无须出具全权证书 { ①国家元首、政府首脑、外交部长
②使馆馆长
③驻国际组织或国际会议的代表

三、条约的保留

1. 概念	一国在签署、批准或加入条约时所作的单方声明，不论措辞如何，其目的在于排除或更改条约中某些规定对该国适用时的法律效果。
2. 不得提出保留的情形	（1）条约规定禁止保留； （2）条约准许特定的保留，但有关保留不在条约准许的保留范围内； （3）保留与条约的目的和宗旨不符。
3. 保留的效果	（1）在保留国与接受保留国之间：适用保留后的规定。 （2）在保留国与反对保留国之间：保留所涉规定不予适用。 （3）在未提出保留的国家之间：适用原来条约的规定。

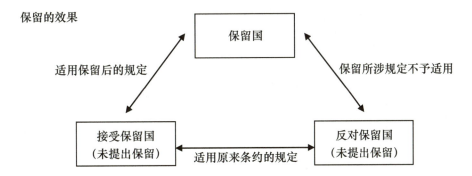

保留的效果

四、条约的效力

（一）条约的生效

1. 概念：指一个条约在法律上成立，发生约束各缔约方的法律效果。

2. 常见的生效方式：①签署后生效；②经批准通知或交换批准书后生效；③交存批准书或加入书后生效；④条约规定于一定的日期生效。

3. "条约的生效" ≠ "条约对某国生效"。

（二）条约的冲突

1. 概念	一国就同一事项先后参加的几个条约的规定相互矛盾，从而引起哪个条约应当优先适用问题。
★2. 解决条约冲突的规则	①先后就同一事项签订的两个条约的当事国完全相同：一般适用后约，先约失效； ②先后就同一事项签订的两个条约的当事国部分相同，部分不同时： A. 在同为两条约当事国之间，适用后约优于先约的原则； B. 在同为两个条约的当事国与仅为其中一个条约的当事国之间，适用两国均为当事国的条约； ③如条约本身规定了解决冲突的规则，则适用该规则。

```
      A ──────────────→ B
      甲                甲
      乙                乙
```

五、条约的解释

一般规则
- （1）根据通常含义和上下文；
- （2）符合条约的目的和宗旨；
- （3）善意解释（解释不能使一方不公平地优于另一方）。

两种以上文字的条约解释规则
- （1）依作准文本进行解释；
- （2）作准文本以外的条约译本仅供参考（不能作准）；
- （3）作准文本有分歧
  - ①条约有规定的依规定；
  - ②条约没有规定的，各国只受本国文本约束。

六、条约的修订

条约的修订	（1）条约修订后，凡有权成为条约当事国的国家，也应有权成为修订后条约的当事国； （2）修订条约的协定对于是条约当事国而非协定当事国的国家无拘束力； （3）对于修订条约的协定生效后成为条约当事国的国家，如果该国没有相反的表示，应视为修订后条约的当事国；在该国与不受修订条约协定拘束的当事国之间，适用未修订的条约。

```
      A ──────────────→ （议定书）A′
   甲、乙、丙、①          甲、乙、丙
                            ⑫
```

七、条约的终止和暂停施行

（1）条约本身的规定；
（2）条约当事方共同的同意；
（3）单方解约和退约；
条件：①须提前 12 个月通知其他缔约国；
　　　②如条约未明文规定允许一方解约或退约，应经其他缔约国同意。
（4）条约履行完毕；

（5）条约因被代替而终止；

（6）条约履行不可能；

（7）条约当事方丧失国际人格；

（8）断绝外交关系或领事关系；

（9）战争；

（10）一方违约；

条件——仅限于重大违约（包括：①一方非法片面终止条约；②违反条约目的和宗旨。）

对策——其他缔约方有权以一致同意的方式：

①在守约方与违约方之间终止或暂停施行该条约；

②在全体条约当事方之间终止或暂停施行该条约。

（11）情势变迁（情势发生了不可预见的根本性变化；**该原则不适用于确定边界的条约**）。

码上揭秘

第七章　国际争端解决

【知识点】

一、国际争端的特点和类型

国际争端，指国际法主体之间，主要是国家之间，由于在法律上或事实上意见不一致或政治利益冲突所产生的争执。其特点是：（1）争端主体主要是国家，争端涉及利益重大；（2）争端常涉及多种因素，情况复杂；（3）争端解决受各种政治力量的制约和影响。

国际争端分为三种类型：

1. 政治性争端，指直接涉及当事国主权独立等重大政治利益的争端。对此类争端，国际法尚未形成确切的权利义务规则，难以用法律方法解决，也称为"不可裁判争端"。

2. 法律争端，指国家以国际法为依据提出要求所涉及的争端，此类争端也称为"可裁判争端"。

3. 事实争端，指国家间由于对某种情况或事实的真相认识不同所产生的争端。

二、国际争端的解决方法

（一）强制方法

1. 战争：通过武力方式解决争端。当前国际法下，战争不再是解决争端的合法方式。

2. 平时封锁：和平时期一国海军对另一国海岸进行封锁，禁止船只出入。当前国际法下，平时封锁只能由安理会决定实施，国家不能随便实施。

3. 干涉：第三方擅自介入他国间争端，强迫按照干涉国的方式解决争端。当前国际法下，干涉属于非法。

4. 反报：针对他国不礼貌、不友好但不违法的行为，采取相同或类似的行为予以回报。如，一国公民在外国受到歧视性待遇，一国外交官被驻在国驱逐，该国采取相同措施予以回报。

5. 报复：针对他国国际不法行为，采取与之相对应的措施作为回应。报复针对他国不法行为，其实施方式有多种，包括暂停执行条约、扣押对方船只或财产、实行贸易禁运等。

【深度解析】如何区分反报和报复？

反报，指一国针对他国不礼貌、不友好但不违法的行为，采取相同或类似的行为予以回报。如，A国在B国的侨民受到B国政府的歧视性待遇，作为回应，A国政府对在本国的B国侨民给予同样待遇。报复，指一国针对他国的国际不法行为，采取与之相对应的措施作为回应。报复是一种对不法行为的对抗。区分反报和报复，关键看该回应措施所针对的对方行为的性质：针对不违法的行为，属反报；针对国际不法行为，属报复。

【真题示例】

甲国是一个香蕉生产大国，其蕉农长期将产品出口乙国。现乙国颁布法令，禁止甲国的香蕉进口。甲国在要求乙国撤销该禁令未果后，宣布对乙国出口到甲国的化工产品加征300%的进口关税。甲乙两国间没有涉及香蕉、化工产品贸易或一般贸易规则的双边或多边条约。对

此，下列判断哪个是正确的？(2002 – 18，单选)①

A. 乙国的上述做法违背其承担的国际法上的义务

B. 甲国的上述关税措施违背其承担的国际法上的义务

C. 甲国采取的措施属于国际法上的反报措施

D. 甲国采取的措施属于国际法上的报复措施

(二) 非强制方法

1. 政治方法

（1）谈判与协商

谈判，指争端当事国通过直接交涉解决争端的方式。协商与谈判类似，但谈判一般限于当事国之间，协商有时也可邀请第三国参加。除非特别约定，谈判或协商的当事国没有达成有拘束力协议的义务。

（2）斡旋与调停

斡旋，指争端以外第三方为促成当事国解决争端而提供某些协助。调停，指第三方以调停人的身份，就争端解决提出方案，并直接参与谈判，以协助解决争端。

调停与斡旋类似，一般是第三方出于善意主动进行的，也可以是应当事国或各方邀请进行的，争端当事方或第三方可以对有关的行动加以拒绝，但不应将这种行为视为不友好。调停国提出的方案本身没有拘束力，对进行调停及其成败不承担任何法律义务或后果。

斡旋与调停的区别在于：斡旋中，第三方不参加谈判，也不提出任何解决争端的方案；调停中，第三方参加谈判，并且提出解决方案。

【真题示例】

甲、乙两国因历史遗留的宗教和民族问题，积怨甚深。2004 年甲国新任领导人试图缓和两国关系，请求丙国予以调停。甲乙丙三国之间没有任何关于解决争端方法方面的专门条约。根据国际法的有关规则和实践，下列哪一项判断是正确的？(2005 – 33，单选)②

A. 丙国在这种情况下，有义务充当调停者

B. 如果丙国进行调停，则乙国有义务参与调停活动

C. 如果丙国进行调停，对于调停的结果，一般不负有监督和担保的义务

D. 如果丙国进行调停，则甲国必须接受调停结果

（3）调查与和解

调查，指由第三方组成的委员会对事实真相进行调查，以解决争端。和解，指由第三方组成的委员会对争端进行调查和评价，提出解决争端的建议，以促成争端解决。

调查与和解的区别在于：调查中，委员会仅限于查明事实，不对争端的是非曲直作出判定；和解中，委员会不仅查明事实，而且提出解决争端的建议。

2. 法律方法

（1）仲裁：国际常设仲裁法院——专门受理国家间仲裁案件的常设仲裁机构。

（2）法院方式：国际法院；国际海洋法法庭。

---

① C。由于甲乙两国没有任何条约涉及双方香蕉贸易，乙国禁止甲国香蕉进口的做法并不违反国际法，仅是一种不友好行为，甲国针对乙国不友好行为采取的措施应属反报。

② C。丙国作为第三方，没有充当调停人的义务，即使进行调停，其对调停结果也不承担任何法律义务，A 项错误，C 项正确。乙国作为争端当事方，没有义务参与调停，可以拒绝，B 项错误。调停结果本身无法律拘束力，甲国作为争端当事方，可以拒绝接受，D 项错误。

三、国际法院

（一）法官

1. 法院由 15 名法官组成，其中不得有两人为同一国家的国民。法官不代表任何国家，不受任何政府或联合国机构的制约。法官在联合国大会和安理会中分别独立进行选举，只有在两个机关同时获得绝对多数票方可当选，安理会常任理事国对法官选举没有否决权。法官任期 9 年，可连选连任。

2. 法官对涉及其国籍国的案件，不适用回避制度，除非就任前曾参与该案件。

3. 在法院审理案件中，如一方当事国有本国国籍的法官，他方当事国也有权选派一人作为法官参与该案的审理；如双方当事国都没有本国国籍的法官，双方都可各选派法官一人参与该案的审理；这种临时选派的法官称为"专案法官"，他们和正式法官具有完全平等的地位。

（二）管辖权

国际法院是联合国的司法机关，具有诉讼管辖（受理有关国家提起的诉讼）和咨询管辖（向某些主体提供法律咨询）两项职权。

1. 诉讼管辖权

（1）对人管辖——谁可以作为国际法院的诉讼当事方

有三类国家可以作为国际法院的诉讼当事方：①联合国会员国；②非联合国的会员国但为《国际法院规约》的当事国；③非联合国的会员国也非《国际法院规约》的当事国，但预先向国际法院书记处交存一份声明，表示愿意接受国际法院管辖、保证执行法院判决及履行相关其他义务的国家。

【提示注意】国际组织、法人或个人都不能成为国际法院的诉讼当事方。

（2）对事管辖——什么事项能够成为国际法院的管辖对象

国际法院的对事管辖权可以通过以下三种方式建立：

①自愿管辖，即当事国在争端发生后，达成协议，将争端提交国际法院；

②协定管辖，即缔约各方在现行条约或协定中规定，各方同意将有关争端提交国际法院解决；

③任择强制管辖，即《国际法院规约》的当事国，可以通过发表声明，对接受同样义务的任何其他国家，承认国际法院的强制管辖权，而无须另行订立特别协议。"任择"是指当事国自愿选择是否作出声明；"强制"是指，一旦作出声明，在声明接受的范围内，国际法院就具有强制管辖权。

2. 咨询管辖权

（1）联合国大会、大会临时委员会、安理会、经社理事会、托管理事会等以及经大会授权的联合国专门机构或其他机构，可以请求国际法院发表咨询意见；

（2）国家、团体、个人，包括联合国秘书长，都无权请求法院发表咨询意见；

（3）国际法院发表的咨询意见没有法律拘束力，但对有关问题的解决及国际法的发展具有重要影响。

例1：甲国是联合国的会员国。2006 年，联合国驻甲国的某机构以联合国的名义，与甲国政府签订协议，购买了一批办公用品。由于甲国交付延期，双方产生纠纷。（1）联合国大会是否有权就该项纠纷向国际法院提起针对甲国的诉讼？（2）联合国大会是否有权就该项纠纷请求国际法院发表咨询意见？

（1）无权。只有国家有权在国际法院进行诉讼，国际组织不能成为国际法院的诉讼当事方。(2)有权。联合国大会、大会临时委员会、安理会、经社理事会、托管理事会等以及经大会授权的联合国专门机构或其他机构，可以请求国际法院发表咨询意见。

（三）判决

1. 国际法院对所审理的案件，除中止诉讼的情况外，都作出判决。

2. 判决书以多数法官同意票通过，任何法官不论是否同意多数意见，都可将其个人意见附于判决之后。

3. 国际法院的判决具有终局性，一经作出即对当事国产生拘束力，当事国必须履行；如一方拒不履行判决，他方可向安理会提出申诉，安理会可以作出建议或决定采取措施执行判决。

4. 当事国对判决的意义或范围发生争执时，可以请求国际法院作出解释；当事国发现能够影响判决的、决定性的、且在诉讼过程中不可能获知的新事实，可申请法院复核判决，申请复核至迟应于新事实发现后6个月内，并在判决之日起不超过10年内提出。

例2：甲乙两国由于海洋划界问题引发争端，双方协议将争端提交国际法院。国际法院就此案作出判决后，甲国拒不履行依该判决所承担的义务。根据《国际法院规约》，乙国可以采取何种措施？

乙国可以向联合国安理会提出申诉，由安理会作出建议或采取行动执行该判决。

【真题示例】

关于联合国国际法院的表述，下列哪一选项是正确的？(2013-34，单选)①

A. 联合国常任理事国对国际法院法官的选举不具有否决权

B. 国际法院法官对涉及其国籍国的案件，不适用回避制度，即使其就任法官前曾参与该案件

C. 国际法院判决对案件当事国具有法律拘束力，构成国际法的渊源

D. 国际法院作出的咨询意见具有法律拘束力

四、国际海洋法法庭

（一）性质

1. 根据《海洋法公约》设立的，在海洋活动领域的全球性国际司法机构，法庭设在德国汉堡。

2. 海洋法法庭的建立，不排除国际法院对海洋争端的管辖，争端当事国可以自愿选择将争端交由哪个机构来审理。

（二）诉讼管辖权

海洋法法庭诉讼当事人可以是：(1)公约缔约国；(2)国际海底管理局和平行开发合同的自然人、法人（如当事人一方为自然人或法人，在提交争端时，必须满足两项限制：①"用尽当地救济"；②自然人或法人的担保国或国籍国应邀参加司法程序）；(3)将管辖权授予法庭的任何其他协定的当事者。

从性质来看，海洋法法庭的管辖权具有任择强制管辖性质，即一国在加入公约时，或在其

---

① A。安理会常任理事国对法官的选举没有否决权，A项正确。国际法院法官对涉及其国籍国的案件，不适用回避制度，除非其就任前曾参与该案件，B项错误。国际法院判决对案件当事国具有法律拘束力，但并不属于国际法的渊源，国际法的渊源包括国际条约、国际习惯和一般法律原则，C项错误。国际法院作出的咨询意见没有法律拘束力，D项错误。

后任何时间，可以自由用书面声明方式选择海洋法法庭的管辖，只有争端各方都选择了法庭程序，法庭才有管辖权。

例3：甲乙两国均为1982年《海洋法公约》缔约国。甲国与乙国就某岛屿的归属长期争执不下，甲国渔民在该岛屿附近捕鱼时，经常遭到乙国军舰的驱逐。在最近一次类似事件中，乙国军舰使用高压水枪将两名甲国渔民冲至海中身亡。为彻底解决该岛屿归属，甲国与乙国拟将该争端通过国际司法途径加以解决。（1）对于该争端，双方是否只能选择提交海洋法法庭解决？（2）甲国受害渔民家属可否向海洋法法庭起诉乙国要求赔偿？

（1）不是。海洋法法庭的管辖不具有排他性，其并不排除国际法院对海洋争端的管辖，争端当事国可以自愿选择将争端交由哪个机构来审理。（2）不可以。海洋法法庭的诉讼当事人虽然可以是自然人、法人，但仅限于平行开发合同中。

【真题示例】

甲乙两国就海洋的划界一直存在争端，甲国在签署《联合国海洋法公约》时以书面声明选择了海洋法法庭的管辖权，乙国在加入公约时没有此项选择管辖的声明，但希望争端通过多种途径解决。根据相关国际法规则，下列选项正确的是：（2014－97，不定项）①

A. 海洋法法庭的设立不排除国际法院对海洋活动争端的管辖

B. 海洋法法庭因甲国单方选择管辖的声明而对该争端具有管辖权

C. 如甲乙两国选择以协商解决争端，除特别约定，两国一般没有达成有拘束力的协议的义务

D. 如丙国成为双方争端的调停国，则应对调停的失败承担法律后果

五、《海洋法公约》的争端解决机制

《海洋法公约》的争端解决机制规定在公约第15部分（争端的解决）及相关四个附件中：附件五（调解）、附件六（国际海洋法法庭规约）、附件七（仲裁）、附件八（特别仲裁）。上述规定强调了和平解决争端的原则，并设定了两个层次的机制：

1. 协商解决。争端方可以采取自行选择的任何和平方式，首先寻求通过达成一般性、区域性或双边协定解决争端。

2. 强制程序。如果采用自行选择的和平方法解决争端失败，经任何一方请求，应提交以下导致有拘束力裁判的强制程序解决。有四个处于平等地位的机构可供当事方选择，分别是：海洋法法庭、国际法院、依附件七组成的仲裁庭和依附件八组成的特别仲裁庭。其中，如果双方就选择的机构达成合意，由合意机构解决争端；如果双方无法达成一致，则由依附件七组成的仲裁庭审理。

此外，公约规定了不适用强制程序的两种例外：

（1）沿海国在专属经济区或大陆架上行使主权权利的争端可以不适用强制程序（自动排除管辖，第297条）；

（2）对于海洋划界、领土争端、军事活动、涉及历史性海湾所有权的争端以及安理会正在行使管辖权的争端，缔约国可以通过书面声明排除强制程序的适用（任择排除管辖，第298条）。

---

① AC。海洋法法庭的建立，不排除国际法院对海洋活动争端的管辖，争端当事国可以自愿选择将海洋争端交由哪个机构来审理，A项正确。只有争端各方都选择了法庭程序，法庭才有管辖权，B项错误。通常，谈判或协商的当事国没有达成有拘束力协议的义务，C项正确。调停国对调停成败不承担任何法律义务或后果，D项错误。

【提示注意】中国在 2006 年即对公约的上述机制作出声明，将涉及海洋划界等事项的争端排除适用仲裁等强制争端解决程序。

【真题示例】

甲、乙、丙三国对某海域的划界存在争端，三国均为《联合国海洋法公约》缔约国。甲国在批准公约时书面声明海洋划界的争端不接受公约的强制争端解决程序，乙国在签署公约时口头声明选择国际海洋法法庭的管辖，丙国在加入公约时书面声明选择国际海洋法法庭的管辖。依相关国际法规则，下列哪一选项是正确的？(2017－34，单选)①

A. 甲国无权通过书面声明排除公约强制程序的适用

B. 国际海洋法法庭对该争端没有管辖权

C. 无论三国选择与否，国际法院均对该争端有管辖权

D. 国际海洋法法庭的设立排除了国际法院对海洋争端的管辖权

【归纳总结】

国际法院和国际海洋法法庭是本章的复习重点，特别是国际法院，为近年来考试重点，考生复习时应足够重视。

【图表精要】

一、国际争端的解决方法

强制方法
- (1) 战争
- (2) 平时封锁（和平时期一国海军对另一国海岸进行封锁，禁止船只出入）
- (3) 干涉（第三方擅自介入他国间争端，强迫按照干涉国的方式解决争端）
- (4) 反报（针对他国不礼貌、不友好但不违法的行为）
- (5) 报复（针对他国国际不法行为）

非强制方法
- 政治方法
  - (1) 谈判与协商
  - (2) 斡旋与调停（可拒绝；方案无拘束力；对调停成败无责任）
  - (3) 调查与和解
- 法律方法
  - (1) 仲裁：国际常设仲裁法院——专门受理国家间仲裁案件
  - (2) 法院方式
    - 国际法院
    - 国际海洋法法庭

---

① B。对于海洋划界、领土争端、军事活动、涉及历史性海湾所有权的争端以及安理会正在行使管辖权的争端，缔约国可以通过书面声明排除强制程序的适用，A 项错误。只有争端各方都选择了法庭程序，法庭才有管辖权。本题中，甲国不接受公约的强制争端解决程序，乙国在签署公约时只是口头而非书面声明选择国际海洋法法庭的管辖，均不符合法庭管辖要件，B 项正确。国际法院对某争端进行管辖，也须获得争端各方的同意，C 项错误。海洋法法庭的建立，不排除国际法院对海洋争端的管辖，争端当事国可以自愿选择将争端交由哪个机构来审理，D 项错误。

二、国际法院

1. 法官	(1) 法官对涉及其国籍国的案件，不适用回避制度，除非就任前曾参与该案件。 (2) 在法院审理案件中，如一方当事国有本国国籍的法官，他方当事国也有权选派一人作为法官参与该案的审理；如双方当事国都没有本国国籍的法官，双方都可各选派法官一人参与该案的审理。 (3) 这种临时选派的法官称为"专案法官"，他们和正式法官具有完全平等的地位。		
2. 管辖权	(1) 诉讼管辖权	对人管辖	对人管辖——谁可以作为国际法院的诉讼当事方。 有三类国家可以作为国际法院的诉讼当事国： A. 联合国会员国； B. 非联合国的会员国但为《国际法院规约》的当事国； C. 非联合国的会员国也非《国际法院规约》的当事国，但预先向国际法院书记处交存一份声明，表示愿意接受国际法院管辖、保证执行法院判决及履行相关其他义务的国家。 ★国际组织、法人或个人都不能成为国际法院的诉讼当事方。
		对事管辖	对事管辖——什么事项能够成为国际法院的管辖对象。 国际法院的对事管辖权可以通过以下三种方式建立： A. 自愿管辖：当事国在争端发生后，达成协议，将争端提交国际法院； B. 协定管辖：缔约各方在现行条约或协定中规定，各方同意将有关争端提交国际法院解决； C. 任择强制管辖：《国际法院规约》当事国，可以通过发表声明，对于接受同样义务的任何其他国家，承认国际法院的强制管辖权，而无须另行订立特别协议。 （"任择"是指当事国自愿选择是否作出声明；"强制"是指，一旦作出声明，在声明接受的范围内，国际法院就具有强制管辖权）
	(2) 咨询管辖权		(1) 联合国大会、大会临时委员会、安理会、经社理事会、托管理事会等及经大会授权的联合国专门机构或其他机构，可以请求国际法院发表咨询意见； ★（2）国家、团体、个人，包括联合国秘书长，都无权请求法院发表咨询意见； (3) 国际法院发表的咨询意见没有法律拘束力，但对有关问题的解决及国际法的发展具有重要影响。
3. 判决的执行	(1) 判决具有终局性，一经作出即对当事国产生拘束力，当事国必须履行； (2) 如一方拒不履行判决，他方可向安理会提出申诉；安理会可以作出建议或决定采取措施执行判决； (3) 当事国对判决的意义或范围发生争执，可以请求国际法院作出解释； (4) 当事国在判决作出后发现能够影响判决的新事实，可以申请法院复核判决。		

三、国际海洋法法庭

国际海洋 法法庭	1. 性质	（1）根据《海洋法公约》设立的，在海洋活动领域的全球性国际司法机构； （2）海洋法法庭的建立，不排除国际法院对海洋争端的管辖，争端当事国可以自愿选择将争端交由哪个机构来审理。
	2. 诉讼管辖权	诉讼当事人： （1）公约缔约国； （2）国际海底管理局和平行开发合同的自然人、法人； 如当事人一方为自然人或法人，在提交争端时，必须满足两项限制： A. "用尽当地救济"； B. 自然人或法人的担保国或国籍国应邀参加司法程序。 （3）将管辖权授予法庭的其他条约当事者。 性质：任择强制管辖 一国在加入公约时，或在其后任何时间，可以自由用书面声明方式选择海洋法法庭的管辖，只有争端各方都选择了法庭程序，法庭才有管辖权

第八章　战争与武装冲突法

第一节　战争状态与战时中立

【知识点】

一、战争状态

（一）战争的开始

1. 战争开始的方式

（1）宣战。如，发表宣战声明、附有条件的最后通牒等。

（2）不宣而战。

2. 战争开始的法律后果

（1）外交和领事关系断绝

战争开始后，交战国间的外交和领事关系一般自动断绝，但外交人员离境前的合理期限内仍享有特权与豁免。

（2）条约关系发生变化

①政治友好条约（同盟条约、互助条约）——立即废止；

②一般的政治和经济类条约（引渡条约、商务条约等）——停止效力；

③规定缔约国间永久状态的条约（边界条约、割让条约等）——继续维持，除非缔约国另有协议；

④战争类条约——开始适用。

（3）经贸往来的禁止

交战国人民之间的贸易往来被禁止，但已履行的契约或已结算的债务并不废除。

（4）对敌产和敌国公民的影响

①对敌产的影响（注意区分位于交战国境内和占领区的财产，公产和私产）

位于交战国境内 { A. 敌国国家财产：可予没收（使馆财产除外）；
B. 敌国私人财产：可予限制（冻结、征用等），但不得没收。

位于占领区 { A. 敌国国家财产：动产可以征用；不动产可以使用，但不得处置，对桥梁、要塞等可予破坏；
B. 敌国私人财产：不应干涉或没收，但对军需财产可以征用。

例1：甲乙两国由于边界纠纷引发武装冲突，进而彼此宣布对方为敌国。目前乙国军队已突入甲国境内，占领了甲国边境的桑诺地区。根据与武装冲突相关的国际法规则，（1）甲国对位于其境内的乙国国民的私有财产是否可以没收？（2）乙国对桑诺地区的甲国公民的私有财产是否可以没收？

（1）不可以。交战国对于其境内的敌国私人财产不得没收。（2）不可以。桑诺地区属乙国占领区，对于占领区内敌国私人财产，交战国不应干涉或没收。

②对敌国公民的影响：交战国可对其境内的敌国公民实行各种限制，如，进行敌侨登记、强制集中居住等。

（二）战争的结束

1. 战争结束的步骤

第一步：停止敌对行动（停战、无条件投降、停火或休战）；

第二步：结束战争状态（缔结和约、联合声明、战胜国单方面宣布结束战争）。

2. 战争结束的法律后果

战争结束后，交战国之间的关系恢复为正常的和平关系。

二、战时中立

战时中立，指在战争时期，非交战国选择不参与战争、保持对交战双方不偏不倚的法律地位。

（一）特点

1. 除非事先负有条约义务，一国是否选择中立地位，是政治问题，而非法律问题；但一旦选择中立地位即产生相应的法律后果。

2. 战时中立不同于政治上的中立，后者不产生国际法上的后果。

3. 战时中立也不同于"永久中立"，前者是临时和特定的，由中立国自己宣布；后者是由国际条约确立的，在平时和战时都必须履行永久中立国的义务，不得随意选择或放弃其地位。

4. 根据宪章，联合国会员国承担根据安理会决议采取集体行动的义务（包括使用武力），因而战时中立制度受到联合国集体安全制度的制约。但实践中，在安理会作出采取行动的决议的情况下，各国仍可以自由地选择是否保持中立；同时，即使安理会作出使用武力的决定，一国也可不参加实际战斗，实际上保留中立地位。

（二）中立国的权利

1. 中立国的领土主权应得到交战国的尊重。

2. 中立国人员的权益应得到保护。

3. 中立国可与交战国中任何一方保持正常关系及交往。

（三）中立国的义务

1. 不作为义务，指中立国不得直接或间接向任何交战国提供军事支持或帮助。除基于人道考虑给予医疗帮助外，上述支持或帮助即使是平等地给予交战双方，也是中立地位不允许的。

2. 防止义务，指中立国有义务采取一切措施，防止交战国在其领土内从事与战争有关的行为，如在该区域征兵、备战、建立军事设施，军队或军事物资过境等。

3. 容忍义务，指中立国须容忍交战国根据战争法对其国家和人民采取的有关措施，包括：对船舶的临检，对违反中立义务船舶的拿捕审判、处罚或征用等。

【真题示例】

甲、乙国发生战争，丙国发表声明表示恪守战时中立义务。对此，下列哪一做法不符合战争法？（2012－34，单选）①

A. 甲、乙战争开始后，除条约另有规定外，二国间商务条约停止效力

---

① D。D项中丙国的行为违反了防止义务。

B. 甲、乙不得对其境内敌国人民的私产予以没收

C. 甲、乙交战期间，丙可与其任一方保持正常外交和商务关系

D. 甲、乙交战期间，丙同意甲通过自己的领土过境运输军用装备

【归纳总结】

"战亦有规"，战争并非说打就打，说停就停。战争如何开始、如何结束，应符合国际法规则。学习后不难发现，此类规则与常人一般的感性认识略有区别。同时，战争开始后将产生一系列法律后果，这也是考生复习时应特别注意的。

第二节　对作战手段的限制和对战时平民及战争受难者的保护

【知识点】

一、对作战手段和方法的限制（海牙体系）

（一）基本原则

1. "条约无规定"不解除当事国义务。即使在条约没有规定的情况下，交战国在战争中也不能为所欲为，还要遵守国际习惯、人道原则等。

2. "军事必要"不解除当事国义务。交战国必须遵守战争法施加的义务，不能以"军事必要"为理由对抗战争法规定的义务。

3. 区分对象原则。在战时，必须对不同性质的目标和人员进行区分并给予不同的对待。这种区分包括：区分平民与军事人员；区分武装部队中的战斗员和非战斗员；区分军用目标和民用目标等。

4. 限制作战手段和方法原则。（1）在战争中应对一些作战手段和方法加以限制，如禁止使用大规模屠杀和毁灭人类的作战手段和方法；（2）方法和手段的使用应与预期的、具体的直接军事利益成比例，禁止损害过分的攻击。

（二）主要内容

1. 禁止过分杀伤力的武器。国际法明确禁止使用的武器：①极度残酷的武器（如：达姆弹、集束炸弹、燃烧武器等）；②有毒、生物和化学武器。

2. 禁止不分皂白的战争手段和方法。"不分皂白"的战争手段和方法，即违反"区分对象"原则而使用武力的情形。

3. 禁止改变环境的战争手段和方法。不得使用严重改变自然环境，从而损害居民健康和生存的作战手段和方法。

4. 禁止背信弃义的战争手段和方法。"背信弃义"的战争手段和方法，即通过骗取敌人的信任，来达到消灭敌人的目的。根据国际公约，构成背信弃义的行为包括：①假装有在休战旗下谈判或投降的意图；②假装因伤或因病而无能力；③假装具有平民、非战斗员的身份；④使用联合国、中立国或其他非冲突方国家的标志而假装享有被保护的地位。

二、对战时平民和战争受难者的保护（日内瓦体系）

（一）《日内瓦公约》的特点

1. 不仅适用于传统意义上的战争，而且包括其他武装冲突。
2. 交战国中有非缔约国，对缔约国也有拘束力。
3. 一定条件下可以对非缔约国适用。

【深度解析】如何理解《日内瓦公约》的特点？

《日内瓦公约》主要规定了对战时平民和战争受难者的保护，具有以下三个特点：

（1）《公约》的适用不限于国际法传统意义上的战争，而且包括任何其他武装冲突，即使其中一方不承认有战争状态。传统国际法认为，战争的开始必须经过宣战，战争必须在国与国之间进行，而实践中，非战争的武装冲突大量存在。公约的此种规定，正是为避免任何一方以未经宣战或战争状态不存在为由拒绝遵守公约的规定。

（2）《公约》的规定不仅对于发生在缔约国之间的战争或武装冲突，对于缔约国具有拘束力，而且在交战国中有非缔约国的情况下，对于缔约国也具有拘束力。在《日内瓦公约》缔结前，一些国际公约曾规定"普遍参加条款"，该条款要求公约只能适用于缔约国之间的战争，按照该条款，在多个国家参加的战争中，只要其中一个不是缔约国，则条约对全部交战国都不适用。《日内瓦公约》共同第2条规定："冲突之一方虽非缔约国，其他曾签订本公约之国家于其相互关系上，仍应受本公约之拘束。"这就避免了"普遍参加条款"可能产生的弊端，扩大了对战争受难者的保护范围。

（3）《公约》在一定条件下可以对非缔约国适用。严格地说，条约只能约束缔约国，对第三国没有约束力。在和平时期，一国接受和适用某条约，应按照条约法规定的程序缔结或加入。然而，战争或武装冲突一旦发生，立刻就出现保护战争受难者的问题。鉴于适用战争法规则的特殊性和急迫性，《日内瓦公约》共同第2条允许非缔约国在接受并援用《公约》规定的条件下，可以与缔约国在武装冲突期间同等地受《公约》的约束，而不必须以通过有关程序加入该条约为适用条件。

【真题示例】

甲乙两国在其交界处发现一处跨国界的油气田，两国谈判共同开发未果。当甲国在其境内对该油田独自进行开发时，乙国派军队进入甲国该地区，引发了两国间的大规模武装冲突。甲国是1949年日内瓦四个公约的缔约国，乙国不是。根据国际法的有关规则，下列判断何者为错误？（2004-90，不定项）①

A. 由于战场在甲国领土，甲国军队对乙国军队的作战不受战争法规则的拘束

B. 由于甲国作战是行使自卫权，甲国军队对乙国军队的作战不受战争法规则的拘束

C. 由于乙国不是日内瓦四公约的缔约国，甲国军队对乙国军队的作战不受该四个公约的约束

D. 由于乙国不是日内瓦四公约的缔约国，乙国没有遵守战争法规则的法律义务

（二）《日内瓦公约》的主要内容

1. 战时平民的保护

（1）对于在战争发生时，位于交战国境内的敌国平民一般应允许离境，对继续居留者给

---

① ABCD。无论战场在哪里，无论是否行使自卫权，战争法规则都应适用，A、B错误。即使交战国是非缔约国，公约对于缔约国也具有拘束力，C项错误。战争开始后，公约对非缔约国也适用，D项错误。

予人道主义待遇，包括不得将平民作为攻击的对象、禁止对平民施以集体刑罚和扣为人质、禁止对平民的攻击实施报复、不得强迫平民从事与军事行动直接相关的工作，不得强迫提供情报等；（2）在军事占领下，占领区的敌国平民不因此改变国籍，不承担对占领者效忠的义务；占领当局只能在国际法许可的范围内行使军事管辖权，并对平民给予人道主义待遇。

2. 伤病员待遇

（1）敌我伤病员在一切情况下应无区别地予以人道待遇和照顾，不得有任何歧视，对其生命的任何危害均应被严格禁止；

（2）冲突各方的伤病者如落入敌手，应为战俘，适用国际法上有关战俘之规定；

（3）每次战斗后，冲突各方应采取一切可能措施搜寻伤病者，予以适当照顾和保护；条件许可时，应商定停火办法，以便转移战场上遗落的受伤者；

（4）冲突各方应尽速登记落于其手中的敌方伤病者或死者的身份，并通过情报局转达上述人员所属国；

（5）冲突各方应保证在情况许可下将死者埋葬和焚化前，详细检查尸体，如可能时，应经医生检查，以确定死亡、证明身份并便于作成报告；

（6）军事当局即使在占领地区，也应准许居民或救济团体收集和照顾任何国籍之伤病者，任何人不得因看护伤病者而被侵扰或定罪；

（7）海战中伤病员待遇与陆战制度完全相同。

3. 战俘待遇

（1）交战方应将战俘拘留所设在比较安全的地带；

（2）不得将战俘扣为人质，禁止对战俘施以暴行或恫吓及公众好奇的烦扰；不得对战俘实行报复，进行人身残害或肢体残伤，或供任何实验；不得侮辱战俘的人格和尊严；

（3）战俘应保有其被俘时所享有的民事权利；战俘的个人财物除武器、马匹、军事装备和文件以外一律归其个人所有；战俘的金钱和贵重物品可由拘留国保存，但不得没收；

（4）对战俘的衣、食、住要能维持其健康水平，不得以生活上的苛求作为处罚措施；保障战俘的医疗和医药卫生；

（5）尊重战俘的风俗习惯和宗教信仰，允许他们从事宗教、文化和体育活动；

（6）准许战俘与其家庭通讯和收寄邮件；

（7）战俘享有司法保障，受审时享有辩护权和上诉权；拘留国对战俘的刑罚不得超过对其本国武装部队人员同样行为所规定的刑罚；禁止因个人行为而对战俘实行集体惩罚；对战俘判处死刑应特别慎重；

（8）询问战俘应使用其了解的语言；

（9）不得因民族、宗教、国籍等对战俘加以歧视；

（10）战事停止后，战俘应立即予以释放并遣返，不得迟延。

【提示注意】《日内瓦公约》的规定体现出明显的人道原则。在认定相关行为时，可依"人道原则"判断，凡不符合"人道原则"即违反国际法。

【真题示例】

甲乙两国因边境冲突引发战争，甲国军队俘获数十名乙国战俘。依《日内瓦公约》，关于战俘待遇，下列哪些选项是正确的？(2009－78，多选)[①]

A. 乙国战俘应保有其被俘时所享有的民事权利

---

① AC。

B. 战事停止后甲国可依乙国战俘的情形决定遣返或关押

C. 甲国不得将乙国战俘扣为人质

D. 甲国为使本国某地区免受乙国军事攻击可在该地区安置乙国战俘

【归纳总结】

"战亦有道"，战争要按规则出招，战争也非无情的杀戮。由此形成了战争法的两大体系：海牙体系，主要规定战争该如何进行；日内瓦体系，主要规定对战时平民和战争受难者的保护。本节内容构成战争法的核心。

第三节　战争犯罪

【知识点】

一、战争犯罪概述

（一）纽伦堡原则

纽伦堡原则，是纽伦堡审判和东京审判相关的一系列文件和审判实践所确立和形成的，关于追究战争责任、惩治战争犯罪的原则，它构成了现代国际法中有关战争犯罪和惩罚规则框架的基础。其主要内容包括：

（1）从事构成违反国际法的犯罪行为的人应承担个人责任，并受惩罚；

（2）不违反所在国的国内法不能作为免除国际法责任的理由；

（3）被告的官职地位，不能作为免除国际法责任的理由；

（4）政府或上级命令，不能作为免除国际法责任的理由；

（5）被控有违反国际法罪行的人，有权得到公平审判；

（6）违反国际法的罪行包括危害和平罪、战争罪和违反人道罪；

（7）参与上述罪行的共谋是违反国际法的罪行。

（二）战争犯罪的罪名

1. 危害和平罪。指从事策划、准备、发动或进行侵略战争或违反国际条约、协定或保证之战争，或参与上述罪行的共同计划或同谋。

2. 战争罪。指违反战争法规与习惯的行为，包括但不限于对在所占领土内的平民之谋杀、虐待，为使其从事奴隶劳役或其他目的的放逐，对战俘或海上人员之谋杀或虐待，杀害人质，劫掠公私财物，任意破坏城市、集镇或乡村，或从事非根据军事需要之破坏。

3. 违反人道罪。指在战争发生前或战争进行中，对任何平民之谋杀、灭绝、奴化、放逐及其他非人道行为，或基于政治、种族或信仰等原因所进行的迫害行为。

二、惩罚战争犯罪的主要国际司法实践

（一）纽伦堡审判和东京审判

1. 纽伦堡审判。根据1945年《控诉和惩处欧洲轴心国主要战犯的协定》及其附件《欧洲国际军事法庭宪章》成立的欧洲军事法庭，对二战中的德国主要战犯进行的审判。

2. 东京审判。根据1946年《远东国际军事法庭宪章》设置的远东国际军事法庭，对二战中的日本战犯进行的审判。

（二）联合国前南国际法庭和联合国卢旺达国际法庭

	审理事项	性质
联合国前南国际法庭	1991 年以后，前南斯拉夫武装冲突中发生的严重违反国际人道法的行为。	根据安理会有关决议设立，是安理会的附属机关。
联合国卢旺达国际法庭	卢旺达国内武装冲突中严重违反国际人道法的行为。	

（三）国际刑事法院

1. 性质

常设国际刑事司法机构。根据《国际刑事法院规约》于 2002 年 7 月成立，所在地为荷兰海牙。

2. 管辖的特点

（1）国际刑事法院仅仅作为各国司法制度的补充，不能完全取代；

（2）管辖范围限于灭绝种族罪、战争罪、危害人类罪、侵略罪等几大类；

（3）所管辖的罪行限于发生在规约生效后；

（4）只追究个人的刑事责任，最高刑罚为无期徒刑。

3. 行使管辖权的条件

国际刑事法院在符合下列条件之一的情况下即可行使管辖权：（1）案件所涉一方或多方是缔约国；（2）被告人是缔约国国民；（3）犯罪在缔约国境内实施；（4）非缔约国接受法院对在其境内实施的或由其国民实施的一项具体犯罪的管辖权。

【深度解析】国际法院和国际刑事法院区别何在？

	国际法院	国际刑事法院
1. 成立依据	根据《联合国宪章》和《国际法院规约》于 1946 年设立。	根据《国际刑事法院规约》于 2002 年 7 月 1 日正式成立。
2. 性质	是联合国的司法机关。	虽然与联合国有着比较密切的联系，但不是联合国的司法机关，而是独立于联合国的实体。
3. 受理案件	只受理国家之间的争端，没有刑事管辖权，不能审判个人。	审理国家、检举人和联合国安理会委托它审理的案件，有权对种族灭绝罪、战争罪、反人类罪和侵略罪进行审判，但是只追究个人的刑事责任，而且是在各个国家所属的法院不能自主审理的情况下才可介入。
4. 起诉	须当事国一致同意提交国际法院解决争端。	检察官将根据国际刑事法院预审法庭的同意，应某个国家或联合国安理会的请求对罪犯进行起诉。

【归纳总结】

"战亦有责"，传统国际法只要求违法发动战争的国家承担责任，当代国际法不仅要求国家承担责任，还要追究发动战争的个人的责任，本节即涉及对违反战争法规者如何追责。

【图表精要】

一、战争状态

<table>
<tr><td rowspan="6">1. 战争的开始</td><td>(1) 战争开始的方式</td><td colspan="2">①宣战（发表宣战声明、附有条件的最后通牒；传统国际法要求）；
②不宣而战。</td></tr>
<tr><td rowspan="5">(2) 战争开始的法律后果</td><td>①外交和领事关系断绝</td><td>战争开始后，交战国间的外交和领事关系一般自动断绝。</td></tr>
<tr><td>②条约关系发生变化</td><td>A. 政治友好条约（同盟条约、互助条约）——立即废止；
B. 一般的政治和经济类条约（引渡条约、商务条约等）——停止效力；
C. 规定缔约国间永久状态的条约（边界条约、割让条约等）——继续维持，除非缔约方另有协议；
D. 战争类条约——开始适用；</td></tr>
<tr><td>③经贸往来的禁止</td><td>交战国人民之间的贸易往来被禁止，但已履行的契约或已结算的债务并不废除；</td></tr>
<tr><td rowspan="2">④对敌产和敌国公民的影响</td><td>对敌产的影响：
对于敌国国家财产：位于交战国境内，可予没收；位于占领区，可以征用。
对于敌国私人财产：可以征用，但不得没收。</td></tr>
<tr><td>对敌国公民的影响：交战国可对其境内的敌国公民实行各种限制，如，进行敌侨登记、强制集中居住等。</td></tr>
<tr><td rowspan="2">2. 战争的结束</td><td>(1) 战争结束的步骤</td><td colspan="2">第一步：停止敌对行动（停战、无条件投降、停火或休战）；
第二步：结束战争状态（缔结和约、联合声明、战胜国单方面宣布结束战争）</td></tr>
<tr><td>(2) 战争结束的法律后果</td><td colspan="2">交战国之间的关系恢复为正常的和平关系。</td></tr>
</table>

二、战时中立

<table>
<tr><td>1. 概念</td><td>指在战争时期，非交战国选择不参与战争、保持对交战双方不偏不倚的法律地位。</td></tr>
<tr><td>2. 中立国的义务</td><td>(1) 不作为义务：中立国不得直接或间接向任何交战国提供军事支持或帮助（除基于人道考虑给予医疗帮助外，上述支持或帮助即使是平等地给予交战双方，也是中立地位不允许的）；
(2) 防止义务：中立国有义务采取一切措施，防止交战国在其领土内从事与战争有关的行为；
(3) 容忍义务：中立国须容忍交战国根据战争法对其国家和人民采取的有关措施（包括：对船舶的临检、对违反中立义务船舶的拿捕审判、处罚或征用）。</td></tr>
</table>

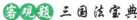

三、对作战手段的限制和对战时平民及战争受难者的保护

（一）对作战手段和方法的限制

对作战手段和方法的限制（海牙体系）

基本原则
- ① "条约无规定"不解除当事国义务
- ② "军事必要"不解除当事国义务
- ③区分对象原则
- ④限制作战手段和方法原则

主要内容
- ①禁止过分杀伤力的武器（极度残酷、毒化）
- ②禁止不分皂白的战争手段和方法
- ③禁止改变环境的战争手段和方法
- ④禁止背信弃义的战争手段和方法

★构成背信弃义的行为
- （1）假装有在休战旗下谈判或投降的意图
- （2）假装因伤或因病而无能力
- （3）假装具有平民、非战斗员的身份
- （4）使用联合国、中立国或其他非冲突方国家的标志而假装享有被保护的地位

（二）对战时平民和战争受难者的保护

对战时平民和战争受难者的保护（日内瓦体系）

特点
- ①不仅适用于传统战争，而且包括其他武装冲突；
- ②交战国中有非缔约国，对缔约国也有拘束力；
- ③可对非缔约国适用。

保护对象：战时平民、伤病员、战俘

四、国际刑事法院

国际刑事法院	1. 性质	常设国际刑事司法机构。 根据《国际刑事法院规约》于2002年7月成立，所在地为荷兰海牙。
	2. 管辖的特点	（1）管辖权的补充性； （2）管辖范围：灭绝种族罪、战争罪、危害人类罪、侵略罪； （3）所管辖的罪行限于发生在规约生效后； （4）只追究个人的刑事责任，最高刑罚为无期徒刑。
	3. 行使管辖权的条件	国际刑事法院在符合下列条件之一的情况下即可行使管辖权： ①所涉一方或多方是缔约国； ②被告人是缔约国国民； ③犯罪在缔约国境内实施； ④非缔约国接受法院对在其境内实施的或由其国民实施的一项具体犯罪的管辖权。

国际私法

第一章　国际私法总论

码上揭秘

第一节　国际私法概述

【知识点】

一、国际私法的调整对象

国际私法的调整对象，是具有涉外因素的民商事法律关系，即国际民商事法律关系。只要民商事法律关系的主体、客体和内容这三要素中至少有一个因素与国外有联系，即为国际民商事法律关系。

2012 年最高院《关于适用〈涉外民事关系法律适用法〉若干问题的解释（一）》（2020 年修正）（以下简称《涉外司法解释（一）》）第 1 条："民事关系具有下列情形之一的，人民法院可以认定为涉外民事关系：

（一）当事人一方或双方是外国公民、外国法人或者其他组织、无国籍人；

（二）当事人一方或双方的经常居所地在中华人民共和国领域外；

（三）标的物在中华人民共和国领域外；

（四）产生、变更或者消灭民事关系的法律事实发生在中华人民共和国领域外；

（五）可以认定为涉外民事关系的其他情形。"

二、国际私法的主体

国际私法的主体，指能够在国际民商事关系中享有权利和承担义务的法律人格者。自然人和法人是国际私法的基本主体；国家和国际组织在一定条件下也可成为国际私法的特殊主体。

（一）自然人国籍、住所、经常居所的确定

1. 国籍的确定

国籍，指一个人属于某国的法律资格。由于各国对国籍取得和丧失的规定不同，常导致国籍的冲突：第一，国籍的积极冲突，指一个人同时具有两个或两个以上国家的国籍；第二，国籍的消极冲突，指一个人没有任何国家的国籍。在涉外民商事案件审理中，法院如要适用当事人本国法，需首先确定当事人的国籍。对此，《涉外民事关系法律适用法》第 19 条规定了两类冲突下国籍的确定方法：

（1）国籍的积极冲突："依照本法适用国籍国法律，自然人具有两个以上国籍的，适用有经常居所的国籍国法律；在所有国籍国均无经常居所的，适用与其有最密切联系的国籍国法律。"

（2）国籍的消极冲突："自然人无国籍或者国籍不明的，适用其经常居所地法律。"

2. 住所的确定

住所，指以久住的意思而居住的某一处所。住所需具备两个构成要件：主观要件，即当事人久住的意思；客观要件，即当事人居住的事实。自然人的住所也存在积极冲突和消极冲突两种情形，对此，根据原《民通意见》第 183 条规定：

（1）积极冲突："当事人有几个住所的，以与产生纠纷的民事关系有最密切联系的住所为住所。"

（2）消极冲突："当事人的住所不明或者不能确定的，以其经常居住地为住所。"

3. 经常居所的确定

居所，指某人在一定时间内居住的处所。居所与住所不同，其不要求有久住的意思，只要有居住的事实即可。居所分两种：（1）临时居所，指某人偶然或暂时居住的处所；（2）经常居所（也称"惯常居所"），指某人在一段时间内居住的处所。我国《涉外民事关系法律适用法》将"经常居所"作为最重要的属人法连结点。

实践中，某人的经常居所在一段时间内通常只有一个，经常居所的积极冲突并不多见，《涉外民事关系法律适用法》第 20 条也只规定了经常居所的消极冲突："依照本法适用经常居所地法律，自然人经常居所地不明的，适用其现在居所地法律。"

对于自然人的经常居所地，《涉外司法解释（一）》第 13 条规定："自然人在涉外民事关系产生或者变更、终止时已经连续居住 1 年以上且作为其生活中心的地方，人民法院可以认定为涉外民事关系法律适用法规定的自然人的经常居所地，但就医、劳务派遣、公务等情形除外。"

【真题示例】

张某居住在深圳，2008 年 3 月被深圳某公司劳务派遣到马来西亚工作，2010 年 6 月回深圳，转而受雇于香港某公司，其间每周一到周五在香港上班，周五晚上回深圳与家人团聚。2012 年 1 月，张某离职到北京治病，2013 年 6 月回深圳，现居该地。依《涉外民事关系法律适用法》（不考虑该法生效日期的因素）和司法解释，关于张某经常居所地的认定，下列哪一表述是正确的？（2013 - 37，单选）①

A. 2010 年 5 月，在马来西亚　　　　B. 2011 年 12 月，在香港
C. 2013 年 4 月，在北京　　　　　　D. 2008 年 3 月至今，一直在深圳

（二）法人国籍、住所、营业所的确定

1. 国籍的确定

原《民通意见》第 184 条　外国法人以其注册登记地国家的法律为其本国法。

2. 住所的确定

《民法典》第 63 条　法人以其主要办事机构所在地为住所。依法需要办理法人登记的，应当将主要办事机构所在地登记为住所。

《公司法》第 10 条　公司以其主要办事机构所在地为住所。

3. 营业所的确定

原《民通意见》第 185 条　当事人有二个以上营业所的，应以与产生纠纷的民事关系有最密切联系的营业所为准；当事人没有营业所的，以其住所或者经常居住地为准。

---

① D。参见《涉外司法解释（一）》第 13 条。

第二节　国际私法的基本概念和制度

【知识点】

一、国际私法的基本概念

（一）法律冲突

法律冲突，指不同国家调整同一法律关系的法律规定不同，由此而产生的法律适用上的相互抵触。国际私法上的法律冲突，是指国际民商事法律冲突。

1. 产生原因

（1）各国法律对同一问题的规定不同。这是国际民商事法律冲突产生的前提。

（2）各国民商事主体之间存在正常的民商事交往。这是国际民商事法律冲突产生的客观基础。如果各国民商事主体没有民商事交往，国际民商事法律关系无法建立，民商事法律冲突也无从产生。

（3）各国承认外国人在内国享有平等的民商事法律地位。这是国际民商事法律冲突产生的重要条件。如果不允许外国人享有某项民商事权利，外国人就不能参加有关民商事活动，国际民商事法律关系无法建立，民商事法律冲突也不能产生。

（4）各国在一定条件下承认外国民商事法律在内国的域外效力。如果各国只承认本国法律的域内效力，否认外国法律在内国的效力，则即使存在国际民商事法律关系，也只能单一地通过国内法调整，不会产生法律适用上的相互抵触。

2. 解决方法

（1）冲突法解决方法：通过制定国内立法或国际条约中的冲突规范，规定各种国际民商事关系应适用何种法律，从而解决法律冲突。

（2）实体法解决方法：通过制定国际民商事统一实体规范，直接规定当事人权利义务，调整国际民商事法律关系，从而解决法律冲突。

【深度解析】如何理解法律冲突？

世界上有近 200 个国家，每个国家都有自己的法律，假如各国法律规定相同，那情况就简单了，因为适用甲国法或适用乙国法得到的结果是完全一致的。但事实往往相反，各国法律规定通常并不一致，适用不同国家法律将得到不同结果，此时就会产生法律冲突。举例来说，中国婚姻法规定："结婚年龄，男不得早于 22 周岁，女不得早于 20 周岁。"而甲国婚姻法规定："男女满 16 周岁即可结婚。"现有一中国留学生张某（男）20 周岁，去甲国留学期间，与一名 18 周岁甲国女孩结婚，其婚姻是否有效呢？不难发现，如依据甲国法判断，已满法定婚龄，其婚姻有效；如依中国法判断，因不够法定婚龄，婚姻无效。同一问题，依据不同国家法律判断，得到了不同的法律结果，这就是法律冲突。

（二）冲突规范

冲突规范，是指明某种国际民商事关系应当适用何种实体法的法律规范。

1. 特点

（1）冲突规范是法律适用规范。冲突规范仅指明某种民商事法律关系应适用何种法律，并不直接规定当事人的实体权利和义务，因而它既非实体规范，也非程序规范，而是法律适用规范。

（2）冲突规范是间接规范。冲突规范并不能直接调整国际民商事法律关系，而必须借助它所援用的实体规范来进行调整，只能起到间接调整作用。

（3）冲突规范结构独特。一般的法律规范由假定、处理和制裁三部分构成，而冲突规范则由范围、系属等元素构成。

2. 结构

冲突规范由三部分构成：（1）范围：冲突规范所要调整的民商事法律关系或所要解决的法律问题；（2）系属：规定"范围"所应适用的法律；（3）关联词：它从语法结构上把"范围"和"系属"联系起来。

系属中还包含"连结点"。所谓"连结点"，指把特定民商事关系与某国法律联系起来的标志。连结点有静态和动态之分。静态连结点，指不能改变的连结点，主要包括不动产所在地以及行为或事件的发生地，如婚姻举行地、合同缔结地、不动产所在地等。动态连结点，指可以改变的连结点，如国籍、住所、动产所在地等。

例1："不动产的所有权，适用不动产所在地法律"这条冲突规范中，"不动产的所有权"是它的范围，"不动产所在地法律"是它的系属，"适用"是关联词。在系属中，"不动产所在地"是连结点。

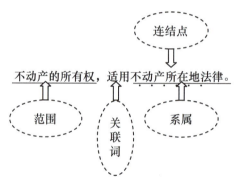

3. 类型

（1）单边冲突规范：直接规定适用某国法律。如，"合营企业合同的订立、效力、解释、执行及其争议的解决，均应当适用中国的法律。"

（2）双边冲突规范：并不直接规定适用内国法还是外国法，而是规定了一个可以推定适用的法律。如，"不动产的所有权，适用不动产所在地法律。"

（3）重叠适用的冲突规范：规定了两个或两个以上可以适用的法律，并且要求同时适用。如，"收养的条件和手续，适用收养人和被收养人经常居所地法律。"

（4）选择适用的冲突规范：规定了两个或两个以上可以适用的法律，选择其一予以适用。具体又分为如下两种：

①无条件选择适用的冲突规范，即可供选择的法律中没有适用的先后顺序之分，如，"侵权行为的损害赔偿，适用侵权行为实施地法律或者侵权结果发生地法律。"

②有条件选择适用的冲突规范，即可供选择的法律中，在适用时有先后顺序之分，如，"结婚条件，适用当事人共同经常居所地法律；没有共同经常居所地的，适用共同国籍国法律；没有共同国籍，在一方当事人经常居所地或者国籍国缔结婚姻的，适用婚姻缔结地法律。"

【真题示例】

《涉外民事关系法律适用法》规定：结婚条件，适用当事人共同经常居所地法律；没有共同经常居所地的，适用共同国籍国法律；没有共同国籍，在一方当事人经常居所地或者国籍国

缔结婚姻的，适用婚姻缔结地法律。该规定属于下列哪一种冲突规范？(2011-38，单选)①

    A. 单边冲突规范   B. 重叠适用的冲突规范

    C. 无条件选择适用的冲突规范   D. 有条件选择适用的冲突规范

(三) 准据法

准据法，指经冲突规范指定用来具体确定当事人权利义务的实体法。

准据法有如下特点：

(1) 准据法必须是经冲突规范所指定的法律。不经冲突规范指定，直接适用于国际民商事法律关系的法律，不能被称为准据法，只能叫作"直接适用的法律"。

(2) 准据法是能够确定当事人权利义务的实体法。准据法能够确定当事人权利义务，可通过它来调整国际民商事法律关系。如果经冲突规范的指定，但不能用来直接确定当事人权利义务，该种法律不属于准据法，如，在反致的情况下，内国冲突规范所援引的外国冲突规范并不是准据法。

(3) 准据法必须依据冲突规范的系属，并结合国际民商事案件的具体情况才能确定。

对于同一案件涉及多个民事关系时准据法的确定，《涉外司法解释（一）》第11条规定："案件涉及两个或者两个以上的涉外民事关系时，人民法院应当分别确定应当适用的法律。"

【深度解析】

1. 如何理解准据法？

例如，法官现审理一涉外不动产案件，欲确定不动产所有权的归属。首先，法官根据"不动产的所有权，适用不动产所在地法律"这条冲突规范，确定本案应适用"不动产所在地法律"。结合本案的具体情况，本案中的"不动产所在地"位于美国。于是，法官适用了美国相关法律来确定所有权归属。这里，最终调整当事人权利义务的美国法即为准据法。

2. "准据法"是否就是冲突规范中的"系属"？

准据法，是经冲突规范指定用来具体确定当事人权利义务的实体法。系属，是冲突规范中规定"范围"所应适用的法律的部分。准据法并非系属。例如，在"婚姻方式依婚姻举行地法"这一冲突规范中，"婚姻举行地法"是系属，为了确定某一具体案件中婚姻方式的准据法，法官需将该系属中的"婚姻举行地"与案件的具体情况结合起来考虑。如果本案中婚姻举行地在中国境内，则中国法就是该婚姻方式的准据法。因此，绝不能将"准据法"等同于冲突规范中的"系属"。

二、国际私法的基本制度

(一) 定性

定性，又称识别，指依据一定的法律概念，对有关案件事实或问题进行分析，将其归入特定的法律范畴，并对有关冲突规范的范围或对象进行解释，从而确定应当适用的冲突规范。

定性的过程包括两个方面：

(1) 对有关事实或问题进行的识别，即对国际民商事案件所涉及的事实或问题加以定性或分类，纳入特定的法律范畴，如，法官审理案件时，首先应明确案件所涉及的事实或问题属于什么法律范畴，是属于合同问题还是侵权问题，是继承问题还是夫妻共同财产分割，是属于实体问题还是程序问题等；

(2) 对冲突规范本身的识别，即对冲突规范中有关法律术语进行解释，如，"不动产的所

---

① D。

有权，适用不动产所在地法律"这条冲突规范中，对于哪些属于"不动产"，各国法律有不同的解释，法官在处理相关案件时应依据法律对有关概念或术语进行解释。

关于定性的依据，即依据什么法律进行定性，主要有以下主张：（1）依法院地法识别说；（2）依准据法识别说；（3）分析法学与比较法说；（4）个案识别说。我国《涉外民事关系法律适用法》第8条规定："涉外民事关系的定性，适用法院地法律。"

例2： 甲国汽车制造商 A 将其产品出口到乙国，乙国公民 B 从进口商 C 处购得一部汽车。由于汽车设计存在缺陷而使 B 受伤。B 以 A 违约提起诉讼，乙国法院根据该国法律认为此问题属于侵权，遂决定适用有关侵权的法律规定，法院此种行为属于什么？

法院的行为显然属于定性。

（二）反致

反致，指法院地国在根据本国冲突规范适用外国法的过程中，接受该外国冲突规范的指定，适用本国实体法或第三国实体法的制度。

1. 类型

（1）直接反致，指对于某一案件，甲国法院按照本国冲突规范的指引本应适用乙国法律，而乙国冲突规范却指定此种法律关系应适用甲国法，甲国法院最终适用了本国实体法来审理案件。

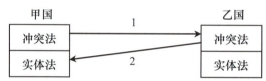

（2）转致，指对于某一案件，甲国法院按照本国冲突规范的指引本应适用乙国法律，而依乙国冲突规范的指引又应适用丙国法律，结果甲国法院最终适用了丙国实体法来审理案件。

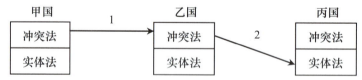

（3）间接反致，指对于某一案件，甲国法院按照本国冲突规范的指引本应适用乙国法律，依乙国冲突规范的指引应适用丙国法律，而依丙国冲突规范的指引又适用甲国法律，结果甲国法院最终适用了本国实体法来审理案件。

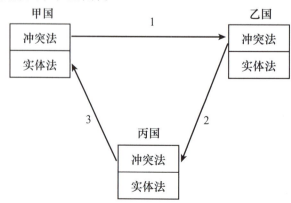

例3： 甲国公民 A（男）与乙国公民 B（女）在乙国结婚，因工作关系移居丙国，数年后，A 在丙国死亡，其前妻之子女在丙国法院提起了要求继承 A 在丙国的遗产的诉讼，并认为 A 与 B 之间的夫妻关系不成立，否认 B 的继承权，关于 A 与 B 之间夫妻关系的成立，依丙国国际私法的规定应适用乙国法律，但是依乙国法律应适用丈夫本国法的甲国法律，根据国际私法的理论，丙国法院适用甲国法的行为属于什么？

丙国──→乙国──→甲国，显然属于转致。

2. 反致产生的条件

（1）对同一种民商事关系的法律适用，各国冲突规范规定了不同的连结点，或各自对连结点解释不同；

（2）审理案件的法院认为，本国冲突规范所指引的外国法，既包括其实体法，也包括其冲突规范；

（3）法院地法律接受反致制度。

3. 中国的态度

《涉外民事关系法律适用法》第 9 条规定："涉外民事关系适用的外国法律，不包括该国的法律适用法。"这表明，中国法院审理案件时所适用的外国法，仅指该国的实体法，不包括该国的法律适用法（即冲突规范），从而也不可能再依据外国冲突规范的指引又适用到他国法律。可见，中国不接受反致。

（三）外国法的查明

外国法的查明，指一国法院根据本国冲突规范确定应当适用的外国法时，如何查明该外国法的存在和内容。

1. 各国关于外国法查明的一般做法

（1）当事人举证证明；

（2）法官依职权查明，无须当事人举证；

（3）法官依职权查明，但当事人负有协助义务。

2. 无法查明外国法的解决办法

（1）以内国法取而代之；

（2）驳回当事人诉讼请求或抗辩；

（3）适用相类似的法律；

（4）适用一般法理。

3. 中国的规定

（1）外国法查明的主体和途径

《涉外民事关系法律适用法》第 10 条规定："涉外民事关系适用的外国法律，由人民法院、仲裁机构或者行政机关查明。当事人选择适用外国法律的，应当提供该国法律。

不能查明外国法律或者该国法律没有规定的，适用中华人民共和国法律。"

【提示注意】 第一，该条确立了"法院、仲裁机构、行政机关查明为主，当事人提供为辅"这一原则：（1）通常应由法院、仲裁机构或行政机关负责查明外国法；（2）如当事人选择适用外国法，该外国法由当事人提供，法院等不必依职权查明。

第二，不能查明外国法，适用中国法。

原《民通意见》第 193 条 对于应当适用的外国法律，可通过下列途径查明：（1）由当事人提供；（2）由与我国订立司法协助协定的缔约对方的中央机关提供；（3）由我国驻该国使领馆提供；（4）由该国驻我国使馆提供；（5）由中外法律专家提供。通过以上途径仍不能查明的，适用中华人民共和国法律。

（2）不能查明的认定

《涉外司法解释（一）》第15条　人民法院通过由当事人提供、已对中国生效的国际条约规定的途径、中外法律专家提供等合理途径仍不能获得外国法律的，可以认定为不能查明外国法律。

根据《涉外民事关系法律》适用法第10条第1款的规定，当事人应当提供外国法律，其在人民法院指定的合理期限内无正当理由未提供该外国法律的，可以认定为不能查明外国法律。

【提示注意】第一，根据该条第1款，通过由当事人提供、条约途径、中外法律专家提供不能获得外国法，即可认定为不能查明。

第二，根据该条第2款，由当事人提供外国法，法院应指定一合理期限，如当事人在该期限内未提供外国法，即可认定为不能查明。

（3）对外国法内容的确认

《涉外司法解释（一）》第16条　人民法院应当听取各方当事人对应当适用的外国法律的内容及其理解与适用的意见，当事人对该外国法律的内容及其理解与适用均无异议的，人民法院可以予以确认；当事人有异议的，由人民法院审查认定。

【提示注意】对外国法内容的确定，该条采取了"以当事人的共同理解为准；当事人有异议的，由法院认定"这一原则。

（4）外国法适用错误的救济

根据《民事诉讼法》"有错必纠"原则，对于我国法院在审理国际民商事案件时发生的适用外国法的错误，无论是适用内国冲突规范的错误，还是适用外国法本身的错误，当事人均可提起上诉，要求加以纠正。

【真题示例】

根据《涉外民事关系法律适用法》和司法解释，关于外国法律的查明问题，下列哪一表述是正确的？（2013－36，单选）①

A. 行政机关无查明外国法律的义务

B. 查明过程中，法院应当听取各方当事人对应当适用的外国法律的内容及其理解与适用的意见

C. 无法通过中外法律专家提供的方式获得外国法律的，法院应认定为不能查明

D. 不能查明的，应视为相关当事人的诉讼请求无法律依据

（四）公共秩序保留与"直接适用的法"

1. 公共秩序保留

公共秩序保留，指法院依据冲突规范指引本应当适用某外国法，如果该外国法的适用将违反法院地国的公共秩序，则可排除该外国法的适用。公共秩序保留制度的目的在于维护本国国家及人民的利益，被称为国际私法中的"安全阀"。

公共秩序，又称"公共政策"，指国家和社会的重大利益，或法律和道德的基本原则。

中国的规定：

（1）《涉外民事关系法律适用法》第5条　外国法律的适用将损害中华人民共和国社会公共利益的，适用中华人民共和国法律。

（2）《民事诉讼法》第289条　人民法院对申请或者请求承认和执行的外国法院作出的发

---

① B。参见《涉外民事关系法律适用法》第10条、《涉外司法解释（一）》第15、16条。

生法律效力的判决、裁定，依照中华人民共和国缔结或者参加的国际条约，或者按照互惠原则进行审查后，认为不违反中华人民共和国法律的基本原则或者国家主权、安全、社会公共利益的，裁定承认其效力，需要执行的，发出执行令，依照本法的有关规定执行。违反中华人民共和国法律的基本原则或者国家主权、安全、社会公共利益的，不予承认和执行。

2. 直接适用的法

直接适用的法，指为维护国家和社会的重大利益，无须借助冲突规范的指引，直接适用于国际民商事关系的强制性法律规范。

其特点在于：第一，法官适用此类规范无须冲突规范的指引；第二，当事人不能通过约定排除此类规范的适用。

【提示注意】注意比较公共秩序保留和直接适用的法：相同点在于两者均涉及本国公共秩序；区别在于，前者须冲突规范指引，后者无须冲突规范指引。

中国的规定：

（1）《涉外民事关系法律适用法》第 4 条　中华人民共和国法律对涉外民事关系有强制性规定的，直接适用该强制性规定。

（2）《涉外司法解释（一）》第 8 条　有下列情形之一，涉及中华人民共和国社会公共利益、当事人不能通过约定排除适用、无需通过冲突规范指引而直接适用于涉外民事关系的法律、行政法规的规定，人民法院应当认定为涉外民事关系法律适用法第 4 条规定的强制性规定：

（一）涉及劳动者权益保护的；

（二）涉及食品或公共卫生安全的；

（三）涉及环境安全的；

（四）涉及外汇管制等金融安全的；

（五）涉及反垄断、反倾销的；

（六）应当认定为强制性规定的其他情形。

【真题示例】

中国甲公司与德国乙公司进行一项商事交易，约定适用英国法律。后双方发生争议，甲公司在中国法院提起诉讼。关于该案的法律适用问题，下列哪一选项是错误的？（2013 - 35，单选）①

A. 如案件涉及食品安全问题，该问题应适用中国法

B. 如案件涉及外汇管制问题，该问题应适用中国法

C. 应直接适用的法律限于民事性质的实体法

D. 法院在确定应当直接适用的中国法律时，无需再通过冲突规范的指引

（五）法律规避

法律规避，指在国际民商事交往中，当事人通过故意制造某种连结点，以避开本应适用的对其不利的法律，而使对其有利的法律得以适用的行为。

1. 构成要件

（1）在主观上，当事人规避某种法律必须是出于故意；

（2）在规避对象上，当事人规避的法律是当事人本应适用的法律；

---

① C。从《涉外司法解释（一）》第 8 条可以看出，直接适用的法并不限于民事性质的实体法，包括经济、行政管理等方面的法律、法规，C 项错误。

（3）在行为方式上，当事人是通过人为制造或改变连结点来实现法律规避的；

（4）在客观结果上，当事人的规避行为已经完成。

2. 中国的规定

《涉外司法解释（一）》第9条　一方当事人故意制造涉外民事关系的连结点，规避中华人民共和国法律、行政法规的强制性规定的，人民法院应认定为不发生适用外国法律的效力。

【提示注意】在我国司法实践中，规避我国强制性或禁止性法律的行为无效，以适用中国法律取而代之。

【深度解析】如何理解国际私法中的法律规避？

法律规避本质是一种逃法或脱法行为，很多部门法中都可能存在此类现象。国际私法中的法律规避，是指在国际民商事交往中，当事人通过故意制造某种连结点，以避开本应适用的对其不利的法律，而使对其有利的法律得以适用的行为。如，A国人甲某夫妻关系不和，欲与其妻离婚并与另一女子丁某结婚，而A国法律禁止离婚，为达到离婚后与丁某再婚的目的，甲某只身前往B国并加入B国国籍，不久即诉请B国法院获得离婚判决，随后便在B国与丁某结婚。法律规避须具备四个要件：（1）从主观上讲，当事人规避法律是出于故意，即主观上有逃避对其不利的法律适用的动机；（2）从规避对象上讲，被规避的法律是依内国冲突规范当事人本应适用的法律；（3）从行为方式上讲，当事人是通过改变构成连结点的具体事实（如，国籍、住所、行为地、物之所在地等）来实现法律规避的；（4）从客观结果上讲，当事人的规避行为已经完成，即依据原来的冲突规范，对其不利的法律不再适用，对其有利的法律得以适用。

【真题示例】

根据我国相关法律规定，关于合同法律适用问题上的法律规避，下列哪些选项是正确的？（2010－81，多选）①

A. 当事人规避中国法律强制性规定的，应当驳回起诉

B. 当事人规避中国法律强制性规定的，不发生适用外国法律的效力

C. 如果当事人采用明示约定的方式，则其规避中国法律强制性规定的行为将为法院所认可

D. 当事人在合同关系中规避中国法律强制性规定的行为无效，该合同应适用中国法

【归纳总结】

本节涉及国际私法的基本概念和制度。国际私法主要解决法律冲突，由此涉及到相关概念和某些特殊制度，这是其他部门法所不曾有的。此类概念与制度是法官在审理涉外民商事案件时要遇到的，在复习本节时，考生可将自己想象为一个审理涉外案件的法官，当你在接手此类案件时将遇到本节所讲问题。

---

① BD。根据《涉外司法解释（一）》第9条，规避中国强制性规定的，不发生适用外国法律的效力，而非驳回起诉，A项错误，B项正确。规避强制性规定的行为无效，无论是否采用明示约定的方式，C项错误。司法实践中如遇法律规避，应适用中国法律取而代之，D项正确。

【图表精要】

一、基本概念

（一）涉外民事关系——国际私法的调整对象

★《涉外司法解释（一）》

第 1 条："民事关系具有下列情形之一的，人民法院可以认定为涉外民事关系：

(1) 当事人一方或双方是外国公民、外国法人或者其他组织、无国籍人；⎤
(2) 当事人一方或双方的经常居所地在中华人民共和国领域外；⎦——主体
(3) 标的物在中华人民共和国领域外；————————————客体
(4) 产生、变更或者消灭民事关系的法律事实发生在中华人民共和国领域外；——内容
(5) 可以认定为涉外民事关系的其他情形。"

（二）冲突规范

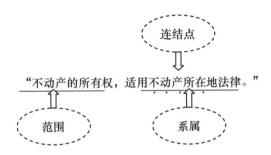

	1. 概念	指明某种国际民商事关系应当适用何种实体法的法律规范。
冲突规范	2. 特点	(1) 法律适用规范；(2) 间接规范；(3) 结构独特。
	3. 结构	冲突规范 = 范围 + 系属（包含连结点） (1) 范围：冲突规范所要调整的民商事法律关系或所要解决的法律问题。 (2) 系属：规定"范围"所应适用的法律。 (3) 连结点：把特定民商事关系与某国法律联系起来的标志。 连结点 ⎰ 静态连结点：不能改变的连结点 ⎱ 动态连结点：可以改变的连结点
	4. 类型	① 单边冲突规范：直接规定适用某国法律。 如，"合营企业合同的订立、效力、解释、执行及其争议的解决，均应当适用中国的法律。"
		② 双边冲突规范：并不直接规定适用内国法还是外国法，而是规定了一个可以推定适用的法律。 如，"不动产的所有权，适用不动产所在地法律。"
		③ 重叠适用的冲突规范：规定了两个或两个以上可以适用的法律，并要求同时适用。 如，"收养的条件和手续，适用收养人和被收养人经常居所地法律。"

续表

		规定了两个或两个以上可以适用的法律，选择其一予以适用。
	④选择适用的冲突规范	（a）<u>无条件选择适用的冲突规范</u>：可供选择的法律中没有适用的先后顺序之分； 如，"侵权行为的损害赔偿，适用侵权行为实施地法律或者侵权结果发生地法律。" （b）<u>有条件选择适用的冲突规范</u>：可供选择的法律中，在适用时有先后顺序之分。 如，"结婚条件，适用当事人共同经常居所地法律；没有共同经常居所地的，适用共同国籍国法律；没有共同国籍，在一方当事人经常居所地或者国籍国缔结婚姻的，适用婚姻缔结地法律。"

（三）准据法

准据法	1. 概念	经冲突规范指定用来具体确定当事人权利义务的实体法。
	2. 特点	①必须经冲突规范指定； ②是能够确定当事人权利义务的实体法； ③要结合案件的具体情况确定。

二、基本制度

（一）定性

定性	又称识别，指依据一定的法律概念，对有关案件事实或问题进行分析，将其归入特定的法律范畴，并对有关冲突规范的范围或对象进行解释，从而确定应当适用的冲突规范。 ①对有关事实或问题进行的识别； ②对冲突规范本身的识别。 ★《涉外民事关系法律适用法》第8条 涉外民事关系的定性，适用**法院地法律**。

（二）反致（中国不接受反致）

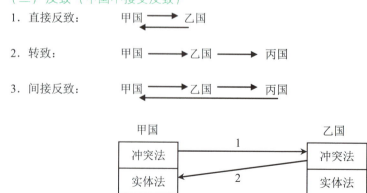

1. 直接反致： 甲国 ⇄ 乙国

2. 转致： 甲国 ⟶ 乙国 ⟶ 丙国

3. 间接反致： 甲国 ⇄ 乙国 ⟶ 丙国

甲国 乙国
冲突法 —1→ 冲突法
实体法 ←2— 实体法

★根据《涉外民事关系法律适用法》第9条，涉外民事关系适用的外国法律，不包括该国的法律适用法。

（三）外国法的查明

外国法的查明	1. 概念	一国法院根据本国冲突规范确定应当适用的外国法时，如何查明该外国法的存在和内容。
	2. 查明主体和方法	★①《涉外民事关系法律适用法》第10条　涉外民事关系适用的外国法律，由人民法院、仲裁机构或者行政机关查明。当事人选择适用外国法律的，应当提供该国法律。 不能查明外国法律或者该国法律没有规定的，适用中华人民共和国法律。 ②原《民通意见》第193条　对于应当适用的外国法律，可通过下列途径查明：（1）由当事人提供；（2）由与我国订立司法协助协定的缔约对方的中央机关提供；（3）由我国驻该国使领馆提供；（4）由该国驻我国使馆提供；（5）由中外法律专家提供。通过以上途径仍不能查明的，适用中华人民共和国法律。
	3. 不能查明的认定	★《涉外司法解释（一）》第15条　人民法院通过由当事人提供、已对中国生效的国际条约规定的途径、中外法律专家提供等合理途径仍不能获得外国法律的，可以认定为不能查明外国法律。 根据涉外民事关系法律适用法第10条第1款的规定，当事人应当提供外国法律，其在人民法院指定的合理期限内无正当理由未提供该外国法律的，可以认定为不能查明外国法律。
	4. 对外国法内容的确定	★《涉外司法解释（一）》第16条　人民法院应当听取各方当事人对应当适用的外国法律的内容及其理解与适用的意见，当事人对该外国法律的内容及其理解与适用均无异议的，人民法院可以予以确认；当事人有异议的，由人民法院审查认定。

（四）公共秩序保留

公共秩序保留	1. 概念	法院依据冲突规范指引本应当适用某外国法，如果该外国法的适用将违反法院地国的公共秩序，则可排除该外国法的适用。（公共秩序，又称"公共政策"，指国家和社会的重大利益，或法律和道德的基本原则。）
	2. 中国的规定	①《涉外民事关系法律适用法》第5条　外国法律的适用将损害中华人民共和国社会公共利益的，适用中华人民共和国法律。 ②《民事诉讼法》第289条　人民法院对申请或者请求承认和执行的外国法院作出的发生法律效力的判决、裁定，依照中华人民共和国缔结或者参加的国际条约，或者按照互惠原则进行审查后，认为不违反中华人民共和国法律的基本原则或者国家主权、安全、社会公共利益的，裁定承认其效力，需要执行的，发出执行令，依照本法的有关规定执行。违反中华人民共和国法律的基本原则或者国家主权、安全、社会公共利益的，不予承认和执行。

直接适用的法	1. 概念	为维护国家和社会的重大利益，无须借助冲突规范的指引，直接适用于国际民商事关系的强制性法律规范。 特点：（1）法官适用此类规范无须冲突规范的指引； 　　　　（2）当事人不能通过约定排除此类规范的适用。
	2. 中国的规定	《涉外民事关系法律适用法》第4条　中华人民共和国法律对涉外民事关系有强制性规定的，直接适用该强制性规定。 ★《涉外司法解释（一）》第8条　涉及下列情形的法律、法规，属强制性规定： （1）涉及劳动者权益保护的； （2）涉及食品或公共卫生安全的； （3）涉及环境安全的； （4）涉及外汇管制等金融安全的； （5）涉及反垄断、反倾销的； （6）应当认定为强制性规定的其他情形。 ★归纳："一保护，两反，三安全"

（五）法律规避

法律规避	1. 概念	在国际民商事交往中，当事人通过故意改变连结点的方式，以避开本应适用的对其不利的法律，而使对其有利的法律得以适用的行为。
	2. 构成要件	（1）主观：出于故意； （2）规避对象：当事人本应适用的法律； （3）行为方式：通过改变连结点来实现； （4）客观结果：规避行为已经完成。
	3. 中国的规定	《涉外司法解释（一）》第9条　一方当事人故意制造涉外民事关系的连结点，规避中华人民共和国法律、行政法规的强制性规定的，人民法院应认定为不发生适用外国法律的效力。

第二章　国际民商事法律适用

第一节　权利能力和行为能力

【知识点】

一、自然人权利能力和行为能力的法律适用

（一）权利能力

国际上的做法大致有以下三种：

1. 适用有关法律关系的准据法，即将权利能力附属于特定的涉外民商事法律关系，涉外民商事法律关系应适用的准据法，同时又是该法律关系各方当事人权利能力的准据法；

2. 适用法院地法；

3. 适用当事人的属人法（本国法或住所地法），大多数国家采用此种做法。

（二）行为能力

国际上的通行做法是，原则上适用当事人的属人法，但有两个例外：（1）处理不动产的行为能力，依不动产所在地法；（2）有关商务活动的当事人的行为能力可以适用行为地法，即如果行为地法认为自然人有行为能力，应当以行为地法为准。

二、法人权利能力和行为能力的法律适用

解决法人权利能力和行为能力的法律冲突，国际上通行的做法是适用法人属人法，即适用法人的国籍所属国法或住所地法。但需注意的是，外国法人只有在内国法许可的范围内才可以从事民商事活动，从该意义上说，外国法人在内国活动，其在内国的权利能力和行为能力，要受到本国法和法院地法的双重限制。

三、中国的相关规定

（一）自然人

《涉外民事关系法律适用法》

第 11 条　自然人的民事权利能力，适用经常居所地法律。

第 12 条　自然人的民事行为能力，适用经常居所地法律。自然人从事民事活动，依照经常居所地法律为无民事行为能力，依照行为地法律为有民事行为能力的，适用行为地法律，但涉及婚姻家庭、继承的除外。

第 13 条　宣告失踪或者宣告死亡，适用自然人经常居所地法律。

【真题示例】

中国籍人李某 2008 年随父母定居甲国，甲国法律规定自然人具有完全民事行为能力的年龄为 21 周岁。2009 年 7 月李某 19 周岁，在其回国期间与国内某电脑软件公司签订了购买电脑

软件的合同，合同分批履行。李某在部分履行合同后，以不符合甲国有关完全民事行为能力年龄法律规定为由，主张合同无效，某电脑软件公司即向我国法院起诉。依我国相关法律规定，下列哪一说法是正确的？（2009 - 36，单选）①

　　A. 应适用甲国法律认定李某不具有完全行为能力

　　B. 应适用中国法律认定李某在中国的行为具有完全行为能力

　　C. 李某已在甲国定居，在中国所为行为应适用定居国法律

　　D. 李某在甲国履行该合同的行为应适用甲国法律

（二）法人

　　根据《涉外民事关系法律适用法》第14条，法人及其分支机构的民事权利能力、民事行为能力、组织机构、股东权利义务等事项，适用登记地法律。法人的主营业地与登记地不一致的，可以适用主营业地法律。法人的经常居所地，为其主营业地。

　　对于"法人的登记地"，《涉外司法解释（一）》第14条规定："人民法院应当将法人的设立登记地认定为涉外民事关系法律适用法规定的法人的登记地。"

　　【提示注意】概括记忆："民事主体，适用民事主体的属人法"。自然人的属人法，通常为经常居所地法；法人的属人法，通常为登记地法。

　　【真题示例】

　　德国甲公司与中国乙公司在中国共同设立了某合资有限责任公司，后甲公司以确认其在合资公司的股东权利为由向中国某法院提起诉讼。关于本案的法律适用，下列哪一选项是正确的？（2014 - 35，单选）②

　　A. 因合资公司登记地在中国，故应适用中国法

　　B. 因侵权行为地在中国，故应适用中国法

　　C. 因争议与中国的联系更密切，故应适用中国法

　　D. 当事人可协议选择纠纷应适用的法律

第二节　物　权

　　【知识点】

一、物之所在地法原则

　　物之所在地法，即物权关系客体所在地的法律，它是当前解决物权法律冲突的基本原则。

（一）适用范围

　　物之所在地法主要适用于：（1）动产与不动产的区分；（2）物权客体的范围；（3）物权的种类和内容；（4）物权的取得、转移、变更和消灭的方式及条件；（5）物权的保护方法。

（二）例外

　　下列情况通常不适用物之所在地法，而适用其他法律：（1）运送中的物品的物权关系：送达地法或发送地法；（2）船舶、飞行器等运输工具的物权关系：登记注册地法或旗国法；

---

　　① B。李某的合同行为发生在中国，按照我国法律，年满18岁即具有完全民事行为能力，根据《涉外民事关系法律适用法》第12条，应适用中国法认定李某具有完全民事行为能力。

　　② A。参见《涉外民事关系法律适用法》第14条。

（3）外国法人终止或解散时有关物权关系：法人属人法；（4）遗产继承：采用单一制的国家有时根本不考虑遗产所在地法，主张适用被继承人属人法；采用区别制的国家对动产一般适用被继承人的属人法。

二、中国的相关规定

（一）不动产物权

1. 《涉外民事关系法律适用法》第 36 条　不动产物权，适用不动产所在地法律。

2. 原《民通意见》第 186 条　土地、附着于土地的建筑物及其他定着物、建筑物的固定附属设备为不动产。不动产的所有权、买卖、租赁、抵押、使用等民事关系，均应适用不动产所在地的法律。

（二）动产物权

1. 《涉外民事关系法律适用法》第 37 条　当事人可以协议选择动产物权适用的法律。当事人没有选择的，适用法律事实发生时动产所在地法律。

2. 《涉外民事关系法律适用法》第 38 条　当事人可以协议选择运输中动产物权发生变更适用的法律。当事人没有选择的，适用运输目的地法律。

（三）有价证券

《涉外民事关系法律适用法》第 39 条　有价证券，适用有价证券权利实现地法律或者其他与该有价证券有最密切联系的法律。

（四）权利质权

《涉外民事关系法律适用法》第 40 条　权利质权，适用质权设立地法律。

（五）船舶物权

1. 船舶所有权：《海商法》第 270 条　船舶所有权的取得、转让和消灭，适用船旗国法律。

2. 船舶抵押权：《海商法》第 271 条　船舶抵押权适用船旗国法律。船舶在光船租赁以前或光船租赁期间，设立船舶抵押权的，适用原船舶登记国的法律。

3. 船舶优先权：《海商法》第 272 条　船舶优先权，适用受理案件的法院所在地法律。

（六）民用航空器物权

1. 航空器所有权：《民用航空法》第 185 条　民用航空器所有权的取得、转让和消灭，适用民用航空器国籍登记国法律。

2. 航空器抵押权：《民用航空法》第 186 条　民用航空器抵押权适用民用航空器国籍登记国法律。

3. 航空器优先权：《民用航空法》第 187 条　民用航空器优先权适用受理案件的法院所在地法律。

【真题示例】

2014 年 1 月，北京居民李某的一件珍贵首饰在家中失窃后被窃贼带至甲国。同年 2 月，甲国居民陈某在当地珠宝市场购得该首饰。2015 年 1 月，在获悉陈某将该首饰带回北京拍卖的消息后，李某在北京某法院提起原物返还之诉。关于该首饰所有权的法律适用，下列哪一选项是正确的？（2015 - 36，单选）①

———————————

① 　D。陈某在甲国珠宝市场购得该首饰，即引起物权变动的法律事实发生时该动产位于甲国，根据《涉外民事关系法律适用法》第 37 条，如当事人未选择，适用法律事实发生时动产所在地法，即甲国法，D 项正确。

A. 应适用中国法

B. 应适用甲国法

C. 如李某与陈某选择适用甲国法，不应支持

D. 如李某与陈某无法就法律选择达成一致，应适用甲国法

第三节　债　权

【知识点】

一、合同的法律适用

（一）确定合同准据法的基本理论

1. 分割论和单一论

（1）分割论：合同的不同方面（合同的订立、履行、违约责任等）适用不同的法律；对不同性质的合同适用不同的法律；

（2）单一论：对整个合同适用同一法律；对不同性质的合同，统一确定其准据法。

2. 主观论和客观论

（1）主观论：认为合同准据法应由合同当事人选择确定；

（2）客观论：认为合同准据法应根据与合同有最密切联系的客观标志来确定。

（二）合同准据法的确定方法

1. 当事人意思自治原则

合同的当事人可以通过协商一致的方式自由选择支配合同的准据法。

意思自治原则的限制：（1）当事人的选择不能排除强行法的适用；（2）当事人的选择必须是善意的，不能采取法律规避的手段；（3）当事人应选择与合同有实际合理联系的法律。

2. 客观标志说

主张合同准据法是在客观上最适合支配合同的法律，这种法律通常根据一定的客观标志来确定，如合同履行地、合同订立地、当事人住所地等。

3. 最密切联系原则

主张合同准据法是与合同在经济或其他社会意义上联系最密切的某一地点的法律。

4. 特征履行说

"特征履行"，又称"特征性给付"，指双务合同中代表合同本质特征的当事人履行合同的行为。例如，买卖合同中卖方交付货物的行为，雇佣合同中受雇人提供劳务的行为。

特征履行说认为，在当事人未选择合同准据法的情况下，应根据合同的特殊性质确定合同准据法，即，合同准据法应为承担特征性履行义务的当事人的住所地法、惯常居所地法或营业所在地法。

（三）中国的相关规定

1. 意思自治原则

（1）一般原则

根据《涉外民事关系法律适用法》第41条，当事人可以协议选择合同适用的法律。

（2）选择方式

当事人选择或者变更选择合同争议应适用的法律，应当以明示的方式进行。

（3）选择时间

根据《涉外司法解释（一）》第6条，当事人在一审法庭辩论终结前协议选择或者变更选择适用的法律的，人民法院应予准许。

各方当事人援引相同国家的法律且未提出法律适用异议的，人民法院可以认定当事人已经就涉外民事关系适用的法律做出了选择。

（4）选择范围

《涉外司法解释（一）》

第4条　中华人民共和国法律没有明确规定当事人可以选择涉外民事关系适用的法律，当事人选择适用法律的，人民法院应认定该选择无效。

第5条　一方当事人以双方协议选择的法律与系争的涉外民事关系没有实际联系为由主张选择无效的，人民法院不予支持。

第7条　当事人在合同中援引尚未对中华人民共和国生效的国际条约的，人民法院可以根据该国际条约的内容确定当事人之间的权利义务，但违反中华人民共和国社会公共利益或中华人民共和国法律、行政法规强制性规定的除外。

【提示注意】从这三条规定可以看出，可以选择的范围包括：①与案件中的涉外民事关系没有实际联系的法律；②未对中国生效的条约（违反中国法律、法规强制性规定除外）。反之，中国法律没有明确规定当事人可以选择涉外民事关系适用的法律，当事人选择无效。

（5）意思自治的限制

①当事人规避中华人民共和国法律、行政法规的强制性规定的行为，不发生适用外国法律的效力，该合同争议应当适用中华人民共和国法律。

②适用外国法律违反中华人民共和国社会公共利益的，该外国法律不予适用，而应当适用中华人民共和国法律。

③在中华人民共和国领域内履行的下列合同，适用中华人民共和国法律：

第一，中外合资经营企业合同；

第二，中外合作经营企业合同；

第三，中外合作勘探、开发自然资源合同。

2. 最密切联系原则

（1）《涉外民事关系法律适用法》第41条　当事人可以协议选择合同适用的法律。当事人没有选择的，适用履行义务最能体现该合同特征的一方当事人经常居所地法律或者其他与该合同有最密切联系的法律。

（2）具体合同类型中最密切联系地的确定

根据中国的司法实践，一般说来：

第一，买卖合同，适用合同订立时卖方住所地法；如果合同是在买方住所地谈判并订立的，或者合同明确规定卖方须在买方住所地履行交货义务的，适用买方住所地法。

第二，来料加工、来件装配以及其他各种加工承揽合同，适用加工承揽人住所地法。

第三，成套设备供应合同，适用设备安装地法。

第四，不动产买卖、租赁或者抵押合同，适用不动产所在地法。

第五，动产租赁合同，适用出租人住所地法。

第六，动产质押合同，适用质权人住所地法。

第七，借款合同，适用贷款人住所地法。

第八，保险合同，适用保险人住所地法。

第九，融资租赁合同，适用承租人住所地法。

第十，建设工程合同，适用建设工程所在地法。

第十一，仓储、保管合同，适用仓储、保管人住所地法。

第十二，保证合同，适用保证人住所地法。

第十三，委托合同，适用受托人住所地法。

第十四，债券的发行、销售和转让合同，分别适用债券发行地法、债券销售地法和债券转让地法。

第十五，拍卖合同，适用拍卖举行地法。

第十六，行纪合同，适用行纪人住所地法。

第十七，居间合同，适用居间人住所地法。

【真题示例】

在涉外民事关系中，依《涉外民事关系法律适用法》和司法解释，关于当事人意思自治原则，下列表述中正确的是：（2013－98，不定项）①

A. 当事人选择的法律应与所争议的民事关系有实际联系

B. 当事人仅可在具有合同性质的涉外民事关系中选择法律

C. 在一审法庭辩论终结前，当事人有权协议选择或变更选择适用的法律

D. 各方当事人援引相同国家的法律且未提出法律适用异议的，法院可以认定当事人已经就涉外民事关系适用的法律作出了选择

另外，《涉外民事关系法律适用法》中还规定了消费者合同与劳动合同应适用的法律：

第42条　消费者合同，适用消费者经常居所地法律；消费者选择适用商品、服务提供地法律或者经营者在消费者经常居所地没有从事相关经营活动的，适用商品、服务提供地法律。

第43条　劳动合同，适用劳动者工作地法律；难以确定劳动者工作地的，适用用人单位主营业地法律。劳务派遣，可以适用劳务派出地法律。

【真题示例】

甲国公民大卫被乙国某公司雇佣，该公司主营业地在丙国，大卫工作内容为巡回于东亚地区进行产品售后服务，后双方因劳动合同纠纷诉诸中国某法院。关于该纠纷应适用的法律，下列哪一选项是正确的？（2014－38，单选）②

A. 中国法　　　　　B. 甲国法　　　　　C. 乙国法　　　　　D. 丙国法

二、侵权行为的法律适用

（一）一般侵权行为的法律适用

侵权行为之债，是指不法侵害他人人身或财产权利，并造成损失而承担民事责任所构成的债。对侵权行为的法律适用，一般有以下做法：（1）适用侵权行为地法；（2）选择适用侵权行为地法和当事人共同属人法；（3）重叠适用侵权行为地法和法院地法；（4）选择适用侵权行为地法、法院地法和当事人共同属人法。

---

① CD。根据《涉外司法解释（一）》第5条，当事人选择的法律可以与所争议的民事关系没有实际联系，A项错误。除合同关系外，对于动产物权、侵权、不当得利、无因管理、婚姻等关系，当事人均可选择适用的法律，B项错误。根据《涉外司法解释（一）》第6条，C、D正确。

② D。参见《涉外民事关系法律适用法》第43条。

（二）中国的相关规定

1. 一般侵权

《涉外民事关系法律适用法》第44条　侵权责任，适用侵权行为地法律，但当事人有共同经常居所地的，适用共同经常居所地法律。侵权行为发生后，当事人协议选择适用法律的，按照其协议。

【提示注意】该条为有条件选择适用的冲突规范，注意其适用顺序：先依据当事人协议选择，如果当事人没有协议选择适用共同经常居所地法，最后才考虑适用侵权行为地法。

2. 产品责任

《涉外民事关系法律适用法》第45条　产品责任，适用被侵权人经常居所地法律；被侵权人选择适用侵权人主营业地法律、损害发生地法律的，或者侵权人在被侵权人经常居所地没有从事相关经营活动的，适用侵权人主营业地法律或者损害发生地法律。

3. 网络侵权

《涉外民事关系法律适用法》第46条　通过网络或者采用其他方式侵害姓名权、肖像权、名誉权、隐私权等人格权的，适用被侵权人经常居所地法律。

【提示注意】侵权通常适用侵权行为地法，但网络侵权适用被侵权人经常居所地法，原因有二：一是网络侵权中，侵权行为地难以确定，而被侵权人经常居所地容易确定；二是对被侵权人的损害也主要集中于其经常居所地。

4. 船舶侵权

《海商法》第273条　船舶碰撞的损害赔偿，适用侵权行为地法律。船舶在公海上发生碰撞的损害赔偿，适用受理案件的法院所在地法律。同一国籍的船舶，不论碰撞发生于何地，碰撞船舶之间的损害赔偿适用船旗国法律。

《海商法》第275条　海事赔偿责任限制，适用受理案件的法院所在地法律。

【真题示例】

中国甲公司将其旗下的东方号货轮光船租赁给韩国乙公司，为便于使用，东方号的登记国由中国变更为巴拿马。现东方号与另一艘巴拿马籍货轮在某海域相撞，并被诉至中国某海事法院。关于本案的法律适用，下列哪一选项是正确的？（2017-37，单选）①

A. 两船碰撞的损害赔偿应适用中国法

B. 如两船在公海碰撞，损害赔偿应适用《联合国海洋法公约》

C. 如两船在中国领海碰撞，损害赔偿应适用中国法

D. 如经乙公司同意，甲公司在租赁期间将东方号抵押给韩国丙公司，该抵押权应适用中国法

5. 民用航空器侵权

《民用航空法》第189条　民用航空器对地面第三人的损害赔偿，适用侵权行为地法律。民用航空器在公海上空对水面第三人的损害赔偿，适用受理案件的法院所在地法律。

【真题示例】

甲国公民A与乙国公民B的经常居住地均在中国，双方就在丙国境内发生的侵权纠纷在

---

① D。船舶在某国登记即取得该国国籍，东方号登记国已变更为巴拿马，具有巴拿马国籍，其与另一艘巴拿马籍货轮相撞，属于同一国籍船舶的碰撞，根据《海商法》第273条，应适用其船旗国法，即巴拿马法，A、B、C错误。《海商法》第271条规定："船舶抵押权适用船旗国法律。船舶在光船租赁以前或光船租赁期间，设立船舶抵押权的，适用原船舶登记国的法律。"本题涉及光船租赁，船舶抵押权应适用原船舶登记国法，即中国法，D项正确。

中国法院提起诉讼。关于该案的法律适用，下列哪些选项是正确的？（2012－79，多选）①

　　A. 如侵权行为发生后双方达成口头协议，就纠纷的法律适用做出了选择，应适用协议选择的法律

　　B. 如侵权行为发生后双方达成书面协议，就纠纷的法律适用做出了选择，应适用协议选择的法律

　　C. 如侵权行为发生后双方未选择纠纷适用的法律，应适用丙国法

　　D. 如侵权行为发生后双方未选择纠纷适用的法律，应适用中国法

三、不当得利、无因管理的法律适用

不当得利，指没有法律上的原因取得利益，致他人受损害的事实。无因管理，指未受委托且无义务，而为他人管理财产或事务，因而支出劳务或费用，可要求他人返还的债权债务关系。

《涉外民事关系法律适用法》第47条　不当得利、无因管理，适用当事人协议选择适用的法律。当事人没有选择的，适用当事人共同经常居所地法律；没有共同经常居所地的，适用不当得利、无因管理发生地法律。

【提示注意】 不当得利、无因管理与一般侵权的法律适用类似，注意对比。

【真题示例】

英国公民苏珊来华短期旅游，因疏忽多付房费1000元，苏珊要求旅店返还遭拒后，将其诉至中国某法院。关于该纠纷的法律适用，下列哪一选项是正确的？（2016－36，单选）②

A. 因与苏珊发生争议的旅店位于中国，因此只能适用中国法

B. 当事人可协议选择适用瑞士法

C. 应适用中国法和英国法

D. 应在英国法与中国法中选择适用对苏珊有利的法律

第四节　商事关系

【知识点】

一、票据关系

（一）票据当事人能力

对于票据当事人行为能力，国际上一般适用当事人属人法。对于属人法，大陆法系国家以当事人本国法为标准，英美法系国家主张适用当事人住所地法或行为地法。

《票据法》第96条　票据债务人的民事行为能力，适用其本国法律。

票据债务人的民事行为能力，依照其本国法律为无民事行为能力或者为限制民事行为能力而依照行为地法律为完全民事行为能力的，适用行为地法律。

---

① ABD。参见《涉外民事关系法律适用法》第44条。注意该条只规定当事人可以"协议选择"适用的法律，但对协议形式未作要求，口头或书面协议均可。

② B。参见《涉外民事关系法律适用法》第47条。根据该条，对于不当得利的法律适用，当事人有选择的首先要依其选择，没有选择的，才考虑适用共同经常居所地法或不当得利发生地法。

（二）票据行为方式

票据行为包括出票、背书、承兑、付款、保证等，票据行为的有效性通常适用行为地法。

《票据法》第97条　汇票、本票出票时的记载事项，适用出票地法律。支票出票时的记载事项，适用出票地法律，经当事人协议，也可以适用付款地法律。

《票据法》第98条　票据的背书、承兑、付款和保证行为，适用行为地法律。

（三）票据追索权行使期限

票据追索权，指票据没有获得承兑或付款时，持票人对其前手请求偿还的权利。各国对行使追索权的期限规定不同。

《票据法》第99条　票据追索权的行使期限，适用出票地法律。

（四）持票人责任

为行使追索权，持票人必须在规定期间内提示票据，并按规定的期限和方式将拒付情形通知出票人和背书人，还要按规定的期限和方式取得拒绝证明，否则，持票人不能行使追索权。

《票据法》第100条　票据的提示期限、有关拒绝证明的方式、出具拒绝证明的期限，适用付款地法律。

（五）票据丧失时权利保全程序

票据丧失，即持票人因票据灭失、遗失、被盗、被抢等原因失去对票据的占有。票据丧失时，失票人可以采取挂失、公示催告、诉讼等补救方式，各国关于票据丧失时补救方式的规定不同。

《票据法》第101条　票据丧失时，失票人请求保全票据权利的程序，适用付款地法律。

【提示注意】第一，票据债务人的行为能力，通常适用其本国法（国籍国法），而依据《涉外民事关系法律适用法》第12条，自然人行为能力适用其经常居所地法，两者规定的连结点不同。

第二，根据《票据法》第97条，仅"支票"的出票，经当事人协议，也可以适用付款地法，不包括"汇票"和"本票"。

【真题示例】

中国公民李某在柏林签发一张转账支票给德国甲公司用于支付货款，付款人为中国乙银行北京分行；甲公司在柏林将支票背书转让给中国丙公司，丙公司在北京向乙银行请求付款时被拒。关于该支票的法律适用，依中国法律规定，下列哪一选项是正确的？（2017－36，单选）①

A. 如李某依中国法为限制民事行为能力人，依德国法为完全民事行为能力人，应适用德国法

B. 甲公司对该支票的背书行为，应适用中国法

C. 丙公司向甲公司行使票据追索权的期限，应适用中国法

D. 如丙公司不慎将该支票丢失，其请求保全票据权利的程序，应适用德国法

二、海事关系

参见物权、侵权法律适用中《海商法》相关规定。

另外，对于共同海损理算，《海商法》第274条规定："共同海损理算，适用理算地法律。"

---

① A。参见《票据法》第96、98、99、101条。

三、民用航空关系

参见物权、侵权法律适用中《民用航空法》相关规定。

四、代理

代理，指代理人以被代理人的名义在代理权限内与第三人为法律行为，其行为效果直接归于被代理人。代理包括委托代理和法定代理。代理关系涉及被代理人、代理人和第三人，具体包括三个方面：被代理人与代理人之间、被代理人与第三人之间、代理人与第三人之间；其中，第一个方面属于代理的内部关系，而后两个方面属于代理的外部关系。

《涉外民事关系法律适用法》第16条 代理适用代理行为地法律，但被代理人与代理人的民事关系，适用代理关系发生地法律。当事人可以协议选择委托代理适用的法律。

【提示注意】在代理的法律适用中，仅有委托代理可以协议选择，法定代理的法律适用不能协议选择。

五、信托

信托，指委托人基于对受托人的信任，将其财产权委托给受托人，由受托人按委托人的意愿以自己的名义，为受益人的利益或者特定目的，进行管理或者处分的行为。

《涉外民事关系法律适用法》第17条 当事人可以协议选择信托适用的法律。当事人没有选择的，适用信托财产所在地法律或者信托关系发生地法律。

【提示注意】信托关系可通过订立信托合同产生，故信托所适用法律也允许双方协议选择。

【真题示例】

新加坡公民王颖与顺捷国际信托公司在北京签订协议，将其在中国的财产交由该公司管理，并指定受益人为其幼子李力。在管理信托财产的过程中，王颖与顺捷公司发生纠纷，并诉至某人民法院。关于该信托纠纷的法律适用，下列哪些选项是正确的？（2017－77，多选）①

A. 双方可协议选择适用瑞士法

B. 双方可协议选择适用新加坡法

C. 如双方未选择法律，法院应适用中国法

D. 如双方未选择法律，法院应在中国法与新加坡法中选择适用有利于保护李力利益的法律

---

① ABC。参见《涉外民事关系法律适用法》第17条。双方无论协议选择瑞士法或新加坡法，都是法律允许的，A、B正确。双方在北京签订信托协议，信托关系发生地在中国，而信托财产也在中国，因此，如双方未选择法律，无论适用信托财产所在地法律，还是信托关系发生地法律，均为中国法，C项正确，D项错误。

第五节　婚姻与家庭

【知识点】

一、结婚

(一) 结婚实质要件

结婚实质要件，指婚姻双方当事人缔结有效婚姻必须满足的实体条件，如结婚意思表示真实、符合法定婚龄、未患有法定禁止结婚的疾病等。

《涉外民事关系法律适用法》第21条　结婚条件，适用当事人共同经常居所地法律；没有共同经常居所地的，适用共同国籍国法律；没有共同国籍，在一方当事人经常居所地或者国籍国缔结婚姻的，适用婚姻缔结地法律。

【提示注意】本条款为有条件选择适用的冲突规范，在适用时，要依次选择适用共同经常居所地法、共同国籍国法、婚姻缔结地法，适用顺序不能颠倒。

(二) 结婚形式要件

结婚形式要件，即结婚手续，指婚姻关系成立应当履行的法定程序。各国缔结婚姻的形式主要有登记制和宗教仪式制。

《涉外民事关系法律适用法》第22条　结婚手续，符合婚姻缔结地法律、一方当事人经常居所地法律或者国籍国法律的，均为有效。

【提示注意】本条款为无条件选择适用的冲突规范，在婚姻缔结地法、一方当事人经常居所地法或国籍国法中，任选其一即可。

二、夫妻关系

(一) 夫妻人身关系

夫妻人身关系，指与夫妻的人格和身份有关，不具有直接财产内容的权利义务关系。一般包括忠实义务、同居义务、扶助义务、姓名权、人身自由权、生育权等内容。

《涉外民事关系法律适用法》第23条　夫妻人身关系，适用共同经常居所地法律；没有共同经常居所地的，适用共同国籍国法律。

(二) 夫妻财产关系

夫妻财产关系，指夫妻双方对家庭财产的权利义务，包括婚姻对双方婚前财产的效力、婚姻存续期间财产的归属、夫妻对财产的管理和处分、债务的负担等。

《涉外民事关系法律适用法》第24条　夫妻财产关系，当事人可以协议选择适用一方当事人经常居所地法律、国籍国法律或者主要财产所在地法律。当事人没有选择的，适用共同经常居所地法律；没有共同经常居所地的，适用共同国籍国法律。

【提示注意】对于夫妻财产关系，《涉外民事关系法律适用法》引入了意思自治原则，这点与夫妻人身关系不同。在当事人未选择法律的情况下，与人身关系的法律适用一致。

【真题示例】

中国人李某（女）与甲国人金某（男）2011年在乙国依照乙国法律登记结婚，婚后二人定居在北京。依《涉外民事关系法律适用法》，关于其夫妻关系的法律适用，下列哪些表述是

正确的？（2013 - 77，多选）①

    A. 婚后李某是否应改从其丈夫姓氏的问题，适用甲国法

    B. 双方是否应当同居的问题，适用中国法

    C. 婚姻对他们婚前财产的效力问题，适用乙国法

    D. 婚姻存续期间双方取得的财产的处分问题，双方可选择适用甲国法

三、父母子女关系

父母子女关系，又称亲子关系，指父母和子女之间权利义务关系，包括人身关系和财产关系两个方面。

《涉外民事关系法律适用法》第25条　父母子女人身、财产关系，适用共同经常居所地法律；没有共同经常居所地的，适用一方当事人经常居所地法律或者国籍国法律中有利于保护弱者权益的法律。

【提示注意】与夫妻人身关系和夫妻财产关系不同，父母子女人身、财产关系未分别规定法律适用，系因实践中，父母子女间的人身和财产关系不易区分，如：父母对未成年子女的法定代理权，父母教育未成年子女的权利义务等，既含人身属性，也有财产属性。

四、离婚

（一）离婚的法律适用

1. 协议离婚

《涉外民事关系法律适用法》第26条　协议离婚，当事人可以协议选择适用一方当事人经常居所地法律或者国籍国法律。当事人没有选择的，适用共同经常居所地法律；没有共同经常居所地的，适用共同国籍国法律；没有共同国籍的，适用办理离婚手续机构所在地法律。

【提示注意】对于协议离婚的法律适用，当事人可以协议选择，但只能在"一方经常居所地法"和"一方国籍国法"两类法律中选择，此种规定也称为"有限制的意思自治"。

2. 诉讼离婚

《涉外民事关系法律适用法》第27条　诉讼离婚，适用法院地法律。

【真题示例】

韩国公民金某与德国公民汉森自2013年1月起一直居住于上海，并于该年6月在上海结婚。2015年8月，二人欲在上海解除婚姻关系。关于二人财产关系与离婚的法律适用，下列哪些选项是正确的？（2015 - 78，多选）②

    A. 二人可约定其财产关系适用韩国法

    B. 如诉讼离婚，应适用中国法

    C. 如协议离婚，二人没有选择法律的，应适用中国法

    D. 如协议离婚，二人可以在中国法、韩国法及德国法中进行选择

（二）涉外离婚案件的管辖权

根据《民事诉讼法》第22、23条有关地域管辖的规定，只要被告在我国有住所或居所，我国法院就有管辖权；同时，对于被告不在我国境内居住的离婚案件，如原告在我国境内有住所或居所，则原告住所地或居所地法院也有管辖权。（原告或被告有一方在中国境内有住所或

---

① BD。A、B属夫妻人身关系，C、D属夫妻财产关系。参见《涉外民事关系法律适用法》第23、24条。

② ABCD。参见《涉外民事关系法律适用法》第24、26、27条。

居所，中国法院就有权管辖）

根据 2020 年最高院《关于适用〈中华人民共和国民事诉讼法〉的解释》（2020 修正）（以下简称《民诉法解释》）第 13～17 条，以下情况我国法院也有权管辖：

（1）在国内结婚并定居国外的华侨，如定居国法院以离婚诉讼须由婚姻缔结地法院管辖为由不予受理，当事人向人民法院提出离婚诉讼的，由婚姻缔结地或者一方在国内的最后居住地人民法院管辖。

（2）在国外结婚并定居国外的华侨，如定居国法院以离婚诉讼须由国籍所属国法院管辖为由不予受理，当事人向人民法院提出离婚诉讼的，由一方原住所地或者在国内的最后居住地人民法院管辖。

（3）中国公民一方居住在国外，一方居住在国内，不论哪一方向人民法院提起离婚诉讼，国内一方住所地人民法院都有权管辖。国外一方在居住国法院起诉，国内一方向人民法院起诉的，受诉人民法院有权管辖。

（4）中国公民双方在国外但未定居，一方向人民法院起诉离婚的，应由原告或者被告原住所地人民法院管辖。

（5）已经离婚的中国公民，双方均定居国外，仅就国内财产分割提起诉讼的，由主要财产所在地人民法院管辖。

五、收养

收养，指本无父母子女关系的人根据法律产生拟制的父母子女关系的行为。

《涉外民事关系法律适用法》第 28 条 收养的条件和手续，适用收养人和被收养人经常居所地法律。收养的效力，适用收养时收养人经常居所地法律。收养关系的解除，适用收养时被收养人经常居所地法律或者法院地法律。

【提示注意】"收养的条件和手续，适用收养人和被收养人经常居所地法。"该条为典型的重叠适用的冲突规范，要求两个法律均须满足。

【真题示例】

某甲国公民经常居住地在甲国，在中国收养了长期居住于北京的中国儿童，并将其带回甲国生活。根据中国关于收养关系法律适用的规定，下列哪一选项是正确的？（2012－36，单选）①

A. 收养的条件和手续应同时符合甲国法和中国法

B. 收养的条件和手续符合中国法即可

C. 收养效力纠纷诉至中国法院的，应适用中国法

D. 收养关系解除的纠纷诉至中国法院的，应适用甲国法

1993 年海牙《跨国收养方面保护儿童及合作公约》对跨国收养的条件、程序、承认及效力、国际合作等作了规定，其主要内容如下：

（一）适用范围	1. 主体： 被收养人：惯常居所在一缔约国（原住国）的儿童（18 岁以下）； 收养人：惯常居所在另一缔约国（收养国）的夫妻或个人。 2. 类型：产生永久父母子女关系的收养。

---

① A。参见《涉外民事关系法律适用法》第 28 条。收养关系的解除，适用收养时被收养人经常居所地法或者法院地法，被收养人经常居所地和法院地均为中国，故应适用中国法，D 项错误。

续表

（二）中央机关和委任机构	中央机关：各缔约国应指定一个中央机关（中国：民政部），负责履行公约中的职责。 委任机构：中央机关可将相关职权委托给特定机构（只能在委任范围内工作，追求非营利目的，配备相关人员，接受本国监督）（中国："中国收养中心"）； 委任机构只有在两国主管机关授权的情况下，才可以在另一缔约国活动。
（三）收养的条件	1. 原住国主管机关应确认： （1）该儿童适于被收养；（2）跨国收养符合儿童的最佳利益；（3）收养涉及的相关个人、机构和机关已同意收养，且该同意不是因支付了报酬而作出。 2. 收养国主管机关应确认： （1）预期养父母符合条件并适于收养儿童；（2）已与预期养父母协商；（3）该儿童已经或将要被批准进入该国并长期居住。
（四）收养的程序	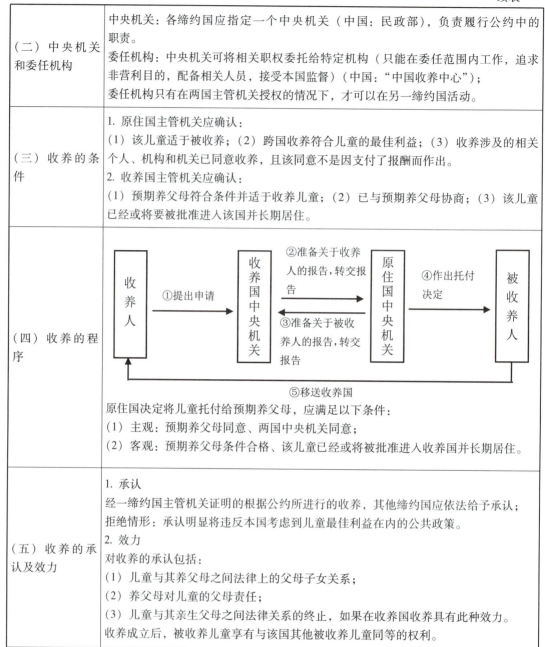 原住国决定将儿童托付给预期养父母，应满足以下条件： （1）主观：预期养父母同意、两国中央机关同意； （2）客观：预期养父母条件合格、该儿童已经或将被批准进入收养国并长期居住。
（五）收养的承认及效力	1. 承认 经一缔约国主管机关证明的根据公约所进行的收养，其他缔约国应依法给予承认； 拒绝情形：承认明显将违反本国考虑到儿童最佳利益在内的公共政策。 2. 效力 对收养的承认包括： （1）儿童与其养父母之间法律上的父母子女关系； （2）养父母对儿童的父母责任； （3）儿童与其亲生父母之间法律关系的终止，如果在收养国收养具有此种效力。 收养成立后，被收养儿童享有与该国其他被收养儿童同等的权利。

六、扶养

扶养，指特定亲属间一方对他方给予生活上的扶助。

《涉外民事关系法律适用法》第29条　扶养，适用一方当事人经常居所地法律、国籍国法律或者主要财产所在地法律中有利于保护被扶养人权益的法律。

根据相关司法解释，此处的扶养包括：父母对子女的抚养、夫妻之间的扶养和子女对父母的赡养。

七、监护

监护，指监护人对无行为能力人或限制行为能力人的人身、财产以及其他一切合法权益依法实行监督和保护的一种法律制度。

《涉外民事关系法律适用法》第30条　监护，适用一方当事人经常居所地法律或者国籍国法律中有利于保护被监护人权益的法律。

【提示注意】第一，被扶养人和被监护人都属于相关法律关系中弱势一方，第29、30条中的规定体现了《涉外民事关系法律适用法》"保护弱者"这一原则。

第二，扶养与监护可适用的法律类似，扶养须通过财产进行，故扶养比监护多了一个"主要财产所在地法"，注意对比记忆。

第六节　继　承

【知识点】

一、法定继承

法定继承，指按照法律规定的继承人范围、继承顺序和遗产分配份额进行继承的方式。各国关于法定继承的法律适用规定主要有两类：（1）区别制，也称分割制，即将遗产区分为动产和不动产，分别适用各自的准据法，通常动产继承适用被继承人的属人法，不动产继承适用物之所在地法；（2）同一制，也称单一制，指在处理法定继承时，对遗产不区分动产与不动产，适用同一准据法，通常为被继承人的属人法（本国法或住所地法）。

《涉外民事关系法律适用法》第31条　法定继承，适用被继承人死亡时经常居所地法律，但不动产法定继承，适用不动产所在地法律。

【提示注意】对于法定继承，中国采取区别制的做法，动产继承与不动产继承的适用法律不同，做题时应注意区分。

【真题示例】

经常居所在上海的瑞士公民怀特未留遗嘱死亡，怀特在上海银行存有100万元人民币，在苏黎世银行存有10万欧元，且在上海与巴黎各有一套房产。现其继承人因遗产分割纠纷诉至上海某法院。依中国法律规定，下列哪些选项是正确的？（2016－78，多选）[①]

A. 100万元人民币存款应适用中国法

B. 10万欧元存款应适用中国法

C. 上海的房产应适用中国法

D. 巴黎的房产应适用法国法

二、遗嘱继承

（一）遗嘱方式

遗嘱方式，指立遗嘱必须具备的法定形式，如公证遗嘱、自书遗嘱、代书遗嘱、口头遗

---

① ABCD。参见《涉外民事关系法律适用法》第31条。被继承人在上海银行和苏黎世银行的存款均为动产，应适用被继承人死亡时经常居所地法即中国法，A、B正确。在上海与巴黎的房产属不动产，适用不动产所在地法即中国法和法国法，C、D正确。

嘱、录音遗嘱等。

《涉外民事关系法律适用法》第32条 遗嘱方式，符合遗嘱人立遗嘱时或者死亡时经常居所地法律、国籍国法律或者遗嘱行为地法律的，遗嘱均为成立。

（二）遗嘱效力

遗嘱效力，指有效遗嘱必须具备的实质要件，如立遗嘱人具有遗嘱能力、遗嘱内容合法等。

《涉外民事关系法律适用法》第33条 遗嘱效力，适用遗嘱人立遗嘱时或者死亡时经常居所地法律或者国籍国法律。

【提示注意】遗嘱方式与遗嘱效力相比，遗嘱方式可适用的法律中多了一个"遗嘱行为地法"，注意对比记忆。

三、遗产管理和无人继承遗产归属

遗产管理，指被继承人死后，继承人取得遗产之前，为了有效地对遗产进行归总、计算，防止遗产的分散、灭失，对遗产进行必要的管理活动。

《涉外民事关系法律适用法》第34条 遗产管理等事项，适用遗产所在地法律。

无人继承遗产，也称绝产，指无人继承也无人受遗赠的财产。

《涉外民事关系法律适用法》第35条 无人继承遗产的归属，适用被继承人死亡时遗产所在地法律。

第七节 知识产权

【知识点】

知识产权，指基于智力的创造性活动而产生的权利，包括工业产权和著作权两大类。有关知识产权的法律适用是《涉外民事关系法律适用法》新增内容，主要涉及知识产权的归属和内容、知识产权的转让和许可以及知识产权侵权三个问题。

《涉外民事关系法律适用法》

第48条 知识产权的归属和内容，适用被请求保护地法律。

第49条 当事人可以协议选择知识产权转让和许可使用适用的法律。当事人没有选择的，适用本法对合同的有关规定。

第50条 知识产权的侵权责任，适用被请求保护地法律，当事人也可以在侵权行为发生后协议选择适用法院地法律。

【提示注意】第一，这里的"被请求保护地"系知识产权法上的被请求保护地，简言之，其指知识产权的取得地（如：在英国注册的商标，则英国为该商标权的被请求保护地）。

第二，知识产权的转让和许可，通常通过合同进行，故该问题的法律适用与合同的法律适用类似，注意对比记忆。

第三，对于知识产权侵权的适用法律，当事人可以选择，但只能选择适用法院地法（有限制的意思自治）；如双方没有选择或无法达成一致，则应适用被请求保护地法。

【真题示例】

德国甲公司与中国乙公司签订许可使用合同，授权乙公司在英国使用甲公司在英国获批的某项专利。后因相关纠纷诉诸中国法院。关于该案的法律适用，下列哪些选项是正确的？

(2014 - 78，多选)①

　　A. 关于本案的定性，应适用中国法

　　B. 关于专利权归属的争议，应适用德国法

　　C. 关于专利权内容的争议，应适用英国法

　　D. 关于专利权侵权的争议，双方可以协议选择法律，不能达成协议，应适用与纠纷有最密切联系的法律

【归纳总结】

　　本章是国际私法的主体内容。与以往的冲突规范相比，2011 年《涉外民事关系法律适用法》在很多方面发生了明显变化，当发生冲突时，按照"新法优于旧法"原则，应以 2011 年《涉外民事关系法律适用法》为准。同时，2012 年最高院新增《涉外司法解释（一）》，可以预计，其后续司法解释也将陆续出台，这将成为今后几年的考试重点。

【图表精要】

一、民事主体

1. 权利能力和行为能力	自然人（第 11、12 条）	一般——经常居所地法； 例外——自然人从事民事活动，依照经常居所地法律为无民事行为能力，依照行为地法律为有民事行为能力的，适用行为地法，但涉及婚姻家庭、继承的除外。 ★自然人"经常居所地"的确定： 《涉外司法解释（一）》第 13 条 自然人在涉外民事关系产生或者变更、终止时已经连续居住 1 年以上且作为其生活中心的地方，人民法院可以认定为涉外民事关系法律适用法规定的自然人的经常居所地，但就医、劳务派遣、公务等情形除外。
	法人（第 14 条）	一般——登记地法； 例外——法人的主营业地与登记地不一致的，可以适用主营业地法。法人的经常居所地，为其主营业地。 法人"登记地"：法人的设立登记地［《涉外司法解释（一）》第 14 条］
2. 宣告失踪或宣告死亡	宣告失踪或宣告死亡——自然人经常居所地法（第 13 条）。	
3. 人格权	人格权的内容——权利人经常居所地法（第 15 条）。	

---

　　① AC。《涉外民事关系法律适用法》第 8 条规定："涉外民事关系的定性，适用法院地法律。"法院地在中国，故适用中国法，A 项正确。第 48 条规定："知识产权的归属和内容，适用被请求保护地法律。"本题中，专利在英国获批，被请求保护地为英国，B 项错误，C 项正确。第 50 条规定："知识产权的侵权责任，适用被请求保护地法律，当事人也可以在侵权行为发生后协议选择适用法院地法律。"D 项错误。

二、代理、信托、诉讼时效

代理的分类 { 1. 委托代理 / 2. 法定代理

代理中的法律关系 { 1. 被代理人 V. 代理人————内部关系 / 2. 被代理人 V. 第三人 / 3. 代理人 V. 第三人 } ————外部关系

1. 代理	代理（第16条） { 法定代理 { 代理内部关系（被代理人 V 代理人）——代理关系发生地法 / 代理外部关系——代理行为地法 } / 委托代理——协议选择；未选择时，适用上述规则 }
2. 信托	信托（第17条）{ （1）协议选择 / （2）未选择——信托财产所在地法／信托关系发生地法 }
3. 诉讼时效	诉讼时效——涉外民事关系应当适用的法律（第7条）。

三、物权

1. 不动产物权	不动产物权——不动产所在地法（第36条）
2. 动产物权	动产物权 { 一般动产（第37条）{ （1）协议选择 / （2）未选择：法律事实发生时动产所在地法 } / 运输中的动产（第38条）{ （1）协议选择 / （2）未选择：运输目的地法 } }
3. 有价证券	有价证券——有价证券权利实现地法／其他最密切联系地法（第39条）
4. 权利质权	权利质权——质权设立地法（第40条）。
5. 船舶物权	（1）船舶所有权——船旗国法（《海商法》第270条）。 （2）船舶抵押权——船旗国法；船舶在光船租赁以前或光船租赁期间，设立船舶抵押权的，适用原船舶登记国法（《海商法》第271条）。 （3）船舶优先权——法院地法（《海商法》第272条）。
6. 民用航空器物权	（1）航空器所有权——航空器国籍登记国法（《民用航空法》第185条）。 （2）航空器抵押权——航空器国籍登记国法（《民用航空法》第186条）。 （3）航空器优先权——法院地法（《民用航空法》第187条）。

船舶、航空器物权 { 所有权、抵押权——本国法（船旗国法、原船舶登记国法、航空器国籍登记国法）/ 优先权——法院地法

四、债权

（一）合同之债

第41条 当事人可以协议选择合同适用的法律。当事人没有选择的，适用履行义务最能

体现该合同特征的一方当事人经常居所地法律或者其他与该合同有最密切联系的法律。

1. 意思自治原则	★根据《涉外司法解释（一）》和相关司法解释： （1）选择方式：当事人选择或者变更选择合同争议应适用的法律，应当以<u>明示的方式</u>进行。 （2）选择时间：当事人在<u>一审法庭辩论终结前</u>协议选择或者变更选择适用的法律的，人民法院应予准许；各方当事人援引相同国家的法律且未提出法律适用异议的，人民法院可以认定当事人已经就涉外民事关系适用的法律做出了选择。 （3）选择范围 第一，可以选择：①未对中国生效的条约（违反中国法律、法规强制性规定除外）；②与案件中的涉外民事关系没有实际联系的法律。 第二，不能选择：中国法律没有明确规定当事人可以选择涉外民事关系适用的法律，当事人选择适用法律的，人民法院应认定该选择无效。 例外： （1）当事人规避中国法律、行政法规的强制性规定的行为，不发生适用外国法律的效力，该合同争议应当适用中国法律。 （2）适用外国法律违反中国社会公共利益的，该外国法律不予适用，而应当适用中国法律。 （3）在中华人民共和国领域内履行的下列合同，适用中国法律： 第一，中外合资经营企业合同； 第二，中外合作经营企业合同； 第三，中外合作勘探、开发自然资源合同。
2. 最密切联系原则	最密切联系地的确定："**特征履行说**"（以最能体现该合同特征的一方当事人经常居所地，作为合同的最密切联系地）。 （1）买卖合同，适用合同订立时卖方住所地法；如果合同是在买方住所地谈判并订立的，或者合同明确规定卖方须在买方住所地履行交货义务的，适用买方住所地法。 （2）来料加工、来件装配以及其他各种加工承揽合同，适用加工承揽人住所地法。 （3）成套设备供应合同，适用设备安装地法。 （4）不动产买卖、租赁或者抵押合同，适用不动产所在地法。 （5）动产租赁合同，适用出租人住所地法。 （6）动产质押合同，适用质权人住所地法。 （7）借款合同，适用贷款人住所地法。 （8）保险合同，适用保险人住所地法。 （9）融资租赁合同，适用承租人住所地法。 （10）建设工程合同，适用建设工程所在地法。 （11）仓储、保管合同，适用仓储、保管人住所地法。 （12）保证合同，适用保证人住所地法。 （13）委托合同，适用受托人住所地法。 （14）债券的发行、销售和转让合同，分别适用债券发行地法、债券销售地法和债券转让地法。 （15）拍卖合同，适用拍卖举行地法。 （16）行纪合同，适用行纪人住所地法。 （17）居间合同，适用居间人住所地法。

续表

	《涉外民事关系法律适用法》
	（1）消费者合同（第42条） { 一般：消费者经常居所地法 / 例外：消费者选择适用商品、服务提供地法 /经营者在消费者经常居所地没有经营活动——商品、服务提供地法
	（2）劳动合同（第43条） { 一般：劳动者工作地法 / 例外 { 难以确定劳动者工作地——用人单位主营业地法 / 劳务派遣合同——可以适用劳务派出地法

（二）侵权行为之债

1. 一般侵权	一般侵权（第44条） { （1）协议选择 / （2）未选择 { 有共同经常居所地——共同经常居所地法 / 无共同经常居所地——侵权行为地法
2. 船舶侵权	船舶碰撞的损害赔偿（《海商法》第273条） { 一般情况——侵权行为地法 / 公海上的碰撞——法院地法 / 同一国籍的船舶碰撞——船旗国法（不论碰撞发生于何地）
3. 民用航空器侵权	航空器对地面第三人的损害赔偿（《民用航空法》第189条） { 一般情况——侵权行为地法 / 公海上空——法院地法
4. 产品责任	产品责任（第45条） { 一般：被侵权人经常居所地法 / 例外：被侵权人选择适用侵权人主营业地法、损害发生地法/侵权人在被侵权人经常居所地没有经营活动——侵权人主营业地法或者损害发生地法
5. 网络侵权	网络侵权——被侵权人经常居所地法（第46条）。

（三）不当得利、无因管理

不当得利、无因管理（第47条） { （1）协议选择 / （2）未选择 { 有共同经常居所地——共同经常居所地法 / 无共同经常居所地——发生地法

五、商事关系（票据关系、海事关系、民用航空关系）

（一）票据关系

1. 票据债务人行为能力（《票据法》第96条）	票据债务人行为能力 { 一般——本国法 / 例外：依照其本国法为无行为能力或者为限制行为能力而依照行为地法为完全行为能力的——行为地法
2. 票据行为（出票、背书、承兑、付款、保证）（《票据法》第97、98条）	票据行为 { 一般——行为地法 / 例外——支票的出票，经当事人协议，也可以适用付款地法

续表

3. 票据追索权行使期限 （《票据法》第 99 条）	票据追索权的行使期限——出票地法。
4. 持票人责任（提示票据、取得拒绝证明） （《票据法》第 100 条）	持票人责任——付款地法。
5. 票据丧失时权利保全程序（《票据法》第 101 条）	票据丧失时权利保全程序——付款地法。

（二）海事关系

参见物权、侵权的法律适用，另记忆以下法条：

《海商法》第 274、275 条

共同海损理算——理算地法；

海事赔偿责任限制——法院地法。

（三）民用航空关系

参见物权、侵权的法律适用。

六、家庭（婚姻、收养、扶养、监护）

（一）婚姻

1. 涉外结婚	（1）结婚条件（第 21 条）	有共同经常居所地——共同经常居所地法 无共同经常居所地——共同国籍国法 无共同国籍，在一方经常居所地或国籍国结婚——婚姻缔结地法
	（2）结婚手续（第 22 条）	婚姻缔结地法 一方经常居所地法｝符合任何一个，均为有效 一方国籍国法
2. 夫妻关系	（1）夫妻人身关系（第 23 条）	有共同经常居所地——共同经常居所地法 无共同经常居所地——共同国籍国法
	（2）夫妻财产关系（第 24 条）	协议选择｛一方经常居所地法 / 一方国籍国法 / 主要财产所在地法｝三者中任选 未选择——同人身关系
3. 父母子女关系	父母子女人身、财产关系（第 25 条）	有共同经常居所地——共同经常居所地法 无共同经常居所地｛一方经常居所地法 / 一方国籍国法｝适用二者中有利弱者的法律
4. 涉外离婚	（1）协议离婚（第 26 条）	协议选择｛一方经常居所地法 / 一方国籍国法｝二者中任选 未选择｛有共同经常居所地——共同经常居所地法 / 无共同经常居所地——共同国籍国法 / 无共同经常居所地、国籍国——办理离婚手续机构所在地法｝
	（2）诉讼离婚——法院地法（第 27 条）。	

（二）收养

收养	收养（第 28 条）	收养的条件和手续——收养人和被收养人经常居所地法 收养的效力——收养时收养人经常居所地法 收养的解除——收养时被收养人经常居所地法／法院地法

（三）扶养

扶养	扶养（第 29 条）	一方经常居所地法 一方国籍国法 主要财产所在地法	适用三者中有利被扶养人的法律

（四）监护

监护	监护（第 30 条）	一方经常居所地法 一方国籍国法	适用二者中有利被监护人的法律

七、继承

1. 法定继承	法定继承（第 31 条）	动产继承——被继承人死亡时经常居所地法 不动产继承——不动产所在地法
2. 遗嘱继承	（1）遗嘱方式——符合遗嘱人立遗嘱时或者死亡时经常居所地法、国籍国法或者遗嘱行为地法的，遗嘱均为成立（第 32 条）。 （2）遗嘱效力——遗嘱人立遗嘱时或者死亡时经常居所地法或者国籍国法（第 33 条）。	
3. 遗产管理	遗产管理——遗产所在地法（第 34 条）。	
4. 无人继承遗产的归属	无人继承遗产的归属——被继承人死亡时遗产所在地法（第 35 条）。	

八、知识产权

1. 知识产权的归属和内容	知识产权的归属和内容——被请求保护地法（第 48 条）。	
2. 知识产权转让和许可	知识产权转让和许可（第 49 条）	（1）协议选择 （2）未选择——同合同
3. 知识产权侵权	知识产权侵权（第 50 条）	（1）协议选择适用法院地法 （2）未选择——被请求保护地法

第三章　国际民商事争议解决

第一节　国际商事仲裁

【知识点】

一、仲裁协议

（一）仲裁协议概述

仲裁协议，指双方当事人同意将他们之间将来可能发生的或已经发生的争议交付仲裁解决的一种协议。

1. 仲裁协议的类型

（1）仲裁条款：当事人双方在签订合同时，在合同中订立的约定将可能发生的合同争议提交仲裁解决的条款，是仲裁协议最重要的表现形式。

（2）仲裁协议书：争议当事人订立的将其争议提交仲裁解决的一种专门协议，实践中较少采用。

（3）其他类型的仲裁协议：双方当事人在往来函电中，共同约定将他们之间已经发生或将来可能发生的争议提交仲裁解决的书面文件。

2. 仲裁协议的基本内容

《仲裁法》第16条　仲裁协议包括合同中订立的仲裁条款和以其他书面方式在纠纷发生前或者纠纷发生后达成的请求仲裁的协议。仲裁协议应当具有下列内容：（一）请求仲裁的意思表示；（二）仲裁事项；（三）选定的仲裁委员会。

3. 仲裁协议的法律效力

有效的仲裁协议使仲裁裁决具有强制执行的法律效力，是法院强制执行仲裁裁决的依据；反之，无效的仲裁协议构成有关国家拒绝承认与执行仲裁裁决的理由之一。

（二）仲裁协议的有效性及其认定

1. 仲裁协议无效的情形

（1）《仲裁法》第17条　有下列情形之一的，仲裁协议无效：

①约定的仲裁事项超出法律规定的仲裁范围的；

②无民事行为能力人或者限制民事行为能力人订立的仲裁协议；

③一方采取胁迫手段，迫使对方订立仲裁协议的。

（2）《仲裁法》第18条　仲裁协议对仲裁事项或者仲裁委员会没有约定或者约定不明确的，当事人可以补充协议；达不成补充协议的，仲裁协议无效。

2. 仲裁协议约定不明的处理

《仲裁法解释》第3~7条：

（1）仲裁协议约定的仲裁机构名称不准确，但能够确定具体的仲裁机构的，应当认定选定了仲裁机构；

（2）仲裁协议仅约定纠纷适用的仲裁规则的，视为未约定仲裁机构，但当事人达成补充协议或者按照约定的仲裁规则能够确定仲裁机构的除外；

（3）仲裁协议约定两个以上仲裁机构的，当事人可以协议选择其中的一个仲裁机构申请仲裁；当事人不能就仲裁机构选择达成一致的，仲裁协议无效；

（4）仲裁协议约定由某地的仲裁机构仲裁且该地仅有一个仲裁机构的，该仲裁机构视为约定的仲裁机构。该地有两个以上仲裁机构的，当事人可以协议选择其中的一个仲裁机构申请仲裁；当事人不能就仲裁机构选择达成一致的，仲裁协议无效；

（5）当事人约定争议可以向仲裁机构申请仲裁也可以向人民法院起诉的，仲裁协议无效。但一方向仲裁机构申请仲裁，另一方未在仲裁法第20条第2款规定期间内提出异议的除外。

【真题示例】

我国甲公司与瑞士乙公司订立仲裁协议，约定由某地仲裁机构仲裁，但约定的仲裁机构名称不准确。根据最高人民法院关于适用《中华人民共和国仲裁法》的解释，下列哪些选项是正确的？（2007-82，多选）①

A. 仲裁机构名称不准确，但能确定具体的仲裁机构的，应认定选定了仲裁机构

B. 如仲裁协议约定的仲裁地仅有一个仲裁机构，该仲裁机构应视为约定的仲裁机构

C. 如仲裁协议约定的仲裁地有两个仲裁机构，成立较早的仲裁机构应视为约定的仲裁机构

D. 仲裁协议仅约定纠纷适用的仲裁规则的，不得视为约定了仲裁机构

3. 仲裁协议效力的认定

《仲裁法》第20条   当事人对仲裁协议的效力有异议的，可以请求仲裁委员会决定或者请求人民法院作出裁定。一方请求仲裁委员会作出决定，另一方请求人民法院作出裁定的，由人民法院裁定。当事人对仲裁协议的效力有异议，应当在仲裁庭首次开庭前提出。

4. 仲裁协议的法律适用

（1）《涉外民事关系法律适用法》第18条   当事人可以协议选择仲裁协议适用的法律。当事人没有选择的，适用仲裁机构所在地法律或者仲裁地法律。

（2）《涉外司法解释（一）》第14条   当事人没有选择涉外仲裁协议适用的法律，也没有约定仲裁机构或者仲裁地，或者约定不明的，人民法院可以适用中华人民共和国法律认定该仲裁协议的效力。

（3）2018年最高院《关于审理仲裁司法审查案件若干问题的规定》（2018年《仲裁司法审查规定》）

第13条   当事人协议选择确认涉外仲裁协议效力适用的法律，应当作出明确的意思表示，仅约定合同适用的法律，不能作为确认合同中仲裁条款效力适用的法律。

第14条   人民法院根据《中华人民共和国涉外民事关系法律适用法》第18条的规定，确定确认涉外仲裁协议效力适用的法律时，当事人没有选择适用的法律，适用仲裁机构所在地的法律与适用仲裁地的法律将对仲裁协议的效力作出不同认定的，人民法院应当适用确认仲裁协

---

①   AB。参见《仲裁法解释》第3、4、6条。根据第6条，"该地有两个以上仲裁机构的，当事人可以协议选择其中的一个仲裁机构申请仲裁；当事人不能就仲裁机构选择达成一致的，仲裁协议无效。"C项错误。第4条规定："仲裁协议仅约定纠纷适用的仲裁规则的，视为未约定仲裁机构，但当事人达成补充协议或者按照约定的仲裁规则能够确定仲裁机构的除外。"D项错误。

议有效的法律。

第15条 仲裁协议未约定仲裁机构和仲裁地，但根据仲裁协议约定适用的仲裁规则可以确定仲裁机构或者仲裁地的，应当认定其为《中华人民共和国涉外民事关系法律适用法》第18条中规定的仲裁机构或者仲裁地。

【提示注意】2018年《仲裁司法审查规定》第13～15条说明：

第一，约定合同适用的法律 ≠ 约定合同中仲裁条款效力适用的法律，当事人协议选择确认涉外仲裁协议效力适用的法律应作出明确表示；

第二，根据《涉外民事关系法律适用法》第18条，当事人没有选择适用的法律，在仲裁机构所在地法律与仲裁地法律中，应适用确认仲裁协议有效的法律（该规定目的在于促成仲裁协议的成立）；

第三，现实中，有时可通过适用的仲裁规则确定仲裁机构或者仲裁地，例如，一些仲裁机构的仲裁规则中规定，双方约定适用本机构仲裁规则即意味着双方同意将争端交由本机构仲裁，在该情形下，通过约定的仲裁规则即可确定仲裁机构。

5. 申请确认仲裁协议效力案件的管辖法院

2018年《仲裁司法审查规定》第2条 申请确认仲裁协议效力的案件，由仲裁协议约定的仲裁机构所在地、仲裁协议签订地、申请人住所地、被申请人住所地的中级人民法院或者专门人民法院管辖。

涉及海事海商纠纷仲裁协议效力的案件，由仲裁协议约定的仲裁机构所在地、仲裁协议签订地、申请人住所地、被申请人住所地的海事法院管辖；上述地点没有海事法院的，由就近的海事法院管辖。

6. 认定仲裁协议无效的报核

最高院《关于仲裁司法审查案件报核问题的有关规定》（2021年修正）（以下简称《报核问题规定》）第2条 各中级人民法院或者专门人民法院办理涉外涉港澳台仲裁司法审查案件，经审查拟认定仲裁协议无效，应当向本辖区所属高级人民法院报核；高级人民法院经审查拟同意的，应当向最高人民法院报核；待最高人民法院审核后，方可依最高人民法院的审核意见作出裁定。

【真题示例】

某国甲公司与中国乙公司订立买卖合同，概括性地约定有关争议由"中国贸仲"仲裁，也可以向法院起诉。后双方因违约责任产生争议。关于该争议的解决，依我国相关法律规定，下列哪一选项是正确的？（2009－38，单选）①

A. 违约责任不属于可仲裁的范围

B. 应认定合同已确定了仲裁机构

C. 仲裁协议因约定不明而在任何情况下无效

D. 如某国甲公司不服仲裁机构对仲裁协议效力作出的决定，向我国法院申请确认协议效力，我国法院可以受理

---

① B。参见《仲裁法解释》第2～6、13条。"中国贸仲"是"中国国际经济贸易仲裁委员会"的通用简称，应当认定合同已选定了仲裁机构，B项正确。

二、仲裁程序中的财产保全与证据保全

（一）财产保全

1. 当事人申请采取保全的，中华人民共和国的涉外仲裁机构应当将当事人的申请，提交被申请人住所地或者财产所在地的中级人民法院裁定。

2. 中华人民共和国涉外仲裁机构将当事人的保全申请提交人民法院裁定的，人民法院可以进行审查，裁定是否进行保全。裁定保全的，应当责令申请人提供担保，申请人不提供担保的，裁定驳回申请。

（二）证据保全

1. 涉外仲裁的当事人申请证据保全的，涉外仲裁委员会应当将当事人的申请提交证据所在地的中级人民法院。

2. 当事人申请证据保全，人民法院经审查认为无需提供担保的，申请人可以不提供担保。

三、申请撤销仲裁裁决

（一）中国法院只能撤销本国裁决，不能撤销外国裁决

（二）申请撤销的期限和撤销机构

当事人申请撤销裁决的，应当自收到裁决书之日起6个月内，向仲裁机构所在地中级法院提出。

（三）在决定撤销涉外仲裁裁决之前，人民法院认为可以由仲裁庭重新仲裁的，通知仲裁庭在一定期限内重新仲裁，并裁定中止撤销程序；如果仲裁庭拒绝重新仲裁，人民法院应当恢复撤销程序。

（四）撤销的法定情形

1. 根据《仲裁法》第70条，当事人证明涉外仲裁裁决有下列情形之一的，法院裁定撤销：①没有仲裁协议；②被申请人没有得到指定仲裁员或进行仲裁的通知，或未能陈述意见；③仲裁庭的组成或仲裁的程序与仲裁规则不符；④裁决的事项不属于仲裁协议的范围或仲裁机构无权仲裁。

2. 《仲裁法解释》第18～20、24条

第18条 "没有仲裁协议"是指当事人没有达成仲裁协议。仲裁协议被认定无效或者被撤销的，视为没有仲裁协议。

第19条 当事人以仲裁裁决事项超出仲裁协议范围为由申请撤销仲裁裁决，经审查属实的，人民法院应当撤销仲裁裁决中的超裁部分。但超裁部分与其他裁决事项不可分的，人民法院应当撤销仲裁裁决。

第20条 "违反法定程序"，是指违反仲裁法规定的仲裁程序和当事人选择的仲裁规则可能影响案件正确裁决的情形。

第24条 当事人申请撤销仲裁裁决的案件，人民法院应当组成合议庭审理，并询问当事人。

（五）撤销的报核

根据《报核问题规定》（2021年修正）第2条，各中级人民法院或者专门人民法院办理涉外涉港澳台仲裁司法审查案件，经审查拟撤销我国内地仲裁机构的仲裁裁决，应当向本辖区所属高级人民法院报核；高级人民法院经审查拟同意的，应当向最高人民法院报核；待最高人民法院审核后，方可依最高人民法院的审核意见作出裁定。

（六）法院受理当事人撤销仲裁裁决的申请后，另一方当事人申请执行同一仲裁裁决的，受理执行申请的法院应当在受理后裁定中止执行。

（七）撤销后的救济

1. 对于法院撤销仲裁裁决或驳回当事人申请的裁定，当事人无权上诉或申诉，检察院也不能提起抗诉；

2. 涉外仲裁裁决被法院撤销后，当事人可以依据重新达成的仲裁协议申请仲裁，也可以直接向有管辖权的法院起诉。

【提示注意】第一，仲裁裁决的撤销体现了法院对仲裁的监督，中国法院只有权监督本国仲裁，故只能撤销本国裁决，不能撤销外国裁决。

第二，撤销涉外仲裁裁决与撤销一般国内仲裁裁决，中国目前实行"双轨制"做法，撤销涉外仲裁裁决的情形规定在《仲裁法》第70条，撤销一般国内仲裁裁决的情形规定在《仲裁法》第58条，两者规定不同。

【真题示例】

中国公司与新加坡公司协议将其货物买卖纠纷提交设在中国某直辖市的仲裁委员会仲裁。经审理，仲裁庭裁决中国公司败诉。中国公司试图通过法院撤销该仲裁裁决。据此，下列选项中哪一项是正确的？（2005－36，单选）①

A. 中国公司可以向该市高级人民法院提出撤销仲裁裁决的申请

B. 人民法院可依"裁决所根据的证据不充分"这一理由撤销该裁决

C. 如有权受理该撤销仲裁裁决请求的法院做出了驳回该请求的裁定，中国公司可以对该裁定提起上诉

D. 受理该请求的法院在裁定撤销该仲裁裁决前须报上一级人民法院审查

【深度解析】撤销涉外仲裁裁决和撤销国内仲裁裁决的法定理由是否相同？

撤销涉外仲裁裁决和撤销国内仲裁裁决的法定理由并不完全相同。

对于撤销涉外仲裁裁决的法定理由，根据《仲裁法》第70条，当事人提出证据证明涉外仲裁裁决有下列情形之一的，经人民法院组成合议庭审查核实，裁定撤销："（1）当事人在合同中没有订有仲裁条款或者事后没有达成书面仲裁协议的；（2）被申请人没有得到指定仲裁员或者进行仲裁程序的通知，或者由于其他不属于被申请人负责的原因未能陈述意见的；（3）仲裁庭的组成或者仲裁的程序与仲裁规则不符的；（4）裁决的事项不属于仲裁协议的范围或者仲裁机构无权仲裁的。"

对于撤销国内仲裁裁决的法定理由，《仲裁法》第58条规定："当事人提出证据证明裁决有下列情形之一的，可以向仲裁委员会所在地的中级人民法院申请撤销裁决：（1）没有仲裁协议的；（2）裁决的事项不属于仲裁协议的范围或者仲裁委员会无权仲裁的；（3）仲裁庭的组成或者仲裁的程序违反法定程序的；（4）裁决所根据的证据是伪造的；（5）对方当事人隐瞒了足以影响公正裁决的证据的；（6）仲裁员在仲裁该案时有索贿受贿，徇私舞弊，枉法裁决行为的。人民法院经组成合议庭审查核实裁决有前款规定情形之一的，应当裁定撤销。人民法院认定该裁决违背社会公共利益的，应当裁定撤销。"

---

① D。根据《仲裁法》及其司法解释，中国公司应向仲裁机构所在地中级法院提出申请，A项错误；法院在四种情形下裁定撤销，并不包括"裁决所根据的证据不充分"这一理由，B项错误；对于法院撤销仲裁裁决或驳回当事人申请的裁定，当事人无权上诉，C项错误。

四、仲裁裁决的承认与执行

（一）1958 年《承认及执行外国仲裁裁决公约》（《纽约公约》）

1. 根据（《纽约公约》）第 5 条第 1 款，有下列情形之一时，被请求国主管机关可依据被执行人的申请，拒绝承认与执行：

（1）当事人无行为能力，或仲裁协议无效；

（2）被执行人未接到关于指派仲裁员或关于仲裁程序的通知，或由于其他情况未能出庭申辩；

（3）裁决超出约定仲裁事项的范围（如交付仲裁与未交付仲裁的事项可以划分，裁决中有关交付仲裁事项的决定可予承认与执行）；

（4）仲裁庭的组成或仲裁程序与当事人间的协议不符，或者与仲裁地所在国法律不符；

（5）裁决尚未生效或已被撤销或停止执行；

2. 根据第 5 条第 2 款，如被请求国主管机关依职权主动查明有下列情形之一时，也可拒绝承认与执行：

（1）依执行地国法，有关争议事项不能仲裁解决；

（2）与执行地公共秩序相抵触。

【提示注意】第一，《纽约公约》第 5 条的规定属穷尽性的规定，即，仅在上述情形下可拒绝承认与执行。

第二，第 5 条第 1 款五种情形，须由被执行人提出申请，被请求国主管机关依据被执行人的申请拒绝承认与执行；第 5 条第 2 款两种情形，由被请求国主管机关依职权主动查明，存在相关情形的，拒绝承认与执行。

第三，第 5 条第 1 款第一种情形中，对于认定仲裁协议效力应适用的法律，2018 年《仲裁司法审查规定》第 16 条规定："人民法院适用《承认及执行外国仲裁裁决公约》审查当事人申请承认和执行外国仲裁裁决案件时，被申请人以仲裁协议无效为由提出抗辩的，人民法院应当依照该公约第五条第一款（甲）项的规定，确定确认仲裁协议效力应当适用的法律。"按照公约第 5 条第 1 款（甲）项的规定，应依据以下法律适用规则：（1）当事人有选择，依选择；（2）当事人未选择，适用裁决地所在国法（注意：该条规定不同于《涉外民事关系法律适用法》第 18 条）。

（二）中国关于承认与执行仲裁裁决的规定

1. 中国仲裁机构涉外仲裁裁决在中国的执行

（1）管辖法院

《民事诉讼法》第 280 条　经中华人民共和国涉外仲裁机构裁决的，当事人不得向人民法院起诉。一方当事人不履行仲裁裁决的，对方当事人可以向被申请人住所地或者财产所在地的中级人民法院申请执行。

（2）申请书

《民诉法解释》第 540 条　申请人向人民法院申请执行中华人民共和国涉外仲裁机构的裁决，应当提出书面申请，并附裁决书正本。如申请人为外国当事人，其申请书应当用中文文本提出。

（3）裁定不予执行的法定情形

根据《民事诉讼法》第 281 条，有下列情形之一的，裁定不予执行：①没有仲裁协议；②被申请人没有得到指定仲裁员或进行仲裁的通知，或未能陈述意见；③仲裁庭的组成或程序与仲裁规则不符；④裁决的事项不属于仲裁协议的范围或仲裁机构无权仲裁；⑤人民法院认定执行该裁决违背社会公共利益。

【提示注意】对申请执行非涉外仲裁裁决案件和申请执行涉外仲裁裁决案件审查，适用的法律依据不同，中国目前实行"双轨制"做法。2018年《仲裁司法审查规定》第17条规定："人民法院对申请执行我国内地仲裁机构作出的非涉外仲裁裁决案件的审查，适用《中华人民共和国民事诉讼法》第237条①的规定。人民法院对申请执行我国内地仲裁机构作出的涉外仲裁裁决案件的审查，适用《中华人民共和国民事诉讼法》第274条②的规定。"

（4）不予执行的报核

根据《报核问题规定》（2021年修正）第2条，各中级人民法院或者专门人民法院办理涉外涉港澳台仲裁司法审查案件，经审查拟不予执行我国内地仲裁机构的仲裁裁决，应当向本辖区所属高级人民法院报核；高级人民法院经审查拟同意的，应当向最高人民法院报核；待最高人民法院审核后，方可依最高人民法院的审核意见作出裁定。

（5）不予执行的救济

《民事诉讼法》第282条　仲裁裁决被人民法院裁定不予执行的，当事人可以根据双方达成的书面仲裁协议重新申请仲裁，也可以向人民法院起诉。

2. 中国仲裁机构仲裁裁决在外国的承认与执行

（1）如果该外国为《纽约公约》成员国，当事人应根据公约规定的程序和条件向外国管辖法院提出申请；

（2）如果该外国为非《纽约公约》成员国，当事人应直接向外国管辖法院提出申请，法院根据有关司法协助条约或其本国法律裁定。

3. 外国仲裁裁决在中国的承认与执行

（1）管辖法院

①《民事诉讼法》第290条　国外仲裁机构的裁决，需要中华人民共和国人民法院承认和执行的，应当由当事人直接向被执行人住所地或者其财产所在地的中级人民法院申请，人民法院应当依照中华人民共和国缔结或者参加的国际条约，或者按照互惠原则办理。

②2018年《仲裁司法审查规定》第3条　外国仲裁裁决与人民法院审理的案件存在关联，被申请人住所地、被申请人财产所在地均不在我国内地，申请人申请承认外国仲裁裁决的，由受理关联案件的人民法院管辖。受理关联案件的人民法院为基层人民法院的，申请承认外国仲裁裁决的案件应当由该基层人民法院的上一级人民法院管辖。受理关联案件的人民法院是高级人民法院或者最高人民法院的，由上述法院决定自行审查或者指定中级人民法院审查。

外国仲裁裁决与我国内地仲裁机构审理的案件存在关联，被申请人住所地、被申请人财产所在地均不在我国内地，申请人申请承认外国仲裁裁决的，由受理关联案件的仲裁机构所在地的中级人民法院管辖。

③如果仲裁地所在国与我国既没有缔结也没有共同参加有关国际条约，当事人向我国法院提出承认与执行裁决的申请时，当事人应该以该裁决为依据向有管辖权的人民法院起诉，由法院作出判决，予以执行。

【提示注意】第一，外国仲裁裁决在中国的承认与执行，通常由被执行人住所地或者财产所在地的中级法院管辖。

---

① 现为第244条。

② 现为第281条。

第二，如果被申请人住所地、被申请人财产所在地均不在我国内地，而又须对该外国仲裁裁决进行承认，应由哪个法院管辖？对此，2018 年《仲裁司法审查规定》第 3 条作了规定：

（1）外国仲裁裁决与人民法院审理的案件存在关联，而被申请人住所地、被申请人财产所在地均不在我国内地，对该情形下外国仲裁裁决的承认，一般由受理关联案件的人民法院管辖。两种例外：①受理关联案件的为基层法院，由该基层法院的上一级法院（中级法院）管辖；②受理关联案件的为高级法院或最高院，由其自行审查或者指定中级法院审查。

（2）外国仲裁裁决与我国内地仲裁机构审理的案件存在关联，而被申请人住所地、被申请人财产所在地均不在我国内地，对该情形下外国仲裁裁决的承认，由受理关联案件的仲裁机构所在地的中级人民法院管辖。

第三，《民诉法解释》第 545 条规定："对临时仲裁庭在中华人民共和国领域外作出的仲裁裁决，一方当事人向人民法院申请承认和执行的，人民法院应当依照民事诉讼法第 283 条①规定处理。"可见，这里承认与执行的"外国仲裁裁决"，既包括仲裁机构项下的裁决，也包括临时仲裁庭作出的裁决。

（2）承认和执行的期限

法院决定予以承认与执行的，应在受理申请之日起 2 个月内作出裁定，如无特殊情况，应在裁定后 6 个月内执行完毕。

（3）不予承认和执行的报核

根据《报核问题规定》（2021 年修正）第 2 条，各中级人民法院或者专门人民法院办理涉外涉港澳台仲裁司法审查案件，经审查拟不予承认和执行外国仲裁裁决，应当向本辖区所属高级人民法院报核；高级人民法院经审查拟同意的，应当向最高人民法院报核；待最高人民法院审核后，方可依最高人民法院的审核意见作出裁定。

【真题示例】

2015 年 3 月，甲国公民杰夫欲向中国法院申请承认并执行一项在甲国境内作出的仲裁裁决。中国与甲国均为《承认与执行外国仲裁裁决公约》成员国。关于该裁决的承认和执行，下列哪一选项是正确的？（2015 - 38，单选）②

A. 杰夫应通过甲国法院向被执行人住所地或其财产所在地的中级人民法院申请

B. 如该裁决系临时仲裁庭作出的裁决，人民法院不应承认与执行

C. 如承认和执行申请被裁定驳回，杰夫可向人民法院起诉

D. 如杰夫仅申请承认而未同时申请执行该裁决，人民法院可以对是否执行一并作出裁定

【深度解析】如何理解仲裁司法审查案件中的报核制度？

2021 年 11 月 15 日，最高人民法院审判委员会会议通过了《关于修改〈最高人民法院关于仲裁司法审查案件报核问题的规定〉的决定》，于 2022 年 1 月 1 日开始施行。该司法解释对仲裁司法审查案件的报核类型、报核程序进行了明确的规定。其要点如下：

第一，适用范围。按照最高院以往的规定，仅在法院对涉外仲裁司法审查案件作出否定性裁定时须逐级报核，并未涉及非涉外案件。《报核问题规定》（2021 年修正）将报核制度扩展

---

① 现为第 290 条。

② C。根据《民事诉讼法》第 290 条，当事人应直接向被执行人住所地或者其财产所在地的中级人民法院申请，A 项错误。根据《民诉法解释》第 545 条，承认与执行的"外国仲裁裁决"，既包括仲裁机构项下的裁决，也包括临时仲裁庭作出的裁决，B 项错误。该解释第 544 条第 2 款规定："承认和执行申请被裁定驳回的，当事人可以向人民法院起诉。"C 项正确。该解释第 546 条第 2 款规定："当事人仅申请承认而未同时申请执行的，人民法院仅对应否承认进行审查并作出裁定。"D 项错误。

至非涉外仲裁案件，按照该司法解释第2条，法院对涉外仲裁司法审查案件与非涉外仲裁司法审查案件作出否定性裁定均须报核。

第二，报核适用情形。（1）涉外涉港澳台仲裁司法审查案件须报核的情形：①认定仲裁协议无效；②不予执行我国内地仲裁机构的仲裁裁决；③不予承认和执行外国仲裁裁决和不予认可和执行港澳台地区仲裁裁决；④撤销我国内地仲裁机构的仲裁裁决。（2）非涉外涉港澳台仲裁司法审查案件须报核的情形：①认定仲裁协议无效；②不予执行我国内地仲裁机构的仲裁裁决；③撤销我国内地仲裁机构的仲裁裁决。须注意的是，在民事诉讼中，对于法院因涉及仲裁协议效力而作出不予受理、驳回起诉、管辖权异议裁定的上诉案件，二审法院对仲裁协议效力持否定态度的，也应逐级报核。该司法解释第8条规定："在民事诉讼案件中，对于人民法院因涉及仲裁协议效力而作出的不予受理、驳回起诉、管辖权异议的裁定，当事人不服提起上诉，第二审人民法院经审查拟认定仲裁协议不成立、无效、失效、内容不明确无法执行的，须按照本规定第2条的规定逐级报核，待上级人民法院审核后，方可依上级人民法院的审核意见作出裁定。"

第三，报核程序。

（1）涉外涉港澳台仲裁司法审查案件实行"三级报核"。第2条第1款规定："各中级人民法院或者专门人民法院办理涉外涉港澳台仲裁司法审查案件，经审查拟认定仲裁协议无效，不予执行或者撤销我国内地仲裁机构的仲裁裁决，不予认可和执行香港特别行政区、澳门特别行政区、台湾地区仲裁裁决，不予承认和执行外国仲裁裁决，应当向本辖区所属高级人民法院报核；高级人民法院经审查拟同意的，应当向最高人民法院报核。待最高人民法院审核后，方可依最高人民法院的审核意见作出裁定。"

（2）非涉外涉港澳台仲裁司法审查案件实行"二级报核为原则，三级报核为例外"。第2条第2款规定："各中级人民法院或者专门人民法院办理非涉外涉港澳台仲裁司法审查案件，经审查拟认定仲裁协议无效，不予执行或者撤销我国内地仲裁机构的仲裁裁决，应当向本辖区所属高级人民法院报核；待高级人民法院审核后，方可依高级人民法院的审核意见作出裁定。"（"二级报核为原则"）第3条规定："本规定第2条第2款规定的非涉外涉港澳台仲裁司法审查案件，高级人民法院经审查拟同意中级人民法院或者专门人民法院以违背社会公共利益为由不予执行或者撤销我国内地仲裁机构的仲裁裁决的，应当向最高人民法院报核，待最高人民法院审核后，方可依最高人民法院的审核意见作出裁定。"（"三级报核为例外"体现了"慎用公共秩序保留"这一原则，防止下级法院滥用公共秩序保留制度）

司法审查案件	情形	报核要求
对涉外涉港澳台仲裁作出否定性裁定	（1）认定仲裁协议无效 （2）不予执行我国内地仲裁裁决 （3）不予承认和执行外国仲裁裁决/不予认可和执行港澳台地区仲裁裁决 （4）撤销我国内地仲裁裁决	三级报核 中级法院/专门法院→高级法院→最高法院。待最高法院审核后，方可依最高法院的审核意见作出裁定。

续表

司法审查案件	情形	报核要求	
对非涉外涉港澳台仲裁作出否定性裁定	同上（不包括第三种）	一般	二级报核 中级法院/专门法院——→高级法院。待高级法院审核后，方可依高级法院的审核意见作出裁定。
		例外	两种情形： 以违背社会公共利益为由不予执行或者撤销我国内地仲裁机构的仲裁裁决。 三级报核 中级法院/专门法院——→高级法院——→最高法院。待最高法院审核后，方可依最高法院的审核意见作出裁定。

第二节　国际民事诉讼

【知识点】

一、国际民事案件管辖权

（一）一事再理或一事两诉

又称诉讼竞合。一事再理，指已由一国法院审判过的案件又被另一国法院受理；一事两诉，指相同的诉讼当事人就同一诉由或诉讼标的在两个法院或两个以上国家的法院同时诉讼。

国内民事诉讼：通常禁止再行起诉；

国际民事诉讼：通常并不禁止，可以再行起诉或受理。

中国的规定：

《民诉法解释》第533条　中华人民共和国法院和外国法院都有管辖权的案件，一方当事人向外国法院起诉，而另一方当事人向中华人民共和国法院起诉的，人民法院可予受理。判决后，外国法院申请或者当事人请求人民法院承认和执行外国法院对本案作出的判决、裁定的，不予准许；但双方共同缔结或者参加的国际条约另有规定的除外。

外国法院判决、裁定已经被人民法院承认，当事人就同一争议向人民法院起诉的，人民法院不予受理。

【真题示例】

朗文与戴某缔结了一个在甲国和中国履行的合同。履约过程中发生争议，朗文向甲国法院起诉戴某并获得胜诉判决。戴某败诉后就同一案件向我国法院提起诉讼。朗文以该案件已经甲国法院判决生效为由对中国法院提出管辖权异议。依据我国法律、司法解释以及我国缔结的相关条约，下列哪一选项是正确的？（2008－36，单选）①

---

① D。参见《民事诉讼法》第272条、《民诉法解释》第533条。

A. 朗文的主张构成对我国法院就同一案件实体问题行使管辖权的有效异议

B. 我国法院对戴某的起诉没有管辖权

C. 我国法院对涉外民事诉讼案件的管辖权不受任何限制

D. 我国法院可以受理戴某的起诉

（二）中国关于国际民事案件管辖权的规定

1. 普通地域管辖

采用原告就被告原则，只要被告住所地在我国，我国法院就有管辖权。根据《民事诉讼法》第22条、23条第1款：

（1）凡是涉外民事案件中的被告住所地在中国，中国法院就有管辖权；如果被告的住所地与经常居住地不一致，只要其经常居住地在中国领域内，中国法院也有管辖权；

（2）对于不在中国领域内居住的人提起的有关身份关系的诉讼，则可以由原告住所地或经常居住地的中国法院管辖。

2. 特别地域管辖

《民事诉讼法》第272条 因合同纠纷或者其他财产权益纠纷，对在中华人民共和国领域内没有住所的被告提起的诉讼，如果合同在中华人民共和国领域内签订或者履行，或者诉讼标的物在中华人民共和国领域内，或者被告在中华人民共和国领域内有可供扣押的财产，或者被告在中华人民共和国领域内设有代表机构，可以由合同签订地、合同履行地、诉讼标的物所在地、可供扣押财产所在地、侵权行为地或者代表机构住所地人民法院管辖。

【提示注意】根据该条，即使被告在中国境内没有住所，但只要具备以下连结因素之一，中国法院就有权管辖：（1）合同在中国领域内签订或者履行；（2）诉讼标的物在中国领域内；（3）被告在中国领域内有可供扣押的财产；（4）被告在中国领域内设有代表机构。

3. 专属管辖

（1）根据《民事诉讼法》第34条、273条：

①因不动产纠纷提起的诉讼，由不动产所在地人民法院管辖；

②因港口作业中发生纠纷提起的诉讼，由港口所在地人民法院管辖；

③因继承遗产纠纷提起的诉讼，由被继承人死亡时住所地或者主要遗产所在地人民法院管辖；

④因在中华人民共和国履行中外合资经营企业合同、中外合作经营企业合同、中外合作勘探开发自然资源合同发生纠纷提起的诉讼，由中华人民共和国人民法院管辖。

（2）诉讼方式不得排除专属管辖

《民诉法解释》第531条第2款 根据民事诉讼法第33条①和第266条②规定，属于中华人民共和国法院专属管辖的案件，当事人不得协议选择外国法院管辖，但协议选择仲裁的除外。

【提示注意】根据该条，如果当事人选择以诉讼方式解决争议，则不得以书面协议排除我国法院的专属管辖权；但如果当事人选择以仲裁方式解决争议，则可选择外国仲裁机构仲裁。

例1：美国阿凡达公司与我国跃进公司签订合同，在我国共同投资建立一家中外合资经营企业。现在阿凡达公司与跃进公司之间就此合同发生争议。（1）如双方决定通过诉讼解决争端，依照我国法律，能否选择美国法院管辖？（2）如双方决定通过仲裁解决争端，能否协议由国际商会仲裁院进行仲裁？

---

① 现为第34条。

② 现为第273条。

（1）不能。根据《民事诉讼法》273条，因在中国履行中外合资经营企业合同发生纠纷提起的诉讼，由中国法院专属管辖。同时，根据《民诉法解释》第531条第2款，属于中国法院专属管辖的案件，当事人不得用书面协议选择其他国家法院管辖。因此，如果双方通过诉讼方式解决争端，必须由中国法院管辖。（2）可以。根据《民诉法解释》第531条第2款，对属于中国法院专属管辖的案件，如果当事人选择以仲裁方式解决争端，可以选择其他国家的仲裁机构进行仲裁。

4. 协议管辖

（1）《民事诉讼法》第35条　合同或者其他财产权益纠纷的当事人可以书面协议选择被告住所地、合同履行地、合同签订地、原告住所地、标的物所在地等与争议有实际联系的地点的人民法院管辖，但不得违反本法对级别管辖和专属管辖的规定。

（2）《民诉法解释》第531条第1款　涉外合同或者其他财产权益纠纷的当事人，可以书面协议选择被告住所地、合同履行地、合同签订地、原告住所地、标的物所在地、侵权行为地等与争议有实际联系地点的外国法院管辖。

5. 拒绝管辖

在国际民事诉讼中，原告通常会选择对自己有利的法院，如法院受理案件，可能对被告不利；从法院角度来看，由于案件不涉及本国，如法院受理此案，在认定事实和适用法律方面存在困难。此时，法院可以自身属"不方便法院"为由，拒绝行使管辖，这就是国际民事诉讼中的"不方便法院"原则。《民诉法解释》第532条首次在司法解释中明确规定如何运用不方便法院原则拒绝行使管辖权。

《民诉法解释》第532条　涉外民事案件同时符合下列情形的，人民法院可以裁定驳回原告的起诉，告知其向更方便的外国法院提起诉讼：

（1）被告提出案件应由更方便外国法院管辖的请求，或者提出管辖异议；

（2）当事人之间不存在选择中华人民共和国法院管辖的协议；

（3）案件不属于中华人民共和国法院专属管辖；

（4）案件不涉及中华人民共和国国家、公民、法人或者其他组织的利益；

（5）案件争议的主要事实不是发生在中华人民共和国境内，且案件不适用中华人民共和国法律，人民法院审理案件在认定事实和适用法律方面存在重大困难；

（6）外国法院对案件享有管辖权，且审理该案件更加方便。

6. 集中管辖

《最高人民法院关于涉外民商事案件诉讼管辖若干问题的规定》：该规定以优化资源配置、提高涉外审判质量为目的，将原来由基层法院、中级法院分散管辖的涉外民商事案件的管辖权集中到少数中级法院和特定基层法院手中进行"集中管辖"。

（1）管辖法院

第一审涉外民商事案件的管辖法院：①国务院批准设立的经济技术开发区人民法院；②省会、自治区首府、直辖市所在地的中级人民法院；③经济特区、计划单列市中级人民法院；④最高人民法院指定的其他中级人民法院；⑤高级人民法院。

对国务院批准设立的经济技术开发区人民法院所作的第一审判决、裁定不服的，其第二审由所在地中级人民法院管辖。

（2）规定适用的案件

本规定适用于下列案件：①涉外合同和侵权纠纷案件；②信用证纠纷案件；③申请撤销、承认与强制执行国际仲裁裁决的案件；④审查有关涉外民商事仲裁条款效力的案件；⑤申请承认和强制执行外国法院民商事判决、裁定的案件。涉及香港、澳门特别行政区和台湾地区当事人的民商事纠纷案件的管辖，参照本规定处理。

（3）规定不适用的案件

①发生在与外国接壤的边境省份的边境贸易纠纷案件；②涉外房地产案件；③涉外知识产权案件。

7. 国际商事法庭的管辖权

根据 2018 年生效的《最高人民法院关于设立国际商事法庭若干问题的规定》，最高人民法院结合审判实际，设立国际商事法庭。该规定主要内容如下：

（1）性质

最高人民法院的常设审判机构。

（2）"一站式"纠纷解决机制

最高人民法院组建国际商事专家委员会，并选定符合条件的国际商事调解机构、国际商事仲裁机构与国际商事法庭共同构建调解、仲裁、诉讼有机衔接的纠纷解决平台，形成"一站式"国际商事纠纷解决机制。

（3）管辖范围

①当事人依照民事诉讼法第 35 条的规定协议选择最高人民法院管辖且标的额为人民币 3 亿元以上的第一审国际商事案件；

②高级人民法院对其所管辖的第一审国际商事案件，认为需要由最高人民法院审理并获准许的；

③在全国有重大影响的第一审国际商事案件；

④依照本规定第 14 条（即选择"一站式"纠纷解决机制下的仲裁机构仲裁）申请仲裁保全、申请撤销或者执行国际商事仲裁裁决的；

⑤最高人民法院认为应当由国际商事法庭审理的其他国际商事案件。

（4）程序要求

①国际商事法庭审理案件，由三名或者三名以上法官组成合议庭；实行少数服从多数的原则，少数意见可以在裁判文书中载明。

②国际商事法庭在受理案件后 7 日内，经当事人同意，可以委托国际商事专家委员会成员或者国际商事调解机构调解。

③国际商事法庭作出的判决、裁定，是发生法律效力的判决、裁定；国际商事法庭作出的调解书，经双方当事人签收后，即具有与判决同等的法律效力。当事人对已经发生法律效力的判决、裁定和调解书，可以向最高人民法院本部申请再审，再审应当另行组成合议庭。

（5）外国法查明的途径

国际商事法庭审理案件应当适用域外法律时，可以通过下列途径查明：

①由当事人提供；

②由中外法律专家提供；

③由法律查明服务机构提供；

④由国际商事专家委员提供；

⑤由与我国订立司法协助协定的缔约对方的中央机关提供；

⑥由我国驻该国使领馆提供；

⑦由该国驻我国使馆提供；

⑧其他合理途径。

（6）证据规则

①当事人向国际商事法庭提交的证据材料系在中华人民共和国领域外形成的，不论是否已办理公证、认证或者其他证明手续，均应当在法庭上质证。

②当事人提交的证据材料系英文且经对方当事人同意的，可以不提交中文翻译件。

【深度解析】对在中国境内履行中外合资经营企业合同、中外合作经营企业合同、中外合作勘探开发自然资源合同引起的纠纷，当事人能否通过仲裁解决？如选择向中国法院提起诉讼，法院是否必须适用中国法？

对在中国境内履行中外合资经营企业合同、中外合作经营企业合同、中外合作勘探开发自然资源合同引起的纠纷，应注意以下两点：

一是法院管辖的专属性。《民事诉讼法》第273条规定："因在中华人民共和国履行中外合资经营企业合同、中外合作经营企业合同、中外合作勘探开发自然资源合同发生纠纷提起的诉讼，由中华人民共和国人民法院管辖。"同时，《民诉法解释》第531条第2款规定："属于中华人民共和国人民法院专属管辖的案件，当事人不得用书面协议选择其他国家法院管辖。但协议选择仲裁裁决的除外。"因此，对于上述合同纠纷，如果当事人提起诉讼，则必须由我国法院管辖，但法院的专属管辖并不排除当事人选择仲裁解决争端。

二是法律适用的专属性。对于合同的法律适用，我国法律虽然肯定了当事人意思自治原则，但也明确规定了在某些特定情形下必须适用中国法。根据有关司法解释，在中国领域内履行的中外合资经营企业合同、中外合作经营企业合同、中外合作勘探开发自然资源合同适用中国法。可见，虽然有效的仲裁协议可以排除法院的专属管辖，但是不能排除中国法律的专属适用，如当事人选择向中国法院起诉，则法院必须适用中国法。

二、外国人在中国的民事诉讼地位

（一）以对等为条件的国民待遇原则

《民事诉讼法》第5条　外国人、无国籍人、外国企业和组织在人民法院起诉、应诉，同中华人民共和国公民、法人和其他组织有同等的诉讼权利义务。外国法院对中华人民共和国公民、法人和其他组织的民事诉讼权利加以限制的，中华人民共和国人民法院对该国公民、企业和组织的民事诉讼权利，实行对等原则。

（二）诉讼代理

诉讼代理，指诉讼代理人基于法律规定、法院指定、当事人或法定代表人的委托，以当事人的名义代为进行诉讼活动的行为。

国际司法实践中常见的诉讼代理包括律师代理和领事代理。律师代理，指委托律师代为诉讼（通常只能委托法院地国律师）。领事代理，指一国领事可依据国际条约或驻在国法律，在其职务范围内代表本国国民参加诉讼。

中国的规定：

1. 律师代理

《民事诉讼法》第270条　外国人、无国籍人、外国企业和组织在人民法院起诉、应诉，需要委托律师代理诉讼的，必须委托中华人民共和国的律师。

2. 一般公民代理和领事代理

《民诉法解释》第528条　涉外民事诉讼中的外籍当事人，可以委托本国人为诉讼代理人，也可以委托本国律师以非律师身份担任诉讼代理人；外国驻华使领馆官员，受本国公民的委托，可以以个人名义担任诉讼代理人，但在诉讼中不享有外交或者领事特权和豁免。

3. 外交代表代为委托

《民诉法解释》第 529 条　涉外民事诉讼中，外国驻华使领馆授权其本馆官员，在作为当事人的本国国民不在中华人民共和国领域内的情况下，可以以外交代表身份为其本国国民在中华人民共和国聘请中华人民共和国律师或者中华人民共和国公民代理民事诉讼。

4. 授权委托书的证明

外国当事人签署的授权委托书须经过证明，《民事诉讼法》第 271 条规定："在中华人民共和国领域内没有住所的外国人、无国籍人、外国企业和组织委托中华人民共和国律师或者其他人代理诉讼，从中华人民共和国领域外寄交或者托交的授权委托书，应当经所在国公证机关证明，并经中华人民共和国驻该国使领馆认证，或者履行中华人民共和国与该所在国订立的有关条约中规定的证明手续后，才具有效力。"根据该条及《民诉法解释》第 524～526 条的规定，授权委托书的证明方式分为以下情形：

（1）授权委托书在国外签署

①"公证＋认证"方式：第一，外国当事人所在国与中国有外交关系的，经所在国公证机关证明，并经中国驻该国使领馆认证；第二，外国当事人所在国与中国没有外交关系的，经该国公证机关公证，经与中国有外交关系的第三国驻该国使领馆认证，再转由中国驻该第三国使领馆认证。

②条约方式：履行中国与该所在国订立的有关条约中规定的证明手续。

（2）授权委托书在国内签署

①法官见证：外国当事人在人民法院法官的见证下签署授权委托书，委托代理人进行民事诉讼的，人民法院应予认可。

②中国公证机关公证：外国当事人在中国境内签署授权委托书，委托代理人进行民事诉讼，经中国公证机关公证的，人民法院应予认可。

【真题示例】

荷兰人迈克在中国工作期间被一同事过失伤害。因双方就损害赔偿标准达不成协议，迈克向工作所在地某人民法院提起诉讼，他可以委托下列哪些人为其诉讼代理人？（2003－63，多选）①

A. 荷兰人

B. 以律师身份担任诉讼代理人的荷兰律师

C. 以非律师身份担任诉讼代理人的荷兰律师

D. 以个人名义出任诉讼代理人的荷兰驻华使领馆官员

（三）司法豁免

1.《民事诉讼法》第 268 条　对享有外交特权与豁免的外国人、外国组织或者国际组织提起的民事诉讼，应当依照中华人民共和国有关法律和中华人民共和国缔结或者参加的国际条约的规定办理。

2. 2007 年《最高人民法院关于人民法院受理涉及特权与豁免的民事案件有关问题的通知》

凡以下列在中国享有特权与豁免的主体为被告、第三人向人民法院起诉的民事案件，人民法院应在决定受理之前，报请本辖区高级人民法院审查；高级人民法院同意受理的，应当将其审查意见报最高人民法院。在最高人民法院答复前，一律暂不受理。

一、外国国家；

---

① ACD。参见《民事诉讼法》第 270 条、《民诉法解释》第 528 条。

二、外国驻中国使馆和使馆人员；

三、外国驻中国领馆和领馆成员；

四、途经中国的外国驻第三国的外交代表和与其共同生活的配偶及未成年子女；

五、途经中国的外国驻第三国的领事官员和与其共同生活的配偶及未成年子女；

六、持有中国外交签证或者持有外交护照（仅限互免签证的国家）来中国的外国官员；

七、持有中国外交签证或者持有与中国互免签证国家外交护照的领事官员；

八、来中国访问的外国国家元首、政府首脑、外交部长及其他具有同等身份的官员；

九、来中国参加联合国及其专门机构召开的国际会议的外国代表；

十、临时来中国的联合国及其专门机构的官员和专家；

十一、联合国系统组织驻中国的代表机构和人员；

十二、其他在中国享有特权与豁免的主体。

（四）诉讼语言文字

《民事诉讼法》第 269 条　人民法院审理涉外民事案件，应当使用中华人民共和国通用的语言、文字。当事人要求提供翻译的，可以提供，费用由当事人承担。

（五）诉讼时效

《涉外民事关系法律适用法》第 7 条　诉讼时效，适用相关涉外民事关系应当适用的法律。

【提示注意】根据该条，对于诉讼时效，案件中民事关系的准据法指向哪个国家的法律，诉讼时效即依该国法律确定。

例 2：A、B 两公司在买卖合同中约定适用丙国法，后两公司因合同发生纠纷诉至中国某法院，法院在审理本案时，首先要确定本案的诉讼时效。本案的诉讼时效应依哪国法律确定？

丙国法。本案涉及合同问题，合同适用当事人选择的法律，本案中当事人选择适用丙国法，故案件准据法为丙国法，本案的诉讼时效应依丙国法确定。

三、国际司法协助

（一）司法协助概述

司法协助，指一国法院或其他主管机关，根据另一国法院或其他主管机关或有关当事人的请求，代为实施或协助实施一定的司法行为。

1. 司法协助的途径

（1）外交途径：请求国司法机关将请求文件交给本国外交部，由本国外交部转交给被请求国的外交代表，再由该国外交代表转交给该国国内主管司法机关，由该主管司法机关提供司法协助。

（2）使领馆途径：请求国司法机关将请求文件交给本国驻被请求国的使领馆，再由使领馆直接将有关文件交给驻在国有关主管司法机关，由该主管司法机关提供司法协助。

（3）法院途径：由请求国法院直接委托被请求国法院进行司法协助。

（4）中央机关途径：请求国主管机关将请求事项直接或通过本国的中央机关提交给被请求国的中央机关，再由该被请求国的中央机关转交给其所属国的主管司法机关提供司法协助。

2. 中国的规定

（1）司法协助的范围

《民事诉讼法》第 283 条　根据中华人民共和国缔结或者参加的国际条约，或者按照互惠原则，人民法院和外国法院可以相互请求，代为送达文书、调查取证以及进行其他诉讼行为。外国法院请求协助的事项有损于中华人民共和国的主权、安全或者社会公共利益的，人民法院不予执行。

（2）司法协助的途径

①《民事诉讼法》第 284 条第 1 款　请求和提供司法协助，应当依照中华人民共和国缔结或者参加的国际条约所规定的途径进行；没有条约关系的，通过外交途径进行。

②《民诉法解释》第 549 条　与中华人民共和国没有司法协助条约又无互惠关系的国家的法院，未通过外交途径，直接请求人民法院提供司法协助的，人民法院应予退回，并说明理由。

（3）司法协助的程序

《民事诉讼法》第 286 条　人民法院提供司法协助，依照中华人民共和国法律规定的程序进行。外国法院请求采用特殊方式的，也可以按照其请求的特殊方式进行，但请求采用的特殊方式不得违反中华人民共和国法律。

（4）2013 年《关于依据国际公约和双边司法协助条约办理民商事案件司法文书送达和调查取证司法协助请求的规定》（《办理司法协助请求的规定》）

为了正确实施海牙送达公约、海牙取证公约和双边司法协助条约，2013 年最高院颁布了《办理司法协助请求的规定》，其主要内容如下：

①司法协助的原则

第一，便捷高效原则：人民法院应当根据便捷、高效的原则确定依据海牙送达公约、海牙取证公约，或者双边民事司法协助条约，对外提出民商事案件司法文书送达和调查取证请求（第 1 条）。（注意：与以往规定不同，该原则不再要求双边司法协助条约必须优先适用。）

第二，对等原则：人民法院协助外国办理民商事案件司法文书送达和调查取证请求，适用对等原则（第 2 条）。

第三，依法审查原则：人民法院协助外国办理民商事案件司法文书送达和调查取证请求，应当进行审查。外国提出的司法协助请求，具有海牙送达公约、海牙取证公约或双边民事司法协助条约规定的拒绝提供协助的情形的，人民法院应当拒绝提供协助（第 3 条）。

②管理机制

"统一管理和专人负责相结合的管理机制"：最高人民法院统一管理全国各级人民法院的国际司法协助工作。高级人民法院应当确定一个部门统一管理本辖区各级人民法院的国际司法协助工作并指定专人负责。中级人民法院、基层人民法院和有权受理涉外案件的专门法院，应当指定专人管理国际司法协助工作；有条件的，可以同时确定一个部门管理国际司法协助工作（第 6 条）。

③相关制度

第一，登记制度：人民法院应当建立独立的国际司法协助登记制度（第 7 条）。

第二，档案制度：人民法院应当建立国际司法协助档案制度。办理民商事案件司法文书送达的送达回证、送达证明在各个转递环节应当以适当方式保存。办理民商事案件调查取证的材料应当作为档案保存（第 8 条）。

④经授权的高院可直接对外发出司法协助请求

经最高人民法院授权的高级人民法院，可以依据海牙送达公约、海牙取证公约直接对外发出本辖区各级人民法院提出的民商事案件司法文书送达和调查取证请求（第 9 条）（2003 年，最高院指定北京市、上海市、广东省、浙江省、江苏省五个高级法院可以依据海牙送达公约和海牙取证公约直接对外发出司法协助请求，目的是简化程序，提高效率）。

（二）域外送达

域外送达，指一国法院根据国际条约或本国法律或按照互惠原则，将司法文书送交居住在国外的当事人或其他诉讼参与人的行为。

1. 外国向中国送达

根据我国法律和相关司法解释，外国向位于中国的当事人送达，可以采取以下方式：

（1）中央机关途径（中国的中央机关为司法部）

①外国的司法文书应由该国驻华使、领馆直接送交司法部，或者由该国主管当局或司法助理人员直接送交司法部，由司法部转递给最高人民法院，再由最高人民法院交有关人民法院送达给当事人。

②司法部收到国外的请求书后，对于有中文译本的文书，应于 5 日内转给最高人民法院；对于用英文或法文写成，或者附有英文或法文译本的文书，应于 7 日内转给最高人民法院；对于不符合《海牙送达公约》规定的文书，司法部将予以退回或要求请求方补充、修正材料。

③最高人民法院应于 5 日内将文书转给送达执行地高级人民法院；高级人民法院收文后，应于 3 日内转有关的中级人民法院或者专门人民法院；中级人民法院或者专门人民法院收文后，应于 10 日内完成送达，并将送达回证尽快交最高人民法院转司法部。

④法院不管文书中确定出庭日期或期限是否已过，均应送达。如受送达人拒收，应在送达回证上注明。

⑤对于国外按《海牙送达公约》提交的未附中文译本而附英、法文译本的文书，法院仍应予以送达。除双边条约中规定英、法文译本为可接受文字者外，受送达人有权以未附中文译本为由拒收。凡当事人拒收的，送达法院应在送达回证上注明。

（2）使领馆途径

外国驻华使、领馆可直接向其在华的本国公民送达民商事司法文书，但不得违反我国法律，不得对当事人采取强制措施。

（3）外交途径

对于与我国无条约关系的国家，可通过外交途径送达。由该国驻华使馆将法律文书交外交部转递给有关高级人民法院，再由该高级人民法院指定有关中级人民法院送达当事人。

2. 中国向外国送达

（1）《民事诉讼法》第 274 条　人民法院对在中华人民共和国领域内没有住所的当事人送达诉讼文书，可以采用下列方式：

（一）依照受送达人所在国与中华人民共和国缔结或者共同参加的国际条约中规定的方式送达；

（二）通过外交途径送达；

（三）对具有中华人民共和国国籍的受送达人，可以委托中华人民共和国驻受送达人所在国的使领馆代为送达；

（四）向受送达人委托的有权代其接受送达的诉讼代理人送达；

（五）向受送达人在中华人民共和国领域内设立的代表机构或者有权接受送达的分支机构、业务代办人送达；

（六）受送达人所在国的法律允许邮寄送达的，可以邮寄送达，自邮寄之日起满三个月，送达回证没有退回，但根据各种情况足以认定已经送达的，期间届满之日视为送达；

（七）采用传真、电子邮件等能够确认受送达人收悉的方式送达；

（八）不能用上述方式送达的，公告送达，自公告之日起满三个月，即视为送达（《民诉法解释》第 537 条　人民法院一审时采取公告方式向当事人送达诉讼文书的，二审时可径行采取公告方式向其送达诉讼文书，但人民法院能够采取公告方式之外的其他方式送达的除外。）。

【提示注意】《海牙送达公约》适用于向国外送达的情形，如果受送达人为外国公司，其在中国境内有驻华代表机构，人民法院可直接向该代表机构送达，而不必根据《海牙送达公约》向国外送达。同时，根据最高院司法解释，人民法院向外国公司的驻华代表机构送达诉讼文书时，可以适用留置送达的方式。

（2）2006 年最高院《关于涉外民事或商事案件司法文书送达问题若干规定》（2020 年修正）

①适用范围

第 1 条　人民法院审理涉外民事或商事案件时，向在中华人民共和国领域内没有住所的受送达人送达司法文书，适用本规定。

②送达方式

第 3 条　作为受送达人的自然人或者企业、其他组织的法定代表人、主要负责人在中华人民共和国领域内的，人民法院可以向该自然人或者法定代表人、主要负责人送达（《民诉法解释》第 535 条第 2 款：主要负责人包括该企业、组织的董事、监事、高级管理人员等）。

第 4 条　除受送达人在授权委托书中明确表明其诉讼代理人无权代为接收有关司法文书外，其委托的诉讼代理人为民事诉讼法第 267 条①第（四）项规定的有权代其接受送达的诉讼代理人，人民法院可以向该诉讼代理人送达。

第 5 条　人民法院向受送达人送达司法文书，可以送给其在中华人民共和国领域内设立的代表机构。

受送达人在中华人民共和国领域内有分支机构或者业务代办人的，经该受送达人授权，人民法院可以向其分支机构或者业务代办人送达。

第 6 条　人民法院向在中华人民共和国领域内没有住所的受送达人送达司法文书时，若该受送达人所在国与中华人民共和国签订有司法协助协定，可以依照司法协助协定规定的方式送达；若该受送达人所在国是《关于向国外送达民事或商事司法文书和司法外文书公约》（《海牙送达公约》）的成员国，可以依照该公约规定的方式送达。

依照受送达人所在国与中华人民共和国缔结或者共同参加的国际条约中规定的方式送达的，根据《最高人民法院关于依据国际公约和双边司法协助条约办理民商事案件司法文书送达和调查取证司法协助请求的规定》办理。

【提示注意】根据 2013 年《办理司法协助请求的规定》第 1 条，不再坚持双边条约优先适用的原则，人民法院应根据便捷、高效的原则确定依据《海牙送达公约》或者双边民事司法协助条约，对外提出民商事案件司法文书送达和调查取证的请求。

第 10 条　除本规定上述送达方式外，人民法院可以通过传真、电子邮件等能够确认收悉的其他适当方式向受送达人送达。

③是否送达的认定

第一，不能送达的认定。

第 7 条　按照司法协助协定、《海牙送达公约》或者外交途径送达司法文书，自我国有关机关将司法文书转递受送达人所在国有关机关之日起满 6 个月，如果未能收到送达与否的证明文件，且根据各种情况不足以认定已经送达的，视为不能用该种方式送达。

---

① 现为第 274 条。

第8条 受送达人所在国允许邮寄送达的，人民法院可以邮寄送达。

邮寄送达时应附有送达回证。受送达人未在送达回证上签收但在邮件回执上签收的，视为送达，签收日期为送达日期。

自邮寄之日起满3个月，如果未能收到送达与否的证明文件，且根据各种情况不足以认定已经送达的，视为不能用邮寄方式送达。

第二，合法送达的认定。

第13条 受送达人未对人民法院送达的司法文书履行签收手续，但存在以下情形之一的，视为送达：（一）受送达人书面向人民法院提及了所送达司法文书的内容；（二）受送达人已经按照所送达司法文书的内容履行；（三）其他可以视为已经送达的情形。

【真题示例】

中国某法院审理一起涉外民事纠纷，需要向作为被告的外国某公司进行送达。根据《关于向国外送达民事或商事司法文书和司法外文书公约》（海牙《送达公约》）、中国法律和司法解释，关于该案件的涉外送达，法院的下列哪一做法是正确的？（2013-39，单选）①

A. 应首先按照海牙《送达公约》规定的方式进行送达

B. 不得对被告采用邮寄送达方式

C. 可通过中国驻被告所在国使领馆向被告进行送达

D. 可通过电子邮件方式向被告送达

（三）域外取证

域外取证，指基于国际条约或互惠原则，被请求国协助请求国调查案情，获得或收集证据的活动。

1. 域外取证的方式（《关于从国外调取民事或商事证据公约》，又称《海牙取证公约》）

（1）代为取证：指一国司法机关向证据所在地国的司法机关提出请求，由后者代为进行取证（我国允许）。

公约规定：

①在民事或商事案件中，每一缔约国的司法机关可以根据该国的法律规定，通过请求书的方式，请求另一缔约国主管机关调取证据或履行某些其他司法行为；

②每一缔约国应指定一个中央机关负责接收来自另一缔约国司法机关的请求书，并将其转交给执行请求的主管机关；请求书应直接送交执行国中央机关，无需通过该国任何其他机关转交；

③请求书应以被请求执行机关的文字作成或附该种文字的译文；

④只有在下列情况下，才能拒绝执行请求书：第一，在执行国，该请求书的执行不属于司法机关的职权范围；第二，被请求国认为，请求书的执行将会损害其主权和安全。执行国不能仅因其国内法已对该项诉讼标的规定专属管辖权或不承认对该事项提起诉讼的权利为理由，拒绝执行请求。

（2）领事取证：指通过本国驻他国领事或外交人员在驻在国直接调查取证，通常是向本国国民调查取证（我国允许）。

公约规定：在民事或商事案件中，每一缔约国的外交官员或领事代表在另一缔约国境内其

---

① D。只有受送达人所在国也为海牙《送达公约》的缔约国，才考虑按照海牙《送达公约》规定的方式进行送达，A项错误。受送达人所在国的法律允许邮寄送达的，可以邮寄送达，B项错误。采取使领馆途径送达，只针对具有中国国籍的受送达人，C项错误。

执行职务的区域内，可向其本国国民在不采取强制措施的情况下调取证据。

（3）特派员取证：指受诉法院委派专门官员到外国调查取证。

公约规定：在民事或商事案件中，被正式指派的特派员可以在不采取强制措施的情况下在一缔约国境内调取证据，以协助在另一缔约国法院中正在进行的诉讼。

我国规定：原则上不允许外国特派员在我国取证，特殊情况下可特许。

（4）当事人或诉讼代理人自行取证

主要存在于英美法国家，公约未规定该方式。

我国规定：未经主管机关准许，外国当事人或诉讼代理人不得在我国自行取证。

例3： 中国某法院审理一涉外民事案件中，需要从A国调取某些证据。A国是《关于从国外调取民事或商事证据公约》的缔约国。根据该公约的规定，（1）如果张某是中方当事人的代理律师，其是否可以请求甲国法院调取所需的证据？（2）如果中国法院打算以请求书的方式请求A国司法机关进行取证，该请求书是否须由中国外交部转交甲国的中央机关？

（1）不可以。根据公约第1条，只有缔约国的司法机关可以根据该国的法律规定，通过请求书的方式，请求另一缔约国主管机关调取证据。作为诉讼代理人，张某无权提出请求。（2）不需要。根据公约第2条，每一缔约国应指定一个中央机关负责接收来自另一缔约国司法机关的请求书，并将其转交给执行请求的主管机关，请求书应直接送交执行国中央机关。可见，请求书应在请求国司法机关和被请求国中央机关之间直接传递，无需通过外交部转交。

2. 域外证据的证明

《最高人民法院关于民事诉讼证据的若干规定》（2019年修正）

第16条 当事人提供的公文书证系在中华人民共和国领域外形成的，该证据应当经所在国公证机关证明，或者履行中华人民共和国与该所在国订立的有关条约中规定的证明手续。

中华人民共和国领域外形成的涉及身份关系的证据，应当经所在国公证机关证明并经中华人民共和国驻该国使领馆认证，或者履行中华人民共和国与该所在国订立的有关条约中规定的证明手续。

当事人向人民法院提供的证据是在香港、澳门、台湾地区形成的，应当履行相关的证明手续。

第17条 当事人向人民法院提供外文书证或者外文说明资料，应当附有中文译本。

【提示注意】 2019年修改后的《民事诉讼证据的若干规定》区分了涉及身份关系的证据和其他证据：第一，涉及身份关系的证据，须经"公证+认证"或履行条约手续来证明；第二，其他证据，仅须公证或履行条约手续来证明。

【真题示例】

中国与甲国均为《关于从国外调取民事或商事证据的公约》的缔约国，现甲国法院因审理一民商事案件，需向中国请求调取证据。根据该公约及我国相关规定，下列哪一说法是正确的？（2014-39，单选）①

A. 甲国法院可将请求书交中国司法部，请求代为取证

B. 中国不能以该请求书不属于司法机关职权范围为由拒绝执行

C. 甲国驻中国领事代表可在其执行职务范围内，向中国公民取证，必要时可采取强制

---

① A。根据公约第12条，请求书的执行不属于司法机关的职权范围，可以拒绝执行，B项错误。中国允许外国在华进行领事取证，但仅限于向其本国国民取证，且不得违反中国法律，不得采取强制措施，C项错误。未经我国主管机关准许，任何外国当事人或其诉讼代理人都不得在我国境内自行取证，D项错误。

措施

D. 甲国当事人可直接在中国向有关证人获取证人证言

（四）外国法院判决的承认与执行

1. 中国关于外国法院判决承认与执行的规定

（1）提出方式

中国法院和外国法院作出的判决、裁定，要在对方国家得到承认与执行，可以由当事人直接向有管辖权的法院（我国为被执行人住所地或财产所在地中级法院）提出，也可以由法院按照条约的规定或互惠原则请求对方国家法院承认与执行。

【深度解析】申请承认和执行外国仲裁裁决与申请承认和执行外国法院判决的主体是否完全相同？

对于外国仲裁裁决的承认和执行，《民事诉讼法》第290条规定："国外仲裁机构的裁决，需要中华人民共和国人民法院承认和执行的，应当由当事人直接向被执行人住所地或者其财产所在地的中级人民法院申请，人民法院应当依照中华人民共和国缔结或者参加的国际条约，或者按照互惠原则办理。"

对于外国法院判决的承认和执行，《民事诉讼法》第288条规定："外国法院作出的发生法律效力的判决、裁定，需要中华人民共和国人民法院承认和执行的，可以由当事人直接向中华人民共和国有管辖权的中级人民法院申请承认和执行，也可以由外国法院依照该国与中华人民共和国缔结或者参加的国际条约的规定，或者按照互惠原则，请求人民法院承认和执行。"

因此，申请承认和执行外国仲裁裁决的主体只有当事人，而申请承认和执行外国法院判决的主体既可以是当事人，也可以是一国的法院。

例4： 中国法院就一家中国公司和一家瑞士公司之间的技术转让纠纷作出判决。判决发生效力后，瑞士公司拒不执行法院判决，而且该公司在中国既无办事机构、分支机构和代理机构，也无财产。根据我国法律，该判决如要得到瑞士法院的承认和执行，应如何提出申请？

根据《民事诉讼法》第287条第1款，人民法院作出的发生法律效力的判决、裁定，如果被执行人或者其财产不在中华人民共和国领域内，当事人请求执行的，可以由当事人直接向有管辖权的外国法院申请承认和执行，也可以由人民法院依照中华人民共和国缔结或者参加的国际条约的规定，或者按照互惠原则，请求外国法院承认和执行。因此，本例中，可以由中国公司直接向有管辖权的瑞士法院提出申请，也可以由中国法院依照中国缔结或者参加的国际条约的规定向瑞士法院提出申请。

（2）须提交的材料

①申请人向人民法院申请承认和执行外国法院作出的发生法律效力的判决、裁定，应当提交申请书，并附外国法院作出的发生法律效力的判决、裁定正本或者经证明无误的副本以及中文译本。

②外国法院判决、裁定为缺席判决、裁定的，申请人应当同时提交该外国法院已经合法传唤的证明文件，但判决、裁定已经对此予以明确说明的除外。

③中国缔结或者参加的国际条约对提交文件有规定的，按照规定办理。

（3）承认与执行的审查

①审查程序

承认和执行外国法院作出的发生法律效力的判决、裁定或者外国仲裁裁决的案件，人民法院应当组成合议庭进行审查。人民法院应当将申请书送达被申请人。被申请人可以陈述意见。人民法院经审查作出的裁定，一经送达即发生法律效力。

②审查依据

对于向中国法院申请或者请求承认和执行的外国法院判决、裁定，中国法院应依照中国缔结或者参加的国际条约，或者按照互惠原则进行审查。经审查，认为不违反中国法律的基本原则或者国家主权、安全、社会公共利益的，裁定承认其效力，需要执行的，发出执行令，依照有关规定执行；违反中国法律的基本原则或者国家主权、安全、社会公共利益的，不予承认和执行。

③承认和执行分别处理

对外国法院作出的发生法律效力的判决、裁定或者外国仲裁裁决，需要中国法院执行的，当事人应当先向人民法院申请承认。人民法院经审查，裁定承认后，再根据民事诉讼法第三编的规定予以执行（"先承认，再执行"）。

当事人仅申请承认而未同时申请执行的，人民法院仅对应否承认进行审查并作出裁定。

（4）申请承认与执行的期间

当事人申请承认和执行外国法院作出的发生法律效力的判决、裁定或者外国仲裁裁决的期间，适用民事诉讼法第246条的规定（2年）。

当事人仅申请承认而未同时申请执行的，申请执行的期间自人民法院对承认申请作出的裁定生效之日起重新计算。

（5）承认与执行的条件

①判决已生效；

②原判决国法院必须有管辖权；

③审判程序公正；

④不与我国正在进行的或已经终结的诉讼相冲突；

⑤不违反中国公共秩序；

⑥该国与中国存在条约或互惠关系（离婚判决的承认无须此项条件）。

（6）不予承认与执行的救济

如果某国与我国既无条约关系也不存在互惠关系时，我国对该外国法院的判决不予承认与执行（离婚判决的承认除外）。在该情形下，当事人可以向我国法院起诉，由有管辖权的法院作出判决并予以执行。

【提示注意】第一，对于外国法院判决的承认与执行，既可以由当事人提出，也可以由法院提出；对于外国仲裁裁决的承认与执行，只能由当事人提出。

第二，无论是外国法院判决，还是外国仲裁裁决，中国法院受理后，都要依据国际条约或者互惠原则进行审查，而非依国内法审查。

第三，当事人申请承认和执行外国法院判决或者外国仲裁裁决的期间为2年；当事人仅申请承认而未同时申请执行的，申请执行的期间自人民法院对承认申请作出的裁定生效之日起重新计算（即从承认之日开始计算，而非从原判决或仲裁裁决生效之日开始计算）。

【真题示例】

当事人欲将某外国法院作出的民事判决申请中国法院承认和执行。根据中国法律，下列哪一选项是错误的？（2012-39，单选）①

A. 该判决应向中国有管辖权的法院申请承认和执行

① C。根据《民事诉讼法》第288条，外国法院作出的判决、裁定，需要中国法院承认和执行的，可以由当事人直接向中国法院申请，也可以由外国法院依照条约的规定或互惠原则请求人民法院承认和执行，C项错误。

B. 该判决应是外国法院作出的发生法律效力的判决

C. 承认和执行该判决的请求须由该外国法院向中国法院提出，不能由当事人向中国法院提出

D. 如该判决违反中国的公共利益，中国法院不予承认和执行

2. 中国关于承认与执行外国法院离婚判决的规定

（1）承认申请的受理

①中国公民向人民法院申请承认外国法院离婚判决，人民法院不应以其未在国内缔结婚姻关系而拒绝受理；中国公民申请承认外国法院在其缺席情况下作出的离婚判决，应同时向人民法院提交作出该判决的外国法院已合法传唤其出庭的有关证明文件。

②外国公民向人民法院申请承认外国法院离婚判决，如果其离婚的原配偶是中国公民的，人民法院应予受理；如果其离婚的原配偶是外国公民的，人民法院不予受理，但可告知其直接向婚姻登记机关申请再婚登记。

③当事人向人民法院申请承认外国法院离婚调解书效力的，人民法院应予受理，并根据《关于中国公民申请承认外国法院离婚判决程序问题的规定》进行审查，作出承认或不予承认的裁定。

（2）外国法院离婚判决的效力

中国当事人一方持外国法院作出的离婚判决书，向人民法院申请承认其效力的，应由中级人民法院受理。经审查，如该外国法院判决不违反我国法律的基本准则或我国国家、社会利益，裁定承认其效力；否则，裁定驳回申请。裁定后不得上诉。

（3）申请承认外国法院离婚判决的程序（《关于中国公民申请承认外国法院离婚判决程序问题的规定》）（2020 年修正）

第一，适用范围（中国与对方无条约关系；只适用于夫妻身份关系，不适用于其他问题）

第 1 条　对与我国没有订立司法协助协议的外国法院作出的离婚判决，中国籍当事人可以根据本规定向人民法院申请承认该外国法院的离婚判决。

对与我国有司法协助协议的外国法院作出的离婚判决，按照协议的规定申请承认。

第 2 条　外国法院离婚判决中的夫妻财产分割、生活费负担、子女抚养方面判决的承认执行，不适用本规定。

第二，受理法院

第 5 条　申请由申请人住所地中级人民法院受理。申请人住所地与经常居住地不一致的，由经常居住地中级人民法院受理。

申请人不在国内的，由申请人原国内住所地中级人民法院受理。

第三，不予承认的情形

第 12 条　经审查，外国法院的离婚判决具有下列情形之一的，不予承认：

①判决尚未发生法律效力；

②作出判决的外国法院对案件没有管辖权；

③判决是在被告缺席且未得到合法传唤情况下作出的；

④该当事人之间的离婚案件，我国法院正在审理或已作出判决，或者第三国法院对该当事人之间作出的离婚案件判决已为我国法院所承认；

⑤判决违反我国法律的基本原则或者危害我国国家主权、安全和社会公共利益。

【提示注意】根据《民诉法解释》544 条，承认外国法院作出的离婚判决，不以作出判决的外国国家与我国存在条约或互惠关系为前提。

四、外资非正常撤离中国相关利益方跨国追究与诉讼的问题

2008 年《外资非正常撤离中国相关利益方跨国追究与诉讼工作指引》

1. 中方当事人在国内的救济途径	(1) 国内申请立案：外资非正常撤离事件发生后，中方当事人要及时向有关司法主管部门（法院或侦查机关）申请民商事或刑事案件立案。 (2) 提出司法协助请求：各主管部门可根据各自系统内工作程序及我国和相应国家签订的司法协助条约，通过条约规定的中央机关在本国向外方提出司法协助请求。 (3) 外方给与协助：外方根据所缔结条约有义务向中方提供司法协助。
2. 外资方的连带清偿责任	不履行正常清算义务给债权人造成损失的，作为有限责任公司的股东、股份有限公司的控股股东和董事以及公司实际控制人的外国企业或个人仍应承担相应民事责任，对公司债务承担连带清偿责任。
3. 中国法院判决的承认与执行	中方当事人提起的民事诉讼在我国法院胜诉后，如败诉的外国当事人在中国无可供执行的财产，胜诉方可依据中国和相应国家签订的司法协助条约或依据败诉方在国外的财产所在地的法律，请求外国有管辖权的法院承认和执行中国法院的生效判决、裁定。
4. 中方当事人在国外的救济途径	我国与外国缔结的《民商事司法协助条约》相互赋予了对方国民与本国国民同等的诉讼权利。中方债权人可据此在已缔约条约国家民事诉讼，有经济困难的我国公民在外诉讼，可根据所在国法律申请相应法律援助。
5. 对涉嫌犯罪人员的引渡	对极少数恶意逃避欠缴，税额巨大，涉嫌犯罪的嫌疑人员，国家有关主管部门在立案后，可视具体案情通过条约规定的中央机关或外交渠道向犯罪嫌疑人逃往国提出引渡请求或刑事诉讼移转请求，以最大程度地确保犯罪嫌疑人受到法律追究。

【图表精要】

一、国际商事仲裁

（一）仲裁协议的有效性及其认定

1. 仲裁协议无效的情形：《仲裁法》第 17 条、18 条

2. 仲裁协议约定不明的处理：《〈仲裁法〉解释》第 3 ~ 7 条

3. 仲裁协议效力的认定：《仲裁法》第 20 条

4. 仲裁协议的法律适用：

《涉外民事关系法律适用法》第 18 条　当事人可以**协议选择**仲裁协议适用的法律。当事人没有选择的，适用**仲裁机构所在地法律**或者**仲裁地法律**。

《涉外司法解释（一）》第 12 条　当事人没有选择涉外仲裁协议适用的法律，也没有约定仲裁机构或者仲裁地，或者约定不明的，人民法院可以适用中华人民共和国法律认定该仲裁协议的效力。

★2018 年最高院《关于审理仲裁司法审查案件若干问题的规定》（以下简称"2018 年《仲裁司法审查规定》"）（第 13 ~ 15 条）

（1）约定合同适用的法律 ≠ 约定合同中仲裁条款效力适用的法律，当事人协议选择确认

涉外仲裁协议效力适用的法律应作出明确表示；

（2）根据第14条，当事人没有选择适用的法律，在**仲裁机构所在地法律**与**仲裁地法律中**，应适用**确认仲裁协议有效的法律**（目的：促成仲裁协议的成立）；

（3）仲裁协议未约定仲裁机构和仲裁地，但根据仲裁协议约定的仲裁规则可以确定仲裁机构或者仲裁地的，应当认定为《涉外民事关系法律适用法》第18条规定的仲裁机构或者仲裁地。

5. 认定仲裁协议无效的报核

★《报核问题规定》（2021年修正）

中级法院或者专门法院办理涉外涉港澳台仲裁司法审查案件，经审查拟认定仲裁协议无效——应当向本辖区所属高级法院报核——高级法院经审查拟同意的——应当向最高法院报核——待最高法院审核后，方可依最高法院的审核意见作出裁定。

（二）仲裁裁决的承认与执行

1. 《承认及执行外国仲裁裁决公约》（1958年《纽约公约》）

《纽约公约》第5条	有下列情形之一时，可以拒绝承认和执行外国仲裁裁决： （1）当事人无行为能力，或仲裁协议无效； （★根据2018年《仲裁司法审查规定》第16条，法院确认仲裁协议的效力，应依据以下法律适用规则：①当事人有选择，依选择；②当事人未选择，适用裁决地所在国法）。 （2）被执行人未接到关于指派仲裁员或关于仲裁程序的通知，或由于其他情况未能出庭申辩； （3）裁决超出约定仲裁事项的范围； （4）仲裁庭的组成或仲裁程序与当事人间的协议不符，或者与仲裁地所在国法律不符； （5）裁决尚未生效； （6）依执行地国法，有关争议事项不能仲裁解决； （7）与执行地公共秩序相抵触。

2. 中国关于承认与执行仲裁裁决的规定

中国涉外仲裁裁决在中国的执行	（1）管辖法院 一方当事人不履行仲裁裁决的，对方当事人可以向被申请人住所地或者财产所在地的中级法院申请执行（《民事诉讼法》第280条）。 （2）裁定不予执行的法定情形 根据《民事诉讼法》第281条，有下列情形之一的，裁定不予执行： ①没有仲裁协议； ②被申请人没有得到指定仲裁员或进行仲裁的通知，或未能陈述意见； ③仲裁庭的组成或程序与仲裁规则不符； ④裁决的事项不属于仲裁协议的范围或仲裁机构无权仲裁； ⑤人民法院认定执行该裁决违背社会公共利益。 ★注意： 涉外 V. 非涉外（2018年《仲裁司法审查规定》第17条） 对申请执行**涉外仲裁裁决案件**的审查：适用《民事诉讼法》第281条； 对申请执行**非涉外仲裁裁决案件**的审查：适用《民事诉讼法》第244条。

	（3）不予执行的报核 中级法院或者专门法院办理涉外涉港澳台仲裁司法审查案件，经审查拟不予执行仲裁裁决──应当向本辖区所属高级法院报核──高级法院经审查拟同意的──应当向最高法院报核──待最高法院审核后，方可依最高法院的审核意见作出裁定。 （4）不予执行的救济 仲裁裁决被人民法院裁定不予执行的，当事人可以根据双方达成的书面仲裁协议重新申请仲裁，也可以向人民法院起诉（《民事诉讼法》第282条）。
外国裁决在中国的承认与执行	（1）管辖法院 当事人应直接向被执行人住所地或者财产所在地的中级法院申请，法院按照有关国际公约或者互惠原则办理（《民事诉讼法》第290条）。 （2）承认与执行的期限 法院决定予以承认与执行的，应在受理申请之日起2个月内作出裁定，在裁定后6个月内执行完毕。 （3）不予承认和执行的报核 中级法院或者专门法院办理涉外涉港澳台仲裁司法审查案件，经审查拟不予承认和执行外国仲裁裁决/不予认可和执行港澳台地区仲裁裁决──应当向本辖区所属高级法院报核──高级法院经审查拟同意的──应当向最高法院报核──待最高法院审核后，方可依最高法院的审核意见作出裁定。

（三）申请撤销仲裁裁决

申请撤销涉外仲裁裁决	（1）中国法院只能撤销本国裁决，不能撤销外国裁决。 （2）申请撤销的期限和撤销机构 当事人申请撤销裁决的，应当自收到裁决书之日起6个月内，向仲裁机构所在地中级法院提出； （3）撤销的法定理由（与撤销国内裁决的理由不同，见《仲裁法》第58条） 根据《仲裁法》第70条，当事人证明涉外仲裁裁决有下列情形之一的，法院裁定撤销： ①没有仲裁协议； ②被申请人没有得到指定仲裁员或进行仲裁的通知，或未能陈述意见； ③仲裁庭的组成或程序与仲裁规则不符； ④裁决的事项不属于仲裁协议的范围或仲裁机构无权仲裁。 （4）撤销的报核 中级法院或者专门法院办理涉外涉港澳台仲裁司法审查案件，经审查拟撤销仲裁裁决──应当向本辖区所属高级法院报核──高级法院经审查拟同意的──应当向最高法院报核──待最高法院审核后，方可依最高法院的审核意见作出裁定。 （5）法院受理当事人撤销仲裁裁决的申请后，另一方当事人申请执行同一仲裁裁决的，受理执行申请的法院应当在受理后裁定中止执行（注意：并非"不予受理"）。 （6）撤销后的救济 ①对于法院撤销仲裁裁决或驳回当事人申请的裁定，当事人无权上诉或申诉，检察院也不能提起抗诉； ②涉外仲裁裁决被法院撤销后，当事人可以依据重新达成的仲裁协议申请仲裁，也可以直接向有管辖权的法院起诉。

总结:

★仲裁司法审查案件中的报核(《报核问题规定》)

司法审查案件	情形		报核要求
对涉外涉港澳台仲裁作出否定性裁定	(1) 认定仲裁协议无效 (2) 不予执行我国内地仲裁裁决 (3) 不予承认和执行外国仲裁裁决/不予认可和执行港澳台地区仲裁裁决 (4) 撤销我国内地仲裁裁决		三级报核 中级法院/专门法院——→高级法院——→最高法院。待最高法院审核后,方可依最高法院的审核意见作出裁定。
对非涉外涉港澳台仲裁作出否定性裁定	同上(不包括第三种)	一般	二级报核 中级法院/专门法院——→高级法院。待高级法院审核后,方可依高级法院的审核意见作出裁定。
		例外	以违背社会公共利益为由不予执行或者撤销我国内地仲裁机构的仲裁裁决。 三级报核 中级法院/专门法院——→高级法院——→最高法院。待最高法院审核后,方可依最高法院的审核意见作出裁定。

二、国际民事诉讼

(一) 国际民商事管辖权

1. 普通地域管辖	《民事诉讼法》第 22 条 涉外离婚案件的管辖权:《民诉法解释》第 13～17 条
2. 特别地域管辖	《民事诉讼法》第 272 条 根据该条,只要具备以下连结因素之一,中国法院就有权管辖:(1) 合同在中国领域内签订或者履行;(2) 诉讼标的物在中国领域内;(3) 被告在中国领域内有可供扣押的财产;(4) 被告在中国领域内设有代表机构。
3. 专属管辖	《民事诉讼法》第 34 条、273 条 《民诉法解释》第 531 条 2 款
4. 协议管辖	《民事诉讼法》第 35 条 《民诉法解释》第 531 条 1 款

续表

★5. 拒绝管辖	**不方便法院原则**：在国际民事诉讼中，原告通常会选择对自己有利的法院，如法院受理案件，可能对被告不利。从法院角度来看，由于案件不涉及本国，如法院受理此案，在认定事实和适用法律方面存在困难。此时，法院可以自身属"不方便法院"为由，拒绝行使管辖。 《民诉法解释》第 532 条　涉外民事案件**同时符合**下列情形的，人民法院可以裁定驳回原告的起诉，告知其向更方便的外国法院提起诉讼： （1）被告提出案件应由更方便外国法院管辖的请求，或者提出管辖异议； （2）当事人之间不存在选择中国法院管辖的协议； （3）案件不属于中国法院专属管辖； （4）案件不涉及中国国家、公民、法人或者其他组织的利益； （5）案件争议的主要事实不是发生在中国境内，且案件不适用中国法律，人民法院审理案件在认定事实和适用法律方面存在重大困难； （6）外国法院对案件享有管辖权，且审理该案件更加方便。 归纳： 拒绝管辖三要件{**主观**：被告提出管辖异议，且双方未协议选择中国法院管辖；　**客体**：案件不属中国法院专属管辖，且不适合中国法院管辖；　**客观**：外国法院有权管辖，且更方便管辖。
6. 集中管辖	《最高人民法院关于涉外民商事案件诉讼管辖若干问题的规定》：该规定以优化资源配置、提高涉外审判质量为目的，将原来由基层法院、中级法院分散管辖的涉外民商事案件的管辖权集中到少数中级法院和特定基层法院手中进行"集中管辖"。 （1）管辖法院 第一审涉外民商事案件的管辖法院：①国务院批准设立的经济技术开发区人民法院；②省会、自治区首府、直辖市所在地的中级人民法院；③经济特区、计划单列市中级人民法院；④最高人民法院指定的其他中级人民法院；⑤高级人民法院。 对国务院批准设立的经济技术开发区人民法院所作的第一审判决、裁定不服的，其第二审由所在地中级人民法院管辖。 （2）规定适用的案件 本规定适用于下列案件：①涉外合同和侵权纠纷案件；②信用证纠纷案件；③申请撤销、承认与强制执行国际仲裁裁决的案件；④审查有关涉外民商事仲裁条款效力的案件；⑤申请承认和强制执行外国法院民商事判决、裁定的案件。涉及香港、澳门特别行政区和台湾地区当事人的民商事纠纷案件的管辖，参照本规定处理。 （3）规定不适用的案件 ①发生在与外国接壤的边境省份的边境贸易纠纷案件；②涉外房地产案件；③涉外知识产权案件。

2018 年《最高人民法院关于设立国际商事法庭若干问题的规定》

1. 性质	最高人民法院的常设审判机构。
2. "一站式"纠纷解决机制	最高人民法院组建**国际商事专家委员会**，并选定符合条件的**国际商事调解机构、国际商事仲裁机构**与**国际商事法庭**共同构建调解、仲裁、诉讼有机衔接的纠纷解决平台，形成"一站式"国际商事纠纷解决机制。

续表

3. 管辖范围	（1）当事人依照民事诉讼法第35条的规定协议选择最高人民法院管辖且标的额为人民币3亿元以上的第一审国际商事案件； （2）高级人民法院对其所管辖的第一审国际商事案件，认为需要由最高人民法院审理并获准许的； （3）在全国有重大影响的第一审国际商事案件； （4）依照本规定第14条（即选择"一站式"纠纷解决机制下的仲裁机构仲裁）申请仲裁保全、申请撤销或者执行国际商事仲裁裁决的； （5）最高人民法院认为应当由国际商事法庭审理的其他国际商事案件。
4. 程序要求	（1）合议庭审理：由三名或者三名以上法官组成合议庭审理；实行少数服从多数原则，少数意见可以在裁判文书中载明。 （2）法院委托调解：受理案件后7日内，经当事人同意，可以委托国际商事专家委员会成员或者国际商事调解机构调解。 （3）判决、裁定不得上诉，可以再审： 国际商事法庭作出的判决、裁定，是发生法律效力的判决、裁定；国际商事法庭作出的调解书，经双方当事人签收后，即具有与判决同等的法律效力。 当事人对已经发生法律效力的判决、裁定和调解书，可以向最高人民法院本部申请再审，再审应当另行组成合议庭。
5. 外国法查明的途径	国际商事法庭审理案件应当适用域外法律时，可以通过下列途径查明： （1）由当事人提供； （2）由中外法律专家提供； （3）由法律查明服务机构提供； （4）由国际商事专家委员提供；　新增 （5）由与我国订立司法协助协定的缔约对方的中央机关提供； （6）由我国驻该国使领馆提供； （7）由该国驻我国使馆提供； （8）其他合理途径。
6. 证据规则	（1）当事人向国际商事法庭提交的证据材料系在中华人民共和国领域外形成的，不论是否办理公证、认证或者其他证明手续，**均应当在法庭上质证**。 （2）当事人提交的证据材料系英文且经对方当事人同意的，**可以不提交**中文翻译件。

（二）一事再理或一事两诉

1. 概念	又称诉讼竞合。一事再理，指已由一国法院审判过的案件又被另一国法院受理；一事两诉，指相同的诉讼当事人就同一诉由或诉讼标的在两个法院或两个以上国家的法院同时诉讼。 国内民事诉讼：通常禁止。 国际民事诉讼：通常并不禁止，可以再行起诉或受理。

2. 我国规定	《民诉法解释》第533条　中华人民共和国法院和外国法院都有管辖权的案件，一方当事人向外国法院起诉，而另一方当事人向中华人民共和国法院起诉的，人民法院可予受理。判决后，外国法院申请或者当事人请求人民法院承认和执行外国法院对本案作出的判决、裁定的，不予准许；但双方共同缔结或者参加的国际条约另有规定的除外。外国法院判决、裁定已经被人民法院承认，当事人就同一争议向人民法院起诉的，人民法院不予受理。 **归纳：** $\begin{cases} 已经受理，不再承认。 \\ 已经承认，不再受理。 \end{cases}$

（三）诉讼代理（《民事诉讼法》第270条；《民诉法解释》第528、529条）

1. 外国人的诉讼代理人 $\begin{cases} （1）中国公民、中国律师 \\ （2）外国人的本国人、本国律师（以非律师身份） \\ （3）外国驻华使领馆官员（以个人名义，且不享有特权与豁免） \end{cases}$

2. 授权委托书的证明

《民事诉讼法》第271条　在中华人民共和国领域内没有住所的外国人、无国籍人、外国企业和组织委托中华人民共和国律师或者其他人代理诉讼，从中华人民共和国领域外寄交或者托交的授权委托书，应当经所在国公证机关证明，并经中华人民共和国驻该国使领馆认证（**公证＋认证**），或者履行中华人民共和国与该所在国订立的有关条约中规定的证明手续后（**条约方式**），才具有效力。

《民诉法解释》第524～526条

（1）授权委托书在国外签署

$\begin{cases} ①"公证＋认证"方式 \begin{cases} 所在国与中国有外交关系：所在国公证机关公证——中国驻该国使领馆认证 \\ 所在国与中国无外交关系：所在国公证机关公证——与中国有外交关系的第三国驻该国使领馆认证——再转由中国驻该第三国使领馆认证 \end{cases} \\ ②条约方式（中国与该所在国订立的有关条约中规定的证明手续） \end{cases}$

（2）授权委托书在国内签署

$\begin{cases} ①法官见证：外国当事人在人民法院法官的见证下签署授权委托书，委托代理人进行民事诉讼的，人民法院应予认可 \\ ②中国公证机关公证：外国当事人在中国境内签署授权委托书，委托代理人进行民事诉讼，经中国公证机关公证的，人民法院应予认可 \end{cases}$

（四）国际司法协助

1. 域外送达

（1）外国向中国送达

①中央机关途径	外国文书──→司法部──→最高院──→有关法院──→当事人 注意： A. 对未附中文译本而附英、法文译本的文书，法院仍应予以送达；但除条约另有规定，受送达人有权以未附中文译本为由拒收； B. 不管文书中确定的出庭日期或期限是否已过，均应送达。
②使领馆途径	外国驻华使、领馆可直接向其在华的本国公民送达民商事司法文书，但不得违反我国法律，不得对当事人采取强制措施。
③外交途径	适用：与我国无条约关系的国家。 《民诉法解释》第549条　与中华人民共和国没有司法协助条约又无互惠关系的国家的法院，未通过外交途径，直接请求人民法院提供司法协助的，人民法院**应予退回**，并**说明理由**。

（2）中国向外国送达

《民事诉讼法》 第274条 《涉外送达规定》 （2020年修正）	①条约方式； ②外交途径； ③使领馆途径（限于向具有中国国籍的受送达人送达）； ④向诉讼代理人送达（除受送达人在授权委托书中明确表明其诉讼代理人无权代为接收有关司法文书外，其委托的诉讼代理人为有权代其接受送达的诉讼代理人）； ⑤向代表机构或者分支机构、业务代办人送达（向分支机构、业务代办人送达，须经受送达人授权）； ⑥邮寄送达（受送达人所在国的法律允许邮寄送达时可采用，满3个月）； ⑦传真、电子邮件送达； ⑧不能用上述方式送达的，公告送达（公告期满3个月视为送达；**法院一审采取公告送达的，二审时可径行采取公告方式向当事人送达，但能够采取其他方式的除外**）； ⑨直接送达：向位于中国境内的受送达人或其法定代表人、主要负责人（董事、监事、高级管理人员等）送达。

2. 域外取证

方式 （《关于从国外调取民事或商事证据的公约》）	（1）代为取证	一国受理案件的司法机关向证据所在地国的司法机关提出请求，由后者代为取证。 ①请求书：应直接送交执行国中央机关，无需通过该国任何其他机关转交；请求书应以执行地国文字作成或附其译文。 ②可以拒绝执行请求书的理由： a. 请求事项不属于执行地国司法机关的职权范围； b. 请求书的执行将会损害执行地国主权和安全。
	（2）领事取证	通过本国驻他国领事或外交人员在驻在国直接调查取证。 限制： ①只能向在外国的其本国公民取证； ②取证方式不得违反驻在国法律； ③不得采取强制措施。
	（3）特派员取证	法院派专门的官员到外国调查取证（不得采取强制措施）。 我国规定：原则上不允许，特殊情况下可特许。
	（4）当事人或诉讼代理人自行取证	主要存在于英美法国家，公约未规定该方式。 我国规定：未经主管机关准许，外国当事人或诉讼代理人不得在我国自行取证。
域外证据的证明	2019 年《最高人民法院关于民事诉讼证据的若干规定》 第 16 条　当事人提供的公文书证系在中华人民共和国领域外形成的，该证据应当经所在国公证机关证明，或者履行中华人民共和国与该所在国订立的有关条约中规定的证明手续（公证或条约方式）。 中华人民共和国领域外形成的涉及身份关系的证据，应当经所在国公证机关证明并经中华人民共和国驻该国使领馆认证（公证＋认证），或者履行中华人民共和国与该所在国订立的有关条约中规定的证明手续（条约方式）。 当事人向人民法院提供的证据是在香港、澳门、台湾地区形成的，应当履行相关的证明手续。 第 17 条　当事人向人民法院提供外文书证或者外文说明资料，应当附有**中文译本**。	

　　2013 年最高院《关于依据国际公约和双边司法协助条约办理民商事案件司法文书送达和调查取证司法协助请求的规定》（以下简称"2013 年《办理司法协助请求的规定》"）

1. 司法协助的原则	（1）便捷高效原则：依据海牙送达公约、海牙取证公约或者双边民事司法协助条约，对外提出送达和调查取证请求——人民法院根据便捷、高效原则确定（注意：不再坚持双边条约优先适用原则）（第 1 条）。 （2）对等原则：人民法院协助外国办理送达和调查取证，适用对等原则（第 2 条）。 （3）依法审查原则：人民法院协助外国办理送达和调查取证，应当进行审查；具有条约规定的拒绝提供协助的情形，人民法院应当拒绝（第 3 条）。
2. 管理机制	"统一管理和专人负责相结合的管理机制"（第 6 条）： "最高院总负责，高院确定相关部门管理，其他法院指定专人管理"。

续表

3. 相关制度	（1）登记制度（第7条）。 （2）档案制度（第8条）：送达回证、送达证明要保存；调查取证的材料应归档。
4. 经授权高院直接对外提出请求	经最高院授权的高级法院，可以依据公约，<u>直接对外发出</u>本辖区各级法院提出的送达和调查取证请求（无需通过中国司法部转递）（第9条）。

3. 外国法院判决的承认与执行

中国关于外国法院判决承认与执行的规定	（1）提出方式 中国法院和外国法院作出的判决、裁定，要在对方国家得到承认与执行： ①<u>当事人提出</u>：可以由当事人直接向有管辖权的法院（我国为被执行人住所地或财产所在地中级法院）提出； ②<u>法院提出</u>：也可以由法院按照条约的规定或互惠原则请求对方国家法院承认与执行。 （2）提交文件 ①<u>申请书</u>，并附外国法院判决、裁定<u>正本／经证明无误的副本</u>，以及<u>中文译本</u>； ②缺席审判的，应同时提交外国法院<u>已经合法传唤的证明文件</u>（如判决、裁定中已对此予以说明的，无需提供）。 （3）承认与执行分别处理 外国法院判决、裁定或者外国仲裁裁决，需要中国法院执行的，当事人应当先向人民法院申请承认；法院裁定承认后，再按规定程序予以执行（先承认，再执行）。 当事人仅申请承认而未申请执行的，人民法院<u>**仅审查应否承认**</u>。 （4）申请或请求的审查 审查程序：<u>组成**合议庭**进行审查</u>；被申请人参与（应将申请书送达被申请人，被申请人可以陈述意见）； 审查依据：国际条约／互惠原则； 审查结果：审查后应作出裁定，裁定一经送达即发生法律效力。 （5）承认与执行的条件 ①判决已生效； ②原判决国法院必须有管辖权； ③审判程序公正； ④不与我国正在进行的或已经终结的诉讼相冲突； ⑤不违反中国公共秩序； ⑥该国与中国存在条约或互惠关系（离婚判决的承认无须此项条件）。 （6）不予承认与执行的救济 如中国对外国法院的判决不予承认与执行，当事人可以向我国法院起诉，由有管辖权的法院作出判决并予以执行。

第四章　区际法律问题

码上揭秘

【知识点】

一、区际法律冲突及其解决

（一）区际法律冲突

区际法律冲突，指一国内部不同地区实行不同法律制度，由此而产生的法律适用的相互抵触。

（二）区际法律冲突的解决

《涉外民事关系法律适用法》第6条　涉外民事关系适用外国法律，该国不同区域实施不同法律的，适用与该涉外民事关系有最密切联系区域的法律。

【真题示例】

中国某法院受理一涉外民事案件后，依案情确定应当适用甲国法。但在查找甲国法时发现甲国不同州实施不同的法律。关于本案，法院应当采取下列哪一做法？（2011-39，单选）①

A. 根据意思自治原则，由当事人协议决定适用甲国哪个州的法律

B. 直接适用甲国与该涉外民事关系有最密切联系的州法律

C. 首先适用甲国区际冲突法确定准据法，如甲国没有区际冲突法，适用中国法律

D. 首先适用甲国区际冲突法确定准据法，如甲国没有区际冲突法，适用与案件有最密切联系的州法律

【深度解析】国际法律冲突和区际法律冲突区别何在？

	国际法律冲突	区际法律冲突
1. 概念	指不同国家调整同一法律关系的法律规定不同，由此而产生的法律适用上的相互抵触。	指一国内部不同地区实行不同的法律制度，由此而产生的法律适用的相互抵触。
2. 发生范围	不同国家间	一国内部不同地区之间
3. 产生原因	各国法律规定不同	一国内部不同地区之间法律规定不同
4. 解决途径	冲突法解决途径； 国际统一实体法解决途径	区际冲突法解决途径； 国内统一实体法解决途径

---

① B。参见《涉外民事关系法律适用法》第6条。

二、区际司法协助

（一）内地与港澳台地区之间的送达

1. 内地与港澳的相互委托送达

	内地与香港 （1999 年最高院《关于内地与香港特别行政区法院相互委托送达民商事司法文书的安排》）	内地与澳门 （2001 年最高院《关于内地与澳门特别行政区法院就民商事案件相互委托送达司法文书和调取证据的安排》）
1. 机关	双方委托送达司法文书，均须通过各高级人民法院和香港特别行政区高等法院进行。最高人民法院司法文书可以直接委托香港特别行政区高等法院送达。	双方相互委托送达司法文书和调取证据，均须通过各高级人民法院和澳门特别行政区终审法院进行。最高人民法院与澳门特别行政区终审法院可以直接相互委托送达和调取证据。
2. 文书	（1）委托方请求送达司法文书，须出具盖有其印章的委托书，并须在委托书中说明委托机关的名称、受送达人的姓名或者名称、详细地址及案件的性质。 （2）委托书应当以中文文本提出。所附司法文书没有中文文本的，应当提供中文译本。以上文件一式两份。受送达人为两人以上的，每人一式两份。 （3）受委托方如果认为委托书与本安排的规定不符，应当通知委托方，并说明对委托书的异议。必要时可以要求委托方补充材料。	（1）委托方法院请求送达司法文书，须出具盖有其印章的委托书，并在委托书中说明委托机关的名称、受送达人的姓名或者名称、详细地址及案件性质。如果执行方法院请求按特殊方式送达或者有特别注意的事项的，应当在委托书中注明。 （2）委托书应当以中文文本提出。所附司法文书及其他相关文件没有中文文本的，应当提供中文译本。 （3）采取邮寄方式委托的，委托书及所附司法文书和其他相关文件一式两份，受送达人为两人以上的，每人一式两份。
3. 程序	送达司法文书，应当依照受委托方所在地法律规定的程序进行。	受委托方法院应当根据本辖区法律规定执行受托事项。委托方法院请求按照特殊方式执行委托事项的，如果受委托方法院认为不违反本辖区的法律规定，可以按照其特殊方式执行。
4. 责任	受委托方对委托方委托送达的司法文书的内容和后果不负法律责任。	受委托方法院对委托方法院委托送达的司法文书和所附相关文件的内容和后果不负法律责任。
5. 费用	委托送达司法文书费用互免。但委托方在委托书中请求以特定送达方式送达所产生的费用，由委托方负担。	委托方法院无须支付受委托方法院在送达司法文书或调取证据时发生的费用或税项。但受委托方法院根据其本辖区法律规定，有权在调取证据时，要求委托方法院预付鉴定人、证人、翻译人员的费用，以及因采用委托方法院在委托书中请求以特殊方式送达司法文书或调取证据所产生的费用。

| 6. 期限 | （1）不论司法文书中确定的出庭日期或者期限是否已过，受委托方均应送达。委托方应当尽量在合理期限内提出委托请求。
（2）受委托方接到委托书后，应当及时完成送达，最迟不得超过自收到委托书之日起2个月。 | （1）不论委托方法院司法文书中确定的出庭日期或者期限是否已过，受委托方法院均应送达。
（2）受委托方法院应优先处理受托事项。完成受托事项的期限，送达文书最迟不得超过自收到委托书之日起2个月。 |

2. 内地向港澳当事人的送达

2009 年最高院《关于涉港澳民商事案件司法文书送达问题若干规定》	
1. 适用范围	第1条　人民法院审理涉及香港特别行政区、澳门特别行政区的民商事案件时，向住所地在香港特别行政区、澳门特别行政区的受送达人送达司法文书，适用本规定。
2. 送达方式	（1）向位于内地的受送达人送达 第3条　作为受送达人的自然人或者企业、其他组织的法定代表人、主要负责人在内地的，人民法院可以直接向该自然人或者法定代表人、主要负责人送达。 （2）向诉讼代理人送达 第4条　除受送达人在授权委托书中明确表明其诉讼代理人无权代为接收有关司法文书外，其委托的诉讼代理人为有权代其接受送达的诉讼代理人，人民法院可以向该诉讼代理人送达。 （3）向代表机构、分支机构、业务代办人送达 第5条　受送达人在内地设立有代表机构的，人民法院可以直接向该代表机构送达。 受送达人在内地设立有分支机构或者业务代办人并授权其接受送达的，人民法院可以直接向该分支机构或者业务代办人送达。 （4）委托香港高等法院或者澳门终审法院送达 第6条　人民法院向在内地没有住所的受送达人送达司法文书，可以按照《内地与香港送达安排》或者《内地与澳门送达和取证安排》送达。 按照前款规定方式送达的，自内地的高级法院或者最高法院将有关司法文书递送香港高等法院或者澳门终审法院之日起满三个月，如果未能收到送达与否的证明文件且不存在本规定第十二条规定情形的，视为不能适用该方式送达。 （5）邮寄送达 第7条　人民法院向受送达人送达司法文书，可以邮寄送达。 邮寄送达时应附有送达回证。受送达人未在送达回证上签收但在邮件回执上签收的，视为送达，签收日期为送达日期。 自邮寄之日起满三个月，虽未收到送达与否的证明文件，但存在本规定第十二条规定情形的，期间届满之日视为送达。 自邮寄之日起满三个月，如果未能收到送达与否的证明文件，且不存在本规定第十二条规定情形的，视为未送达。 （6）传真、电子邮件送达 第8条　人民法院可以通过传真、电子邮件等能够确认收悉的其他适当方式向受送达人送达。

2009 年最高院《关于涉港澳民商事案件司法文书送达问题若干规定》	
	（7）公告送达 第9条　人民法院不能依照本规定上述方式送达的，可以公告送达。公告内容应当在内地和受送达人住所地公开发行的报刊上刊登，自公告之日起满三个月即视为送达。 （8）同时采取多种方式送达 第10条　除公告送达方式外，人民法院可以同时采取多种法定方式向受送达人送达。采取多种方式送达的，应当根据最先实现送达的方式确定送达日期。 （9）可以适用留置送达 第11条　人民法院向在内地的受送达人或者受送达人的法定代表人、主要负责人、诉讼代理人、代表机构以及有权接受送达的分支机构、业务代办人送达司法文书，可以适用留置送达的方式。
3. 视为送达的情形	第12条　受送达人未对人民法院送达的司法文书履行签收手续，但存在以下情形之一的，视为送达： （一）受送达人向人民法院提及了所送达司法文书的内容； （二）受送达人已经按照所送达司法文书的内容履行； （三）其他可以确认已经送达的情形。
4. 司法文书的转递	第13条　下级人民法院送达司法文书，根据有关规定需要通过上级人民法院转递的，应当附申请转递函。 上级人民法院收到下级人民法院申请转递的司法文书，应当在七个工作日内予以转递。 上级人民法院认为下级人民法院申请转递的司法文书不符合有关规定需要补正的，应当在七个工作日内退回申请转递的人民法院。

3. 内地与台湾之间的送达

2008 年最高院《关于涉台民事诉讼文书送达的若干规定》	
1. 适用范围	第1条　人民法院审理涉台民事案件向住所地在台湾地区的当事人送达民事诉讼文书，以及人民法院接受台湾地区有关法院的委托代为向住所地在大陆的当事人送达民事诉讼文书，适用本规定。 涉台民事诉讼文书送达事务的处理，应当遵守一个中国原则和法律的基本原则，不违反社会公共利益。
2. 人民法院向住所在台湾的当事人送达	人民法院向住所地在台湾地区的当事人送达民事诉讼文书，可以采用下列方式： （1）直接送达： ①受送达人居住在大陆的（相关人员应负责签收）； ②受送达人不在大陆居住，但送达时在大陆的。 （2）向诉讼代理人送达：受送达人在大陆有诉讼代理人的，向诉讼代理人送达。受送达人在授权委托书中明确表明其诉讼代理人无权代为接收的除外； （3）向代收人送达：受送达人有指定代收人的，向代收人送达； （4）向代表机构、分支机构、业务代办人送达：受送达人在大陆有代表机构、分支机构、业务代办人的，向其代表机构或者经受送达人明确授权接受送达的分支机构、业务代办人送达； 采用上述四种送达方式，当事人拒绝签收的，可以依法留置送达（第4条）。 （5）邮寄送达：受送达人在台湾地区的地址明确的，可以邮寄送达；

2008 年最高院《关于涉台民事诉讼文书送达的若干规定》	
	邮寄送达应当附有送达回证。受送达人未在送达回证上签收但在邮件回执上签收的，视为送达，签收日期为送达日期。自邮寄之日起满 3 个月，如果未能收到送达与否的证明文件，且根据各种情况不足以认定已经送达的，视为未送达（第 5 条）。 （6）传真、电子邮件送达：有明确的传真号码、电子信箱地址的，可以通过传真、电子邮件方式向受送达人送达； 该方式下，应当注明人民法院的传真号码或者电子信箱地址，并要求受送达人在收到传真件或者电子邮件后及时予以回复。以能够确认受送达人收悉的日期为送达日期（第 6 条）。 （7）其他途径送达。 该方式下，应当由有关的高级人民法院出具委托函（第 7 条）。 （8）公告送达：采用上述方式不能送达或者台湾地区的当事人下落不明的，公告送达。公告内容应当在境内外公开发行的报刊或者权威网站上刊登。公告送达的，自公告之日起满 3 个月，即视为送达（第 8 条）。
3. 人民法院代为送达台湾地区法院的诉讼文书	（1）文件要求：人民法院按照两岸认可的有关途径代为送达台湾地区法院的民事诉讼文书的，应当有台湾地区有关法院的委托函。 （2）时间要求：人民法院收到台湾地区有关法院的委托函后，经审查符合条件的，应当在收到委托函之日起两个月内完成送达。 （3）逾期仍送达：民事诉讼文书中确定的出庭日期或者其他期限逾期的，受委托的人民法院亦应予送达。 （4）不能送达的退回：人民法院按照委托函中的受送达人姓名或者名称、地址不能送达的，应当附函写明情况，将委托送达的民事诉讼文书按照原途径退回。完成的送达回证也可按照原途径退回。 （5）受托法院的免责：受委托的人民法院对台湾地区有关法院委托送达的民事诉讼文书的内容和后果不负法律责任。

例 1：内地风帆公司与台湾思嘉公司签订了出口玩具的合同，双方在合同履行中产生纠纷，思嘉公司拒绝向风帆公司付款。风帆公司将该争议诉诸内地某法院，法院作出判决书后欲向思嘉公司送达。（1）如果思嘉公司在内地有两家分支机构，法院是否可向任一分支机构送达？（2）如果采用邮寄送达，思嘉公司只是在邮件回执上签收，能否视为送达？

（1）不可以。根据最高院《关于涉台民事诉讼文书送达的若干规定》，向分支机构送达，必须经受送达人明确授权。（2）可以。根据该规定，受送达人未在送达回证上签收但在邮件回执上签收的，视为送达。

（二）内地与港澳台之间的调查取证

1. 内地与澳门之间的调查取证

2001 年最高院 《关于内地与澳门特别行政区法院就民商事案件相互委托送达司法文书和调取证据的安排》	
1. 机关	见"内地与澳门之间的送达"。
2. 文书	委托书应当以中文文本提出。所附司法文书及其他相关文件没有中文文本的，应当提供中文译本。

续表

2001 年最高院《关于内地与澳门特别行政区法院就民商事案件相互委托送达司法文书和调取证据的安排》	
3. 程序	见"内地与澳门之间的送达"。
4. 内容	（1）委托方法院请求调取的证据只能是用于与诉讼有关的证据。 （2）代为调取证据的范围包括：代为询问当事人、证人和鉴定人，代为进行鉴定和司法勘验，调取其他与诉讼有关的证据。
5. 委托方参与	受委托方法院在执行委托调取证据时，根据委托方法院的请求，可以允许委托方法院派司法人员出席。必要时，经受委托方允许，委托方法院的司法人员可以向证人、鉴定人等发问。
6. 作证人员的豁免	受委托方法院可以根据委托方法院的请求，并经证人、鉴定人同意，协助安排其辖区的证人、鉴定人到对方辖区出庭作证。 证人、鉴定人在委托方地域内逗留期间，不得因在其离开受委托方地域之前，在委托方境内所实施的行为或针对他所作的裁决而被刑事起诉、羁押，或者为履行刑罚或者其他处罚而被剥夺财产或者扣留身份证件，或者以任何方式对其人身自由加以限制。 证人、鉴定人完成所需诉讼行为，且可自由离开委托方地域后，在委托方境内逗留超过7天，或者已离开委托方地域又自行返回时，前款所指的豁免即行终止。 证人、鉴定人到委托方法院出庭而导致的费用及补偿，由委托方法院预付。 该条所指出庭作证人员，在澳门特别行政区还包括当事人。
7. 费用	见"内地与澳门之间的送达"。
8. 期限	（1）调取证据最迟不得超过自收到委托书之日起 3 个月。 （2）受委托方法院收到委托书后，不得以其本辖区法律规定对委托方法院审理的该民商事案件享有专属管辖权或不承认对该请求事项提起诉讼的权利为由，不予执行受托事项。 受委托方法院在执行受托事项时，如果该事项不属于法院职权范围，或者内地人民法院认为在内地执行该受托事项将违反其基本法律原则或社会公共利益，或者澳门特别行政区法院认为在澳门特别行政区执行该受托事项将违反其基本法律原则或公共秩序的，可以不予执行，但应当及时向委托方法院书面说明不予执行的原因。

2020 年最高院《关于修改〈内地与澳门特别行政区法院就民商事案件相互委托送达司法文书和调取证据的安排〉的决定》

最高人民法院与澳门特别行政区经协商，对 2001 年签署的《关于内地与澳门特别行政区法院就民商事案件相互委托送达司法文书和调取证据的安排》进行了修改，修改文本自 2020 年 3 月 1 日起生效。其主要变化如下：

	2001 年安排	2020 年修改后
1. 扩充了互助法院级别	内地高院←→澳门终审法院； 内地最高法←→澳门终审法院。	新增： 经与澳门特别行政区终审法院协商，最高人民法院可以授权部分中级人民法院、基层人民法院与澳门特别行政区终审法院相互委托送达和调取证据。 经授权的中级人民法院、基层人民法院收到澳门特别行政区终审法院委托书后，认为不属于本院管辖的，应当报请高级人民法院处理。
2. 放宽了对委托书的要求	须盖有法院印章	须盖有法院印章或者法官签名
3. 明确了文书材料的转递方式	未明确	新增： 双方相互委托送达司法文书和调取证据，通过内地与澳门司法协助网络平台以电子方式转递；不能通过司法协助网络平台以电子方式转递的，采用邮寄方式。 通过司法协助网络平台以电子方式转递的司法文书、证据材料等文件与原件具有同等效力。
4. 简化了无法送达的处理程序	无法送达 未能完成调取证据 }退回委托书及所附全部文件	无法送达：书面回复委托方法院。 未能完成调取证据：退回委托书及所附全部文件。
5. 新增音视频作证规定	未规定	受委托方法院可以根据委托方法院的请求，并经证人、鉴定人同意，协助安排其辖区的证人、鉴定人通过视频、音频作证。

2. 内地与香港之间的调查取证

2017 年最高院发布《内地与香港特别行政区法院就民商事案件相互委托提取证据的安排》，其很多方面规定同内地与澳门双边安排类似，主要对比如下：

	涉澳 （2001 年双边安排：双向；2020 年修正）	涉港 （2017 年双边安排：双向）
联络机关	内地高院←→澳门终审法院； 内地最高法←→澳门终审法院。 内地经授权的中级法院、基层法院←→澳门终审法院（2020 年）	内地：各高级人民法院；香港：政务司辖下行政署； 内地高院←→香港联络机关； 内地最高法←→香港联络机关。
委托书	以中文文本提出； 没有中文文本的，应当提供中文译本。	同澳门。

续表

	涉澳 （2001 年双边安排：双向；2020 年修正）	涉港 （2017 年双边安排：双向）
取证程序	一般：根据本辖区法律规定安排取证。 特殊：对方请求按照特殊方式提取证据的，如果受托方认为不违反本辖区法律规定，可以按照对方请求的方式执行。 委托方人员参与取证：根据委托方法院的请求，可以允许委托方**司法人员**出席。	程序同澳门。 委托方人员参与取证：根据委托方法院的请求，可以批准委托方**司法人员**、**有关当事人**及其**诉讼代理人**参与取证。
费用承担	原则：受托方调取证据发生的费用——委托方无须支付。 例外：鉴定人、证人、翻译人员的费用，以及应委托方要求的特殊方式取证产生的额外费用——可要求委托方法院预付。	一般性开支——受托方承担。 非一般性开支（翻译费用、专家费用、鉴定费用、应委托方要求的特殊方式取证产生的额外费用等）——委托方承担。 如果受托方认为会引起非一般性开支，应先与委托方协商，以决定是否继续执行受托事项。
期限	最迟不得超过自收到委托书之日起**3 个月**	尽量自收到委托书之日起**6 个月**内完成

【提示注意】根据内地与香港双边安排，在委托调查取证中，香港联络机关为香港政务司辖下行政署，而非香港高等法院；完成委托事项的期限为 6 个月，不同于涉澳取证中 3 个月的期限。

（三）内地与港澳台地区之间相互认可和执行法院判决

1. 内地与香港相互认可和执行民商事判决

2017 年最高院《关于内地与香港特别行政区法院相互认可和执行婚姻家庭民事案件判决的安排》

1. 适用范围	内地婚姻家庭民事生效判决——向香港法院申请认可和执行 香港婚姻家庭民事生效判决——向内地法院申请认可和执行 ｝适用本安排 内地所发的离婚证——向香港法院申请认可 香港作出的解除婚姻的协议书、备忘录——向内地法院申请认可 ｝参照适用 生效判决： （1）在内地，指第二审判决，依法不准上诉或者超过法定期限没有上诉的第一审判决，以及依照审判监督程序作出的判决； （2）在香港，指终审法院、高等法院上诉法庭及原讼法庭和区域法院作出的已经发生法律效力的判决，包括依据香港法律可以在生效后作出更改的命令。
2. 管辖法院	（1）在内地：向**申请人住所地**、**经常居住地**或者**被申请人住所地**、**经常居住地**、**财产所在地**的中级法院提出（申请人应当向其中一个法院提出申请；向两个以上有管辖权的法院提出申请的，由**最先立案的法院**管辖）。 （2）在香港：向**区域法院**提出。 （3）被申请人在内地和香港均有可供执行财产的，申请人**可以**分别向两地法院申请执行。两地法院执行财产的总额不得超过判决确定的数额。

续表

3. 不予认可和执行的情形	（1）根据原审法院地法律，被申请人未经合法传唤，或者虽经合法传唤但未获得合理的陈述、辩论机会的； （2）判决是以欺诈方法取得的； （3）被请求方法院受理相关诉讼后，请求方法院又受理就同一争议提起的诉讼并作出判决的； （4）被请求方法院已经就同一争议作出判决，或者已经认可和执行其他国家和地区法院就同一争议所作出的判决的； （5）违反公共秩序（内地：法律的基本原则或者社会公共利益；香港：法律的基本原则或者公共政策）。 判决涉及未成年子女的，在决定是否认可和执行时，应当充分考虑未成年子女的最佳利益。

2019 年最高院《关于内地与香港特别行政区法院相互认可和执行民商事案件判决的安排》

1. 适用范围	适用情形	内地与香港 民商事案件生效判决 / 刑事案件中有关民事赔偿的生效判决 相互认可和执行
	除外情形	本安排暂不适用于就下列民商事案件作出的判决： （1）内地人民法院审理的赡养、兄弟姐妹之间扶养、解除收养关系、成年人监护权、离婚后损害责任、同居关系析产案件，香港特别行政区法院审理的应否裁判分居的案件；（家庭案件） （2）继承案件、遗产管理或者分配的案件；（继承案件） （3）内地人民法院审理的有关发明专利、实用新型专利侵权的案件，香港特别行政区法院审理的有关标准专利（包括原授专利）短期专利侵权的案件，内地与香港特别行政区法院审理的有关确认标准必要专利许可费率的案件，以及有关本安排第五条未规定的知识产权案件；（专利案件） （4）海洋环境污染、海事索赔责任限制、共同海损、紧急拖航和救助、船舶优先权、海上旅客运输案件；（海事案件） （5）破产（清盘）案件；（破产案件） （6）确定选民资格、宣告自然人失踪或者死亡、认定自然人限制或者无民事行为能力的案件；（涉自然人主体案件） （7）确认仲裁协议效力、撤销仲裁裁决案件；（涉仲裁案件） （8）认可和执行其他国家和地区判决、仲裁裁决的案件。（涉认可和执行案件） 归纳八类判决："继海认人，专家破仲。"
2. 管辖法院		（1）在内地，向申请人住所地或者被申请人住所地、财产所在地的中级人民法院提出。 （2）在香港，向高等法院提出。 （3）被申请人在内地和香港均有可供执行财产的，申请人可以分别向两地法院申请执行。两地法院执行财产的总额不得超过判决确定的数额。

续表

	原则	金钱判项（不包括惩罚性赔偿） + 非金钱判项
3. 认可和执行的判决内容	例外一：执行范围最小	以下三类案件，仅认可和执行金钱判项（包括惩罚性赔偿）： （1）知识产权侵权纠纷（商业秘密侵权除外）； （2）内地法院审理的《反不正当竞争法》第6条规定的不正当竞争纠纷； （3）香港法院审理的假冒纠纷。
	例外二：执行范围最大	商业秘密侵权纠纷：金钱判项（包括惩罚性赔偿） + 非金钱判项
4. 不予认可和执行的情形	应当不予认可	（1）原审法院不具有管辖权； （2）依据原审法院地法律，被申请人未经合法传唤，或者虽经合法传唤但未获得合理的陈述、辩论机会的； （3）判决是以欺诈方法取得的； （4）被请求方法院受理相关诉讼后，原审法院又受理就同一争议提起的诉讼并作出判决的； （5）被请求方法院已经就同一争议作出判决，或者已经认可其他国家和地区就同一争议作出的判决的； （6）被请求方已经就同一争议作出仲裁裁决，或者已经认可其他国家和地区就同一争议作出的仲裁裁决的； （7）违反公共秩序（内地：法律的基本原则或者社会公共利益；香港：法律的基本原则或者公共政策）。
	可以不予认可	申请认可和执行的判决，被申请人提供证据证明在原审法院进行的诉讼违反了当事人就同一争议订立的有效仲裁协议或者管辖协议的，被请求方法院审查核实后，可以不予认可和执行。

【提示注意】1. 上述两个安排不同，2017年安排仅适用于内地与香港"婚姻家庭民事案件判决"的认可与执行，2019年安排适用于"内地与香港民商事案件判决"（婚姻家庭民事案件判决除外）的认可与执行。

2. 2019年安排生效后，将取代原2008年《关于内地与香港特别行政区法院相互认可和执行当事人协议管辖的民商事案件判决的安排》。

2. 内地与澳门相互认可和执行民商事判决

内地与澳门 （2006年最高院《内地与澳门特别行政区关于相互认可和执行民商事判决的安排》）	
适用范围	内地与澳门特别行政区民商事案件（在内地包括劳动争议案件，在澳门特别行政区包括劳动民事案件）判决的相互认可和执行，适用本安排。 本安排亦适用于刑事案件中有关民事损害赔偿的判决、裁定。 本安排不适用于行政案件。

	内地与澳门 （2006 年最高院《内地与澳门特别行政区关于相互认可和执行民商事判决的安排》）		
管辖法院	（1）内地管辖法院 内地有权受理认可和执行判决申请的法院为被申请人住所地、经常居住地或者财产所在地的中级人民法院。两个或者两个以上中级人民法院均有管辖权的，申请人应当选择向其中一个中级人民法院提出申请。 （2）澳门管辖法院 澳门特别行政区有权受理认可判决申请的法院为中级法院，有权执行的法院为初级法院。 （3）管辖竞合 被申请人在内地和澳门特别行政区均有可供执行财产的，申请人可以向一地法院提出执行申请。 申请人向一地法院提出执行申请的同时，可以向另一地法院申请查封、扣押或者冻结被执行人的财产。待一地法院执行完毕后，可以根据该地法院出具的执行情况证明，就不足部分向另一地法院申请采取处分财产的执行措施。 两地法院执行财产的总额，不得超过依据判决和法律规定所确定的数额。		
申请文件	（1）文件要求 申请书应当附生效判决书副本，或者经作出生效判决的法院盖章的证明书，同时应当附作出生效判决的法院或者有权限机构出具的证明下列事项的相关文件： ①传唤属依法作出，但判决书已经证明的除外； ②无诉讼行为能力人依法得到代理，但判决书已经证明的除外； ③根据判决作出地的法律，判决已经送达当事人，并已生效； ④申请人为法人的，应当提供法人营业执照副本或者法人登记证明书； ⑤判决作出地法院发出的执行情况证明。 如被请求方法院认为已充分了解有关事项时，可以免除提交相关文件。 被请求方法院对当事人提供的判决书的真实性有疑问时，可以请求作出生效判决的法院予以确认。 （2）文书文字 申请书应当用中文制作。所附司法文书及其相关文件未用中文制作的，应当提供中文译本。其中法院判决书未用中文制作的，应当提供由法院出具的中文译本。		
认可程序	（1）法院收到申请人请求认可和执行判决的申请后，应当将申请书送达被申请人。被申请人有权提出答辩。 （2）被请求方法院应当尽快审查认可和执行的请求，并作出裁定。		
不予认可的情形	被请求方法院经审查核实存在下列情形之一的，裁定不予认可： ①根据被请求方的法律，判决所确认的事项属被请求方法院专属管辖； ②在被请求方法院已存在相同诉讼，该诉讼先于待认可判决的诉讼提起，且被请求方法院具有管辖权； ③被请求方法院已认可或者执行被请求方法院以外的法院或仲裁机构就相同诉讼作出的判决或仲裁裁决； ④根据判决作出地的法律规定，败诉的当事人未得到合法传唤，或者无诉讼行为能力人未依法得到代理；		

续表

内地与澳门
（2006年最高院《内地与澳门特别行政区关于相互认可和执行民商事判决的安排》）

	⑤根据判决作出地的法律规定，申请认可和执行的判决尚未发生法律效力，或者因再审被裁定中止执行； ⑥在内地认可和执行判决将违反内地法律的基本原则或者社会公共利益；在澳门特别行政区认可和执行判决将违反澳门特别行政区法律的基本原则或者公共秩序。

3. 台湾地区民事判决在内地的认可和执行

2015年最高院《关于认可和执行台湾地区法院民事判决的规定》	
适用范围	台湾地区法院民事判决的当事人可以根据本规定，作为申请人向人民法院申请认可和执行台湾地区有关法院民事判决。
受理法院	申请认可台湾地区法院民事判决的案件，由申请人住所地、经常居住地或者被申请人住所地、经常居住地、财产所在地中级人民法院或者专门人民法院受理。 申请人向两个以上有管辖权的人民法院申请认可的，由最先立案的人民法院管辖。 申请人向被申请人财产所在地人民法院申请认可的，应当提供财产存在的相关证据。
认可与起诉不得同时受理	人民法院受理认可台湾地区法院民事判决的申请后，当事人就同一争议起诉的，不予受理。 一方当事人向人民法院起诉后，另一方当事人向人民法院申请认可的，对于认可的申请不予受理。 案件虽经台湾地区有关法院判决，但当事人未申请认可，而是就同一争议向人民法院起诉的，应予受理。 人民法院受理认可台湾地区法院民事判决的申请后，作出裁定前，申请人请求撤回申请的，可以裁定准许。
提交材料	申请人申请认可台湾地区法院民事判决，应当提交申请书，并附有台湾地区有关法院民事判决文书和民事判决确定证明书的正本或者经证明无误的副本。台湾地区法院民事判决为缺席判决的，申请人应当同时提交台湾地区法院已经合法传唤当事人的证明文件，但判决已经对此予以明确说明的除外。 申请人申请认可台湾地区法院民事判决，应当提供相关证明文件，以证明该判决真实并且已经生效。
不予认可的情形	台湾地区法院民事判决具有下列情形之一的，裁定不予认可： （一）申请认可的民事判决，是在被申请人缺席又未经合法传唤或者在被申请人无诉讼行为能力又未得到适当代理的情况下作出的； （二）案件系人民法院专属管辖的； （三）案件双方当事人订有有效仲裁协议，且无放弃仲裁管辖情形的； （四）案件系人民法院已作出判决或者中国大陆的仲裁庭已作出仲裁裁决的； （五）香港特别行政区、澳门特别行政区或者外国的法院已就同一争议作出判决且已为人民法院所认可或者承认的；

续表

2015 年最高院《关于认可和执行台湾地区法院民事判决的规定》	
	（六）台湾地区、香港特别行政区、澳门特别行政区或者外国的仲裁庭已就同一争议作出仲裁裁决且已为人民法院所认可或者承认的。 认可该民事判决将违反一个中国原则等国家法律的基本原则或者损害社会公共利益的，人民法院应当裁定不予认可。
申请期限	申请人申请认可和执行台湾地区法院民事判决的期间，适用民事诉讼法第 246 条的规定（2 年），但申请认可台湾地区法院有关身份关系的判决除外。 申请人仅申请认可而未同时申请执行的，申请执行的期间自人民法院对认可申请作出的裁定生效之日起重新计算。

（四）内地与港澳台地区之间相互认可和执行仲裁裁决

1. 内地与香港、澳门相互认可和执行仲裁裁决

内地与香港 （1999 年最高院《关于内地与香港特别行政区相互执行仲裁裁决的安排》、2020 年《关于内地与香港特别行政区相互执行仲裁裁决的补充安排》）	内地与澳门 （2007 年最高院《关于内地与澳门特别行政区相互认可和执行仲裁裁决的安排》）
管辖法院 （1）内地人民法院执行按香港特区《仲裁条例》作出的仲裁裁决，香港特区法院执行按《中华人民共和国仲裁法》作出的仲裁裁决，适用本安排。 （2）上条所述的有关法院，在内地指被申请人住所地或者财产所在地的中级人民法院，在香港特区指香港特区高等法院。 被申请人住所地或者财产所在地在内地不同的中级人民法院辖区内的，申请人可以选择其中一个人民法院申请执行裁决，不得分别向两个或者两个以上人民法院提出申请。 被申请人在内地和香港特区均有住所地或者可供执行财产的，申请人可以分别向两地法院申请执行。应对方法院要求，两地法院应当相互提供本方执行仲裁裁决的情况。两地法院执行财产的总额，不得超过裁决确定的数额。	（1）在内地或者澳门特别行政区作出的仲裁裁决，一方当事人不履行的，另一方当事人可以向被申请人住所地、经常居住地或者财产所在地的有关法院申请认可和执行。 内地有权受理认可和执行仲裁裁决申请的法院为中级人民法院。两个或者两个以上中级人民法院均有管辖权的，当事人应当选择向其中一个中级人民法院提出申请。澳门特别行政区有权受理认可仲裁裁决申请的法院为中级法院，有权执行的法院为初级法院。 （2）被申请人的住所地、经常居住地或者财产所在地分别在内地和澳门特别行政区的，申请人可以向一地法院提出认可和执行申请，也可以分别向两地法院提出申请。当事人分别向两地法院提出申请的，两地法院都应当依法进行审查。予以认可的，采取查封、扣押或者冻结被执行人财产等执行措施。仲裁地法院应当先进行执行清偿；另一地法院在收到仲裁地法院关于经执行债权未获清偿情况的证明后，可以对申请人未获清偿的部分进行执行清偿。两地法院执行财产的总额，不得超过依据裁决和法律规定所确定的数额。

续表

	内地与香港 （1999年最高院《关于内地与香港特别行政区相互执行仲裁裁决的安排》、2020年《关于内地与香港特别行政区相互执行仲裁裁决的补充安排》）	内地与澳门 （2007年最高院《关于内地与澳门特别行政区相互认可和执行仲裁裁决的安排》）
申请条件	（1）申请人向有关法院申请执行在内地或者香港特区作出的仲裁裁决的，应当提交以下文书：①执行申请书；②仲裁裁决书；③仲裁协议。 （2）执行申请书应当以中文文本提出，裁决书或者仲裁协议没有中文文本的，申请人应当提交正式证明的中文译本。 （3）申请人向有关法院申请执行内地或者香港特区仲裁裁决的期限依据执行地法律有关时限的规定。 （4）有关法院接到申请人申请后，应当按执行地法律程序处理及执行。	（1）申请人向有关法院申请认可和执行仲裁裁决的，应当提交以下文件或者经公证的副本：①申请书；②申请人身份证明；③仲裁协议；④仲裁裁决书或者仲裁调解书。 上述文件没有中文文本的，申请人应当提交经正式证明的中文译本。 （2）申请人向有关法院申请认可和执行内地或者澳门特别行政区仲裁裁决的期限，依据认可和执行地的法律确定。 （3）法院在受理认可和执行仲裁裁决申请之前或者之后，可以依当事人的申请，按照法院地法律规定，对被申请人的财产采取保全措施。
不予认可的情形	①仲裁协议无效：仲裁协议当事人依对其适用的法律属于某种无行为能力的情形；或者该项仲裁协议依约定的准据法无效；或者未指明以何种法律为准时，依仲裁裁决地的法律是无效的； ②程序不公：被申请人未接到指派仲裁员的适当通知，或者因他故未能陈述意见的； ③裁决超范围：裁决所处理的争议不是交付仲裁的标的或者不在仲裁协议条款之内，或者裁决载有关于交付仲裁范围以外事项的决定的；但交付仲裁事项的决定可与未交付仲裁的事项划分时，裁决中关于交付仲裁事项的决定部分应当予以执行； ④程序违约或违法：仲裁庭的组成或者仲裁庭程序与当事人之间的协议不符，或者在有关当事人没有这种协议时与仲裁地的法律不符的； ⑤裁决无拘束力：裁决对当事人尚无约束力，或者业经仲裁地的法院或者按仲裁地的法律撤销或者停止执行的； ⑥争议不可仲裁：有关法院认定依执行地法律，争议事项不能以仲裁解决的，则可不予执行该裁决； ⑦违反公共秩序：内地法院认定在内地认可和执行该仲裁裁决违反内地法律的基本原则或者社会公共利益，香港特区法院认定在香港特区执行该仲裁裁决违反香港特区的公共政策，澳门特别行政区法院认定在澳门特别行政区认可和执行该仲裁裁决违反澳门特别行政区法律的基本原则或者公共秩序，则可不予认可和执行该裁决。	

【提示注意】根据2020年《关于内地与香港特别行政区相互执行仲裁裁决的补充安排》：

1.《安排》名称虽然只涉及"相互执行"，但这里的"执行"应作广义理解，应解释为包括认可和执行两方面的程序；

2. 关于能否同时分别向两地法院提出申请，1999年最高院《关于内地与香港特别行政区相互执行仲裁裁决的安排》规定："被申请人的住所地或者财产所在地，既在内地又在香港特区的，申请人**不得**同时分别向两地有关法院提出申请。"而2020年补充安排修改为："被申请人在内地和香港特区均有住所地或者可供执行财产的，申请人**可以**分别向两地法院申请执行。"

例2：张某在内地某仲裁机构取得一项涉及李某的具有给付内容的生效仲裁裁决。被申请人李某经常居住地位于内地，主要财产位于澳门。对于该仲裁裁决，根据 2007 年最高人民法院《关于内地与澳门特别行政区相互认可和执行仲裁裁决的安排》，张某能否分别向内地与澳门法院提出认可和执行申请？

可以。根据该安排，被申请人的住所地、经常居住地或者财产所在地分别在内地和澳门特别行政区的，申请人可以向一地法院提出认可和执行申请，也可以分别向两地法院提出申请。

2. 2019 年最高院《关于内地与香港特别行政区法院就仲裁程序相互协助保全的安排》

（1）"保全"	财产保全、证据保全、行为保全	
（2）申请的提出	香港仲裁程序的当事人向内地提出保全	管辖法院：被申请人住所地、财产所在地或者证据所在地中级法院。 仲裁机构的转递或确认： （1）仲裁受理后提出保全，由仲裁机构转递其申请； （2）仲裁受理前提出保全，仲裁机构须提交受理仲裁案件的证明函件，内地法院采取保全措施后 30 日内未收到，解除保全。
	内地仲裁程序的当事人向香港提出保全	管辖法院：香港高等法院。 依据香港相关法律提交申请。
（3）适用法律	被请求方法律	

3. 台湾地区仲裁裁决在内地的认可和执行

2015 年最高院《关于认可和执行台湾地区仲裁裁决的规定》	
（1）适用范围	台湾地区仲裁裁决的当事人可以根据本规定，作为申请人向人民法院申请认可和执行台湾地区仲裁裁决。 本规定所称台湾地区仲裁裁决是指，有关常设仲裁机构及临时仲裁庭在台湾地区按照台湾地区仲裁规定就有关民商事争议作出的仲裁裁决，包括仲裁判断、仲裁和解和仲裁调解。
（2）受理法院	申请认可台湾地区仲裁裁决的案件，由申请人住所地、经常居住地或者被申请人住所地、经常居住地、财产所在地中级人民法院或者专门人民法院受理。 申请人向两个以上有管辖权的人民法院申请认可的，由最先立案的人民法院管辖。 申请人向被申请人财产所在地人民法院申请认可的，应当提供财产存在的相关证据。
（3）认可与起诉不得同时受理	人民法院受理认可台湾地区仲裁裁决的申请后，当事人就同一争议起诉的，不予受理。当事人未申请认可，而是就同一争议向人民法院起诉的，亦不予受理，但仲裁协议无效的除外。 人民法院受理认可台湾地区仲裁裁决的申请后，作出裁定前，申请人请求撤回申请的，可以裁定准许。
4. 提交材料	申请人申请认可台湾地区仲裁裁决，应当提交以下文件或者经证明无误的副本：（一）申请书；（二）仲裁协议；（三）仲裁判断书、仲裁和解书或者仲裁调解书。 申请人申请认可台湾地区仲裁裁决，应当提供相关证明文件，以证明该仲裁裁决的真实性。

续表

5. 不予认可的情形	对申请认可和执行的仲裁裁决，被申请人提出证据证明有下列情形之一的，经审查核实，人民法院裁定不予认可： （一）仲裁协议一方当事人依对其适用的法律在订立仲裁协议时属于无行为能力的；或者依当事人约定的准据法，或当事人没有约定适用的准据法而依台湾地区仲裁规定，该仲裁协议无效的；或者当事人之间没有达成书面仲裁协议的，但申请认可台湾地区仲裁调解的除外； （二）被申请人未接到选任仲裁员或进行仲裁程序的适当通知，或者由于其他不可归责于被申请人的原因而未能陈述意见的； （三）裁决所处理的争议不是提交仲裁的争议，或者不在仲裁协议范围之内；或者裁决载有超出当事人提交仲裁范围的事项的决定，但裁决中超出提交仲裁范围的事项的决定与提交仲裁事项的决定可以分开的，裁决中关于提交仲裁事项的决定部分可以予以认可； （四）仲裁庭的组成或者仲裁程序违反当事人的约定，或者在当事人没有约定时与台湾地区仲裁规定不符的； （五）裁决对当事人尚无约束力，或者业经台湾地区法院撤销或者驳回执行申请的。 依据国家法律，该争议事项不能以仲裁解决的，或者认可该仲裁裁决将违反一个中国原则等国家法律的基本原则或损害社会公共利益的，人民法院应当裁定不予认可。
（6）申请期限	申请人申请认可和执行台湾地区仲裁裁决的期间，适用民事诉讼法第246条（2年）的规定。 申请人仅申请认可而未同时申请执行的，申请执行的期间自人民法院对认可申请作出的裁定生效之日起重新计算。

【归纳总结】

内地与港澳台间司法协助相关内容为国际私法中的"鸡肋"部分，时有新增，内容繁冗，但考试分值很少，2017年后连续多年未考。考生复习此部分时不必花太多时间，而应有所侧重，特别留意2017年后新增的几个还未考过的规定。

国际经济法

第一章　国际货物买卖

码上揭秘

第一节　国际贸易术语

【知识点】

一、国际贸易术语概述

国际贸易术语，是在国际贸易中逐渐形成的，表明买卖双方在不同交货条件下承担的责任、费用和风险的英文缩写。

根据《2000 年国际贸易术语解释通则》（Incoterms 2000），国际贸易术语分 E—F—C—D 四组，共 13 个（参见下表）。其排列特点在于：买方义务越来越小，卖方义务越来越大。

国际贸易术语（2000 年通则）

名称	交货地点	风险转移	运输	保险	出口手续	进口手续
EXW 工厂交货	卖方工厂	交货时	买方	（买方）	买方	买方
FCA 货交承运人 FAS 船边交货 FOB 船上交货	交承运人 装运港船边 装运港船上	交货时 交货时 装运港船舷	买方	（买方）	卖方	买方
CFR 成本加运费 CIF 成本保险费加运费 CPT 运费付至 CIP 运费保险费付至	装运港船上 装运港船上 交承运人 交承运人	装运港船舷 装运港船舷 交货时 交货时	卖方	（买方） 卖方 （买方） 卖方	卖方	买方
DAF 边境交货 DES 目的港船上交货 DEQ 目的港码头交货 DDU 未完税交货 DDP 完税交货	边境指定地点 目的港船上 目的港码头 指定目的地 指定目的地	交货时	卖方	（卖方）	卖方	买方 买方 买方 买方 卖方

国际贸易术语的主要规律（Incoterms 2000）

	规律	涵义
1. 运输	E、F 组由买方负责； C、D 组由卖方负责。	前两组 E、F 组术语均由买方负责寻找承运人，订立运输合同，自付运费，安排运输事宜；后两组 C、D 组术语均由卖方负责寻找承运人，订立运输合同，自付运费，安排运输事宜。
2. 保险	E、F 组由买方负责； CIF、CIP 和 D 组由卖方负责。	（1）根据通则，13 个术语中只有 CIF、CIP 由卖方负责办理货物运输保险； （2）无特殊约定情况下，卖方只负责投保最低险别"平安险"（2020 年通则有变化：CIP 术语下的保险级别提高到"一切险"）； （3）除 CIF、CIP 外，其余 11 个术语的保险问题 2000 年通则并未规定，实践中由买卖双方根据自身利益投保，通常为：E 组、F 组、CFR、CPT 由买方负责；D 组由卖方负责。
3. 进出口手续	（1）原则上，"卖出买进"； （2）例外情形：EXW——进出口手续都由买方办理；DDP——进出口手续都由卖方办理。	（1）通常情况下，卖方负责出口手续，买方负责进口手续； （2）EXW 术语下，进出口手续都由买方办理；DDP 术语下，进出口手续都由卖方办理。
4. 风险转移点	FOB、CFR、CIF 都在装运港船舷转移，其余都在交货时转移（2010 年通则有变化：FOB、CFR、CIF 在装运港被装上船时转移）。	（1）FOB、CFR、CIF 下，货物毁损灭失的风险在装运港货物越过船舷转移时由卖方转移给买方； （2）其余术语在"交货时"风险转移，此处"交货时"的确定与"交货地点"密切相关，具体而言： ①FCA、CPT、CIP 下，货交承运人时风险转移； ②FAS 下，货到装运港船边时风险转移； ③E 组、D 组下，都在相应的交货地点交货时风险转移。
5. 地名含义	E 组（地点）——卖方工厂所在地； F 组（地点）——装运地、装运港； C 组（地点）——目的港、目的地； D 组（地点）——目的地。	重点掌握 F 组、C 组后面地点的判断，具体而言： FCA（地点）——装运地； FAS（地点）、FOB（地点）——装运港； CFR（地点）、CIF（地点）——目的港； CPT（地点）、CIP（地点）——目的地。

二、几个常用的贸易术语（FOB、FAS、FCA、CIF、CFR）

FOB（Free on Board，船上交货）

1. 交货地点：装运港船上

2. 风险转移点：货物装上船时

3. 双方义务

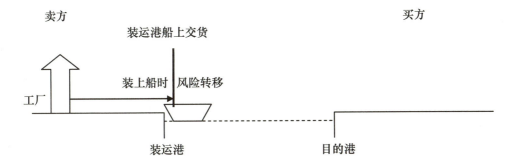

卖方义务：
(1) 提供货物和单证；
(2) 办理出口手续；
(3) 将货物装船并通知买方；
(4) 承担货物装上船之前的风险和费用。

买方义务：
(1) 支付货款并接受单证；
(2) 办理进口手续；
(3) 负责运输；
(4) 承担货物装上船以后的风险和费用。

例1：泰国甲公司以 FOB 条件向日本某公司出口出售一级大米 500 吨，装船时经公证人检验，货物品质与合同规定完全相符。甲公司在货物装船后及时向买方发出装船通知。由于运输途中海浪过大，大米被海水浸泡，当货物达到目的港口后，只能按三级大米的价格出售，买方要求卖方赔偿大米品质下降造成的差价损失。根据 2010 年通则，卖方甲公司是否应对该损失负责？

不负责。根据 2010 年通则，在 FOB 术语下，货物在装运港被装上船时风险转移给买方，卖方承担货物装上船之前的风险，货物装上船以后的风险由买方承担。本例中，货物的风险发生在海上运输途中，此时货物已经装上船，因此，该损失应由买方承担。

FAS（Free Alongside Ship，船边交货）

1. 交货地点：装运港船边
2. 风险转移点：货物交到船边时
3. 双方义务

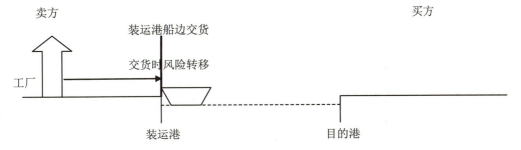

FCA（Free Carrier，货交承运人）

1. 交货地点：货交承运人时
2. 风险转移点：货交承运人时
3. 双方义务

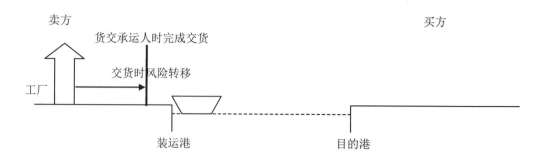

【提示注意】FCA、FAS与FOB的区别主要在于交货地点和风险转移点的不同：FCA在货交承运人时；FAS在装运港船边；FOB在装运港船上。

CIF（Cost, Insurance and Freight，成本、保险费+运费）

1. 交货地点：装运港船上

2. 风险转移点：货物装上船时

3. 双方义务

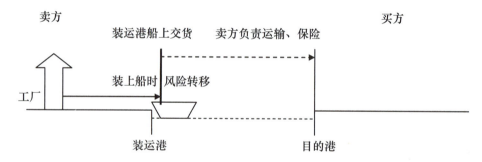

卖方义务：
（1）提供货物和单证；
（2）办理出口手续；
（3）负责运输；
（4）办理保险；
（5）承担货物装上船之前的风险和费用。

买方义务：
（1）支付货款并接受单证；
（2）办理进口手续；
（3）承担货物装上船以后的风险和费用（运费和保险费除外）。

CFR（Cost and Freight，成本+运费）

（1）除保险由买方办理外，其他义务与CIF术语基本相同；

（2）在CFR术语中，卖方装船，买方投保，因此，卖方在装船后应给买方以充分的通知；否则，由此造成买方漏保引起的货物损失应由卖方承担。

例2：澳大利亚A公司与中国B公司签订了一份出口合同，由澳大利亚A公司向中国B公司出口一批铁矿砂，交货条件为CFR天津。合同规定，澳大利亚A公司在2008年6月30日交货。澳大利亚A公司按合同规定时间完成交货，货船于当日起航驶往天津港。7月15日，A公司向B公司发来传真，通知货物已经装船。B公司于当日向保险公司投保。货物到达天津港后，B公司经调查发现，货物于7月10日在海上运输途中发生雨淋损失。根据2010年《国际贸易术语解释通则》，该损失应由谁承担？

A公司承担。在CFR术语中，卖方在装船后应给买方以充分通知。该项义务事关买方能否及时对运输货物进行投保，如卖方怠于通知，由此造成买方漏保而引起的损失应由卖方承担。本例中，澳大利亚A公司已按合同在规定时间将货物装船，理应立即向买方发出已装船通知，但 A 公司事实上到 7 月 15 日才发出装船通知，造成买方未能对货物在装船后至 7 月 15 日前可能发生的风险进行投保，因此，在该段时间内发生的损失应由 A 公司承担。

【真题示例】

甲国 A 公司向乙国 B 公司出口一批货物，双方约定适用 2010 年《国际贸易术语解释通则》中 CIF 术语。该批货物由丙国 C 公司"乐安"号商船承运，运输途中船舶搁浅，为起浮抛弃了部分货物。船舶起浮后继续航行中又因恶劣天气，部分货物被海浪打入海中。到目的港后发现还有部分货物因固有缺陷而损失。关于 CIF 贸易术语的适用，下列选项正确的是：(2012 - 99，不定项)①

A. 货物的风险在装运港完成交货时由 A 公司转移给 B 公司

B. 货物的风险在装运港越过船舷时由 A 公司转移给 B 公司

C. 应由 A 公司负责海运运输

D. 应由 A 公司购买货物海运保险

三、2010 年通则新增的两个术语（DAT、DAP）

与 2000 年通则相比，《国际贸易术语解释通则 2010》在 D 组新增了 DAT 和 DAP 两个术语，取代了原 DAF、DES、DEQ 和 DDU 四个术语。

1. DAT（Delivered at Terminal）（运输终端交货）：卖方在约定期限内，在指定港口或地点的运输终端，将货物从抵达的运输工具上卸下，并交由买方处置。"运输终端"可以是任何地点，如码头、仓库、集装箱堆场或者铁路、公路或航空货运站等。卖方承担交货完成前货物毁损或灭失的一切风险。

2. DAP（Delivered at Place）（目的地交货）：卖方在约定期限内，在指定地点，将仍处于运输工具上，且已做好卸载准备的货物交由买方处置。

DAT 与 DAP 的主要区别在于：

DAT 下，卖方需要承担把货物由运输工具上卸下的费用；DAP 下，卖方只需在指定目的地把货物交于买方控制之下，无须承担卸货费用。

DAT（Delivered at Terminal，运输终端交货）

1. 交货地点：指定的运输终端（如码头、仓库、集装箱堆场或货运站等）

2. 风险转移点：交货时

3. 双方义务

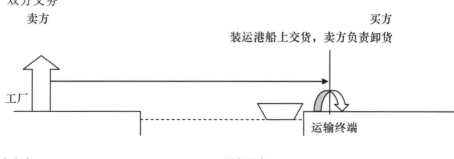

卖方　　　　　　　　　　　　　　　　　　　　买方
　　　　　　　　　　　　　　　　装运港船上交货，卖方负责卸货

工厂　　　　　　　　　　　　　　　　　　运输终端

卖方义务：　　　　　　　　　　　　买方义务：
（1）提供货物和单证；　　　　　　（1）支付货款并接受单证；

---

① ACD。根据 2010 年通则，CIF 术语下，货物的风险在装运港完成交货时（即货物在装运港被装上船时）由卖方转移给买方，A 项正确。CIF 术语下，卖方负责运输、保险，C、D 正确。

（2）办理出口手续；

（2）办理进口手续；

（3）负责运输，在运输终端负责卸货；

（3）承担交货以后的风险和费用。

（4）承担交货以前的风险和费用。

DAP（Delivered at Place，目的地交货）

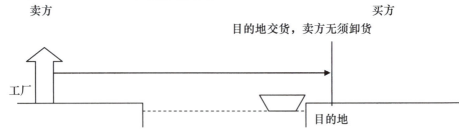

注意：DAP 与 DAT 术语基本相同，两者区别在于

——DAT 术语下，卖方负责卸货；

——DAP 术语下，卖方无须卸货。

四、2020 年《国际贸易术语解释通则》的主要修改

为了适应全球经贸发展的最新变化，国际商会于 2019 年 9 月公布了《国际贸易术语解释通则 2020》（Incoterms 2020），新版通则于 2020 年 1 月 1 日生效。2020 年通则主要变化如下：

【提示注意】国际贸易术语解释通则属国际惯例，2020 年通则的生效，并不意味着以往版本通则的失效，选用哪个版本由当事人约定。

（一）DAT 更名为 DPU

DAT（Delivered at Terminal，运输终端交货）更名为 DPU（Delivered at Place Unloaded，卸货地交货），但内容没有变化。

2010 年通则中，DAT（运输终端交货）下的"运输终端"可以是任何地点；2020 年通则将其直接命名为 DPU（卸货地交货），更能反映出交货地点可以是任何地点而不仅仅是运输终端。

【提示注意】1. DAT 改为 DPU，只是名称的改变，该术语的实质内容没有任何变化。

2. 此类改变主要是为了便于理解和应用。原 DAT（Delivered at Terminal，运输终端交货）名称下，给人须在某固定的"运输终端"交货的感觉，但实际上这里的"运输终端"并不固定，可以是指定的任何地点，DPU（Delivered at Place Unloaded，卸货地交货）的名称更符合现实。另外，DPU（Delivered at Place Unloaded）与 DAP（Delivered at Place）对比，更能让人看出前者需要卸货而后者无需卸货的区别。

（二）提高了 CIP 的保险级别

2010 年通则中，CIF 和 CIP 术语下，如果双方没有特别约定，卖方只需投保最低级别的海上货物运输保险即"平安险"；2020 年通则中，CIP 术语下的保险级别提高到"一切险"。

【提示注意】此类改变主要是为了顺应现实发展的需要。在国际贸易实践中，CIF 术语主要适用于大宗初级产品贸易，如小麦、玉米、铁矿石等的买卖，此类产品对保险要求较低，一般投保"平安险"即可；CIP 术语多适用于工业制成品贸易，如机器、仪器设备等的买卖，此类产品对保险要求较高，故 2020 年通则将其保险级别提高到"一切险"。

（三）FCA 引入附加选项

FCA（Free Carrier，货交承运人），指卖方在指定地点将货物交给买方指定的承运人，即完成交货和风险转移。

该术语下，卖方把货物交给买方指定的承运人即完成交货义务（尚未装船），难以从承运人获得已装船提单。2020 年通则就提单问题引入新的附加选项，规定买卖双方可以约定，买方指定的承运人在装货开始后将向卖方签发已装船提单。

（四）明确了 FCA 和 D 组术语可以使用自有运输工具

对于 FCA 和 D 组（DAP、DPU、DDP）术语，2010 年通则并未考虑交易双方自行运输的情形，而是推定使用第三方承运人进行运输。2020 年通则规定，在上述术语下买卖双方可以使用自有运输工具。

（五）在运输义务和成本中加入了安保要求

以往的通则并没有明确安保义务的分配规则，在实践中也经常发生买卖双方因谁承担安保费用而相互推诿扯皮的现象。为解决该问题，2020 年通则在每个术语下都规定了安保义务的分配规则，并明确了履行相关义务的费用承担问题，将安保费用纳入运输费用，即谁负责运输谁承担运输中的安保费用。

【提示注意】 安保义务与运输义务的分担完全一致，可记为"谁负责运输，谁负责安保"。

> **【归纳总结】**
> 国际贸易术语是法考几乎每年必考内容，因其离现实生活较远，也是不少考生复习时的难点。对于贸易术语，我们可从两方面来理解：第一，从形式上看，贸易术语是三个英文字母的组合；第二，从实质上看，贸易术语表明，在不同英文字母组合下，买卖双方承担不同的责任、费用和风险划分。

第二节 《联合国国际货物销售合同公约》

【知识点】

一、公约的适用范围

1. 适用公约的合同

（1）国际货物销售合同：公约采取营业地标准，即以当事人营业地位于不同的国家为标准，而不管其国籍如何。即使当事人国籍相同，但营业地位于不同缔约国，也属国际货物销售合同。

例 3：A、B 两公司均在甲国注册成立，A 公司营业地位于甲国，B 公司常年营业地位于乙国。甲乙两国均为《国际货物销售合同公约》的缔约国。现 A、B 两公司缔结一电视机买卖合同，该合同能否通过公约来调整？

可以。只要双方营业地位于不同缔约国，公约即可适用，不论双方国籍是否相同。

（2）依据国际私法扩大适用：如果依据国际私法规则导致适用某一缔约国法律，即使双方或一方营业地不在缔约国，仍适用公约。

例 4：营业地位于甲国的 A 公司与营业地位于乙国的 B 公司在丙国签订一货物买卖合同，合同约定，该合同所发生的纠纷适用丙国法解决。后双方因合同发生纠纷而诉至乙国法院。甲乙两国均不是《国际货物销售合同公约》缔约国，丙国是公约的缔约国且对公约未提出任何保留。对于 A、B 两公司的合同纠纷，法院能否适用公约来解决？

可以。对于合同问题，各国通常依据当事人意思自治原则确定准据法。本例中，A、B 两公司约定适用丙国法，而丙国恰是公约缔约国，因此公约可以适用。

2. 不适用公约的情形

第一，以下六种货物的销售不适用公约：

（1）购买供私人、家人或家庭使用的货物的销售（例外：如果卖方在订立合同时，不知道也没理由知道该货物属消费者购买，则公约仍可适用）；

（2）经由拍卖的销售；

（3）根据法律执行令状或其他令状的销售；

（4）公债、股票、投资证券、流通票据或货币的销售；

（5）船舶、船只、气垫船或飞机的销售；

（6）电力的销售。

第二，以下两种合同不适用公约：

（1）由买方提供制造货物的大部分原材料的合同，如来件装配、来料加工合同等；

（2）供货一方的绝大部分义务在于提供劳务或其他服务的合同，如咨询服务合同等。

3. 公约不涉及的法律问题

（1）有关销售合同的效力或惯例的效力；

（2）所有权转移问题；

（3）货物引起的人身伤亡责任。

4. 公约适用的任意性

（1）当事人可以通过选择其他法律而排除公约的适用，即，满足适用公约的条件，但如果双方在合同中约定适用其他法律，则排除了公约的适用。

【提示注意】（1）必须明确约定适用"×国××法"时，才能排除公约的适用，仅一般性地约定适用某一缔约国法律时，公约仍然可以适用；（2）如果双方选择适用某一国际惯例（如贸易术语），则不能认为排除了公约的适用。

例5：甲乙两国均为《国际货物销售合同公约》的缔约国，营业地位于甲国的 A 公司与营业地位于乙国的 B 公司签订一国际货物买卖合同，双方约定因合同产生的纠纷适用甲国法解决。后双方因合同纠纷诉至甲国法院。（1）本案中公约能否适用？（2）如果双方订立合同时约定采用 CIF 价格术语，是否可以排除公约的适用？

（1）可以。双方仅约定适用甲国法，但未指明适用该国的什么法，公约仍可适用。（2）不能。选择贸易术语不能排除公约的适用。两者在很多方面的内容互补，贸易术语主要解决买方双方的责任、费用和风险划分，而没有涉及违约救济等内容。

（2）当事人可以在合同中约定部分地适用公约，或对公约的内容进行改变（但不得改变当事人营业地所在国提出保留的内容）。

5. 中国加入公约时的保留

（1）合同形式的保留

根据公约第 11 条，销售合同无须以书面订立或书面证明，在形式方面也不受任何其他条件的限制。中国对此提出了保留，认为国际货物销售合同应采用书面形式，口头或其他形式对中国不适用。目前我国已撤销了该项保留。

（2）扩大适用的保留

根据公约第 1 条第 1 款 b 项，如果国际私法规则导致适用某一缔约国的法律，则可以适用公约。中国对此提出了保留，中国认为，当事人双方营业地所在国均为缔约国，其订立的合同才能适用公约。

二、国际货物买卖合同的订立

（一）要约

要约，指向一个或一个以上特定的人提出的订立合同的意思表示。

1. 构成要件

（1）向一个或一个以上特定的人提出。该规定要求受要约人必须特定，而非不特定的公众。这使得要约与散发广告、商品目录、价目表等要约邀请行为相区别。

（2）内容应十分确定。所谓"十分确定"，应至少满足两个条件：①写明货物的名称；②明示或暗示地规定数量和价格或规定如何确定数量和价格。

（3）要约必须送达受要约人。要约于送达受要约人时生效。

2. 要约的撤回与撤销

（1）要约的撤回：指要约人在要约发出之后而尚未到达受要约人之前，取消该要约，使其失去作用的行为。一项要约，即使是不可撤销的，仍可以撤回，只要撤回的通知于该要约到达受要约人之前或同时送达受要约人。

（2）要约的撤销：指要约人在要约已经送达受要约人之后，取消该要约，使其效力归于消灭的行为。

要约的撤销应符合以下条件：①在未订立合同之前，要约可以撤销，但撤销通知须于受要约人发出接受通知之前送达受要约人。②下列两种情况下，要约不得撤销：第一，要约写明了接受要约的期限或以其他方式表示要约是不可撤销的；第二，受要约人有理由信赖该要约是不可撤销的，而且受要约人已本着对该要约的信赖行事。

例6：2008 年 6 月 16 日，日本 A 公司向中国 B 公司发盘如下：L3 型彩色电视机 1800 台，每台 350 美元 FOB 大阪，即期装运，要约的有效期截至 2008 年 7 月 25 日。A 公司在向中国 B 公司发出要约后，又收到新加坡 C 公司购买该种型号电视机的要约，报价高于 A 公司发给中国 B 公司的要约价格。由于当时中国 B 公司尚未对该要约作出承诺，于是 A 公司在 7 月 15 日向中国 B 公司发出撤销 6 月 16 日要约的通知，并与新加坡 C 公司签约。但 7 月 19 日，A 公司收到了中国 B 公司的承诺，接受日本 A 公司的要约条件，并随之向 A 公司开出了不可撤销信用证，要求 A 公司履行合同。后因 A 公司未履约，中国 B 公司诉诸中国国际经济贸易仲裁委员会，要求 A 公司赔偿损失。A 公司辩称，该公司于 2008 年 6 月 16 日发出的要约已于 7 月 15 日被撤销，该要约已失去效力，因而 B 公司 7 月 19 日的承诺无效，合同没有成立。根据《国际货物销售合同公约》，A 公司撤销要约的行为是否有效？

无效。根据《联合国国际货物销售合同公约》第 16 条，要约可以撤销，但撤销通知须于受要约人作出承诺之前送达受要约人。但这项规定有一定限制，在下列情况下，要约一旦生效，即不得撤销：第一，要约写明了接受要约的期限或以其他方式表示要约是不可撤销的；第二，受要约人有理由信赖该项要约是不可撤销的，而且受要约人已本着对该项要约的信赖行事。本案中，A 公司发出的要约已规定要约有效期至 2008 年 7 月 25 日，显然属于不可撤销的要约。B 公司的承诺于 7 月 19 日即要约的有效期内到达 A 公司，因此，合同已经成立。

3. 要约的失效

要约失效后，要约人和受要约人均不再受要约的拘束。要约失效的情况主要包括以下三种：（1）要约因期间已过而失效；（2）要约因要约人的撤销而失效；（3）要约因受要约人的拒绝而失效。

（二）承诺

承诺，指受要约人通过声明或其他方式，对要约内容表示同意的意思表示。承诺生效时合同即告成立。

1. 构成要件

（1）须由受要约人作出。承诺可以通过受要约人的声明或其他行为作出，但缄默或不行为本身不等于承诺。

（2）须在要约规定的有效期间内作出。逾期承诺或迟到的承诺不能认为是有效的承诺，而是一项新要约，一般须经原要约人承诺才能成立合同。

（3）须与要约的内容一致。如果受要约人的意思表示对要约的内容进行了实质性修改即构成反要约。反要约是对要约的拒绝，不发生承诺的效力，须经原要约人承诺才能成立合同。

对要约内容的变更包括以下两种：

第一，实质性变更。凡在承诺中对下列事项有所变更，均视为实际性变更：①货物价格；②付款；③货物质量和数量；④交货地点和时间；⑤当事人的赔偿责任范围；⑥解决争端。注意：含有实质性变更的答复视为对要约的拒绝，并构成反要约。

第二，非实质性变更。含有非实质性变更的答复仍构成承诺，除非要约人在不过分迟延的期间内以口头或书面通知反对其间的差异。如要约人不表示反对，则合同条件就以该项要约的条件以及承诺通知所载更改为准。

例7：1997年7月20日，香港甲公司给厦门乙公司发出要约称："鳗鱼饲料数量180吨，单价CIF厦门980美元，总值176 400美元，合同订立后三个月装船，不可撤销即期信用证付款，请电复"。厦门乙公司还盘："接受你方发盘，在订立合同后请立即装船"。对此香港甲公司没有回音，也一直没有装船。厦门乙公司认为香港甲公司违约。该合同是否成立？

不成立。根据《国际货物销售合同公约》，对要约表示承诺但载有添加、限制或其他更改，应视为拒绝该项要约，并构成反要约。凡在承诺中对下列事项有所添加或变更者，均视为在实质上变更了要约：①货物价格；②付款；③货物质量和数量；④交货地点和时间；⑤当事人的赔偿责任范围；⑥解决争端。本例中，厦门乙公司在还盘时对交货时间进行了变更，应视为对要约的实质性变更，故合同未成立。

2. 承诺生效的时间

公约采取**到达生效主义**。

（1）对要约所作的承诺，应于表示同意的通知送达要约人时生效。如果表示同意的通知在要约人所规定的时间内未送达要约人，如未规定时间，则在一段合理时间内未送达要约人，承诺即为无效。

（2）对口头要约应当立即承诺，但情况表明有不同要求者除外。

3. 逾期承诺

逾期承诺，指承诺通知到达要约人的时间已经超过了要约所规定的有效期，或者在要约未规定有效期时，已超过了合理的时间。

（1）主观逾期承诺：没有客观原因，仅由于受要约人的原因造成承诺迟延到达。该类逾期承诺原则上无效，但如果要约人毫不迟延地用口头或书面表示接受该逾期承诺，则该逾期承诺仍然有效，合同成立。

（2）客观逾期承诺：载有逾期承诺的信件或其他书面文件表明，它是在传递正常、能及时送达要约人的情况下寄发的，但由于邮递延误或其他客观原因造成该承诺迟延到达。该类逾期承诺原则上有效，但如果要约人毫不迟延地用口头或书面通知表示原要约已经失效，则该逾期承诺无效。

例8：中国甲公司于5月9日发商务电传至加拿大乙公司，该电传称："可供白糖1500公吨，每公吨500美元，CFR温哥华，10月装船，不可撤销信用证付款，本月内答复有效。"乙公司于6月10日回电："你方5月9日报盘我接受，除提供通常单据外，需提供卫生检验证明。"甲公司未予答复。根据公约，乙公司作出的承诺是否有效？

甲公司在要约中要求，要约在5月当月内答复有效，而乙公司到6月才给予答复，显然属于主观逾期承诺。根据公约，该类逾期承诺原则上无效，但如果要约人毫不迟延地用口头或书面表示接受该逾期承诺，则该逾期承诺仍然有效。本例中，要约人甲公司并未予以答复，因此，乙公司的逾期承诺应为无效。

4. 承诺的撤回

（1）撤回承诺是承诺人阻止其承诺发生法律效力的一种意思表示。

（2）承诺可以撤回，只要撤回的通知能在承诺生效之前或与其同时送达要约人。

（3）承诺只有撤回，没有撤销。一旦承诺生效，合同即告成立，承诺就不得被撤销。

三、买卖双方的义务

（一）卖方义务

1. 交付货物

（1）交货地点

①合同有约定的依约定。

②没有约定时，分以下三种情况：

A. 如果合同涉及货物的运输，卖方应把货物移交给第一承运人；

例9：中国江西某公司与日本某公司签订了出口一批纯铜的合同，合同约定卖方负责运输，9月20日前交货。8月6日，卖方中国江西公司将货物在南昌火车站装车，货物于8月8日抵达上海港，并于当日装船前往日本某港口。中国江西公司在哪里完成交货义务？

南昌火车站。本例中既包括铁路运输，也包括海上运输，货交第一承运人时完成交货义务。

B. 如果合同指的是特定货物，或从特定货物中提取的，或还在生产中未经特定化，而双方当事人在订立合同时已知道这些货物的特定地点，则卖方应在该地点交货；

C. 在其他情况下，卖方应在订立合同时的营业地交货。

（2）交货时间

卖方应按以下日期交付货物：

①如果合同规定有交货日期，或从合同可以确定日期，应在该日期交货；

②如果合同规定有一段时间（如规定卖方"在收到信用证10天内交货"、"9月份交货"），或从合同可以确定一段时间（如规定"合同订立后2个月内交货"），除非情况表明应由买方选定一个日期外，应在该段时间内任何时候交货；

③在其他情况下，应在订立合同后一段合理时间内交货。

2. 交付单据

（1）如果卖方有义务移交与货物有关的单据，他必须按照合同规定的时间、地点和方式移交这些单据。

（2）如果卖方在约定的时间以前已移交这些单据，则可在时间届满前纠正单据中任何不符合合同规定的情形。

（3）卖方行使纠正单据的权利使买方承担不合理开支的，买方有权要求赔偿。

3. 质量担保

（1）卖方交付的货物必须与合同所规定的数量、质量和规格相符，并须按照合同所规定的方式装箱或包装。

例10： 甲国A公司与乙国B公司签订一农产品买卖合同，合同约定A公司从B公司购买一批三级红枣。由于三级红枣缺货，B公司以一级红枣代替三级红枣交货。B公司是否履行了交货的相关义务？

没有。根据公约，卖方交付的货物必须与合同所规定的数量、质量和规格相符，虽然B公司交付的货物等级更高，但仍违反了质量担保义务。

（2）如合同未对上述问题作出明确规定，则货物应满足以下要求：①适用于通常使用的目的，即货物应适用于同一规格货物通常使用的目的；②适用于特定目的，即货物应适用于订立合同时明示或默示地通知卖方的任何特定目的；③与样品或样式相符，即货物的质量应与卖方向买方提供的货物样品或样式相同；④包装要求，即货物应按照同类货物通用的方式装箱或包装，如果没有此种通用方式，则按照足以保全和保护货物的方式装箱或包装。

（3）质量担保责任的免除

如果买方在订立合同时知道或不可能不知道货物不符合合同，则卖方无须按上述四项承担不符合合同的责任。

（4）买方检验货物的时间

①买方应在实际可行的最短时间内检验货物或由他人检验货物；

②如果合同涉及货物的运输，检验可推迟到货物到达目的地后进行；

③如果货物在运输途中改运或买方须再发运货物，没有合理机会加以检验，而卖方在订立合同时已知道或理应知道这种改运或再发运的可能性，检验可推迟到货物到达新目的地后进行。

（5）买方发现质量不符后的通知义务

①买方对货物不符合同，必须在发现或理应发现不符情形后一段合理时间内通知卖方，说明不符合同情形的性质，否则就丧失声称货物不符合同的权利；

②无论如何，如果买方不在实际收到货物之日起2年内将货物不符合同情形通知卖方，他就丧失声称货物不符合同的权利，除非这一时限与合同规定的保证期限不符。

4. 权利担保

（1）所有权担保

卖方所交付的货物，必须是第三方不能提出任何权利或要求的货物，除非买方同意在这种权利或要求的条件下收取货物。

（2）知识产权担保

①卖方所交付的货物，必须是第三方不能根据工业产权或其他知识产权主张任何权利或要求的货物。

②知识产权担保的限制：

第一，地域限制。卖方并不是对第三方依据任何一国的法律所提出的知识产权的权利或请求都要向买方承担责任，而只是在下列两种情况下才须向买方负责：

A. 依据货物的预期转售地法律，如果双方当事人在订立合同时预期货物将在某一国境内转售或作其他使用，则卖方对于第三方依据该国法律提出的有关知识产权的权利或要求，应对买方承担责任；

B. 依据买方营业地所在国法律，在任何其他情况下，卖方对第三方依据买方营业地所在国的法律提出的有关知识产权的权利或要求，应对买方承担责任。

例 11：2006 年 3 月，甲国 A 公司出口一批机床给乙国 B 公司，合同注明 B 公司进口该批机床拟转售给丙国。2006 年 6 月，丙国政府下达禁令，禁止进口该种甲国机床。B 公司不得已将该批设备转售给丁国。2007 年 2 月，丁国 C 公司控告 B 公司的该批机床侵犯其专利权，B 公司遂要求 A 公司对此承担责任。根据公约，A 公司是否对此承担责任？

不承担。根据公约，第三方只有依据货物的预期转售地法律，或者买方营业地所在国法律，提出有关权利或要求，卖方才承担责任。本例中，货物的预期转售地为丙国，买方营业地所在国为乙国，只有依据这两个国家的法律提出相关权利或要求，A 公司才承担责任。

第二，主观限制。在下列两种情况下，卖方的知识产权担保义务免除：

A. 买方在订立合同时已知道或不可能不知道此项权利或要求；

B. 此项权利或要求的发生，是由于卖方要遵照买方所提供的技术图样、图案、款式或其他规格。

例 12：甲国 A 公司出口一批机床给乙国 B 公司，合同注明 B 公司进口该批机床拟转售给丙国。B 公司在订立合同时已发现，如该批机床在丙国市场销售将侵犯丙国 M 公司的专利权，但 B 公司仍然与甲公司订立合同，并最终将该批机床销往丙国市场，后遭到丙国 M 公司的起诉。该情形下，A 公司是否对此承担责任？

不承担。买方 B 公司在订立合同时已知道该项权利的存在，卖方 A 公司可以免责。

（3）买方的通知义务

当买方已知道或理应知道第三方的权利或要求后一段合理时间内，应将此项权利或要求通知卖方，否则，即丧失了要求卖方辩驳第三方的权利。

【真题示例】

营业地在中国的甲公司向营业地在法国的乙公司出口一批货物。乙公司本拟向西班牙转卖该批货物，但却转售到意大利，且未通知甲公司。意大利丙公司指控该批货物侵犯其专利权。关于甲公司的权利担保责任，根据《联合国国际货物销售合同公约》规定，下列哪些选项是正确的？（2007-83，多选）①

A. 甲公司应承担依意大利法提出的知识产权主张产生的赔偿责任

B. 甲公司应承担依法国法提出的知识产权主张产生的赔偿责任

C. 甲公司应担保在全球范围内该批货物不侵犯他人的知识产权

D. 甲公司的知识产权担保义务不适用于该批货物依乙公司提供的技术图样生产的情形

（二）买方义务

1. 支付货款

（1）付款地点

①合同有约定的依约定；

②如果合同未作规定，买方应在以下地点付款：

A. 卖方的营业地；

B. 如凭移交货物或单据支付货款，则为移交货物或单据的地点。

---

① BD。根据公约，卖方应担保其销售的货物不能被依货物预期转售地或买方营业地所在国法律提出知识产权权利或要求，西班牙是预期转售地，法国是买方营业地所在国，B 项正确，A、C 错误。根据公约，如此项权利或要求的发生，是由于卖方要遵照买方所提供的技术图样、图案、款式或其他规格，则卖方知识产权担保义务免除，D 项正确。

（2）付款时间

如果合同未具体规定付款时间，则买方应依下列时间付款：

①在卖方将货物或单据置于买方控制下时付款；

②如果合同涉及运输，在收到银行的付款通知时付款；

③在买方没有机会检验货物前，无义务支付货款；但是，如果这种机会与双方约定的交货或付款程序相抵触，则买方丧失其在付款前检验货物的权利。

2. 接收货物

（1）采取一切理应采取的行动

买方应采取必要的行动，如及时指定交货地点或按合同规定安排有关运输事宜等，以便卖方顺利履行其交货义务。

（2）接收货物

①买方有义务在卖方交货时接收货物，如因不及时接收而导致卖方承担滞期费等额外费用，买方应对此承担相应责任；

例13：中国甲公司（卖方）与德国乙公司（买方）签订货物买卖合同，合同约定：钢材3000吨，500欧元/吨，CIF汉堡，9月20日前到港。中国甲公司委托美达航运公司承运货物。货物于9月18日抵达汉堡港，承运人立即通知乙公司提货。但乙公司拖延至9月26日才提货，由此导致船舶在汉堡港产生2万欧元滞期费。对于该滞期费，甲公司在偿付承运人后可否向乙公司索赔？

可以。买方有义务在卖方交货时接收货物，如因不及时接收而导致卖方承担滞期费等额外费用，买方应对此承担相应责任。

②"接收"不等于"接受"，接收并不表明买方对货物的质量没有异议，如货物经检验发现与合同不符，买方也应先接收货物，然后进行索赔。

例14：中国甲公司从美国乙公司进口一批水果，合同约定货到验收后付款。货物到达目的港，甲公司提货验收后，发现货物总重量短少12%，单个体积和重量也不符合合同规定。对于该批货物，甲公司是否可以拒绝接收？

不可以。根据公约，买方有义务在卖方交货时接收货物。因此，虽然卖方交货不符合同，但买方仍应接收货物，而不应拒绝。

（3）两种特殊情形

①卖方提前交货：买方可以收取货物，也可以拒绝收取货物；

②卖方交付的货物数量大于合同规定的数量：买方可以收取，也可以拒绝收取多交部分的货物；如果买方收取多交货物，则必须按合同价格付款。

四、风险转移

（一）风险转移的后果

风险，指货物由于自然灾害、意外事故或其他当事人以外的原因而可能遭受的毁损或灭失。确定风险转移的目的在于明确风险发生后损失由谁承担。

根据公约第66条，风险由卖方转移到买方后，货物遗失或损坏的，买方支付货款的义务并不因此解除，除非这种遗失或损坏是由于卖方造成的。

（二）风险转移的原则

1. 公约采取所有权与风险转移相分离的原则，卖方保留控制货物处置权的单据，并不影响风险的转移；

2. 划拨是风险转移的前提。划拨，也称特定化，指将一笔货物确定在某一合同项下，它意味着卖方将所出售的货物与某一特定合同联系在一起。划拨的方式包括：卖方在货物包装上打上标记，注明目的港和收货人、货物名称、产地等；也可以是卖方提交装运单据，单据中注明货物的收货人；还可以是卖方在货物装船后向买方发出装船通知等。根据公约，货物划拨到合同项下之前，风险不转移给买方。

例 15：中国 A 公司与乙国 B 公司签订出口粮食 200 吨的合同。合同约定，卖方 A 公司应将货物在秦皇岛港交付给"大兴号"货轮运输。除 B 公司外，A 公司还与丙国 C 公司、丁国 D 公司签订粮食出口合同，由于航线一致，所有货物共计 800 吨都由"大兴号"运输。A 公司按规定将货物装船，但并未对交付 B、C、D 三公司的粮食加以标注区分，也未及时发出装船通知。船舶离港后不久遇风暴，导致粮食 350 吨受潮。对于粮食的受潮损失，应由哪方承担？

A 公司。虽然 A 公司已按规定将货物交付"大兴号"，但由于货物尚未特定化，故风险不发生转移，应由卖方承担风险。

（三）风险转移的时间

1. 合同中订有运输条款

（1）如果运输条款规定卖方有义务在某一特定地点把货物交给承运人运输，则货物于该地点交付给承运人后，风险转移给买方。

（2）如果合同中没有指明交货地点，卖方只要按规定把货物交给第一承运人，风险就转移给买方。

2. 在运输途中销售的货物

通常合同订立时风险转移。

3. 其他情况下

（1）从买方接收货物时起，风险转移至买方。

例 16：合同规定买方在 7 月份到卖方仓库接收 100 箱水果。7 月 1 日，卖方把 100 箱水果标明买方的名称，并堆放在仓库中的发运场。买方于 7 月 20 日派车接运了该批水果。1）风险何时转移？2）如果在 7 月 18 日，货物发生意外灭失，损失由谁承担？

1）7 月 20 日，买方接收货物之时风险转移。2）7 月 18 日买方还没有提货，此时风险不转移，损失由卖方承担。

（2）如果买方不在适当时间内接收货物，则从货物交给他处置时起，风险转移至买方。

例 17：在上例中，如果买方到 7 月底仍不来收取货物，7 月 30 日，卖方通知买方接收货物的期限即将届满，并催他尽快提货，但买方未置可否。8 月 3 日，部分货物由于雨水浸泡受损。该部分损失应由谁承担？

合同规定买方应在 7 月份提货，即 7 月 1 日至 31 日均属于买方可提货的时间，7 月 31 日为提货截止日。因此，7 月 31 日以后风险转移至买方，8 月 3 日发生的损失应由买方承担。

（3）在卖方营业地以外的地点交货

如果买方有义务在卖方营业地以外的某一地点（如第三方仓库、买方营业地）接收货物，当交货时间已到而买方知道货物已在该地点交给他处置时，风险转移至买方。

例 18：合同规定卖方向买方交付一批皮棉，该皮棉由卖方加注标记后存放于第三方仓库。5 月 1 日，合同规定的交货期到来，卖方向买方发出提货通知，同时告知仓库保管员向买方交货。5 月 3 日，因仓库失火导致大部分货物被毁。该损失应由谁承担？

买方承担。5 月 1 日，交货时间已到，买方收到卖方通知知道货物已交给他处置，因而风险转移至买方。这之后发生的损失应由买方承担。

（四）风险转移和卖方违约的关系

货物的风险仅限于因自然原因、意外事故等所致的损坏或灭失的危险，如果货物的损坏或灭失是由于卖方违约所致，则买方仍然有权向卖方提出索赔，采取因此种违约而可以采取的各种补救办法。

例19： 合同规定卖方以 CIF 价格向买方交付 500 袋大豆，品质为一级。卖方按时交付了货物，船舶在航行中遇到风暴导致部分受损。货物到港后，买方经检验发现：有 120 袋大豆受潮发霉，而有证据证明这 120 袋大豆交货时为三级品。对于这 120 袋大豆的损失，买方可否向卖方索赔？

可以。120 袋大豆为三级品，说明卖方交货不符合合同约定，买方的索赔权利并不因风险转移后又发生损失而受到影响。

【提示注意】 对于风险转移的时间，《国际货物销售合同公约》和《国际贸易术语解释通则》均有规定，但两者规定并不相同，遇具体问题应首先看清题目要求依据哪个规则判断。

【真题示例】

甲公司与乙公司依 CIF 安特卫普价格订立了出口一批布料的合同。货物运输途中，乙公司将货物转卖给丙公司。关于这批布料两次交易的风险转移时间，依 2000 年《国际贸易术语解释通则》及《联合国国际货物销售合同公约》的规定，下列哪些选项是正确的？（2007 – 86，多选）①

A. 在甲公司与乙公司之间，货物风险在货物交第一承运人时转移

B. 在甲公司与乙公司之间，货物风险在货物越过装运港船舷时转移

C. 在乙公司与丙公司之间，货物风险原则上在双方订立合同时转移

D. 在乙公司与丙公司之间，货物风险原则上在丙公司收到货物时转移

五、违约救济

（一）卖方违约时买方的救济措施

1. 要求**实际履行**：卖方违约时，买方可要求卖方按照合同规定履行其义务。

（1）要求实际履行前，买方不得采取与该方法相抵触的救济方法（如解除合同），否则，将丧失要求实际履行的权利；

（2）买方可以规定一段宽限期，让卖方履行其义务。

2. 要求**交付替代物**：如果货物与合同不符，买方可以要求卖方替代交付与合同相符的货物。

（1）货物与合同不符必须构成根本违约；

（2）交付替代物的要求，必须与说明货物不符的通知同时提出，或者在发出通知后一段合理时间内提出。

3. **修理**：如果货物与合同不符，买方可以要求卖方进行修理。

修理要求必须与说明货物不符的通知同时提出，或者在发出通知后一段合理时间内提出。

4. **减价**：如果货物与合同不符，不论货款是否已付，买方都可以减低价格。

（1）不论货款是否已付，买方均可行使该项救济；

---

① BC。甲公司与乙公司之间应依 CIF 术语判断风险转移，根据 2000 年通则，CIF 术语下风险在货物越过装运港船舷时转移，A 项错误，B 项正确。乙公司与丙公司之间应依《国际货物销售合同公约》判断风险转移，根据公约，运输途中销售的货物通常合同订立时风险转移，C 项正确。

（2）减价按实际交付的货物在交货时的价值与符合合同的货物在当时的价值两者之间的比例计算。

例 20：合同规定卖方向买方交付 200 吨一等大米。货到后，经买方检查发现，其中 50 吨大米为二等品，但考虑到市场需求旺盛，买方接受了整批大米，但要求对 50 吨大米减价。卖方认为，买方事先已经付款并且接受了该批货物，因此不得减价。双方因此诉至法院。法院应如何认定？

买方可以要求减价。根据公约，不论货款是否已付，买方均可要求减价。

5. 解除合同（宣告合同无效）

（1）买方在两种情况下可以解除合同：①卖方根本违约；②卖方在宽限期内没有交货或声明不交货。

例 21：合同约定卖方向买方交付小麦一等品，买方用该批小麦作种子。后卖方向买方实际交付小麦三等品。买方可否解除合同？

可以。三等品小麦无法用作种子，卖方行为显然使买方根据合同所预期达到的目的无法实现，已构成根本违约，买方可以解除合同。

例 22：合同约定卖方在 6 月份向买方交付小麦一等品。卖方未按时交货，买方通知卖方，可在 7 月份交货，但卖方在该期限内仍未能交货。买方可否解除合同？

可以。卖方在 1 个月的宽限期内没有交货，买方可以解除合同。

（2）买方应在知道或理应知道卖方违约后一段合理时间内提出，否则将丧失解除合同的权利。

（二）买方违约时卖方的救济措施

1. 要求实际履行：买方违约时，卖方可要求买方按照合同规定履行其义务。

（1）要求实际履行前，卖方不得采取与该方法相抵触的救济方法（如解除合同），否则，将丧失要求实际履行的权利；

（2）卖方可以规定一段宽限期，让买方履行其义务。

2. 解除合同（宣告合同无效）

（1）卖方在两种情况下可以解除合同：①买方根本违约；②买方不在宽限期内履行义务，或声明其将不履行义务。

（2）卖方应在知道或理应知道买方违约后一段合理时间内提出，否则将丧失解除合同的权利合同。

（三）适用于买卖双方的一般规定

1. 预期违反合同

预期违反合同，也称预期违约，指合同订立后，履行期到来前，一方明示拒绝履行合同，或通过其行为推断其将不履行。

一方预期违反合同，另一方可采取的救济措施：

（1）中止履行义务

如果订立合同后，另一方当事人由于下列原因显然将不履行其大部分重要义务，一方当事人可以中止履行义务：（1）他履行义务的能力或他的信用有严重缺陷；（2）他在准备履行合同或履行合同中的行为；

结束：被中止方提供了履行合同义务的充分保证。

无论货物发运前还是发运后，中止履行的一方必须通知另一方；如另一方对履行义务提供了充分保证，则中止履行的一方必须继续履行。

例 23：中国甲公司（卖方）与新加坡乙公司（买方）订立出口精密仪器的合同，合同规定：买方在仪器制造过程中按进度付款。合同订立后，乙公司获悉甲公司提供的仪器质量不稳定，于是立即通知甲公司：据悉你方供货质量不稳定，故我方暂时中止履行合同。卖方甲公司收到通知后，立即向乙公司发出书面保证：已委托中国某高级科研院所对该批产品进行把关检测；如不能履行义务，由银行偿还买方按合同作出的一切支付。甲公司同时向乙公司出具了一份银行保函。乙公司能否继续中止履行合同？

不能。卖方甲公司已提供充分保证，买方应继续履行合同。

（2）解除合同

在履行合同日期之前，明显看出一方当事人将<u>根本违约</u>，另一方当事人可以解除合同。准备解除合同的一方应向另一方发出合理通知。

2. 分批交货的违约责任

（1）一方当事人不履行对任何一批货物的义务构成<u>对该批货物的根本违约</u>，另一方可以<u>对该批货物解除合同</u>；

（2）如有充分理由断定<u>对今后各批货物将发生根本违约</u>，可宣告合同今后无效，即<u>解除合同对以后各批货物的效力</u>；

（3）当买方宣告合同对任何一批货物的交付为无效，而<u>各批货物又相互依存</u>的情况下，另一方可<u>解除整个合同</u>。

例 24：法国甲公司（卖方）与中国乙公司（买方）签订成套矿山采掘机械设备出口合同。合同规定设备分四批交货，前两批为零部件，第三批为核心设备，第四批为附属设备。合同履行过程中，买方乙公司检查发现，前两批零部件存在某些质量问题，第三批货物与合同要求严重不符，无法用于特定条件采掘作业。乙公司可采取何种救济措施？

乙公司可以解除整个合同。本例中，合同标的物为成套矿山采掘机械设备，各批次货物之间存在密切关联，特别是第三批核心设备与合同严重不符，即使第四批附属设备符合合同，也将导致整套设备最终无法正常使用，此时，买方可解除整个合同。

【真题示例】

甲公司与乙公司订立一份国际货物买卖合同，分三批履行，其中第二批出现了质量问题。请问依 1980 年《联合国国际货物销售合同公约》的规定，下列哪一选项是正确的？（2007 – 43，单选）①

A. 只要第二批货物的质量问题构成根本违约，买方即可宣告合同对该批货物无效

B. 只要第二批货物的质量问题构成根本违约，买方即可宣告合同对已交付或今后交付的各批货物无效

C. 如第二批货物的质量问题构成一般违约，买方可宣告合同对该批货物无效

D. 如第二批货物的质量问题构成根本违约，买方仅可宣告合同对该批货物和今后交付的货物无效

3. 损害赔偿

（1）赔偿金额的计算

一方当事人违反合同应负的损害赔偿额，应与另一方当事人因他违反合同而遭受的包括利润在内的损失额相等；赔偿金额应以违约方预料到或理应预料到的可能损失为限。

---

① A。

（2）减轻损失的义务

声称另一方违约的当事人，必须按情况采取合理措施，减轻由于另一方违约而引起的损失；如果他不采取这种措施，违约的一方可以要求从损害赔偿中扣除原可以减轻的损失数额。

（3）其他救济不妨碍损害赔偿

买方或卖方所采取的其他救济措施，并不妨碍其同时提出损害赔偿。

4. 解除合同的效果

（1）解除了买卖双方在合同中的义务，但并不解除违约一方损害赔偿的责任，以及合同中有关争议解决和双方在合同解除后权利义务的规定；

（2）买方必须按实际收到货物的原状归还货物，如买方归还的货物不具有交货时的使用价值，则买方丧失解除合同的权利；

（3）买卖双方必须归还因接受履行所获得的收益（卖方应归还所收取的货款的利息，买方应归还由于使用或转卖货物所得的收益）。

5. 保全货物

保全货物，指在一方当事人违约时，另一方当事人仍持有货物或控制货物的处置权时，该当事人有义务对其所持有或控制的货物进行保全。

（1）适用条件

①卖方保全货物的条件：买方没有按合同规定付款或收取货物，而卖方仍拥有货物或控制着货物的处置权；

②买方保全货物的条件：买方已收取货物，但打算退货。

例25：合同规定买方应于10月份在卖方存放货物的仓库提货。卖方于10月1日将货物划拨到合同项下，但直到11月1日，买方仍未来提货。卖方于是将该批货物另行放置于其厂房车间某处。11月16日，当买方到达收货地点收取货物时，发现由于存放地点漏雨，货物已遭受锈蚀。对于该货物的损失，应由哪一方承担责任？

卖方。虽然从11月1日起，货物的风险即转移至买方，但在买方未按合同规定接收货物时，卖方有义务对该批货物进行保全，卖方不能对货物放任不管，否则，由此造成的损失应由卖方承担。

（2）保全方式

第一，寄存。有义务采取保全措施的一方当事人，可以把货物寄放在第三方的仓库，由另一方当事人承担费用。

第二，出售。①如果货物易于迅速变坏，或者货物的保全将牵涉不合理的费用，保全义务人可以出售货物，并应将出售意图在可能的范围内通知对方；②出售货物的一方有权从出售所得中扣除为保全货物和销售货物而发生的合理费用。

6. 免责

根据公约，如果一方当事人不履行义务，能证明该不履行义务是由于某种非他所能控制的障碍引起，而且对于这种障碍，没有理由预期他在订立合同时能考虑到或者能避免或克服，则该当事人不负责任。

（1）免责的条件：①不履行义务是由于当事人不能控制的障碍所致（如战争、禁运、风暴、洪水等）；②这种障碍是不履行一方在订立合同时无法预见的；③这种障碍是当事人不能避免或克服的。

（2）免责的通知：不履行义务的一方必须将障碍及其对他履行义务能力的影响通知另一方。如果对方在不履行义务的一方已知道或理应知道此障碍后一段合理时间内仍未收到通知，则不履行义务的一方对由于对方未收到通知而造成的损害应负赔偿责任。

（3）免责的后果：只是免除了不履行义务一方对另一方的损害赔偿责任，但受损方依据公约采取其他补救措施的权利不受影响。

例 26： 甲国 A 公司（买方）与乙国 B 公司（卖方）订立了一份国际货物买卖合同。后乙国政府颁布法令对甲国实施贸易禁运，导致 B 公司不能按照合同履行交货义务。（1）B 公司是否可以解除合同？（2）如果 A 公司在合理时间内未能收到 B 公司的相关不能履行的通知，A 公司是否有权就因此遭受的损失要求 B 公司赔偿？

（1）B 公司因其不能控制的障碍导致无法交货，可以解除合同。（2）B 公司应把障碍及其影响及时通知 A 公司，否则对由于 A 公司未收到通知而造成的损失应负赔偿责任。

【真题示例】

2006 年 6 月，佛易纳公司与晋堂公司签订了一项买卖运动器材的国际货物销售合同。晋堂公司作为买方在收到货物后发现其与合同约定不符。依据 1980 年《联合国国际货物销售合同公约》的规定，下列哪些表述是正确的？（2006－84，多选）①

A. 如果货物与合同不符的情形构成根本违反合同，晋堂公司可以解除合同

B. 根据货物与合同不符的情形，晋堂公司可以同时要求减价和赔偿损失

C. 只有在货物与合同不符的情形构成根本违反合同时，晋堂公司关于交付替代物的要求才应当被支持

D. 如果收到的货物数量大于合同规定的数量，晋堂公司应当拒绝接受多交部分的货物

【深度解析】 如何理解国际货物销售合同的违约类型？

从违约的时间划分，可将违约分为预期违约和实际违约。预期违约，又称预期违反合同，指合同订立后，履行期到来前，一方明示拒绝履行合同，或通过其行为推断其将不履行的情形。预期违约与实际违约相对应。实际违约，指合同规定的履行期届满后，一方或双方当事人对合同义务的实际违反。预期违约与实际违约的区别在于：（1）发生时间不同，预期违约发生在合同履行期届满前，实际违约发生在合同履行期届满后；（2）违约方不同，预期违约一般仅发生在一方当事人，实际违约可能发生于一方当事人，也可能发生于双方当事人。

从违约的程度划分，可将违约分为根本违约和一般违约。公约第 25 条规定："如果一方当事人违反合同的结果，使另一方当事人蒙受损害，以致于实际上剥夺了他根据合同有权期待得到的东西，即属根本违约，除非违反合同的一方并不预知而且同样一个通情达理的人处于相同情况下也没有理由预知会发生这种结果。"判断一项违约是否构成根本违约，应依据两个标准：第一，违约后果的严重程度，必须达到剥夺了另一方当事人合同预期利益的程度；第二，违约后果的可预见性，即违约方应预知这种结果，第三人能预知这种结果。一般违约，指违约严重程度较轻，不影响合同目的实现的违约情形。如果行为构成根本违约，受害方有权解除合同；如仅构成一般违约，则受害方无权解除合同，只能采取其他救济措施。

如违约后果严重，预期违约也可构成根本违约，此时，受害方可解除合同。

---

① ABC。根据公约，卖方构成根本违约，买方可以解除合同，A 项正确。买方或卖方所采取的其他救济措施，并不妨碍其同时提出损害赔偿，B 项正确。货物与合同不符构成根本违约，买方才能要求交付替代物，C 项正确。如果卖方交付的货物数量大于合同规定的数量，买方可以收取也可以拒绝收取多交部分的货物，D 项错误。

【归纳总结】

《国际货物销售合同公约》同样是法考每年必考内容。本节内容与民法联系甚为紧密，《民法典》合同编中不少规定来自于该公约。建议考生复习本节之前先打好民法的知识基础，从而起到事半功倍之效。

【图表精要】

一、国际贸易术语

（一）概述

国际贸易术语（2000 年通则）

名称	交货地点	风险转移	运输	保险	出口手续	进口手续
EXW 工厂交货	卖方工厂	交货时	买方	（买方）	买方	买方
FCA 货交承运人 FAS 船边交货 FOB 船上交货	交承运人 装运港船边 装运港船上	交货时 交货时 装运港船舷	买方	（买方）	卖方	买方
CFR 成本加运费 CIF 成本保险费加运费 CPT 运费付至 CIP 运费保险费付至	装运港船上 装运港船上 交承运人 交承运人	装运港船舷 装运港船舷 交货时 交货时	卖方	（买方） 卖方 （买方） 卖方	卖方	买方
DAF 边境交货 DES 目的港船上交货 DEQ 目的港码头交货 DDU 未完税交货 DDP 完税交货	边境指定地点 目的港船上 目的港码头 指定目的地 指定目的地	交货时	卖方	（卖方）	卖方	买方 买方 买方 买方 卖方

规律（2000 年通则）：

1. 运输：E、F 组由买方负责，C、D 组由卖方负责。

2. 保险：E、F 组由买方负责，CIF、CIP 和 D 组由卖方负责。

3. 清关手续：①原则上，"卖出买进"；

②例外情形，EXW——进出口手续都由买方办理；

DDP——进出口手续都由卖方办理。

4. 风险转移点：FOB、CFR、CIF 都在装运港船舷转移，其余都在交货时转移（2010 年通则有变化：FOB、CFR、CIF 在装运港被装上船时转移）

5. F 组（地点）——装运地、装运港

C 组（地点）——目的地、目的港

（二）几个常用的贸易术语（FOB、FAS、FCA、CIF、CFR）

FOB（Free on Board，船上交货）

1. 交货地点：装运港船上

2. 风险转移点：货物装上船时

3. 双方义务

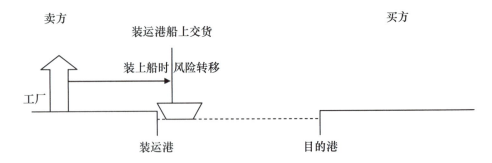

卖方义务:
(1) 提供货物和单证;
(2) 办理出口手续;
(3) 将货物装船并通知买方;
(4) 承担货物装上船之前的风险和费用。

买方义务:
(1) 支付货款并接受单证;
(2) 办理进口手续;
(3) 负责运输;
(4) 承担货物装上船以后的风险和费用。

FAS (Free Alongside Ship,船边交货)

1. 交货地点:装运港船边
2. 风险转移点:货物交到船边时
3. 双方义务

卖方　　　　　　　　　　　　　　　　　　　　　买方

装运港船边交货

交货时 风险转移

工厂

装运港　　　　　　　　　　　　目的港

FCA (Free Carrier,货交承运人)

1. 交货地点:货交承运人时
2. 风险转移点:货交承运人时
3. 双方义务

卖方　　　　　　　　　　　　　　　　　　　　　买方

货交承运人时完成交货

交货时 风险转移

工厂

装运港　　　　　　　　　　　　目的港

FCA、FAS 与 FOB 的区别主要在于交货地点和风险转移点的不同:

FCA——货交承运人时;

FAS——装运港船边;

FOB——装运港船上。

CIF（Cost，Insurance and Freight，成本、保险费＋运费）

1. 交货地点：装运港船上

2. 风险转移点：货物装上船时

3. 双方义务

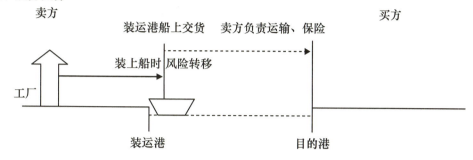

卖方义务：

（1）提供货物和单证；

（2）办理出口手续；

（3）负责运输；

（4）办理保险；

（5）承担货物装上船之前的风险和费用。

买方义务：

（1）支付货款并接受单证；

（2）办理进口手续；

（3）承担货物装上船以后的风险和费用（运费和保险费除外）。

CFR（Cost and Freight，成本＋运费）

（1）除保险由买方办理外，其他义务与 CIF 术语基本相同；

（2）在 CFR 术语中，卖方装船，买方投保，因此，卖方在装船后应给买方以充分的通知；否则，由此造成买方漏保引起的货物损失应由卖方承担。

（三）2010 年通则新增的两个术语（DAT、DAP）

1. DAT（Delivered at Terminal，运输终端交货）：卖方在约定期限内，在指定港口或地点的运输终端，将货物从抵达的运输工具上卸下，并交由买方处置。

2. DAP（Delivered at Place，目的地交货）：卖方在约定期限内，在指定地点，将仍处于运输工具上，且已做好卸载准备的货物交由买方处置。

DAT（运输终端交货）

1. 交货地点：指定的运输终端（如码头、仓库、集装箱堆场或货运站等）

2. 风险转移点：交货时

3. 双方义务

卖方义务：

（1）提供货物和单证；

（2）办理出口手续；

买方义务：

（1）支付货款并接受单证；

（2）办理进口手续；

（3）负责运输，在运输终端负责卸货；

（4）承担交货以前的风险和费用。

（3）承担交货以后的风险和费用。

DAP（目的地交货）

卖方　　　　　　　　　　　　　　　　　　　　　　买方

目的地交货，卖方无须卸货

工厂　　　　　　　　　　　　　　　　　　　　　目的地

注意：DAP 与 DAT 术语基本相同，两者区别在于

——DAT 术语下，卖方负责卸货；

——DAP 术语下，卖方无须卸货。

（四）2020 年《国际贸易术语解释通则》的主要修改

1. DAT 更名为 DPU	DAT（Delivered at Terminal，运输终端交货）更名为 DPU（Delivered at Place Unloaded，卸货地交货），但内容没有变化。 2010 年通则中，DAT（运输终端交货）下的"运输终端"可以是任何地点；2020 年通则将其直接命名为 DPU（卸货地交货），更能反映出交货地点可以是任何地点而不仅仅是运输终端。
2. 提高了 CIP 的保险级别	2010 年通则中，CIF 和 CIP 术语下，如果双方没有特别约定，卖方只需投保最低级别的海上货物运输保险即"平安险"；2020 年通则中，CIP 术语下的保险级别提高到"一切险"。
3. FCA 引入附加选项	FCA（Free Carrier，货交承运人），指卖方在指定地点将货物交给买方指定的承运人，即完成交货和风险转移。 该术语下，卖方把货物交给买方指定的承运人即完成交货义务（尚未装船），难以从承运人获得已装船提单。2020 年通则就提单问题引入新的附加选项，规定买卖双方可以约定，买方指定的承运人在装货开始后将向卖方签发已装船提单。
4. 明确了 FCA 和 D 组术语可以使用自有运输工具	对于 FCA 和 D 组（DAP、DPU、DDP）术语，2010 年通则并未考虑交易双方自行运输的情形，而是推定使用第三方承运人进行运输。2020 年通则规定，在上述术语下买卖双方可以使用自有运输工具。
5. 在运输义务和成本中加入了安保要求	每个术语下都规定了安保义务的分配规则，并明确了履行相关义务的费用承担问题，将安保费用纳入运输费用，即谁负责运输谁承担运输中的安保费用。

二、《国际货物销售合同公约》

（一）公约的适用范围

1. 适用公约的合同	（1）国际货物销售合同：营业地位于不同缔约国的当事人订立的货物销售合同； （2）依据国际私法扩大适用：如果依据国际私法规则导致适用某一缔约国法律，即使双方或一方营业地不在缔约国，仍适用公约。

续表

2. 不适用公约的合同	(1) 购买供私人、家人或家庭使用的货物的销售； (2) 经由拍卖的销售； (3) 根据法律执行令状或其他令状的销售； (4) 公债、股票、投资证券、流通票据或货币的销售； (5) 船舶、船只、气垫船或飞机的销售； (6) 电力的销售。
	(1) 由买方提供制造货物的大部分原材料的合同，如来件装配、来料加工合同等。 (2) 供货一方的绝大部分义务在于提供劳务或其他服务的合同，如咨询服务合同等。
3. 公约不涉及的法律问题	(1) 有关销售合同的效力或惯例的效力； (2) 所有权转移问题； (3) 货物引起的人身伤亡责任。

（二）要约承诺规则（参看《民法典》第三编）
（三）买卖双方的义务
1. 卖方义务

卖方义务
- （1）交付货物
- （2）交付单据
- （3）质量担保
  - ①与合同规定的数量、质量、规格和包装相符
  - ②在合同没有规定时
    - A. 适用于通常使用的目的
    - B. 适用于特定目的
    - C. 与样品或样式相符
    - D. 按照通用的方式包装，如没有通用方式，则按照足以保全和保护货物的方式包装
- （4）权利担保
  - ①所有权担保：卖方保证对其销售的货物享有完全所有权
  - ★②知识产权担保
    - 地域限制
    - 主观限制

知识产权担保

概念	卖方应保证，其销售的货物必须是第三方不能依据知识产权提出权利或要求的货物。
知识产权担保的限制	第一，<u>地域限制</u>。第三方只有依据以下法律提出有关知识产权的权利或要求，卖方才承担责任： A. 依据货物的预期转售地法律 B. 依据买方营业地所在国法律 第二，<u>主观限制</u>。在下列两种情况下，卖的知识产权担保义务免除： A. 买方在订立合同时已经知道或不可能不知道此项权利或要求 B. 此项权利或要求的发生，是由于卖方要遵照买方所提供的技术图样、图案、款式或其他规格
买方的及时通知义务	当买方已知道或理应知道第三方的权利或要求后一段合理时间内，应将此项权利或要求通知卖方（如未及时通知，则不能再要求卖方承担侵权责任）。

2. 买方义务

买方义务 {
(1) 支付货款
(2) 接收货物 {
A. 正常情况：买方应按时间按地点提取货物
B. 卖方有违约：先接收再索赔（注意保全、防损扩大；接收不等于接受）
}
}

保全货物的方式 {
①寄存：有义务保全货物的当事人，可以将货物寄放于第三方仓库，由对方承担费用
②出售：两种情形下应该出售货物：A. 货物容易变坏；B. 货物的保全牵涉不合理费用。保全义务人应将出售意图通知对方
}

（四）风险转移

确定风险转移的目的	明确货物的毁损或灭失由谁承担。风险一旦由卖方转移给买方，则货物的毁损或灭失就由买方承担。	
风险转移的时间	（1）合同中订有运输条款（卖方安排运输）	①如果运输条款规定卖方有义务在某一特定地点把货物交给承运人运输，则卖方履行义务后，风险转移给买方。②如果合同中没有指明交货地点，卖方只要按规定把货物交给第一承运人，风险就转移给买方。
	（2）在运输途中销售的货物	合同订立时风险转移。
	（3）其他情况下（买方安排运输）	如在卖方营业地交货，或在卖方营业地以外的地点交货，风险从买方接收货物，或货物交由买方处置时起转移给买方。

（五）违约救济

	违约类型	救济措施
卖方违约时买方的救济措施	不交货、少交货、迟交货	要求实际履行（条件：不得采取与该方法相抵触的救济方法）
	交货不合格	①交付替代物（条件：货物不符合同构成根本违约）②修理③减价（不论货款是否已付）
	①卖方根本违约；②卖方在宽限期内没有交货或声明不交货	解除合同
买方违约时卖方的救济措施	不付款、不收货	要求实际履行（条件：不得采取与该方法相抵触的救济方法）
	①买方根本违约；②买方不在宽限期内履行义务，或声明其将不履行	解除合同

解除合同的效果：解除了双方在合同中的义务，买方应归还货物，卖方应归还货款和利息。

注意两种特殊情形：

1. 一方采取的其他救济措施，并不妨碍其同时提出损害赔偿；

2. { 卖方提前交货：买方可以收取货物，也可以拒绝收取货物；
卖方交付的货物数量大于合同规定的数量：买方可以收取，也可以拒绝收取多交部分的货物；如果买方收取多交货物，则必须按合同价格付款。

（六）分批交货的违约责任

	无效情形	另一方可采取的处理方式
分批交付货物无效的处理	（1）仅对其中一批货物构成根本违约	对该批货物解除合同
	（2）有充分理由断定对今后各批货物将发生根本违约	宣告合同今后无效，即解除合同对以后各批货物的效力
	（3）对其中一批货物构成根本违约，而各批货物又相互依存	解除整个合同

码上揭秘

第二章　国际货物运输与保险

第一节　国际海洋货物运输

【知识点】

一、提单

提单，是承运人签发的，用以证明海上货物运输合同和货物已由承运人接管或装船，以及承运人保证据以交付货物的单证。

（一）提单的法律性质

1. 提单是海上货物运输合同的证明

（1）就承运人与托运人而言，提单是运输合同的证明，而非运输合同本身。运输合同与提单区别有三：第一，从时间上讲，运输合同在货物装船之前即已成立，而提单通常在货物装船完毕之后签发；第二，从表现形式上讲，运输合同可以是口头的，而提单却必须是书面的；第三，从意思表示上讲，运输合同是承运人与托运人双方的意思表示，而提单只是由承运人单方签发的书面文件。（2）提单经过转让后，在承运人与提单受让人之间，提单即成为二者之间的运输合同，双方的权利义务按提单条款办理。

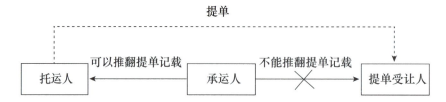

2. 提单是承运人出具的接收货物的收据（参见上图）

（1）对托运人而言，提单是承运人按提单所载内容收到货物的初步证据，如果承运人能证明其收到的货物与提单上的记载不符，承运人可以向托运人提出异议。（2）提单一经转让，对提单受让人而言，提单是最终证据，承运人对受让人不得否认提单上记载内容的正确性。

3. 提单是代表货物所有权的凭证

不记名提单和指示提单可以转让，具有物权凭证的作用。谁占有提单，谁就有权要求承运人交付提单项下的货物，承运人通常只能向提单持有人交付货物。

【深度解析】如何理解提单的"初步证据"和"最终证据"性质？

对托运人而言，提单是承运人按提单所载内容收到货物的初步证据，如果承运人事实上没有收到货物，或者收到的货物与提单上的记载不符，承运人可以向托运人提出反驳，证明事实并非如此。这是因为提单上有关货物的资料均由托运人填报，托运人应知道他所托运货物的实际情况。如，某轮船将 1500 袋咖啡豆从巴西运往中国上海港，货物于 8 月 10 日装船完毕，计划 8 月 13 日起航，承运人签发清洁提单。8 月 11 日，承运人再次检查时发现其中 360 袋有破损，200 袋重量不足，于是决定暂停运输。此时，只要承运人能够证明收到的货物与提单记载不符，即可要求托运人交还原签发的清洁提单并更改提单上的记载。

提单一经转让，对提单受让人而言，提单是最终证据，承运人对受让人不得否认提单上记载内容的正确性。这是因为提单受让人在受让提单时，并没有机会检查货物，而只能完全凭信赖提单上的记载行事，这种规定正是为了保障善意第三人的利益，以有利于提单的流转。例如，在上例中，如承运人是在货物到达目的港向提单受让人交货时发现货物存在问题，则不得拒绝向提单受让人赔偿，因为提单此时为最终证据，承运人当初签发清洁提单时已表明货物表面状况完好，不得再否认提单上的记载内容。

（二）提单的种类

1. 根据货物是否已装船

（1）已装船提单：承运人在货物装船之后签发的提单。

（2）收货待运提单：承运人在收到货物后，实际装船之前签发的提单。

2. 根据收货人的抬头

（1）记名提单：提单正面列明收货人名称的提单。这种提单只能由指定的收货人提货，一般不能转让。

（2）不记名提单：提单正面未列明收货人名称的提单。此类提单无须背书即可转让。

（3）指示提单：提单收货人一栏填写"凭指示"或"凭某人指示"字样的提单。此类提单通过背书可以转让。

【提示注意】三种提单中，不记名提单和指示提单可以转让，具有物权凭证的作用；记名提单一般不能转让，不是物权凭证。

3. 根据提单上有无批注

（1）清洁提单：承运人对货物的表面状况未加批注的提单。承运人签发清洁提单，就表明他确认货物装船时表面状况良好。银行结汇时一般只接受清洁提单。

（2）不清洁提单：承运人对货物表面状况加有不良批注的提单。此类提单表明，货物是在表面状况有瑕疵或包装不足的条件下装船的。在以信用证方式付款的情况下，除非另有规定，银行拒绝接受不清洁提单。

（三）倒签提单和预借提单

实践中，托运人的装船日期可能晚于信用证规定日期，或信用证规定日期即将届满而货物还未装船，而银行只接受与信用证规定相符的提单。此时，为取得与信用证规定日期相符的提单，托运人通常会向承运人开出保函，要求承运人倒签或预借提单。（参见下图）

倒签提单，指提单上注明的装船日期早于实际装船日期的提单。

预借提单，指货物未装船或未装船完毕，托运人为使提单的装船日期与信用证规定相符，要求承运人签发的已装船提单。

【提示注意】无论倒签或预借提单，都掩盖了货物的实际装船日期，隐瞒了迟延交货的责任，从而构成对收货人的欺诈行为，承运人应对因此造成的损失负责。

【深度解析】 如何区分倒签提单和预借提单？

倒签提单，指提单上注明的装船日期早于实际装船日期的提单。如，实际上9月25日才完成装船，船长应托运人的要求在提单上记载的装船日期却为9月6日。预借提单，指货物未装船或未装船完毕，托运人为使提单的装船日期与信用证规定相符，要求承运人签发的已装船提单。如，信用证要求8月16日完成装船，但实际情况是，货物于8月16日才交与承运人，此时，承运人应托运人要求，在未装船的情况下签发已装船提单。

区分倒签提单和预借提单，关键看货物是否已经装船：如货物已装船，承运人将装船日期倒签，为倒签提单；如货物还没有装船或没有装船完毕，承运人签发已装船提单，为预借提单。

【真题示例】

中国甲公司进口一批日产空调，合同规定以信用证支付。甲公司开出的信用证规定装船期限为1996年7月10日至7月20日，由承运人所属的"SALA"号货轮承运上述货物。"SALA"号在装货港外锚地因遇大风走锚与另外一艘在锚地待泊的油轮相撞，使"SALA"号不能如期装货。"SALA"号最后于8月15日完成装货，船长在接受了托运人出具的保函的情况下签发了与信用证一致的提单，并办理了结汇。由于船舶延迟到港错过了空调的销售季节，给甲公司造成了很大损失。甲公司为此向承运人提出了索赔要求，下列关于承运人责任的选项哪个是正确的？（1999－12，单选）①

A. 延迟装货是因为不可抗力，因此承运人对延迟不负责任

B. 承运人的行为是倒签提单，承运人应对此承担责任

C. 承运人倒签提单是应托运人的要求，因此不应承担任何责任

D. 承运人的行为是预借提单，承运人应对此承担责任

（四）无正本提单交付货物问题

2020年最高院《关于审理无正本提单交付货物案件适用法律若干问题的规定》（以下简称《规定》）

1. 承运人应当赔偿的情形

（1）正本提单持有人提出索赔

①承运人无正本提单交货：承运人因无正本提单交付货物造成正本提单持有人损失的，正本提单持有人可以要求承运人承担违约责任，或者承担侵权责任（第3条第1款）；正本提单持有人可以要求无正本提单交付货物的承运人与无正本提单提取货物的人承担连带赔偿责任（第11条）；

②提货人凭伪造提单提货：提货人凭伪造的提单向承运人提取了货物，持有正本提单的收货人可以要求承运人承担无正本提单交付货物的民事责任（第5条）；

③提单持有人与提货人达成协议，但协议款项得不到赔付：在承运人未凭正本提单交付货物后，正本提单持有人与无正本提单提取货物的人就货款支付达成协议，在协议款项得不到赔付时，不影响正本提单持有人就其遭受的损失，要求承运人承担无正本提单交付货物的民事责任（第13条）；

（2）实际托运人提出索赔

向承运人实际交付货物并持有指示提单的托运人，虽然在正本提单上没有载明其托运人身

---

① B。实际装船日期为8月15日，承运人签发了与信用证一致的提单，将提单的签发日期提前至7月10日至7月20日之间，显然属于倒签提单。倒签提单属于欺诈行为，承运人应对此承担责任。

份，因承运人无正本提单交付货物，要求承运人依据海上货物运输合同承担无正本提单交付货物民事责任的，人民法院应予支持（第12条）。

（3）承运人无单交货不适用赔偿限额

承运人因无正本提单交付货物承担民事责任的，不适用海商法第56条关于限制赔偿责任的规定（第4条）。

2. 承运人不予赔偿的情形

（1）依法向当局交货：承运人依照提单载明的卸货港所在地法律规定，必须将承运到港的货物交付给当地海关或者港口当局的，不承担无正本提单交付货物的民事责任（第7条）。

（2）货物无人领取被海关依法变卖，或货物被法院裁定拍卖：承运到港的货物超过法律规定期限无人向海关申报，被海关提取并依法变卖处理，或者法院依法裁定拍卖承运人留置的货物，承运人主张免除交付货物责任的，人民法院应予支持（第8条）。

（3）记名提单托运人行使中途停运权：承运人按照记名提单托运人的要求中止运输、返还货物、变更到达地或者将货物交给其他收货人，持有记名提单的收货人要求承运人承担无正本提单交付货物民事责任的，人民法院不予支持（第9条）。

（4）签发数份正本提单，承运人已向最先提交人交货：承运人签发一式数份正本提单，向最先提交正本提单的人交付货物后，其他持有相同正本提单的人要求承运人承担无正本提单交付货物民事责任的，人民法院不予支持（第10条）。

3. 赔偿额的计算

承运人因无正本提单交付货物造成正本提单持有人损失的赔偿额，按照货物装船时的价值＋运费和保险费计算（第6条）。

4. 诉讼时效

正本提单持有人以承运人无正本提单交付货物为由提起的诉讼，时效期间为1年，自承运人应当交付货物之日起计算；正本提单持有人以承运人与无正本提单提取货物的人共同实施无正本提单交付货物行为为由提起的侵权诉讼，诉讼时效适用本条前款规定（第14条）。

例1：甲公司依运输合同承运一批从某国进口中国的食品，当正本提单持有人乙公司持正本提单提货时，发现货物已由丙公司以副本提单加保函提走。依我国相关法律规定，（1）正本提单持有人乙公司可以要求承运人甲公司承担何种责任？（2）对乙公司的赔偿额应如何确定？

（1）根据2020年《规定》第3条，承运人因无正本提单交付货物造成正本提单持有人损失的，正本提单持有人可以要求承运人承担违约责任，或者承担侵权责任。（2）根据2020年《规定》第6条，承运人因无正本提单交付货物造成正本提单持有人损失的赔偿额，按照货物装船时的价值加运费和保险费计算。

【真题示例】

中国甲公司从国外购货，取得了代表货物的单据，其中提单上记载"凭指示"字样，交货地点为某国远东港，承运人为中国乙公司。当甲公司凭正本提单到远东港提货时，被乙公司告知货物已不在其手中。后甲公司在中国法院对乙公司提起索赔诉讼。乙公司在下列哪些情形下可免除交货责任？（2013-81，多选）①

A. 在甲公司提货前，货物已被同样持有正本提单的某公司提走

———————————

① ACD。参见2020年《关于审理无正本提单交付货物案件适用法律若干问题的规定》第7～10条。根据规定第9条，在记名提单下，承运人按照托运人的要求返还货物可以免责，而本题为指示提单，B项错误。

B. 乙公司按照提单托运人的要求返还了货物

C. 根据某国法律要求，货物交给了远东港管理当局

D. 货物超过法定期限无人向某国海关申报，被海关提取并变卖

二、其他运输单证

（一）海运单

海运单，是证明海上运输货物由承运人接管或装船，且承运人保证将货物交给指定收货人的一种不可流通的书面运输单证。

性质：

（1）与提单相同，具有货物收据和海上货物运输合同证明的作用。

（2）与提单不同，海运单不具有流通性，不能转让，因而不是物权凭证，收货人提货时无须凭海运单，只需证明其身份；同时，非法取得海运单的单据持有人无法凭以提货，故较之提单更为安全。

（3）《国际贸易术语解释通则》赋予海运单与提单相同的法律地位。

（二）多式联运单据

多式联运单据，是多式联运合同的证明，是多式联运经营人收到货物的收据及凭其交货的凭证。与提单类似，多式联运单据如果为不记名抬头或指示抬头，可以转让，此时具有物权凭证作用。

三、调整提单运输的国际公约

（一）《海牙规则》主要内容

1. 承运人最低限度的义务

（1）适航义务。承运人在开航前和开航时必须谨慎处理，以便：①使船舶具有适航性；②适当地配备船员、装备船舶和供应船舶；③使货舱、冷藏舱和该船其他运载货物的部位适宜并能安全地收受、运送和保管货物。

例2：甲公司委托乙船运公司下属"康乐"号承运一批粮食。一个月前，"康乐"号货舱通风设备由于遭遇风暴受损，直到开航时仍未修复。货物运到目的港后，收货人发现大部分粮食已发霉。对于该损失，承运人是否应承担责任？

承运人在开航时没能保证船舶货仓正常通风，显然没有尽到适航义务，承运人应对该损失负责。

（2）管货义务。承运人应适当和谨慎地装载、搬运、积载、运送、保管、照料和卸下货物；

例3：甲公司委托乙船运公司下属"康乐"号承运一批设备。装船时由于承运人的工作人员操作不当，导致3箱货物落海；因"康乐"号船员未按包装注明的要求搭载，导致10箱货物被压碎。对于上述损失，承运人是否应承担责任？

承运人没有适当谨慎地装载和积载货物，未尽到管货义务，应对该损失承担责任。

（3）行使合理航线义务。承运人不应作不合理的绕航。两种情形下的绕航合理：①为了救助海上人命或财产；②为了躲避海上危险。

2. 承运人的免责

（1）过失免责事项

包括船长、船员、引航员或承运人的受雇人员在驾驶船舶或管理船舶上的行为、疏忽或不

履行义务引起或造成的货物损坏或灭失。

（2）无过失免责事项

①火灾，但由于承运人实际过失或私谋所引起的除外；

②不可抗力、自然灾害：海上或其他能航水域的灾难、危险和意外事故灾难，天灾，战争行为，公敌行为，君主、当权者或人民的扣留或管制，或依法扣押，检疫限制，局部或全面罢工、关厂停止或限制工作，暴乱和骚动，尽适当的谨慎仍不能发现的潜在缺陷；

③救助或企图救助海上人命或财产；

④货方原因：由于货物的固有缺陷、性质造成的体积或重量的亏损或任何其他损坏，包装不当，唛头不清或不当。

3. 承运人的责任期间

承运人的责任期间为，从货物装上船起至卸完船为止（"装到卸"）。

【提示注意】判断承运人是否承担责任，关键看损失如何造成：如果损失是因承运人未尽到其基本义务造成，承运人应承担责任；如果损失是因上述免责情形造成，则承运人不承担责任。

例4：中国某公司向欧洲出口啤酒花一批，价格条件是每公吨 CIF 安特卫普××欧元。货物由中国人民保险公司承保，由"罗尔西"轮承运，船方在收货后签发了清洁提单。货到目的港后发现啤酒花变质，颜色变成深棕色。经在目的港进行的联合检验，发现货物外包装完整，无受潮受损迹象。经分析认为该批货物是在尚未充分干燥或温度过高的情况下进行的包装，以至在运输中发酵造成变质。根据《海牙规则》，承运人是否应对该批货物遭受的损失承担责任？

不承担。根据《海牙规则》，由于货物的固有缺陷、性质造成的体积或重量的亏损或任何其他损坏，包装不当，唛头不清或不当，承运人可以免责。本例中，货物损失是由于货物固有缺陷造成，承运人可以免责。

【真题示例】

甲国 A 公司（买方）与乙国 B 公司（卖方）签订一进口水果合同，价格条件为 CFR，装运港的检验证书作为议付货款的依据，但约定买方在目的港有复验权。货物在装运港检验合格后交由 C 公司运输。由于乙国当时发生疫情，船舶到达甲国目的港外时，甲国有关当局对船舶进行了熏蒸消毒，该工作进行了数天。之后，A 公司在目的港复验时发现该批水果已全部腐烂。依据《海牙规则》及有关国际公约，下列哪一选项是正确的？（2004 - 41，单选）①

A. C 公司可以免责

B. A 公司应向 B 公司提出索赔，因为其提供的货物与合同不符

C. A 公司应向 C 公司提出索赔，因为其没有尽到保管货物的责任

D. A 公司应向 B 公司提出索赔，因为其没有履行适当安排保险的义务

---

① A。货物损失是由检疫限制造成，承运人可以免责。

（二）《海牙规则》《维斯比规则》《汉堡规则》主要内容比较

	《海牙规则》	《维斯比规则》	《汉堡规则》
责任制度	承运人享有航行过失免责，因而属不完全过失责任制。		1. 取消了承运人航行过失免责条款，因而是完全的过失责任制。 2. 在过失认定方面，采用推定过失原则，即货损发生后，先推定承运人存在过失，如果承运人不能证明自己无过失，就要承担赔偿责任。 3. 火灾不能免责，但因火灾造成货损或迟延交付，货方要想得到赔偿，需举证证明火灾是承运人、其受雇人或代理人的过失导致。
承运人的责任期间	"装到卸"：从货物装上船起至卸完船为止。		"收到交"：货物在装运港、运输途中以及卸货港处于承运人掌管下的整个期间。
迟延交货的责任	未规定		1. 定义：是指承运人未在约定时间内，或在没有约定的情况下，未在合理时间内交货。 2. 责任：承运人对因自己过失而迟延交货所造成的货损应负赔偿责任，如果迟延交货达到 60 天以上，索赔人可以视为货物已经灭失。 3. 责任限制：承运人对迟延交货的赔偿责任限额为迟交货物应付运费的 2.5 倍，但不应超过所有货物应付运费的总额。
承运人赔偿限额	每件或每单位 100 英镑。	双重责任限额制：承运人对货物的灭失或损害责任限额为每件或每单位 666.67 特别提款权，或毛重按货物毛重每公斤 2 特别提款权计算，两者之中以较高者为准。	双重责任限额制：每件或每单位 835 特别提款权，或毛重每公斤 2.5 特别提款权，以高者为准。
货物的适用范围	不适用于舱面货和活牲畜。		适用于舱面货和活牲畜。
索赔通知	1. 提货时如发现短卸或残损，应立即提出索赔； 2. 如损害不明显，则在交付货物之日起 3 日内提出索赔； 3. 联合检验，无需出具索赔通知。		1. 索赔通知应在收货后的第 1 个工作日内提交； 2. 如损害不明显，应在收货后 15 日内提交； 3. 迟延交付的索赔通知应在收货后 60 天内提交。
诉讼时效	1 年，自货物交付之日起算；在货物灭失的情况下，自货物应交付之日起算。	1 年，经双方协商可以延长；对第三者的追偿诉讼在 1 年之后仍有 90 天的宽限期。	2 年，经双方协商可以延长；对第三者的追偿诉讼在 1 年之后仍有 90 天的宽限期。

【真题示例】

关于海上货物运输中的迟延交货责任，下列哪一表述是正确的？(2006 - 46，单选)①

A. 《海牙规则》明确规定承运人对迟延交付可以免责

B. 《维斯比规则》明确规定了承运人迟延交付的责任

C. 《汉堡规则》只规定了未在约定时间内交付为迟延交付

D. 《汉堡规则》规定迟延交付的赔偿为迟交货物运费的 2.5 倍，但不应超过应付运费的总额

【归纳总结】

国际货物运输方式包括公路运输、铁路运输、航空运输、海上运输以及多式联运，实践中最为重要的方式当属海上运输。从近年真题来看，与提单有关的规则已明显成为考试的重点：一是 2020 年最高院《关于审理无正本提单交付货物案件适用法律若干问题的规定》；二是有关提单的三个国际规则，特别是《海牙规则》。

第二节   其他方式的国际货物运输

【知识点】

一、国际航空货物运输

1. 国际航空货物运输合同

国际航空货物运输合同，是指航空公司与托运人签订的，由航空公司将托运人的货物由一国的航空站运至另一国的航空站，并由托运人支付约定运费的合同。

2. 航空运单

航空运单，是由承运人出具的证明承运人与托运人已订立国际航空货物运输合同的运输单证。航空运单不同于提单，一般不可转让，不是货物所有权的凭证。航空运单的作用表现在五个方面：(1) 运输合同的证明；(2) 承运人接收货物的证明；(3) 记载收货人应付费用的凭证；(4) 办理报关手续的基本单证；(5) 办理保险时的保险证书。

3. 有关国际航空货物运输的国际公约

有关国际航空运输的国际公约分为芝加哥公约体系、华沙公约体系和航空刑法体系。其中涉及货物运输的是华沙公约体系，以 1929 年《华沙公约》为核心，还包括 1955 年《海牙议定书》、1961 年《瓜达拉哈拉公约》和其后的补充性文件以及 1999 年《蒙特利尔公约》，我国是《华沙公约》、《海牙议定书》和《蒙特利尔公约》的参加国。三个公约的基本内容如下：

---

① D。《海牙规则》没有规定承运人对迟延交付可以免责，A 项错误。对于迟延交付的责任，《维斯比规则》并未规定，B 项错误。根据《汉堡规则》，迟延交付是指未在约定的时间内交付，或在没有约定的情况下，未在合理时间内交付，C 项错误。

(1) 航空货运单	根据《华沙公约》，航空货运单是订立合同、接收货物和运输条件的初步证据。单证不全、不符或遗失，并不影响运输合同的存在和有效。 《海牙议定书》在航空货运单方面对《华沙公约》作了两点修改：一是将名称改为空运单，二是对空运单应记载事项进行了删减。
(2) 承运人的责任	根据《华沙公约》，承运人不仅应对货物在航空运输期间，因毁灭、遗失或损坏而产生的损失负责，承运人也应对航空运输中因延误而造成的损失负责。
(3) 承运人责任的免除	根据《华沙公约》，在下列情况下，承运人可要求免除或减轻其责任： ①如果承运人能证明，他和他的代理人或雇佣人已采取一切必要措施以避免损失的发生，或不可能采取这种措施，则承运人对货物的损失可不负责任； ②如果承运人证明，货物的损失是由于驾驶中、航空器的操作中或航行中的过失引起的，并能证明在其他一切方面他和他的代理人已采取了必要措施以避免损失的发生，则承运人对货物的损失可不负责任。 ③如果承运人证明，货物的损失是由于受害人自己的过失所引起或促成，法院可依法免除或减轻承运人的责任。
(4) 承运人的责任限额	《华沙公约》规定，承运人的责任限额为每公斤 250 金法郎，但托运人特别声明货物运到后的价值并已缴付必要的附加费的则不在此限。
(5) 索赔期限和诉讼时效	根据《华沙公约》的规定，在货物发生毁损的情况下，收货人最迟应在收到货物后 7 日内提出异议；在延迟交货的情况下，收货人最迟应在货物交由其支配之日起 14 日内提出异议。《海牙议定书》延长了索赔期限，将前者延长为 14 日，后者延长为 21 日。 《华沙公约》规定，有关空运合同的诉讼时效为 2 年，从货物到达之日或应该到达之日或从运输停止之日起算。

二、国际铁路货物运输

国际铁路货物运输，是指使用统一的国际铁路联运单据，由铁路货运部门经过两个或两个以上国家的铁路进行的运输。调整国际铁路货物运输的公约主要包括：（1）1961 年《关于铁路货物运输的国际公约》（简称《国际货约》）；（2）1951 年《国际铁路货物联运协定》（简称《国际货协》），我国是《国际货协》的成员国。

《国际货协》的主要内容包括：

(1) 运输合同的订立	发货人在托运货物的同时，应对每批货物按规定的格式填写运单和运单副本，由发货人签字后向始发站提出。从始发站承运货物时起，运输合同即成立。 铁路运单，是由铁路承运人签发的，证明铁路货物运输合同和货物已由承运人接管，以及承运人保证将货物交给指定收货人的单证。铁路运单是运输合同的证明，是铁路收取货物、承运货物的凭证，也是铁路在终点向收货人核收有关费用和交付货物的依据；但与提单不同，铁路运单不能转让，不是物权凭证。
(2) 承运人的责任及责任期间	按提单承运货物的铁路应对货物负连带责任。承运人的责任期间为签发运单时起至在终点交付货物时止。
(3) 承运人的留置权	为了保证核收运输合同项下的一切费用，铁路部门可对货物行使留置权。留置权的效力以货物交付地国家的法律为依据。

续表

（4）承运人的免责	承运人免责的情况主要包括：铁路不能预防和消除的情况；货物自然属性引起的货损，货方的过失，铁路规章许可的敞车运送，无法发现的包装缺点；发货人不正确地托运违禁品；规定标准内的途耗等。
（5）承运人的赔偿责任	基本采用足额赔偿的方法，铁路对货物赔偿损失的金额，在任何情况下，都不得超过货物全部灭失时的金额。如货物受损，赔偿应与货价减损金额相当。如逾期交付，铁路应按逾期长短，以运费为基础向收货人支付规定的逾期罚金。
（6）发货人、收货人的权利与义务	①支付运费的义务。发送国的运费由发货人支付；过境的运费可由发货人支付，也可由收货人支付；到达国的运费由收货人支付。 ②收货人有接收货物的义务。 ③发货人和收货人有变更运输合同的权利。
（7）诉讼时效	索赔与诉讼的时效为9个月，如关于逾期交货，则为2个月。

【真题示例】

中国甲公司向波兰乙公司出口一批电器，采用 DAP 术语，通过几个区段的国际铁路运输，承运人签发了铁路运单，货到目的地后发现有部分损坏。依相关国际惯例及《国际铁路货物联运协定》，下列哪些选项是正确的？（2016－80，多选）①

A. 乙公司必须确定损失发生的区段，并只能向该区段的承运人索赔

B. 铁路运单是物权凭证，乙公司可通过转让运单转让货物

C. 甲公司在指定目的地运输终端将仍处于运输工具上的货物交由乙公司处置时，即完成交货

D. 各铁路区段的承运人应承担连带责任

三、国际货物多式联运

国际货物多式联运，指多式联运经营人以一张联运单据，通过两种以上的运输方式，将货物从一国运至另一国的运输。

调整国际货物多式联运的国际立法主要有：（1）《联运单证统一规则》，国际商会1973年制定，该规则并非强制性规范，当事人可以选择适用。在承运人责任制度上，该规则采取区段责任制和统一责任制相结合的制度。（2）《联合国国际货物多式联运公约》，联合国贸发会议1980年主持制订并通过，该公约目前尚未生效。

《联合国国际货物多式联运公约》的主要内容包括：

（1）公约的适用范围	公约适用于两国境内各地之间的所有多式联运合同，条件是： ①多式联运合同规定的多式联运经营人接管货物的地点是在一个缔约国境内； ②多式联运合同规定的多式联运经营人交付货物的地点是在一个缔约国境内。

---

① CD。按运单承运货物的铁路部门应对货物负连带责任，A 项错误，D 项正确。与提单不同，铁路运单不是物权凭证，不能转让，B 项错误。DAP，Delivered at Place（目的地交货），指当卖方在指定目的地将仍处于运输工具上，且已做好卸载准备的货物交由买方处置时，即完成交货，C 项正确。

续表

（2）多式联运单据	多式联运单据是多式联运合同的证明，是多式联运经营人收到货物的收据及凭其交货的凭证。 多式联运单据是货物由多式联运经营人接管的初步证据。当多式联运单据以可转让方式签发，而且转给正当地信赖该单据所载明的货物状况的、包括收货人在内的第三方时，即成为最终证据。
（3）经营人的责任期间	为从其接管货物之时起至交付货物时止的期间。
（4）经营人的赔偿责任原则	公约采取了完全推定责任原则，即除非经营人证明其为避免事故的发生及其后果已采取了一切合理的措施，否则，即推定损坏是由经营人一方的过错所致，并由其承担赔偿责任。
（5）经营人的赔偿责任限额	①如多式联运中包括海运或内河运输，多式联运经营人的赔偿责任限额为每件920特别提款权，或货物毛重每公斤2.75特别提款权，以较高者为准。 ②如多式联运中未包括海运或内河运输，多式联运经营人的赔偿责任限额为毛重每公斤8.33特别提款权。 ③因延迟交付造成损失的赔偿限额为延迟交付货物的应付运费的2.5倍，但不得超过多式联运合同规定的应付运费的总额。
（6）索赔与诉讼时效	诉讼时效为2年，但如果在货物交付之日或应交付之日起6个月内，没有提出书面索赔通知，则在此期限届满后即失去诉讼时效。
（7）管辖	原告可以选择在下列之一法院进行诉讼： ①被告主要营业所，如无主要营业所，则为被告的经常居所； ②订立多式联运合同的地点，且合同是通过被告在该地的营业所、分支或代理机构订立； ③接管国际多式联运货物的地点或交付货物的地点； ④多式联运合同中为此目的所指定并在多式联运单据中载明的任何其他地点。

【归纳总结】

主要运输单据对比

	运输合同的证明	货物收据	物权凭证
提单			√
多式联运单据			√
海运单	√	√	×
空运单			×
铁路运单			×

第三节　国际货物运输保险

【知识点】

一、保险标的物遭受的损失

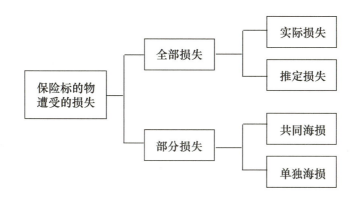

（一）全部损失

1. 实际全损。指保险事故发生后，保险标的物灭失，或受到严重损坏以至失去原有形态、用途或价值，或不能再归被保险人所拥有。

2. 推定全损。指保险事故发生后，保险标的物虽未完全灭失，但可以预见其实际全损不可避免，或为避免实际全损所需支付的费用与继续将货物运到目的地的费用之和将超过保险价值。

（二）部分损失

1. 共同海损。指在同一海上航程中，船舶、货物和其他财产遭遇共同危险，为了共同安全，有意地合理地采取措施所直接造成的特殊牺牲、支付的特殊费用。共同海损应由受益方分摊。

共同海损的范围（《海商法》第193～195条）：

第193条第2款　无论在航程中或者在航程结束后发生的船舶或者货物因迟延所造成的损失，包括船期损失和行市损失以及其他间接损失，均不得列入共同海损。

第194条　船舶因发生意外、牺牲或者其他特殊情况而损坏时，为了安全完成本航程，驶入避难港口、避难地点或者驶回装货港口、装货地点进行必要的修理，在该港口或者地点额外停留期间所支付的港口费，船员工资、给养，船舶所消耗的燃料、物料，为修理而卸载、储存、重装或者搬移船上货物、燃料、物料以及其他财产所造成的损失、支付的费用，应当列入共同海损。

第195条　为代替可以列为共同海损的特殊费用而支付的额外费用，可以作为代替费用列入共同海损；但是，列入共同海损的代替费用的金额，不得超过被代替的共同海损的特殊费用。

2. 单独海损。指保险标的物由于意外事故造成的不属于共同海损的部分损失。单独海损由损失方自己承担。

【深度解析】 如何区分共同海损和单独海损？

共同海损，指在同一海上航程中，船舶、货物和其他财产遭遇共同危险，为了共同安全，有意地合理地采取措施所直接造成的特殊牺牲、支付的特殊费用。共同海损须具备以下构成要件。（1）海上危险必须是共同的。"共同的"指危险必须涉及船舶和货物共同的安全。（2）海上危险必须是真实的。"真实的"指危险不能是主观臆想的，而必须客观存在。（3）共同海损的措施必须是有意的、合理的和有效的。"有意的"指明知采取措施会引起船舶或货物的部分损失，但为了船舶或货物的全体安全，仍决定采取这一措施；"合理的"指措施在进行了有限的牺牲后有效地解除了船货的危险；"有效的"指船方采取的措施最终保证了船舶及货物的安全。（4）共同海损的损失必须是特殊的和直接的。"特殊的"指这种损失是为了解除海上危险而人为造成的损失和额外支出的费用；"直接的"指造成的损失必须是为解除危险而采取的措施的直接后果。

单独海损，指保险标的物由于意外事故造成的不属于共同海损的部分损失。

共同海损和单独海损的区别体现在以下方面：

	共同海损	单独海损
1. 危险涉及的利益	涉及船舶和货物共同的安全。	只涉及船舶和货物中一方的利益。
2. 发生原因	有人为因素，明知采取措施会导致标的物的损失仍有意采取。	无人为因素，偶然的意外事故造成。
3. 后果	损失由受益各方共同分摊。	由损失方自己承担。

二、委付与代位求偿

	委付	代位求偿
概念	是指在保险标的物发生推定全损时，被保险人将保险标的物的所有权转让给保险人，而向保险人请求赔付全部保险金额的行为。	是指当保险标的物的损失是由于第三方的过失引起时，保险人在向被保险人支付保险金额后，享有的取代被保险人向第三方进行追偿的权利。
特点	1. 委付仅适用于推定全损的场合； 2. 保险人可以接受委付，也可以不接受；保险人一旦接受委付就不得撤回； 3. 即使保险人的追偿额超过赔付额，保险人也无须将超出部分退还给被保险人。	1. 代位求偿既适用于全部损失，也适用于部分损失； 2. 在赔偿部分损失的情况下，如保险人的追偿所得大于赔付给被保险人的金额，超过部分应归还被保险人； 3. 在赔偿全部损失的情况下，保险人在取得代位权的同时还取得残存标的物的所有权，即使残存标的物的价值大于保险人的赔付额，超出部分仍归保险人所有。

例5： 某国远洋货轮"亚历山大号"满载货物从 S 港起航，途中遇飓风，货轮触礁货物损失惨重。货主向其投保的保险公司发出委付通知。在此情况下，保险公司是否必须接受委付？如保险公司接受委付，是否还可以撤回？

根据《海商法》第249条，保险人可以接受委付，也可以不接受委付；委付一经保险人接受，不得撤回。

三、国际海洋货物运输保险条款

（一）主要险别

主要险别，又称基本险别，是指可以独立投保，不必附加在其他险别项下的险别。中国人民保险公司承保的三种主要险别为平安险、水渍险和一切险。

1. 平安险的承保范围

（1）被保险货物在运输途中由于恶劣气候、雷电、海啸、地震、洪水等自然灾害造成整批货物的全部损失或推定全损；

（2）由于运输工具遭受搁浅、触礁、沉没、互撞、与流冰或其他物体碰撞以及失火、爆炸等意外事故造成货物的全部或部分损失；

（3）在运输工具已经发生搁浅、触礁、沉没、焚毁等意外事故的情况下，货物在此前后又在海上遭受恶劣气候、雷电、海啸等自然灾害所造成的部分损失；

例6：中国东方茶叶出口公司与法国某公司签订出口茶叶90吨的合同，CIF条件，委托某船运公司下属"亚克力号"承运。东方公司为该批茶叶向中国人民保险公司投保了平安险附加串味险。运输途中，"亚克力号"遭遇台风，台风掀起的巨浪导致货舱进水，引起底层部分茶叶湿损。在此过程中，台风又导致"亚克力号"与巴拿马籍货轮"波塞冬号"发生碰撞。对于茶叶的湿损，保险公司是否赔偿？

台风导致两船相撞属于意外事故，在这之前货物还遭受自然灾害，该种情形下导致的部分损失属于平安险的承保范围，因此，保险公司应当赔偿。

（4）在装卸或转运时由于一件或数件整件货物落海造成的全部或部分损失；

（5）共同海损的牺牲、分摊和救助费用；

（6）运输工具遭遇海难后，在避难港由于卸货所引起的损失以及在中途港、避难港由于卸货、存仓以及运送货物所产生的特别费用；

（7）对在承保范围内的受损货物进行施救的费用，但以不超过该批被救货物的保险金额为限；

（8）运输合同中订有"船舶互撞责任"条款，根据该条款规定应由货方偿还船方的损失。

【提示注意】在国际贸易术语下，如双方未就保险的险别加以约定，负投保义务的一方投保最低级别的海运保险，即平安险。

2. 水渍险的承保范围

除平安险的各项责任外，还包括保险标的物由于恶劣气候、雷电、海啸、地震、洪水等自然灾害所造成的部分损失。水渍险 = 平安险 + 自然灾害造成的部分损失 。

3. 一切险的承保范围

除水渍险的各项责任外，还包括保险标的物在运输途中由于一般外来原因所造成的全部或部分损失。一切险 = 水渍险 + 一般外来原因造成的全部或部分损失 。

一般外来原因：包括偷窃、提货不着、淡水雨淋、短量、混杂、玷污、渗漏、碰撞破碎、串味异味、受潮受热、钩损、包装破裂、锈损等原因。

例7：中国天津A公司（买方）与加拿大B公司（卖方）签订CIF合同进口成套设备。在约定装船日期，B公司如数将符合合同质量要求的设备交与承运人。在海上运输途中，由于风浪过大，有约三分之一的设备被海水浸泡导致质量降低。该批货物的损失应由哪方承担？

A公司。在CIF术语下，买卖双方的风险转移以装运港船舷为界，货物在装运港越过船舷之后风险由卖方转移于买方。同时，在该术语下，卖方负责办理保险，如双方未就险别加以约定，卖方应负责投保平安险。本例中，B公司在约定装船日期如数将符合合同质量要求的设备交与承运人，故风险应于设备在装运港越过船舷时转移于买方A公司，卖方B公司的责任可以排除。根据《海牙规则》，对于自然灾害造成的损失，承运人可以免责，承运人的责任可排除。平安险的承保范围包括被保险货物由于自然灾害造成的全损，本例中，三分之一的设备被海水浸泡导致质量降低属部分损失，不属于平安险的承保范围，保险公司的责任也可排除。故损失最终应由A公司承担。

（二）附加险别

附加险别，是指投保人在投保主要险别时，为补偿因主要险别承保范围以外可能发生的某些危险造成的损失所附加的保险。附加险别分为一般附加险、特别附加险和特殊附加险三种。附加险别不能单独投保，必须附加于主要险别项下一起投保。

1. 一般附加险：（1）偷窃、提货不着险；（2）淡水雨淋险；（3）短量险；（4）混杂、玷污险；（5）渗漏险；（6）碰撞、破碎险；（7）串味异味险；（8）受潮受热险；（9）钩损险；（10）包装破裂险；（11）锈损险。

【提示注意】一般附加险包括在一切险之中，如已投保一切险，则无须加保一般附加险。

例8：中国浙江某茶叶公司与芬兰乙公司订立了从中国出口茶叶的合同，并准备通过海运运往芬兰，为了防止茶叶串味，浙江茶叶公司应如何安排投保？

可以投保一切险。也可以投保平安险或水渍险，附加串味异味险。

2. 特别附加险：（1）交货不到险；（2）进口关税险；（3）舱面货物险；（4）拒收险；（5）黄曲霉素险；（6）出口货物到香港或澳门存仓火险。

【提示注意】特别附加险已超出了一切险的承保范围，即使投保人已投保一切险，仍须与保险人特别约定并经其同意，才能把特别附加险包括在承保范围之内。

3. 特殊附加险：（1）战争险；（2）罢工险。

（三）保险人的除外责任

1. 被保险人故意造成的损失；
2. 航行迟延、交货迟延或者市价跌落等造成的损失；
3. 货物的自然损耗、固有缺陷、自然特性、包装不当。

【真题示例】

甲公司向乙公司出口一批货物，由丙公司承运，投保了中国人民保险公司的平安险。在装运港装卸时，一包货物落入海中。海运途中，因船长过失触礁造成货物部分损失。货物最后延迟到达目的港。依《海牙规则》及国际海洋运输保险实践，关于相关损失的赔偿，下列哪些选项是正确的？（2013-82，多选）[①]

A. 对装卸过程中的货物损失，保险人应承担赔偿责任

B. 对船长驾船过失导致的货物损失，保险人应承担赔偿责任

C. 对运输延迟造成的损失，保险人应承担赔偿责任

D. 对船长驾船过失导致的货物损失，承运人可以免责

（四）保险期间

在保险合同中，保险责任的期间有三种确定方法：

---

① ABD。装卸过程中货物落海造成的损失，属平安险的承保范围，A项正确。船长过失触礁，触礁造成货物损失为意外事故造成的损失，属平安险的承保范围，B项正确。根据《海商法》第243条，航行迟延造成的损失，保险人可以免责，C项错误。根据《海牙规则》，对于船长在驾驶船舶或管理船舶上的行为、疏忽或过失引起的货物损坏或灭失，承运人可以免责，D项正确。

（1）以时间来确定，如规定保险期间为1年，从某年某月某日起至某年某月某日止；

（2）以空间的方法来确定，如起运地仓库至目的地仓库；

（3）以空间和时间两方面来确定，如自货物离开起运地仓库起至货物抵达目的地仓库止，但如在全部货物卸离海轮后60日内未抵达上述地点，则以60日期满为止。

【归纳总结】

与海运类似，保险同样是考试中重者恒重的考点，特别是三种基本险及保险人的除外责任，出现频率极高。近年考试中亦常出现运输与保险的复合型题目，题目通常涉及一具体案例，要求判断其中发生的损失应由承运人还是保险人承担。对此类问题，关键要看损失属于谁的责任范围：如属于承运人或保险人的责任范围，则由相应主体承担责任；如不在其责任范围，或因免责情形导致的损失，则不承担责任。

【图表精要】

一、提单

（一）提单的概念

提单：承运人签发的，用以证明海上货物运输合同和货物已由承运人接管或装船，承运人保证据以交付货物的单证。

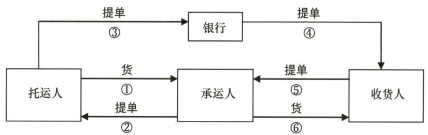

提单的流转

（二）提单的法律性质

1. 提单是海上运输合同的证明 ｛ ①在托运人与承运人之间：提单是海上运输合同的证明；
②在提单受让人与承运人之间：提单是二者间的海上运输合同。

2. 提单是承运人出具的接收货物的收据 ｛ ①对于托运人：提单是初步证据（承运人可以反驳）；
②对于提单受让人：提单是最终证据（承运人不能反驳）。

3. 提单是代表货物所有权的凭证

$$（三）提单的分类 \begin{cases} （1）货物是否已装船 \begin{cases} ①已装船提单 \\ ②收货待运提单 \end{cases} \\ （2）有无批注 \begin{cases} ①清洁提单 \\ ②不清洁提单 \end{cases} \\ （3）收货人抬头 \begin{cases} ①记名提单 \\ ②不记名提单 \\ ③指示提单 \end{cases} \end{cases}$$

（四）倒签提单和预借提单

倒签提单：提单上注明的装船日期早于实际装船日期的提单。
预借提单：货物未装船或未装船完毕，托运人为使提单的装船日期与信用证规定相符，要求承运人签发的已装船提单。

（五）无正本提单交付货物问题

2020年最高院《关于审理无正本提单交付货物案件适用法律若干问题的规定》

1. 承运人应当赔偿的情形	（1）**正本提单持有人提出索赔：** **①承运人无正本提单交货**：承运人因无正本提单交付货物造成正本提单持有人损失的，正本提单持有人可以要求承运人承担违约责任，或者承担侵权责任（第3条第1款）；正本提单持有人可以要求无正本提单交付货物的承运人与无正本提单提取货物的人承担连带赔偿责任（第11条）； **②提货人凭伪造提单提货**（第5条）； **③正本提单持有人与提货人达成协议，但协议款项得不到赔付**：在承运人未凭正本提单交付货物后，正本提单持有人与无正本提单提取货物的人就货款支付达成协议，在协议款项得不到赔付时（第13条）； （2）**实际托运人提出索赔：** 实际托运人因承运人无正本提单交付货物，要求承运人依据海上货物运输合同承担无正本提单交付货物民事责任的，人民法院应予支持（第12条）。 $FOB\begin{cases} 买方：负责运输（缔约托运人）\\ 卖方：向承运人交货（实际托运人）\end{cases}$ （3）承运人无单交货**不适用**海商法第56条关于限制赔偿责任的规定（第4条）。
2. 承运人不予赔偿的情形	（1）**承运人依法向当局交货**：承运人依照提单载明的卸货港所在地法律规定，必须将承运到港的货物交付给当地海关或者港口当局的（第7条）。 （2）**货物无人领取被海关依法变卖，或货物被法院裁定拍卖**：承运到港的货物超过法律规定期限无人向海关申报，被海关提取并依法变卖处理，或者法院依法裁定拍卖承运人留置的货物（第8条）。 （3）**记名提单托运人行使中途停运权**：承运人按照记名提单托运人的要求中止运输、返还货物、变更到达地或者将货物交给其他收货人，记名提单持有人要求承运人承担责任的（第9条）。 （4）**签发数份正本提单，承运人已向最先提交人交货**：承运人签发一式数份正本提单，向最先提交正本提单的人交付货物（第10条）。
3. 赔偿额的计算	**按照货物装船时的价值＋运费和保险费计算**（第6条）。
4. 诉讼时效	**1年**（自承运人应当交付货物之日起计算）（第14条第1款）。

（六）主要运输单据对比

	运输合同的证明	货物收据	物权凭证
提单			√
多式联运单据			√
海运单	√	√	×
空运单			×
铁路运单			×

二、有关提单运输的国际公约

★（一）海牙规则

<table>
<tr>
<td rowspan="3">承运人最低限度的义务</td>
<td>1. 适航义务</td>
<td>承运人在开航前和开航时必须谨慎处理，以便：
（1）使船舶具有适航性；
（2）适当地配备船员、装备船舶和供应船舶；
（3）使货舱、冷藏舱和该船其他运载货物的部位适宜并能安全地收受、运送和保管货物。</td>
</tr>
<tr>
<td>2. 管货义务</td>
<td>承运人应适当和谨慎地装载、搬运、积载、运送、保管、照料和卸下货物；</td>
</tr>
<tr>
<td>3. 行使合理航线义务</td>
<td>不做不合理绕航。</td>
</tr>
<tr>
<td rowspan="2">承运人的免责</td>
<td>1. 过失免责事项</td>
<td>包括船长、船员、引航员或承运人的受雇人员在驾驶船舶或管理船舶上的行为、疏忽或不履行义务引起的货物损坏或灭失；</td>
</tr>
<tr>
<td>2. 无过失免责事项</td>
<td>（1）火灾，但由于承运人实际过失或私谋所引起的除外；
（2）不可抗力、自然灾害：海上或其他能航水域的灾难、危险和意外事故灾难，天灾，战争行为，公敌行为，君主、当权者或人民的扣留或管制，或依法扣押，检疫限制，局部或全面罢工、关厂停止或限制工作，暴乱和骚动，尽适当的谨慎仍不能发现的潜在缺陷；
（3）救助或企图救助海上人命或财产；
（4）货方原因：由于货物的固有缺陷、性质造成的体积或重量的亏损或任何其他损坏，包装不当，唛头不清或不当。</td>
</tr>
<tr>
<td>责任期间</td>
<td colspan="2">货物装上船起至卸完船为止。</td>
</tr>
</table>

（二）三大提单规则比较

	《海牙规则》	《维斯比规则》	《汉堡规则》
责任制度	不完全过失责任		1. 取消了承运人航行过失免责条款，因而是完全的过失责任制。 2. 在过失认定方面，采用推定过失原则，即货损发生后，先推定承运人存在过失，如果承运人不能证明自己无过失，就要承担赔偿责任。 3. 火灾不能免责，但因火灾造成货损或迟延交付，货方要想得到赔偿，需举证证明火灾是承运人、其受雇人或代理人的过失导致。
承运人的责任期间	"装到卸"：从货物装上船起至卸完船为止		"收到交"：货物在装运港、运输途中以及卸货港处于承运人掌管下的整个期间。
迟延交货的责任	未规定		1. 定义：是指承运人未在约定时间内，或在没有约定的情况下，未在合理时间内交货。 2. 责任：承运人对因自己过失而迟延交货所造成的货损应负赔偿责任，如果迟延交货达到 60 天以上，索赔人可以视为货物已经灭失。 3. 责任限制：承运人对迟延交货的赔偿责任限额为迟交货物应付运费的 2.5 倍，但不应超过所有货物应付运费的总额。
承运人赔偿限额	每件或每单位100英镑	双重责任限额制：承运人对货物的灭失或损害责任限额为每件或每单位 666.67 特别提款权，或毛重按货物毛重每公斤 2 特别提款权计算，两者之中以较高者为准。	双重责任限额制：每件或每单位 835 特别提款权，或毛重每公斤 2.5 特别提款权，以高者为准。
诉讼时效	1 年		2 年

三、国际海运保险

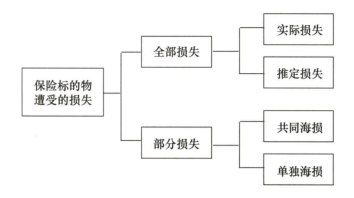

★ （一）基本险别

险别	承保范围	特点
平安险	1. 被保险货物在运输途中由于恶劣气候、雷电、海啸、地震、洪水等自然灾害造成整批货物的全部损失或推定全损； 2. 由于运输工具遭受搁浅、触礁、沉没、互撞、与流冰或其他物体碰撞以及失火、爆炸等意外事故造成货物的全部或部分损失； 3. 在运输工具已经发生搁浅、触礁、沉没、焚毁等意外事故的情况下，货物在此前后又在海上遭受恶劣气候、雷电、海啸等自然灾害所造成的部分损失； 4. 在装卸或转运时由于一件或数件整件货物落海造成的全部或部分损失； 5. 共同海损的牺牲、分摊和救助费用； 6. 运输工具遭遇海难后，在避难港由于卸货所引起的损失以及在中途港、避难港由于卸货、存仓以及运送货物所产生的特别费用； 7. 对在承保范围内的受损货物进行施救的费用，但以不超过该批被救货物的保险金额为限； 8. 运输合同中订有"船舶互撞责任"条款，根据该条款规定应由货方偿还船方的损失。	平安险，其承保的风险主要包括以下几类： 1. 意外事故造成的全损或部分损失； 2. 货物落海造成的全损或部分损失； 3. 自然灾害造成的全损； 4. 发生意外事故前后又遭受自然灾害造成的部分损失； 5. 共同海损； 6. 遭遇海难后引起的相关损失及费用； 7. 施救费用； 8. "船舶互撞责任"条款规定由货方偿还船方的损失。
水渍险	除平安险的各项责任外，还包括保险标的物由于恶劣气候、雷电、海啸、地震、洪水等自然灾害所造成的部分损失。	水渍险 = 平安险 + 自然灾害造成的部分损失。
一切险	除水渍险的各项责任外，还包括保险标的物在运输途中由于一般外来原因所造成的全部或部分损失。 一般外来原因：包括偷窃、提货不着、淡水雨淋、短量、混杂、玷污、渗漏、碰撞破碎、串味异味、受潮受热、钩损、包装破裂、锈损等原因。	一切险 = 水渍险 + 一般外来原因造成的全部或部分损失。

（二）附加险别

险别	种类	注意事项
1. 一般附加险	1. 偷窃、提货不着险；2. 淡水雨淋险；3. 短量险；4. 混杂、玷污险 5. 渗漏险；6. 碰撞、破碎险；7. 串味异味险；8. 受潮受热险；9. 钩损险；10. 包装破裂险；11. 锈损险。	一般附加险包括在一切险之中，如已投保一切险，则无须加保一般附加险。
2. 特别附加险	1. 交货不到险；2. 进口关税险；3. 舱面货物险；4. 拒收险；5. 黄曲霉素险；6. 出口货物到香港或澳门存仓火险。	特别附加险已超出了一切险的承保范围，即使投保人已投保一切险，仍须与保险人特别约定并经其同意，才能把特别附加险包括在承保范围之内。
3. 特殊附加险	战争险、罢工险。	

（三）保险人的除外责任

1. 被保险人故意造成的损失；
2. 航行迟延、交货迟延或者市价跌落等造成的损失；
3. 货物的自然损耗、固有缺陷、自然特性、包装不当。

第三章　国际贸易支付

【知识点】

一、汇付

汇付，是指由国际货物买卖合同的买方委托银行主动将货款支付给卖方的结算方式。

（一）汇付的特点

1. 汇付中，信用工具的传递与资金的流转方向相同，因而属顺汇法。

2. 汇付建立在商业信用基础上，是否付款取决于进口商，付款没有保证。

（二）汇付的种类

1. 信汇。信汇（简称 M/T），是指汇出行应汇款人的要求开具付款委托书，并通过邮寄的方式寄交汇入行，由汇入行向收款人解付汇款的汇付方式。

2. 电汇。电汇（简称 T/T），是指汇出行应汇款人的要求以电报或电传方式将电付委托书发送至汇入行，由汇入行向收款人解付汇款的汇付方式。

3. 票汇。票汇（简称 D/D），是指汇出行应汇款人的要求，开立以汇入行为付款人的银行即期汇票，由汇款人将汇票寄交收款人，收款人凭此汇票向汇入行提款的汇付方式。

二、托收

托收，是指由卖方开立汇票，委托银行向买方收取货款的结算方式。托收具有如下特点：（1）托收中，信用工具的传递与资金的流转方向相反，因而属于逆汇法；（2）托收属商业信用，银行仅起代理收款的作用，对付款人是否付款并不承担责任。

（一）托收的当事人

托收通常包括四方当事人，即委托人、付款人、托收行和代收行。具体来讲：

（1）委托人，是开立汇票委托银行收款的人，通常为卖方；

（2）付款人，是汇票的受票人，通常为买方；

（3）托收行，是接受卖方委托代其收取货款的银行，通常为卖方所在地银行；

（4）代收行，是接受托收行委托直接向买方收取货款的银行，通常为买方所在地银行。

（二）托收的程序

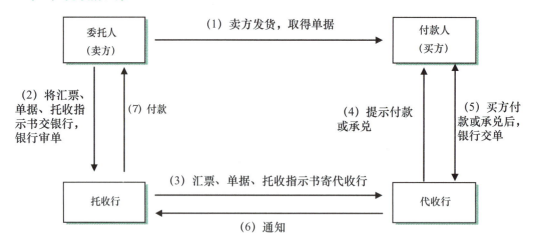

（三）托收当事人之间的关系

1. 委托人和付款人之间是买卖合同关系。委托人为买卖合同中的卖方，付款人一般为买方。

2. 委托人与托收行之间是委托代理关系。委托人在委托银行办理托收时，须填写托收委托书，具体规定托收的指示及双方的责任，该委托书即构成双方的代理合同。

3. 托收行与代收行之间是委托代理关系。两者间的代理合同由托收指示书、托收委托书以及双方签订的业务互助协议等组成。代收行应按照托收行的指示，及时向汇票上的付款人作付款提示或承兑提示，并应于遭到拒绝时及时把详情通知托收行。

4. 委托人与代收行之间无直接的合同关系。按照代理法的一般原则，委托人是本人，托收行是其代理人，代收行是托收行的代理人，因此，对委托人而言，代收行是其代理人的代理人，二者之间无直接的合同关系。如果代收行违反托收指示行事导致委托人遭受损失，委托人不能直接对代收行起诉，而只能通过托收行追究代收行的责任。

例1： 中国甲公司（卖方）与德国乙公司（买方）签订一出口合同，付款采用托收方式，托收行为中国银行北京分行，代收行为德国汉堡某银行，付款条件为付款交单见票后30天付款。汇票及所附单据通过中国银行北京分行寄达进口地代收行后，代收行及时向买方乙公司提示汇票，乙公司在汇票上履行了承兑手续，承诺30天后付款。货物10天后到达目的港，乙公司为赶上热卖时段，出具相关保证后提前从代收行取得单据，并依单据将货物从承运人处提走。汇票到期后，乙公司由于经营不善，无力支付。代收行将付款人拒付的情况通知中国银行北京分行。（1）本例中，代收行的行为是否符合托收指示？（2）中国甲公司能否直接起诉代收行？

（1）本例中，托收指示规定的是付款交单，即代收行在买方付清货款后才将货运单据交付买方，但实际上，代收行在买方仅作出承兑但还未付款的情况下即交付了单据，显然违背了托收指示。（2）按照代理法的一般原则，委托人与代收行之间没有合同关系，如果代收行违反托收指示行事导致委托人遭受损失，委托人不能直接对代收行起诉，而只能通过托收行追究代收行的责任。因此，中国甲公司不能直接起诉代收行，而应通过中国银行北京分行追究代收行的责任。

5. 代收行与付款人之间无法律上的直接关系。付款人付款来自其作为票据关系债务人所承担的义务，而非因与代收行之间存在任何法律上的直接关系。

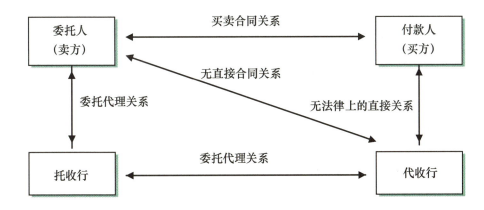

（四）托收的种类

1. 光票托收

光票托收，指委托人开立不附货运单据的汇票，仅凭汇票委托银行向付款人收款的托收方式。光票托收风险较大，国际贸易中较少采用。

2. 跟单托收

跟单托收，指委托人开立附货运单据的汇票，凭跟单汇票委托银行向付款人收款的托收方式。根据交单条件的不同，跟单托收分为：（1）付款交单（简称 D/P），指代收行在买方付清货款后才将货运单据交付买方的托收方式；（2）承兑交单（简称 D/A），指在开立远期汇票的情况下，代收行在接到跟单汇票后，要求买方对汇票承兑，在买方承兑后即将货运单据交付买方的托收方式。在承兑交单方式下，卖方收款的保障只依赖买方的信用，一旦买方到期不付款，卖方将遭遇货物与货款两空的损失，因此，承兑交单的风险远大于付款交单。

（五）银行的义务

1. 及时提示付款或承兑。对即期汇票，代收行应毫无迟延地向付款人作付款提示；对远期汇票，需要承兑的，代收行应毫无迟延地作承兑提示，且须在规定的到期日之前作付款提示。

2. 及时将货款解交本人。银行在收到货款后应毫无迟延地向委托人解交货款。

3. 及时通知托收结果。银行应毫无迟延地将付款人承兑、付款、拒绝承兑或拒绝付款的有关情况进行通知。

4. 保证汇票和装运单据与托收指示书在表面上一致。银行在接受委托后，应审查并确保汇票和装运单据与托收指示书所列内容在表面上一致，如发现任何不一致，应立即通知发出指示的一方。

（六）银行的免责

1. 对单据的真实性、有效性免责。银行只须核实单据在表面上与托收指示书一致，没有进一步检验单据的义务，对单据的形式、真实性、有效性等概不负责。

2. 对单据传递延误或翻译错误免责。对单据传递过程中的延误、丢失或对专业术语翻译或解释上的错误免责。

3. 对不可抗力免责。银行对由于天灾、暴动、骚乱、战争或银行本身无法控制的任何其他原因、罢工或停工而使银行营业中断所产生的后果，概不负责。

4. 无义务提货。除非事先征得银行同意，货物不应直接运交银行，银行无义务提取货物，对于跟单托收项下的任何货物也无义务采取任何措施。

5. **无义务作出拒绝证书**。在汇票被拒绝承兑或拒绝付款时,若托收指示书上无特别指示,银行没有作出拒绝证书的义务。

6. **对被指示方的行为免责**。为使委托人的指示得以实现,银行利用其他银行的服务,是代为该委托人办理的,一切风险由委托人承担。

例2:中国太宏公司与法国莱昂公司签订了出口1000吨水果的合同,价格术语为CFR里昂,规定货物可以有6%的溢短装,付款方式为银行托收,付款交单(D/P)。卖方实际装船995吨,船长签发了清洁提单。货到目的港后经法国莱昂公司验收后发现水果总重短少8%,且水果的质量也与合同规定不符。法国公司拒绝付款提货,并要求减价。后来水果全部腐烂。关于本案,依国际商会《托收统一规则》,当法国莱昂公司拒绝付款赎单时,代收行是否应当主动提货以减少损失?

代收行无义务提货。根据《托收统一规则》,除非事先征得银行同意,货物不应直接运交银行以银行为收货人,否则银行无义务提取货物。银行对于跟单托收项下的任何货物无义务采取任何措施。

【**真题示例**】

修帕公司与维塞公司签订了出口200吨农产品的合同,付款采用托收方式。船长签发了清洁提单。货到目的港后经检验发现货物质量与合同规定不符,维塞公司拒绝付款提货,并要求减价。后该批农产品全部变质。根据国际商会《托收统一规则》,下列哪一选项是正确的?(2008-44,单选)[①]

A. 如代收行未执行托收行的指示,托收行应对因此造成的损失对修帕公司承担责任

B. 当维塞公司拒付时,代收行应当主动制作拒绝证书,以便收款人追索

C. 代收行应无延误地向托收行通知维塞公司拒绝付款的情况

D. 当维塞公司拒绝提货时,代收行应当主动提货以减少损失

三、信用证

信用证,是指银行根据买方的请求,开给卖方的一种保证银行在满足信用要求条件下承担付款责任的书面凭证。信用证付款方式属银行信用,开证行以自身信誉为卖方提供付款保证。

(一)信用证的当事人

(1)开证申请人,是向银行申请开立信用证的人,通常为国际贸易中的买方;

(2)开证行,是接受开证申请人的委托,为其开立信用证的银行,通常为买方所在地银行;

(3)通知行,是接受开证行委托,将信用证通知受益人的银行,通常为卖方所在地银行;

(4)受益人,是信用证上指定的有权享有信用证权益的人,通常为国际贸易中的卖方;

(5)付款行,是信用证上指定的向受益人付款的银行,通常为开证行;

(6)议付行,是愿意买入汇票或单据的银行,它可以由通知行担任,也可以由其他银行担任;

(7)保兑行,是应开证行的请求,对信用证保证兑付的银行。

---

① C。C项属于银行的通知义务,A、B、D项属于银行的免责事项。

（二）信用证的流程

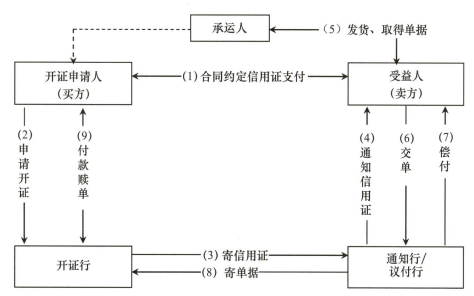

（三）信用证当事人之间的关系

1. 开证申请人与受益人之间是买卖合同关系。如国际货物买卖合同的双方当事人在合同中约定以信用证方式付款，则开证申请人为买卖合同的买方，受益人为卖方。

2. 开证申请人与开证行之间是委托合同关系。两者之间的委托合同关系依据开证申请书和相关文件确定。在该合同关系中，开证行有义务依开证申请书开立信用证并审核单据，以确定单据在表面上符合信用证；开证申请人应缴纳开证费用并付款赎单。

3. 开证行与通知行之间是委托代理关系。通知行接受开证行的委托，代理开证行将信用证通知受益人，开证行则支付佣金给通知行。

4. 通知行与受益人之间不存在合同关系。通知行通知受益人是因其受开证行的委托，并非因通知行与受益人之间存在合同关系。通知行与受益人实际是代理人与第三人的关系，作为代理人的通知行不对作为第三人的受益人承担责任。

5. 开证行与受益人之间的关系存在争议。一般认为，如开立可撤销信用证，则开证行与受益人之间不存在合同关系；如开立不可撤销信用证，当信用证送达受益人时，开证行与受益人之间即形成了对双方有约束力的独立合同。

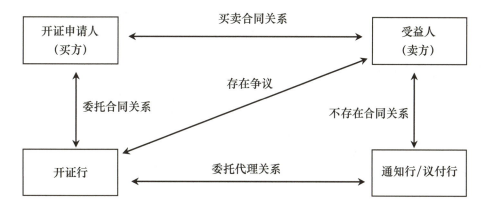

（四）信用证的种类

1. 可撤销信用证/不可撤销信用证

（1）可撤销信用证，指在信用证的有效期内，开证行不必事先通知受益人，即可随时修改或撤销的信用证。

（2）不可撤销信用证，指在信用证的有效期内，未经受益人及有关各方当事人的同意，开证行不得单方面修改或撤销的信用证。

2. 保兑信用证/不保兑信用证

（1）保兑信用证，指经另一家银行加以保证兑付的信用证。在保兑信用证下，保兑行的责任相当于本身开证，无论开证行发生什么变化、是否承担兑付责任，保兑行都不得单方面撤销其保兑；同时，开证行和保兑行共同对受益人承担付款责任，受益人可要求二者中任何一家银行付款。

例3：中国大昌公司（卖方）与俄罗斯尤科公司（买方）签订了一份国际货物买卖合同，合同规定采用信用证方式付款。后大昌公司收到尤科公司开来的不可撤销信用证，由设在中国境内的某外资银行通知并进行保兑。大昌公司在货物装运后，正准备将有关单据交银行议付时，接到保兑行通知，由于开证行已宣告破产，该行不承担对该信用证的付款责任，但可接受中国大昌公司委托向尤科公司直接收取货款的业务。保兑行是否可以不承担付款责任？

不可以。保兑行的责任相当于本身开证，无论开证行发生什么变化，即使是开证行破产，保兑行都不得单方面撤销其保兑。同时，开证行和保兑行共同对受益人承担付款责任，在开证行破产的情况下，受益人可以选择保兑行付款。

（2）不保兑信用证，指未经另一家银行加以保证兑付的信用证。

3. 即期信用证/远期信用证

（1）即期信用证，指允许受益人开立即期汇票，银行保证见票即付的信用证。

（2）远期信用证，指受益人开立远期汇票，银行在汇票指定的付款到期日付款的信用证。

4. 可转让信用证/不可转让信用证

（1）可转让信用证，指受益人可将信用证的全部或部分权利转让给第三人的信用证。

（2）不可转让信用证，指受益人不能将信用证的权利转让给第三人的信用证。

（五）银行的义务

银行对信用证负有审单的义务，银行在履行该义务时应满足以下三点要求：

1. 表面审单。银行必须合理谨慎地审核信用证规定的所有单据，但该义务仅限于确定单据在表面上是否与信用证条款相符，对于单据所载内容是否真实有效银行概不负责。

2. 单证相符。银行在审单时，应确定受益人交付的单据与信用证条款的规定相一致。

3. 单单相符。银行在审单时，还应确定单据与单据之间相互一致，如单据之间表面互不一致，则视为单据表面与信用证不符（"单单不符"视为"单证不符"）。

【提示注意】单证不符、单单不符，银行均有权拒绝付款。

例4：中国茂发公司与韩国大成公司订立了从中国出口食品合同，合同约定：2002年7月至12月平均每月交货15吨，即期信用证支付，货物装运前由中国出口口岸商检部门出具检验证书，此证书作为议付单据之一。7月至8月交货正常，并顺利结汇。9月因船期延误，拖延至10月17日才实际装船，在托运人出具保函的情况下，承运人签发了装船日期为9月25日的提单，但送银行议付的商检证书中填写的商检日期为10月17日。开证行收到单据后，来电表示对该批货物拒绝付款。开证行是否有权拒付？

银行在审单时不仅坚持单证相符，还要坚持单单相符，单单不符视为单证不符。本例中，商检证书写明的检验日期与提单上的装船日期不符，即属于单单不符，银行有权拒付。

（六）银行的免责

1. **对单据的真实性、有效性免责**。银行对任何单据的形式、充分性、准确性、内容真实性、虚假性或法律效力，或对单据中规定或添加的一般或特殊条件，概不负责；银行对任何单据所代表的货物、服务或其他履约行为的描述、数量、重量、品质、状况、包装、交付、价值或其存在与否，或对发货人、承运人、货运代理人、收货人、货物的保险人或其他任何人的诚信与否、作为或不作为、清偿能力、履约或资信状况，概不负责。

2. **对单据传递延误或翻译错误免责**。对单据传递过程中的延误、丢失或对专业术语翻译或解释上的错误免责。

3. **对不可抗力免责**。银行对由于天灾、暴动、骚乱、战争或银行本身无法控制的任何其他原因、罢工或停工而使银行营业中断所产生的后果，概不负责。

4. **不受买卖合同的约束**（信用证独立）。就性质而言，信用证与可能作为其依据的销售合同或其他合同是相互独立的交易。不允许银行以买方与卖方之间对有关基础合同履行的争议，作为不付款、少付款或延期付款的理由；也不允许买方以其与卖方之间的合同履行方面的争议为理由，限制银行向受益人付款。

例 5：中国开元公司同美国怀特公司签订了从美国进口一批精密仪器的合同。合同规定，货物分两次交付，并分批开立信用证，开元公司应于货到目的港后 45 天进行复检，如产品与合同不符，开元公司有权凭中国的商检证书向怀特公司索赔。在合同履行过程中，开元公司依合同规定对第一批货物申请开出了信用证，怀特公司在货物装船后取得了清洁提单，并向议付行办理了议付，开证行在单证相符的情况下对议付行进行了偿付。此后，开元公司向银行申请对第二批货物开出了信用证。第一批货物抵达目的港后，经检验发现货物与合同严重不符，于是开元公司通知开证行，要求其拒付第二次信用证项下的货款。但议付行此时已在单证相符的情况下向怀特公司办理了议付。开证行在收到议付行寄来的第二批单据后，经审查无误，再次偿付了议付行。现开证行要求开元公司付款赎单，开元公司能否拒绝付款赎单？

信用证关系独立于基础合同关系，一家银行作出付款、承兑并支付汇票或议付等履行信用证项下义务的承诺，并不受申请人与开证行之间或与受益人之间在已有关系下产生的索偿或抗辩的制约。在信用证业务中，各有关当事人处理的是单据，而不是单据所涉及的货物、服务或其他行为。根据信用证独立原则，银行不受买卖合同的约束或影响，不负责买卖合同的履行情况。本例中，开证行对第二批单据审查无误后对议付行进行了偿付，其做法符合《跟单信用证统一惯例》的上述规定。对于货物与合同不符的问题，开元公司应依据买卖合同的规定向美国怀特公司提出索赔，但不应拒绝付款赎单。

5. **对被指示方的行为免责**。（1）为了执行申请人的指示，银行利用其他银行的服务，其费用和风险由申请人承担；（2）即使银行自行选择了其他银行，如果发出指示未被执行，开证行或通知行对此亦不负责；（3）指示另一家银行提供服务的银行有责任负担被指示方因执行指示而发生的任何费用。

【真题示例】

中国甲公司与德国乙公司签订了出口红枣的合同，约定品质为二级，信用证方式支付。后因库存二级红枣缺货，甲公司自行改装一级红枣，虽发票注明品质为一级，货价仍以二级计收。但在银行办理结汇时遭拒付。根据相关公约和惯例，下列哪些选项是正确的？（2014－80，

多选)①

A. 甲公司应承担交货不符的责任

B. 银行应在审查货物的真实等级后再决定是否收单付款

C. 银行可以发票与信用证不符为由拒绝收单付款

D. 银行应对单据记载的发货人甲公司的诚信负责

（七）信用证欺诈及例外原则

1. 信用证欺诈的种类

（1）开立假信用证。常见的做法有：制造假信用证，窃取空白格式信用证，无密押电开信用证，假印鉴开出信用证，签字和印鉴无从核对，开证行名称、地址不详等。

（2）"软条款"信用证。信用证"软条款"，是指信用证中规定的某些限制性条款，或信用证条款不清、责任不明，从而使受益人处于不利的地位。"软条款"使信用证实际无法生效，卖方无法执行，因而具有欺骗性。卖方对"软条款"可不予接受。常见的"软条款"有：①信用证暂不生效条款；②限制性付款条款；③加列各种限制；④对装运加以限制。

（3）伪造单据。主要包括：①单据本身系诈骗人或其他人伪造；②诈骗人对单据进行篡改，使之单证相符，以骗取货款。

（4）以保函换取与信用证相符的提单。主要包括：①以保函换取清洁提单；②以保函换倒签提单或预借提单。

2. 信用证欺诈例外原则

信用证欺诈例外原则，指在存在信用证欺诈的情况下，可例外于信用证独立原则，由买方请求法院向银行颁发禁止令，禁止银行付款。援引"欺诈例外"时，一般应满足以下条件：（1）有证据证明存在信用证欺诈；（2）买方的救济手段是向法院申请颁发止付令；（3）止付令申请应于银行对卖方付款或承兑之前提出。

3. 2020年最高院《关于审理信用证纠纷案件若干问题的规定》

（1）信用证欺诈的表现

第8条 凡有下列情形之一的，应当认定存在信用证欺诈：

（一）受益人伪造单据或者提交记载内容虚假的单据；

（二）受益人恶意不交付货物或者交付的货物无价值；

（三）受益人和开证申请人或者其他第三方串通提交假单据，而没有真实的基础交易；

（四）其他进行信用证欺诈的情形。

（2）止付信用证

第9条 开证申请人、开证行或者其他利害关系人发现有本规定第八条的情形，并认为将会给其造成难以弥补的损害时，可以向有管辖权的人民法院申请中止支付信用证项下的款项。

第15条 人民法院通过实体审理，认定构成信用证欺诈并且不存在本规定第十条的情形的，应当判决终止支付信用证项下的款项。

（3）不应裁定或判决止付信用证的情形

第10条 人民法院认定存在信用证欺诈的，应当裁定中止支付或者判决终止支付信用证

---

① AC。合同约定货物品质为二级，而交付货物为一级，卖方应承担交货不符的责任，A项正确。银行处理的是单据，而不是单据所涉及的货物、服务或其他行为，B项错误。银行在处理单据时应遵循单证表面相符原则，单证不符时银行可以拒付，C项正确。银行对发货人、承运人、货运代理人、收货人、货物的保险人或其他任何人的诚信与否概不负责，D项错误。

项下款项，但有下列情形之一的除外：

（一）开证行的指定人、授权人已按照开证行的指令善意地进行了付款；

（二）开证行或者其指定人、授权人已对信用证项下票据善意地作出了承兑；

（三）保兑行善意地履行了付款义务；

（四）议付行善意地进行了议付。

（4）法院受理止付诉讼的条件

第11条 当事人在起诉前申请中止支付信用证项下款项符合下列条件的，人民法院应予受理：

（一）受理申请的人民法院对该信用证纠纷案件享有管辖权；

（二）申请人提供的证据材料证明存在本规定第八条的情形；

（三）如不采取中止支付信用证项下款项的措施，将会使申请人的合法权益受到难以弥补的损害；

（四）申请人提供了可靠、充分的担保；

（五）不存在本规定第十条的情形。

当事人在诉讼中申请中止支付信用证项下款项的，应当符合前款第（二）、（三）、（四）、（五）项规定的条件。

第12条 人民法院接受中止支付信用证项下款项申请后，必须在四十八小时内作出裁定；裁定中止支付的，应当立即开始执行。

人民法院作出中止支付信用证项下款项的裁定，应当列明申请人、被申请人和第三人。

（5）法律适用

第2条 人民法院审理信用证纠纷案件时，当事人约定适用相关国际惯例或者其他规定的，从其约定；当事人没有约定的，适用国际商会《跟单信用证统一惯例》或者其他相关国际惯例。

第3条 开证申请人与开证行之间因申请开立信用证而产生的欠款纠纷、委托人和受托人之间因委托开立信用证产生的纠纷、担保人为申请开立信用证或者委托开立信用证提供担保而产生的纠纷以及信用证项下融资产生的纠纷，适用本规定。

第4条 因申请开立信用证而产生的欠款纠纷、委托开立信用证纠纷和因此产生的担保纠纷以及信用证项下融资产生的纠纷应当适用中华人民共和国相关法律。涉外合同当事人对法律适用另有约定的除外。

【真题示例】

中国甲公司（买方）与某国乙公司签订仪器买卖合同，付款方式为信用证，中国丙银行为开证行，中国丁银行为甲公司申请开证的保证人，担保合同未约定法律适用。乙公司向信用证指定行提交单据后，指定行善意支付了信用证项下的款项。后甲公司以乙公司伪造单据为由，向中国某法院申请禁止支付令。依我国相关法律规定，下列哪一选项是正确的？（2009－46，单选）①

A. 中国法院可以诈欺为由禁止开证行对外支付

B. 因指定行已善意支付了信用证项下的款项，中国法院不应禁止中国丙银行对外付款

_____

① B。根据2020年《关于审理信用证纠纷案件若干问题的规定》第10条，指定行已善意支付了信用证项下的款项，法院不应再禁止开证行对外付款，B项正确，A、C错误。根据规定第4条，因申请开立信用证而产生的担保纠纷应适用中国法，当事人另有约定的除外，D项错误。

C. 如确有证据证明单据为乙公司伪造，中国法院可判决终止支付

D. 丁银行与甲公司之间的担保关系应适用《跟单信用证统一惯例》规定

（八）　UCP600 对 UCP500 的变动

国际商会在 2006 年对原有的《跟单信用证统一惯例》（UCP500）作了修改，与 UCP500 相比，修改后的 UCP600 在很多方面发生了明显变化。

1. 结构上的变化。（1）集中归纳了对特定概念的解释；（2）按业务环节对条款进行了归纳。

2. 删除了某些条款。删除了关于可撤销信用证的内容，规定信用证是不可撤销的。

3. 新增了某些条款。（1）明确规定交单地点应在指定银行及开证行所在地；（2）新增"兑付"：包括开证行、保兑行、指定行在信用证下除议付以外的一切与支付相关的行为；（3）规定了"相符的交单"：强调交单要与信用证条款、适用的惯例条款以及国际标准银行实务相符合。

4. 修改了某些条款。（1）关于议付：新的定义明确议付是对票据及单据的一种买入行为，是对受益人的融资；（2）关于单据处理的天数：UCP500 规定银行收到单据后的处理时间为不超过收单翌日起第 7 个工作日，UCP600 改为最多为收单翌日起第 5 个工作日；（3）对不符单据的处理：规定当开证行确定单证不符时，可以自行决定联系申请人放弃不符点，如果开证行收到申请人放弃不符点的通知，则可以释放单据；（4）关于可转让信用证：明确规定第二受益人的交单必须经过转让行。

例 6：中国甲公司从某国乙公司进口一批货物，委托中国丙银行出具一份不可撤销信用证。乙公司发货后持单据向丙银行指定的丁银行请求付款，银行审单时发现单据上记载内容和信用证不完全一致。乙公司称甲公司接受此不符点，丙银行经与甲公司沟通，证实了该说法，即指示丁银行付款。后甲公司得知乙公司所发货物无价值，遂向有管辖权的中国法院申请中止支付信用证项下的款项。（1）丙银行发现单证存在不符点，是否有义务征询甲公司接受不符点？（2）当甲公司已接受不符点，丙银行是否必须承担付款责任？

（1）没有。当开证行确定交单不符时，可以自行决定是否联系申请人接受不符点，因此，是否征询甲公司，由丙银行自行决定。（2）不是。申请人接受不符点，并不影响开证行最终决定是否接受不符点，开证行如拒绝接受不符点，仍可拒付。

【归纳总结】

货物发出后，卖方成为债权人，如何收取货款成为其面对的问题。从理论上将，卖方可亲自去买方所在地收取货款，但在实践中，这显然不很现实。在长期的国际贸易实践中，人们创造出不同的支付方式，这些方式不仅减轻了彼此的负担，而且兼顾了双方的顾虑。在这些支付方式中，常考的是两种：托收和信用证。须注意的是，两种支付方式不同：托收由卖方申请发起，而信用证是买方申请发起。

【图表精要】

一、托收

（一）　概念

托收：卖方对买方开立汇票，委托银行向买方收取货款的结算方式（卖方委托银行向买方收取货款）。

托收的流程

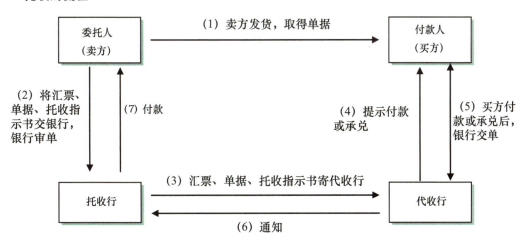

（二）托收当事人之间的关系

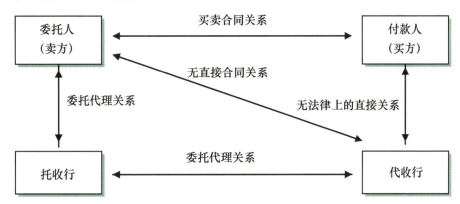

（三）托收的种类

- （1）光票托收：不附单据，仅凭汇票进行托收
- （2）跟单托收
  - ①付款交单（D/P）：买方付款后，代收行交单；
  - ②承兑交单（D/A）：买方承兑后，代收行交单。

（四）银行的责任和免责

- （1）责任
  - ①及时提示付款或承兑
  - ②及时将货款解交本人
  - ③及时通知托收结果
  - ④保证汇票和装运单据与托收指示书在表面上一致
- （2）免责
  - ①单据真实性、有效性
  - ②单据传递延误、丢失或翻译错误
  - ③不可抗力导致营业中断
  - ④无义务提货
  - ⑤无义务作出拒绝证书
  - ⑥对受托方行为免责

二、信用证

（一）概念

信用证：银行根据买方请求开出的，保证在满足信用证要求的条件下向卖方付款的书面凭证。

信用证的流程

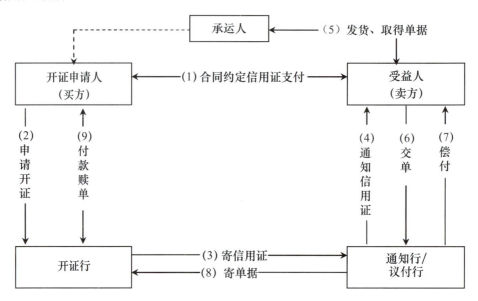

（二）信用证当事人之间的关系

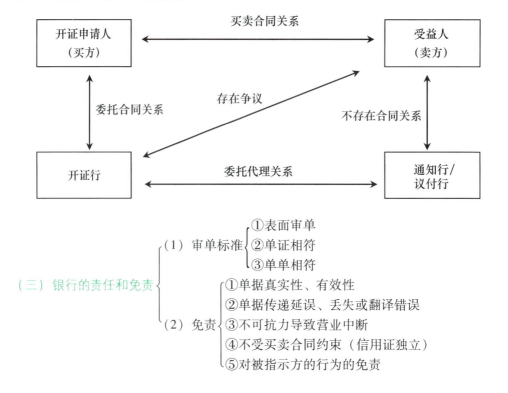

（四）信用证的分类

1. { 可撤销信用证：开证行可不必通知受益人，随时修改或取消信用证；
不可撤销信用证：不经受益人同意，不得修改或取消信用证。

2. { 保兑信用证：经另一家银行保证兑付的信用证；
不保兑信用证：未经另一家银行保证兑付的信用证。

保兑行的责任：

（1）无论开证行发生什么变化、是否承担兑付责任，保兑行都不得单方面撤销其保兑；

（2）保兑行的付款责任独立于开证行的付款责任，受益人可向二者中任何一家银行要求付款，开证行的付款责任不因保兑而免除。

3. { 可转让信用证：受益人可将信用证的权利全部或部分转让给第三人的信用证。
不可转让信用证：受益人不能将信用证的权利转让给第三人的信用证。

（五）信用证欺诈例外原则

信用证欺诈例外原则：在存在信用证欺诈的情况下，可例外于信用证独立原则，由买方请求法院向银行颁发禁止令，禁止银行付款。

2005年《最高人民法院关于审理信用证纠纷案件若干问题的规定》

1. 信用证欺诈的表现	凡有下列情形之一的，应当认定存在信用证欺诈： （1）受益人伪造单据或者提交记载内容虚假的单据； （2）受益人恶意不交付货物或者交付的货物无价值； （3）受益人和开证申请人或者其他第三方串通提交假单据，而没有真实的基础交易； （4）其他进行信用证欺诈的情形。
2. 有权提出止付申请的当事人	开证申请人 开证行 其他利害关系人 } 发现有信用证欺诈，可以向法院提出止付申请。
3. 不应要求止付的情形	人民法院认定存在信用证欺诈的，应当判定停止支付信用证项下款项，但有下列情形之一的除外： （1）开证行的指定人、授权人已按照开证行的指令善意地进行了付款； （2）开证行或者其指定人、授权人已对信用证项下票据善意地作出了承兑； （3）保兑行善意地履行了付款义务； （4）议付行善意地进行了议付。
4. 法律适用	信用证纠纷（信用证开立、通知、修改、撤销、保兑、议付、偿付等）：当事人有约定的依约定，没有约定的适用《跟单信用证统一惯例》； 涉及信用证的债务纠纷（欠款、委托、担保、融资等）：当事人有约定的依约定，没有约定的适用中国法。

（六）UCP600对UCP500的变动

1. 结构上的变化	（1）集中归纳了对特定概念的解释； （2）按业务环节对条款进行了归纳。
2. 删除了某些条款	删除了关于可撤销信用证的内容，规定信用证是不可撤销的。

续表

3. 新增了某些条款	（1）明确规定交单地点应在指定银行及开证行所在地； （2）新增"兑付"：包括开证行、保兑行、指定行在信用证下除议付以外的一切与支付相关的行为； （3）规定了"相符的交单"：强调交单要与信用证条款、适用的惯例条款以及国际标准银行实务相符合。
4. 修改了某些条款	（1）关于议付：新的定义明确议付是对票据及单据的一种买入行为，是对受益人的融资； （2）关于单据处理的天数：UCP500 规定银行收到单据后的处理时间为不超过收单翌日起第 7 个工作日，UCP600 改为最多为收单翌日起第 5 个工作日； （3）对不符单据的处理：规定当银行确定单证不符时，可以自行决定联系申请人放弃不符点，如果银行收到申请人放弃不符点的通知，则可以释放单据； （4）关于可转让信用证：明确规定第二受益人的交单必须经过转让行。

第四章　对外贸易管理制度

码上揭秘

第一节　中国的对外贸易法

【知识点】

一、《对外贸易法》

1. 适用范围	(1) 适用于：货物进出口、技术进出口、国际服务贸易、与对外贸易有关的知识产权保护（第2条） (2) 不适用：①特殊物质或产品的进出口（第67条） 　　　　　　②边境地区贸易（第68条） 　　　　　　③单独关税区（港澳台）（第69条）
2. 外贸经营者	(1) 外贸经营主体：依法从事对外贸易经营活动的法人、其他组织或者个人（第8条） (2) 外贸经营权的获得：采用备案登记制，未办理登记，海关不予报关验放。但法律、行政法规和国务院对外贸易主管部门规定不需要备案登记的除外（第9条） (3) 国际服务贸易外贸经营者：从事对外劳务合作的单位，应当具备相应的资质，具体办法由国务院规定（第10条第2款）
3. 货物和技术的进出口	(1) 进出口监管（第15条） (2) 进出口限制和禁止（第16条） (3) 配额、许可证管理（第19条）
4. 国际服务贸易	服务贸易的限制和禁止（第26条）
5. 知识产权保护	(1) 进口货物侵犯知识产权的处理（第29条） (2) 知识产权权利人在对外贸易中滥用其专有权或优势地位（第30条） (3) 他国或地区在知识产权保护方面未能给予我国当事人相应待遇和保护的处理（第31条）
6. 对外贸易秩序	(1) 外贸中的垄断行为（第32条） (2) 外贸中的不正当竞争行为（第33条） (3) 外贸中的禁止行为（第34条）
7. 对外贸易调查	(1) 调查事项（第37条） (2) 调查手段（第38条）
8. 对外贸易救济	(1) 反倾销、反补贴、保障措施（第41~44条） (2) 对服务贸易的救济（第45条） (3) 对贸易转移的救济（第46条）

【法条引述】

《中华人民共和国对外贸易法》（2016 年修正）

第2条 本法适用于对外贸易以及与对外贸易有关的知识产权保护。本法所称对外贸易，是指货物进出口、技术进出口和国际服务贸易。

第8条 本法所称对外贸易经营者，是指依法办理工商登记或者其他执业手续，依照本法和其他有关法律、行政法规的规定从事对外贸易经营活动的法人、其他组织或者个人。

第9条 从事货物进出口或者技术进出口的对外贸易经营者，应当向国务院对外贸易主管部门或者其委托的机构办理备案登记；但是，法律、行政法规和国务院对外贸易主管部门规定不需要备案登记的除外。备案登记的具体办法由国务院对外贸易主管部门规定。对外贸易经营者未按照规定办理备案登记的，海关不予办理进出口货物的报关验放手续。

第10条 从事国际服务贸易，应当遵守本法和其他有关法律、行政法规的规定。

从事对外劳务合作的单位，应当具备相应的资质。具体办法由国务院规定。

第15条 国务院对外贸易主管部门基于监测进出口情况的需要，可以对部分自由进出口的货物实行进出口自动许可并公布其目录。

实行自动许可的进出口货物，收货人、发货人在办理海关报关手续前提出自动许可申请的，国务院对外贸易主管部门或者其委托的机构应当予以许可；未办理自动许可手续的，海关不予放行。

进出口属于自由进出口的技术，应当向国务院对外贸易主管部门或者其委托的机构办理合同备案登记。

第16条 国家基于下列原因，可以限制或者禁止有关货物、技术的进口或者出口：

（一）为维护国家安全、社会公共利益或者公共道德，需要限制或者禁止进口或者出口的；

（二）为保护人的健康或者安全，保护动物、植物的生命或者健康，保护环境，需要限制或者禁止进口或者出口的；

（三）为实施与黄金或者白银进出口有关的措施，需要限制或者禁止进口或者出口的；

（四）国内供应短缺或者为有效保护可能用竭的自然资源，需要限制或者禁止出口的；

（五）输往国家或者地区的市场容量有限，需要限制出口的；

（六）出口经营秩序出现严重混乱，需要限制出口的；

（七）为建立或者加快建立国内特定产业，需要限制进口的；

（八）对任何形式的农业、牧业、渔业产品有必要限制进口的；

（九）为保障国家国际金融地位和国际收支平衡，需要限制进口的；

（十）依照法律、行政法规的规定，其他需要限制或者禁止进口或者出口的；

（十一）根据我国缔结或者参加的国际条约、协定的规定，其他需要限制或者禁止进口或者出口的。

第19条 国家对限制进口或者出口的货物，实行配额、许可证等方式管理；对限制进口或者出口的技术，实行许可证管理。

实行配额、许可证管理的货物、技术，应当按照国务院规定经国务院对外贸易主管部门或者经其会同国务院其他有关部门许可，方可进口或者出口。

国家对部分进口货物可以实行关税配额管理。

第26条 国家基于下列原因，可以限制或者禁止有关的国际服务贸易：

（一）为维护国家安全、社会公共利益或者公共道德，需要限制或者禁止的；

（二）为保护人的健康或者安全，保护动物、植物的生命或者健康，保护环境，需要限制或者禁止的；

（三）为建立或者加快建立国内特定服务产业，需要限制的；

（四）为保障国家外汇收支平衡，需要限制的；

（五）依照法律、行政法规的规定，其他需要限制或者禁止的；

（六）根据我国缔结或者参加的国际条约、协定的规定，其他需要限制或者禁止的。

第29条 国家依照有关知识产权的法律、行政法规，保护与对外贸易有关的知识产权。

进口货物侵犯知识产权，并危害对外贸易秩序的，国务院对外贸易主管部门可以采取在一定期限内禁止侵权人生产、销售的有关货物进口等措施。

第30条 知识产权权利人有阻止被许可人对许可合同中的知识产权的有效性提出质疑、进行强制性一揽子许可、在许可合同中规定排他性返授条件等行为之一，并危害对外贸易公平竞争秩序的，国务院对外贸易主管部门可以采取必要的措施消除危害。

第31条 其他国家或者地区在知识产权保护方面未给予中华人民共和国的法人、其他组织或者个人国民待遇，或者不能对来源于中华人民共和国的货物、技术或者服务提供充分有效的知识产权保护的，国务院对外贸易主管部门可以依照本法和其他有关法律、行政法规的规定，并根据中华人民共和国缔结或者参加的国际条约、协定，对与该国家或者该地区的贸易采取必要的措施。

第32条 在对外贸易经营活动中，不得违反有关反垄断的法律、行政法规的规定实施垄断行为。

在对外贸易经营活动中实施垄断行为，危害市场公平竞争的，依照有关反垄断的法律、行政法规的规定处理。

有前款违法行为，并危害对外贸易秩序的，国务院对外贸易主管部门可以采取必要的措施消除危害。

第33条 在对外贸易经营活动中，不得实施以不正当的低价销售商品、串通投标、发布虚假广告、进行商业贿赂等不正当竞争行为。

在对外贸易经营活动中实施不正当竞争行为的，依照有关反不正当竞争的法律、行政法规的规定处理。

有前款违法行为，并危害对外贸易秩序的，国务院对外贸易主管部门可以采取禁止该经营者有关货物、技术进出口等措施消除危害。

第34条 在对外贸易活动中，不得有下列行为：

（一）伪造、变造进出口货物原产地标记，伪造、变造或者买卖进出口货物原产地证书、进出口许可证、进出口配额证明或者其他进出口证明文件；

（二）骗取出口退税；

（三）走私；

（四）逃避法律、行政法规规定的认证、检验、检疫；

（五）违反法律、行政法规规定的其他行为。

第37条 为了维护对外贸易秩序，国务院对外贸易主管部门可以自行或者会同国务院其他有关部门，依照法律、行政法规的规定对下列事项进行调查：

（一）货物进出口、技术进出口、国际服务贸易对国内产业及其竞争力的影响；

（二）有关国家或者地区的贸易壁垒；

（三）为确定是否应当依法采取反倾销、反补贴或者保障措施等对外贸易救济措施，需要调查的事项；

（四）规避对外贸易救济措施的行为；

（五）对外贸易中有关国家安全利益的事项；

（六）为执行本法第七条、第二十九条第二款、第三十条、第三十一条、第三十二条第三款、第三十三条第三款的规定，需要调查的事项；

（七）其他影响对外贸易秩序，需要调查的事项。

第 38 条　启动对外贸易调查，由国务院对外贸易主管部门发布公告。

调查可以采取书面问卷、召开听证会、实地调查、委托调查等方式进行。

国务院对外贸易主管部门根据调查结果，提出调查报告或者作出处理裁定，并发布公告。

第 41 条　其他国家或者地区的产品以低于正常价值的倾销方式进入我国市场，对已建立的国内产业造成实质损害或者产生实质损害威胁，或者对建立国内产业造成实质阻碍的，国家可以采取反倾销措施，消除或者减轻这种损害或者损害的威胁或者阻碍。

第 42 条　其他国家或者地区的产品以低于正常价值出口至第三国市场，对我国已建立的国内产业造成实质损害或者产生实质损害威胁，或者对我国建立国内产业造成实质阻碍的，应国内产业的申请，国务院对外贸易主管部门可以与该第三国政府进行磋商，要求其采取适当的措施。

第 43 条　进口的产品直接或者间接地接受出口国家或者地区给予的任何形式的专向性补贴，对已建立的国内产业造成实质损害或者产生实质损害威胁，或者对建立国内产业造成实质阻碍的，国家可以采取反补贴措施，消除或者减轻这种损害或者损害的威胁或者阻碍。

第 44 条　因进口产品数量大量增加，对生产同类产品或者与其直接竞争的产品的国内产业造成严重损害或者严重损害威胁的，国家可以采取必要的保障措施，消除或者减轻这种损害或者损害的威胁，并可以对该产业提供必要的支持。

第 45 条　因其他国家或者地区的服务提供者向我国提供的服务增加，对提供同类服务或者与其直接竞争的服务的国内产业造成损害或者产生损害威胁的，国家可以采取必要的救济措施，消除或者减轻这种损害或者损害的威胁。

第 46 条　因第三国限制进口而导致某种产品进入我国市场的数量大量增加，对已建立的国内产业造成损害或者产生损害威胁，或者对建立国内产业造成阻碍的，国家可以采取必要的救济措施，限制该产品进口。

第 67 条　与军品、裂变和聚变物质或者衍生此类物质的物质有关的对外贸易管理以及文化产品的进出口管理，法律、行政法规另有规定的，依照其规定。

第 68 条　国家对边境地区与接壤国家边境地区之间的贸易以及边民互市贸易，采取灵活措施，给予优惠和便利。具体办法由国务院规定。

第 69 条　中华人民共和国的单独关税区不适用本法。

【真题示例】

根据我国 2004 年修订的《对外贸易法》的规定，关于对外贸易经营者，下列哪些选项是错误的？(2008 - 85，多选)①

A. 个人须委托具有资格的法人企业才能办理对外贸易业务

B. 对外贸易经营者未依规定办理备案登记的，海关不予办理报关验放手续

---

① ACD。参见《对外贸易法》第 8、9 条。

C. 有足够的资金即可自动取得对外贸易经营的资格

D. 对外贸易经营者向国务院主管部门办妥审批手续后方能取得对外贸易经营的资格

二、《出口管制法》

《出口管制法》于 2020 年 12 月 1 日起施行，该法借鉴国际通行做法，以"维护国家安全和利益，履行防扩散等国际义务，加强和规范出口管制"为立法目的，共 49 条，主要内容如下：

适用范围	（一）管制对象	两用物项、军品、核以及其他与维护国家安全和利益、履行防扩散等国际义务相关的货物、技术、服务等物项（包括**相关的技术资料等数据**）（第 2 条）。
	（二）管制范围	1. 从中国境内向境外转移管制物项（管制物项从中国出口）（第 2 条）； 2. 管制物项的过境、转运、通运、再出口或者从保税区、出口加工区等海关特殊监管区域和出口监管仓库、保税物流中心等保税监管场所向境外出口（管制物项从中国经过或从中国特殊监管区域出口）（第 45 条）。 3. 中国公民、法人和非法人组织向外国组织和个人提供管制物项（视同出口）（第 2 条）。
	（三）域外效力	**中国境外的**组织和个人，违反本法有关出口管制管理规定，危害中华人民共和国国家安全和利益，妨碍履行防扩散等国际义务的，依法处理并追究其法律责任（第 44 条）。
管理机关		国务院、中央军委承担出口管制职能的部门（以下统称出口管制管理部门）（第 5 条第 1 款）
管制措施	管制措施	（1）管制清单和临时管制——明确管制对象 （2）出口许可 （3）禁止出口 — 对出口方管理 （4）最终用户和最终用途风险管理——对进口方或使用方管理
	（一）管制清单、临时管制	1. 出口管制管理部门会同有关部门制定、调整**出口管制清单**（常态化管理）（第 9 条第 1 款）； 2. 经国务院批准，或者经国务院、中央军委批准，出口管制管理部门可以对**出口管制清单以外**的货物、技术和服务实施临时管制（临时性管理）（第 9 条第 2 款）： （1）对象：**出口管制清单以外**的物项； （2）期限：不超过 2 年； （3）后续管理：期满前评估，根据评估结果可作出三种决定——取消、延长、将临时管制物项列入出口管制清单。
	（二）出口许可	国家对管制物项的出口实行**许可制度**。出口以下物项，出口经营者**应当**申请许可（第 12 条第 1 款和第 2 款）： 1. **管制清单所列管制物项**； 2. **临时管制物项**； 3. **上述管制物项之外的货物、技术和服务，可能存在以下风险的**： （1）危害国家安全和利益； （2）被用于设计、开发、生产或者使用大规模杀伤性武器及其运载工具； （3）被用于恐怖主义目的。

续表

	（三）禁止出口	经国务院批准，或者经国务院、中央军委批准，出口管制管理部门会同有关部门可以（第10条）： （1）**禁止相关管制物项的出口**； （2）**禁止相关管制物项向特定目的国家和地区、特定组织和个人出口**。
	（四）最终用户和最终用途风险管理	1. 出口经营者 **应当提交**：管制物项的**最终用户和最终用途证明文件**（由**最终用户**或者**最终用户所在国家和地区政府机构**出具）（第15条）。 2. **最终用户** **应当承诺**：未经允许，**不得擅自改变管制物项的最终用途**或者**向任何第三方转让**（第16条第1款）。 3. 出口管制管理部门 **建立管控名单**（第18条第1款、第2款和第3款）： （1）范围 对有下列情形之一的进口商和最终用户，建立管控名单： ①违反最终用户或者最终用途管理要求的； ②可能危害国家安全和利益的； ③将管制物项用于恐怖主义目的的。 （2）措施 对列入管控名单的进口商和最终用户： ①**出口经营者：不得与之进行交易**（例外：如确需进行交易的，可以向出口管制管理部门提出申请）； ②**出口管制管理部门：可以禁止、限制有关交易，责令中止有关出口。**

【法条引述】

《中华人民共和国出口管制法》

第1条　为了维护国家安全和利益，履行防扩散等国际义务，加强和规范出口管制，制定本法。

第2条　国家对两用物项、军品、核以及其他与维护国家安全和利益、履行防扩散等国际义务相关的货物、技术、服务等物项（以下统称管制物项）的出口管制，适用本法。

前款所称管制物项，包括物项相关的技术资料等数据。

本法所称出口管制，是指国家对从中华人民共和国境内向境外转移管制物项，以及中华人民共和国公民、法人和非法人组织向外国组织和个人提供管制物项，采取禁止或者限制性措施。

本法所称两用物项，是指既有民事用途，又有军事用途或者有助于提升军事潜力，特别是可以用于设计、开发、生产或者使用大规模杀伤性武器及其运载工具的货物、技术和服务。

本法所称军品，是指用于军事目的的装备、专用生产设备以及其他相关货物、技术和服务。

本法所称核，是指核材料、核设备、反应堆用非核材料以及相关技术和服务。

第5条第1款　国务院、中央军事委员会承担出口管制职能的部门（以下统称国家出口管制管理部门）按照职责分工负责出口管制工作。国务院、中央军事委员会其他有关部门按照职责分工负责出口管制有关工作。

第9条　国家出口管制管理部门依据本法和有关法律、行政法规的规定，根据出口管制政策，按照规定程序会同有关部门制定、调整管制物项出口管制清单，并及时公布。

根据维护国家安全和利益、履行防扩散等国际义务的需要，经国务院批准，或者经国务院、中央军事委员会批准，国家出口管制管理部门可以对出口管制清单以外的货物、技术和服务实施临时管制，并予以公告。临时管制的实施期限不超过二年。临时管制实施期限届满前应当及时进行评估，根据评估结果决定取消临时管制、延长临时管制或者将临时管制物项列入出口管制清单。

第10条 根据维护国家安全和利益、履行防扩散等国际义务的需要，经国务院批准，或者经国务院、中央军事委员会批准，国家出口管制管理部门会同有关部门可以禁止相关管制物项的出口，或者禁止相关管制物项向特定目的国家和地区、特定组织和个人出口。

第12条 国家对管制物项的出口实行许可制度。

出口管制清单所列管制物项或者临时管制物项，出口经营者应当向国家出口管制管理部门申请许可。

出口管制清单所列管制物项以及临时管制物项之外的货物、技术和服务，出口经营者知道或者应当知道，或者得到国家出口管制管理部门通知，相关货物、技术和服务可能存在以下风险的，应当向国家出口管制管理部门申请许可：

（一）危害国家安全和利益；

（二）被用于设计、开发、生产或者使用大规模杀伤性武器及其运载工具；

（三）被用于恐怖主义目的。

出口经营者无法确定拟出口的货物、技术和服务是否属于本法规定的管制物项，向国家出口管制管理部门提出咨询的，国家出口管制管理部门应当及时答复。

第15条 出口经营者应当向国家出口管制管理部门提交管制物项的最终用户和最终用途证明文件，有关证明文件由最终用户或者最终用户所在国家和地区政府机构出具。

第16条 管制物项的最终用户应当承诺，未经国家出口管制管理部门允许，不得擅自改变相关管制物项的最终用途或者向任何第三方转让。

出口经营者、进口商发现最终用户或者最终用途有可能改变的，应当按照规定立即报告国家出口管制管理部门。

第18条 国家出口管制管理部门对有下列情形之一的进口商和最终用户，建立管控名单：

（一）违反最终用户或者最终用途管理要求的；

（二）可能危害国家安全和利益的；

（三）将管制物项用于恐怖主义目的的。

对列入管控名单的进口商和最终用户，国家出口管制管理部门可以采取禁止、限制有关管制物项交易，责令中止有关管制物项出口等必要的措施。

出口经营者不得违反规定与列入管控名单的进口商、最终用户进行交易。出口经营者在特殊情况下确需与列入管控名单的进口商、最终用户进行交易的，可以向国家出口管制管理部门提出申请。

列入管控名单的进口商、最终用户经采取措施，不再有第一款规定情形的，可以向国家出口管制管理部门申请移出管控名单；国家出口管制管理部门可以根据实际情况，决定将列入管控名单的进口商、最终用户移出管控名单。

第44条 中华人民共和国境外的组织和个人，违反本法有关出口管制管理规定，危害中华人民共和国国家安全和利益，妨碍履行防扩散等国际义务的，依法处理并追究其法律责任。

第45条 管制物项的过境、转运、通运、再出口或者从保税区、出口加工区等海关特殊监管区域和出口监管仓库、保税物流中心等保税监管场所向境外出口，依照本法的有关规定执行。

第二节　贸易救济措施

【知识点】

贸易救济措施包括反倾销、反补贴和保障措施三种，其具体规则体现在中国《反倾销条例》、《反补贴条例》和《保障措施条例》中。

一、反倾销措施

进口产品以倾销方式进入中国市场，并对已经建立的国内产业造成实质损害或者产生实质损害威胁，或者对建立国内产业造成实质阻碍的，依照条例的规定进行调查，采取反倾销措施。

（一）实施条件

1. 倾销

倾销，是指在正常贸易过程中进口产品以低于其正常价值的价格进入中国市场。进口产品的价格低于其正常价值的幅度，为倾销幅度。

（1）正常价值的确定

①国内价格：出口国（地区）市场有可比价格的，以同类产品在出口国（地区）市场上的可比价格为正常价值；②第三国价格/结构价格：进口产品的同类产品在出口国（地区）市场没有销售，或者该产品的价格、数量不能据以进行公平比较的，以该同类产品出口到第三国（地区）的可比价格（第三国价格），或者以该同类产品在原产国（地区）的生产成本加合理费用、利润（结构价格）为正常价值。

（2）出口价格的确定

①进口产品有实际支付或者应当支付的价格的，以该价格为出口价格；

②进口产品没有出口价格或者其价格不可靠的，以根据该进口产品首次转售给独立购买人的价格推定的价格为出口价格；

③该进口产品未转售给独立购买人或者未按进口时的状态转售的，可以商务部根据合理基础推定的价格为出口价格。

2. 损害

损害，是指倾销对已经建立的国内产业造成实质损害或者产生实质损害威胁，或者对建立国内产业造成实质阻碍。

（1）审查事项

在确定倾销对国内产业造成的损害时，应当审查下列事项：①倾销进口产品的数量；②倾销进口产品的价格；③倾销进口产品对国内产业的相关经济因素和指标的影响；④倾销进口产品的出口国（地区）、原产国（地区）的生产能力、出口能力，被调查产品的库存情况；⑤造成国内产业损害的其他因素。

倾销进口产品来自两个以上国家（地区），并且同时满足下列条件的，可以就倾销进口产品对国内产业造成的影响进行累积评估：①来自每一国家（地区）的倾销进口产品的倾销幅度不小于2%，并且其进口量不属于可忽略不计的；②根据倾销进口产品之间以及倾销进口产品与国内同类产品之间的竞争条件，进行累积评估是适当的。

（2）国内产业

国内产业，是指中国国内同类产品的全部生产者，或者其总产量占国内同类产品全部总产量的主要部分的生产者，但是，国内生产者与出口经营者或者进口经营者有关联的，或者其本身为倾销进口产品的进口经营者的，可以排除在国内产业之外。

在特殊情形下，国内一个区域市场中的生产者，在该市场中销售其全部或者几乎全部的同类产品，并且该市场中同类产品的需求主要不是由国内其他地方的生产者供给的，可以视为一个单独产业。

（3）同类产品

同类产品，是指与倾销进口产品相同的产品；没有相同产品的，以与倾销进口产品的特性最相似的产品为同类产品。

3. 因果关系

倾销与损害之间应当存在因果关系，即国内产业的损害是由倾销造成，而非其他因素。在确定倾销对国内产业造成的损害时，应当依据肯定性证据，不得将非倾销因素对国内产业造成的损害归因于倾销。

（二）反倾销调查

1. 调查机关

倾销：商务部；

损害：商务部；涉及农产品的反倾销损害调查，由商务部会同农业部进行。

2. 发起方式

（1）国内产业申请发起：国内产业或者代表国内产业的自然人、法人或者有关组织，可依照有关规定向商务部提出反倾销调查的书面申请。

（2）商务部自主发起：商务部没有收到反倾销调查的书面申请，但有充分证据认为存在倾销和损害以及二者之间有因果关系的，可以决定立案调查。

3. 调查内容

（1）是否存在倾销、损害、因果关系；

（2）是否有足够的国内支持者（在支持申请和反对申请的生产者中，支持者产量占二者总产量的50%以上，同时不得低于国内同类产品总产量的25%）。

例1：商务部现就某化工产品的进口进行反倾销调查，共30家企业对反倾销调查申请进行表态，尚有一些企业未作出表态。其中，支持调查的企业21家，产量80万吨；反对调查的企业9家，产量50万吨。经核实，该产品当年国内总产量为200万吨。依据《反倾销条例》，能否认定有足够的国内支持者？

可以认定存在足够的国内支持者。首先，支持者产量80万吨，反对者产量50万吨，80万/（80万＋50万）＞50%，支持者产量占二者总产量的50%以上；其次，支持者产量80万吨，国内同类产品总产量200万吨，80万/200万＞25%，支持者产量超过国内同类产品总产量的25%。

4. 调查方式

（1）基本方式：采用问卷、抽样、听证会、现场核查等方式向利害关系方了解情况。

（2）出境调查：商务部认为必要时，可派员赴有关国家（地区）进行调查，有关国家（地区）提出异议的除外。

5. 利害关系方的义务

调查机关进行调查时，利害关系方应当如实反映情况，提供有关资料。利害关系方不如实反映情况、提供有关资料的，或者没有在合理时间内提供必要信息的，或者以其他方式严重妨碍调查的，调查机关可以根据已经获得的事实和可获得的最佳信息作出裁定。

6. 裁定

（1）初裁决定。商务部根据调查结果，作出初裁决定，并予以公告，裁定事项包括：①倾销、损害；②二者之间的因果关系是否成立。

（2）终裁决定。初裁决定确定倾销、损害以及二者之间的因果关系成立的，商务部应当继续进行调查，并根据调查结果作出终裁决定，并予以公告。继续调查事项包括：①倾销及倾销幅度；②损害及损害程度。

7. 调查的终止

有下列情形之一的，反倾销调查应当终止，并由商务部予以公告：

（1）申请人撤销申请的；

（2）没有足够证据证明存在倾销、损害或者二者之间有因果关系的；

（3）倾销幅度低于2%的；

（4）倾销进口产品实际或者潜在的进口量或者损害属于可忽略不计的；

（5）商务部认为不适宜继续进行反倾销调查的。

（三）反倾销措施

1. 临时反倾销措施

（1）实施方式：①征收临时反倾销税；②要求提供现金保证金、保函或者其他形式的担保。

（2）实施期限：①自反倾销立案调查决定公告之日起60天后，才可采取临时反倾销措施；②临时反倾销措施实施的期限，自公告规定实施之日起，不超过4个月；特殊情形下可以延长至9个月。

2. 价格承诺

（1）倾销进口产品的出口经营者在反倾销调查期间，可以向商务部作出改变价格或者停止以倾销价格出口的价格承诺；

（2）商务部可以建议但不得强迫出口经营者作出价格承诺；

（3）商务部作出肯定的初裁决定前不得寻求或者接受价格承诺；

（4）商务部自主决定是否接受价格承诺，认为价格承诺能够接受并符合公共利益的，可以决定中止或者终止反倾销调查，不采取临时反倾销措施或者征收反倾销税；不接受价格承诺的，应当向出口经营者说明理由；

（5）中止或者终止反倾销调查后，应出口经营者请求，商务部应当对倾销和损害继续进行调查，或者商务部认为有必要的，可以对倾销和损害继续进行调查；作出倾销或者损害的否定裁定的，价格承诺自动失效；作出肯定裁定的，价格承诺继续有效；

（6）出口经营者违反价格承诺，商务部可立即恢复反倾销调查。

3. 最终反倾销税

（1）征收条件：终裁决定确定倾销成立，并由此对国内产业造成损害的，可以征收反倾销税。

（2）纳税人：倾销进口产品的进口经营者。

例2：中国甲厂、乙厂和丙厂代表中国丙烯酸酯产业向主管部门提出了对原产于A国、B国和C国的丙烯酸酯进行反倾销调查的申请，经审查终局裁定确定倾销成立并对国内产业造成了损害，决定征收反倾销税。在此情形下，反倾销税的纳税人应是谁？

丙烯酸酯的进口经营者。根据《反倾销条例》，反倾销税的纳税人为倾销进口产品的进口经营者。

（3）征税对象：终裁决定公告之日后进口的产品，特殊情况下可追溯征收。

（4）税额：不超过终裁决定确定的倾销幅度；对实施临时反倾销税的期间追溯征收的，采取"多退少不补"的原则（即，终裁确定的反倾销税额，低于已付或应付临时反倾销税额或担保金额的，差额部分应予退还；高于已付或应付临时反倾销税额或担保金额的，差额部分不予征收）。

（5）追溯征收：①终裁决定确定存在实质损害，并在此前已经采取临时反倾销措施的，反倾销税可以对已经实施临时反倾销措施期间进口的产品追溯征收；②特定条件下，可以对实施临时反倾销措施之日前90天内进口的产品追溯征收。

4. 实施期限

反倾销税的征收期限和价格承诺的履行期限不超过5年；但是，经复审确定终止征收反倾销税有可能导致倾销和损害的继续或者再度发生的，反倾销税的征收期限可以适当延长。

5. 反倾销复审

（1）反倾销税和价格承诺生效后，商务部可以在有正当理由的情况下，决定对继续征收反倾销税和继续履行价格承诺的必要性进行复审；也可以在经过一段合理时间，应利害关系方的申请并对利害关系方提供的相应证据进行审查后，决定对继续采取上述两种措施的必要性进行复审；

（2）根据复审结果，商务部提出保留、修改或者取消反倾销税的建议，国务院关税规则委员会根据其建议作出决定，由商务部予以公告；或由商务部作出保留、修改或者取消价格承诺的决定并予以公告；

（3）复审期限，自决定复审开始之日起不超过12个月；

（4）在复审期间，反倾销措施继续实施。

【真题示例】

国内某产品生产商向我国商务部申请对从甲国进口的该产品进行反倾销调查。该产品的国内生产商共有100多家。根据我国相关法律规定，下列哪一选项是正确的？（2010-44，单选）①

A. 任何一家该产品的国内生产商均可启动反倾销调查

B. 商务部可强迫甲国出口商作出价格承诺

C. 如终裁决定确定的反倾销税高于临时反倾销税，甲国出口商应当补足

D. 反倾销税税额不应超过终裁决定确定的倾销幅度

二、反补贴措施

进口产品存在补贴，并对已经建立的国内产业造成实质损害或者产生实质损害威胁，或者对建立国内产业造成实质阻碍的，依照条例的规定进行调查，采取反补贴措施。

（一）实施条件

1. 专向补贴

（1）补贴，是指出口国（地区）政府或者其任何公共机构提供的并为接受者带来利益的财政资助以及任何形式的收入或者价格支持。出口国（地区）政府或者其任何公告机构，以下统称出口国（地区）政府。

---

① D。启动反倾销调查，需要足够的国内生产者的支持，在支持申请和反对申请的生产者中，支持者的产量占二者总产量的50%以上，同时不得低于国内同类产品总产量的25%，A项错误。商务部可以建议但不得强迫出口经营者作出价格承诺，B项错误。终裁确定征收反倾销税并对实施临时反倾销税的期间追溯征收的，采取多退少不补的原则，C项错误。

其中，财政资助包括：①出口国（地区）政府以拨款、贷款、资本注入等形式直接提供资金，或者以贷款担保等形式潜在地直接转让资金或者债务；②出口国（地区）政府放弃或者不收缴应收收入；③出口国（地区）政府提供除一般基础设施以外的货物、服务，或者由出口国（地区）政府购买货物；④出口国（地区）政府通过向筹资机构付款，或者委托、指令私营机构履行上述职能。

（2）进行反补贴调查、采取反补贴措施的补贴，必须<u>具有专向性。具有下列情形之一的补贴，具有专向性</u>：①由出口国（地区）政府明确确定的某些企业、产业获得的补贴；②由出口国（地区）法律、法规明确规定的某些企业、产业获得的补贴；③指定特定区域内的企业、产业获得的补贴；④以出口实绩为条件获得的补贴；⑤以使用本国（地区）产品替代进口产品为条件获得的补贴。

例3：甲国政府为鼓励机械制造企业消费本国产品，规定凡是生产的整台设备中使用的本国零部件和原材料占60%以上的，将得到相应的财务支持。为此，甲国政府专门设立一财务基金，给予符合上述条件的企业进行补贴。根据《反补贴条例》，该补贴是否属于专项性补贴？

使用本国零部件和原材料的增多，即意味着使用进口产品的减少，显然属于以使用本国产品替代进口产品为条件获得的补贴

2. 损害

损害，是指补贴对已经建立的国内产业造成<u>实质损害</u>或者产生<u>实质损害威胁</u>，或者对建立国内产业造成<u>实质阻碍</u>。

（1）审查事项

在确定补贴对国内产业造成的损害时，应当审查下列事项：①补贴可能对贸易造成的影响；②补贴进口产品的数量；③补贴进口产品的价格；④补贴进口产品对国内产业的相关经济因素和指标的影响；⑤补贴进口产品出口国（地区）、原产国（地区）的生产能力、出口能力，被调查产品的库存情况；⑥造成国内产业损害的其他因素。

（2）国内产业（同"反倾销"）

（3）同类产品（同"反倾销"）

3. 因果关系

补贴进口产品与国内产业损害之间应当存在因果关系，即国内产业的损害是由补贴进口产品造成；不得将非补贴因素对国内产业造成的损害归因于补贴。

（二）反补贴调查

反补贴调查程序与反倾销调查程序基本相同。

（三）反补贴措施

反补贴措施与反倾销措施类似，包括：（1）临时反补贴措施；（2）承诺；（3）最终反补贴税。反补贴措施与反倾销措施的实施条件基本相同，主要区别在于：对于承诺，反倾销中的承诺仅限于出口经营者承诺修改价格；而反补贴中的承诺既包括出口经营者承诺修改价格，也包括出口国（地区）政府承诺取消或限制补贴。

【真题示例】

中国某化工产品的国内生产商向中国商务部提起对从甲国进口的该类化工产品的反补贴调查申请。依我国相关法律规定，下列哪一选项是正确的？（2009-45，单选）[1]

---

[1]　C。商务部可以建议但不能强制出口经营者作出价格承诺，A项错误。反补贴调查属于行政机关的调查，不同于司法协助中的调取证据，无须通过司法协助途径，B项错误。反补贴税的纳税人是进口商，D项错误。

A. 商务部认为必要时可以强制出口经营者作出价格承诺

B. 商务部认为有必要出境调查时，必须通过司法协助途径

C. 反补贴税税额不得超过终裁决定确定的补贴金额

D. 甲国该类化工产品的出口商是反补贴税的纳税人

三、保障措施

进口产品数量增加，并对生产同类产品或者直接竞争产品的国内产业造成严重损害或者严重损害威胁的，依照条例的规定进行调查，采取保障措施。

（一）实施条件

1. 进口产品数量增加

（1）绝对增加：进口产品数值有所增加；

（2）相对增加：进口产品所占国内市场份额的比重有所增加。

例4：假设有下述两种情形：（1）甲国去年向中国进口某种商品 100 万件，今年向中国进口 130 万件；（2）甲国去年向中国进口某种商品 100 万件，今年仍向中国进口 100 万件，该商品去年中国国内的总产量为 300 万件，而今年只有 200 万件。上述两种情形是否属于《保障措施条例》中的"进口数量增加"？

第一种情形中，进口产品数值今年比去年增加 30 万件，属于绝对增加。第二种情形中，虽然进口数量的绝对值没变，但所占国内产品的比重增加（去年为 1/3，今年为 1/2），属于相对增加。

2. 损害

损害，指对生产同类产品或者直接竞争产品的国内产业造成严重损害或者严重损害威胁。

【提示注意】保障措施所要求的损害程度为"严重损害"，不同于反倾销或反补贴措施中的"实质损害"。

3. 因果关系

进口产品数量增加与国内产业损害之间应当存在因果关系，即国内产业的损害是由进口产品数量增加造成。不得将进口增加以外的因素对国内产业造成的损害归因于进口增加。

（二）保障措施调查

1. 调查机关

进口产品数量增加：商务部；

损害：商务部；涉及农产品的保障措施损害调查，由商务部会同农业部进行。

2. 发起方式

（1）国内产业申请发起；

（2）商务部自主发起。

3. 调查内容

是否存在进口产品数量增加、损害、因果关系（与反倾销和反补贴不同，保障措施不要求"有足够的国内支持者"）。

4. 裁定

商务部根据调查结果，可以作出初裁决定，也可以直接作出终裁决定，并予以公告。

（三）保障措施

1. 临时保障措施

（1）条件：有明确证据表明进口产品数量增加，在不采取临时保障措施将对国内产业造

成难以补救的损害的紧急情况下，可以作出初裁决定，并采取临时保障措施；

（2）实施方式：提高关税；

（3）实施期限：自临时保障措施决定公告规定实施之日起，不超过 200 天。

2. 最终保障措施

（1）条件：终裁决定确定进口产品数量增加，并由此对国内产业造成损害的，可以采取保障措施；

（2）实施方式：提高关税、数量限制等；

（3）终裁决定确定不采取保障措施的，已征收的临时关税应当予以退还。

【提示注意】保障措施的实施中不包括价格承诺，这点不同于反倾销和反补贴措施。

3. 实施期限

（1）保障措施的实施期限不超过 4 年，符合一定条件可延长，但最长不超过 10 年；

（2）保障措施实施期限超过 1 年的，应当在实施期间内按固定时间间隔逐步放宽；

（3）保障措施实施期限超过 3 年的，商务部应当在实施期间内对该项措施进行中期复审；

（4）对同一进口产品再次采取保障措施的，与前次采取保障措施的时间间隔应当不短于前次采取保障措施的实施期限，并且至少为 2 年。符合下列条件的，对一产品实施的期限为180 天或更短的保障措施，不受前述时间间隔限制：①自对该进口产品实施保障措施之日起，已经超过 1 年；②自实施该保障措施之日起 5 年内，未对同一产品实施 2 次以上保障措施。

4. 保障措施复审

（1）复审的内容包括保障措施对国内产业的影响、国内产业的调整情况等；

（2）根据复审结果，商务部提出保留、取消或者加快放宽提高关税措施的建议，国务院关税税则委员会根据其建议作出决定，由商务部予以公告，或者由商务部作出保留、取消或者加快放宽数量限制措施的决定并予以公告。

5. 非歧视要求

保障措施应当针对正在进口的产品实施，不区分产品来源国。

例 5：商务部根据五家国内钢铁企业的申请，经调查发现，国外的无缝钢管和不锈钢板大量进口到中国，对国内企业造成严重损害，其中甲、乙两国进口份额最大。现商务部决定采取保障措施，能否只限制甲、乙两国钢铁的进口？

不能。保障措施必须非歧视地实施，即所谓"只对产品，不分来源"，不能只针对特定国家的进口产品采取保障措施。

【真题示例】

进口中国的某类化工产品 2015 年占中国的市场份额比 2014 年有较大增加，经查，两年进口总量虽持平，但仍给生产同类产品的中国产业造成了严重损害。依我国相关法律，下列哪一选项是正确的？（2015－43，单选）①

A. 受损害的中国国内产业可向商务部申请反倾销调查

B. 受损害的中国国内产业可向商务部提出采取保障措施的书面申请

C. 因为该类化工产品的进口数量并没有绝对增加，故不能采取保障措施

---

① B。《保障措施条例》第 2 条规定："进口产品数量增加，并对生产同类产品或者直接竞争产品的国内产业造成严重损害或者严重损害威胁的，依照本条例的规定进行调查，采取保障措施。"B 项正确，A 项错误。条例第 7 条规定："进口产品数量增加，是指进口产品数量的绝对增加或者与国内生产相比的相对增加。"C 项错误。与反倾销、反补贴措施不同，保障措施的实施形式包括临时保障措施（提高关税）和保障措施（提高关税、数量限制等），不包括价格承诺，D 项错误。

D. 该类化工产品的出口商可通过价格承诺避免保障措施的实施

四、贸易救济措施的国内司法审查

（一）反倾销行政行为的司法审查

2003 年最高院《关于审理反倾销行政案件应用法律若干问题的规定》

1. 受理范围

人民法院依法受理对下列反倾销行政行为提起的行政诉讼：

（1）有关倾销及倾销幅度、损害及损害程度的终裁决定；

（2）有关是否征收反倾销税的决定以及追溯征收、退税、对新出口经营者征税的决定；

（3）有关保留、修改或者取消反倾销税以及价格承诺的复审决定；

（4）依照法律、行政法规规定可以起诉的其他反倾销行政行为。

2. 利害关系人

与反倾销行政行为具有法律上利害关系的个人或者组织为利害关系人，可以依照行政诉讼法及其他有关法律、行政法规的规定，向人民法院提起行政诉讼。

利害关系人，是指向国务院主管部门提出反倾销调查书面申请的申请人，有关出口经营者和进口经营者及其他具有法律上利害关系的自然人、法人或者其他组织。

3. 管辖法院

第一审反倾销行政案件由下列人民法院管辖：（1）被告所在地高级人民法院指定的中级人民法院；（2）被告所在地高级人民法院。

4. 审查依据

人民法院依照行政诉讼法及其他有关反倾销的法律、行政法规，参照国务院部门规章，对被诉反倾销行政行为的事实问题和法律问题，进行合法性审查。

5. 举证责任

原告对其主张的事实有责任提供证据。

被告对其作出的被诉反倾销行政行为负举证责任，应当提供作出反倾销行政行为的证据和所依据的规范性文件。人民法院依据被告的案卷记录审查被诉反倾销行政行为的合法性。被告在作出被诉反倾销行政行为时没有记入案卷的事实材料，不能作为认定该行为合法的根据。

6. 判决

人民法院审理反倾销行政案件，根据不同情况，分别作出以下判决：

（1）被诉反倾销行政行为证据确凿，适用法律、行政法规正确，符合法定程序的，判决维持；

（2）被诉反倾销行政行为有下列情形之一的，判决撤销或者部分撤销，并可以判决被告重新作出反倾销行政行为：①主要证据不足的；②适用法律、行政法规错误的；③违反法定程序的；④超越职权的；⑤滥用职权的；

（3）依照法律或者司法解释规定作出的其他判决。

（二）反补贴行政行为的司法审查

参见 2003 年最高院《关于审理反补贴行政案件应用法律若干问题的规定》，与反倾销有关规定基本相同。

五、贸易救济措施的多边审查

	国内审查	多边审查 （通过 WTO 争端解决程序审查）
1. 当事人	原调查的利害关系方	出口国政府和进口国政府
2. 申诉对象	主管机关作出的决定或采取的措施	主管机关作出的决定或采取的措施，也可以是复审法院的裁决，还可以包括立法本身
3. 实体规则或审查标准	进口国国内法	WTO 规则
4. 处理争议的程序	进口国的行政复议法或诉讼程序法	WTO 争端解决规则和程序，以及相关协议的特殊规则和程序
5. 复议、审判机构	原调查机构或具有管辖权的法院	WTO 争端解决机构（专家组和上诉机构）
6. 救济结果	如果主管机关的裁定被裁决违反国内法，可直接撤销或修改相关措施	争端解决机构只能建议进口成员国政府使其措施与 WTO 规则相一致，而不能直接撤销或修改相关措施

【深度解析】如何区分反倾销、反补贴和保障措施？

	反倾销	反补贴	保障措施
1. 实施条件	（1）存在倾销 （2）实质损害或实质损害威胁，或造成实质阻碍 （3）倾销与损害存在因果关系	（1）存在专向性补贴 （2）同"反倾销" （3）补贴与损害存在因果关系	（1）进口产品数量增加 （2）严重损害或严重损害威胁 （3）进口产品数量增加与损害存在因果关系
2. 措施	（1）临时反倾销措施（临时反倾销税、提供担保） （2）价格承诺（出口经营者作出） （3）反倾销税	（1）临时反补贴措施（临时反补贴税、提供担保） （2）承诺（出口国政府或出口经营者作出） （3）反补贴税	（1）临时保障措施（提高关税） （2）最终保障措施（提高关税、数量限制）
3. 实施期限	不超过 5 年，经复审可适当延长	同"反倾销"	不超过 4 年，符合一定条件可延长，但最长不超过 10 年
4. 适用对象	存在倾销的某国进口产品	接受专向性补贴的某国进口产品	正在进口的同类产品，不区分产品来源国
5. 司法审查	有	有	无

【归纳总结】

本节与现实联系较为紧密，我们在新闻中常听到的"两反一保"即是本节所学到的反倾销、反补贴与保障措施三种贸易救济措施。同样，这三种措施也是法考热点之一。考生应注意反倾销、反补贴措施与保障措施性质不同：前两类措施所针对的倾销和接受特定补贴的行为都属于不公平竞争行为；保障措施针对的其实是一种公平竞争行为，它不是因倾销或接受补贴造成，仅是由于某些原因（如本身物美价廉）引发的进口数量增加导致。

【图表精要】

一、《对外贸易法》

1. 适用范围	(1) 适用于：货物进出口、技术进出口、国际服务贸易、与对外贸易有关的知识产权保护（第2条） (2) 不适用：①特殊物质或产品的进出口（第67条） ②边境地区贸易（第68条） ③单独关税区（港澳台）（第69条）
2. 外贸经营者	(1) 外贸经营主体：依法从事对外贸易经营活动的法人、其他组织或者个人（第8条） (2) 外贸经营权的获得：采用备案登记制，未办理登记，海关不予报关验放。但法律、行政法规和国务院对外贸易主管部门规定不需要备案登记的除外（第9条） (3) 国际服务贸易外贸经营者：从事对外劳务合作的单位，应当具备相应的资质，具体办法由国务院规定（第10条第2款）
3. 货物和技术的进出口	(1) 进出口监管（第15条） (2) 进出口限制和禁止（第16条） (3) 配额、许可证管理（第19条）
4. 国际服务贸易	服务贸易的限制和禁止（第26条）
5. 知识产权保护	(1) 进口货物侵犯知识产权的处理（第29条） (2) 知识产权权利人在对外贸易中滥用其专有权或优势地位（第30条） (3) 他国或地区在知识产权保护方面未能给予我国当事人相应待遇和保护的处理（第31条）
6. 对外贸易秩序	(1) 外贸中的垄断行为（第32条） (2) 外贸中的不正当竞争行为（第33条） (3) 外贸中的禁止行为（第34条）
7. 对外贸易调查	(1) 调查事项（第37条） (2) 调查手段（第38条）
8. 对外贸易救济	(1) 反倾销、反补贴、保障措施（第41~44条） (2) 对服务贸易的救济（第45条） (3) 对贸易转移的救济（第46条）

二、《出口管制法》

适用范围	（一）管制对象	两用物项、军品、核以及其他与维护国家安全和利益、履行防扩散等国际义务相关的货物、技术、服务等物项（包括**相关的技术资料等数据**）（第2条）。
	（二）管制范围	1. 从中国境内向境外转移管制物项（管制物项从中国出口）（第2条）； 2. 管制物项的过境、转运、通运、再出口或者从保税区、出口加工区等海关特殊监管区域和出口监管仓库、保税物流中心等保税监管场所向境外出口（管制物项从中国经过或从中国特殊监管区域出口）（第45条）。 3. 中国公民、法人和非法人组织向外国组织和个人提供管制物项（视同出口）（第2条）。
	（三）域外效力	**中国境外的**组织和个人，违反本法有关出口管制管理规定，危害中华人民共和国国家安全和利益，妨碍履行防扩散等国际义务的，依法处理并追究其法律责任（第44条）。
管理机关		国务院、中央军委承担出口管制职能的部门（以下统称出口管制管理部门）（第5条第1款）
管制措施	管制措施	（1）管制清单和临时管制——明确管制对象 （2）出口许可　对出口方管理 （3）禁止出口 （4）最终用户和最终用途风险管理——对进口方或使用方管理
	（一）管制清单、临时管制	1. 出口管制管理部门会同有关部门制定、调整**出口管制清单**（常态化管理）（第9条第1款）； 2. 经国务院批准，或者经国务院、中央军委批准，出口管制管理部门可以对**出口管制清单以外**的货物、技术和服务实施临时管制（临时性管理）（第9条第2款）： （1）对象：**出口管制清单以外**的物项； （2）期限：不超过2年； （3）后续管理：期满前评估，根据评估结果可作出三种决定——取消、延长、将临时管制物项列入出口管制清单。
	（二）出口许可	国家对管制物项的出口实行**许可制度**。出口以下物项，出口经营者**应当**申请许可（第12条第1款和第2款）： 1. **管制清单所列管制物项；** 2. **临时管制物项；** 3. **上述管制物项之外的货物、技术和服务，可能存在以下风险的：** （1）危害国家安全和利益； （2）被用于设计、开发、生产或者使用大规模杀伤性武器及其运载工具； （3）被用于恐怖主义目的。
	（三）禁止出口	经国务院批准，或者经国务院、中央军委批准，出口管制管理部门会同有关部门可以（第10条）： （1）**禁止相关管制物项的出口；** （2）**禁止相关管制物项向特定目的国家和地区、特定组织和个人出口。**

续表

（四）最终用户和最终用途风险管理	1. **出口经营者** **应当提交**：管制物项的**最终用户**和**最终用途证明文件**（由**最终用户**或者**最终用户所在国家和地区政府机构**出具）（第 15 条）。 2. **最终用户** **应当承诺**：未经允许，**不得**擅自**改变管制物项的最终用途**或者**向任何第三方转让**（第 16 条第 1 款）。 3. **出口管制管理部门** **建立管控名单**（第 18 条第 1 款、第 2 款和第 3 款）： （1）范围 对有下列情形之一的进口商和最终用户，建立管控名单： ①违反最终用户或者最终用途管理要求的； ②可能危害国家安全和利益的； ③将管制物项用于恐怖主义目的的。 （2）措施 对列入管控名单的进口商和最终用户： ①**出口经营者**：**不得与之进行交易**（例外：如确需进行交易的，可以向出口管制管理部门提出申请）； ②**出口管制管理部门**：**可以禁止、限制**有关交易，**责令中止**有关出口。

三、贸易救济措施

	反倾销	反补贴	保障措施
实施条件	1. 倾销（出口价格＜正常价值） 正常价值：①国内价格；②第三国（地区）价格；③结构价格。 出口价格：①实际支付或应当支付价格；②首次转售给独立购买人的价格；③推定价格。 2. 损害 { 实质性损害或实质性损害威胁 / 对建立国内产业造成实质阻碍 3. 因果关系：①倾销是造成损害的原因之一；②不得将其他因素造成的损害归因于倾销。	1. 出口国（地区）专向性补贴 ①由出口国（地区）政府确定； ②由出口国（地区）法律确定； ③特定区域内； ④以出口实绩为条件； ⑤以使用本国产品替代进口产品为条件。 2. 损害（同反倾销） 3. 因果关系	1. 进口产品数量增加： ①绝对增加； ②相对增加。 2. **严重损害或严重损害威胁** 3. 因果关系
调查	1. 调查机关：商务部；涉及农产品时会同农业部；必要时可赴有关国家（地区）调查。 2. 发起方式： ①国内产业申请发起； ②商务部自主发起。 3. 调查内容： ①是否存在倾销、损害、因果关系；		

续表

	反倾销	反补贴	保障措施
	②是否有足够的国内支持者（在支持申请和反对申请的生产者中，支持者产量占二者总产量的50%以上，同时不得低于国内同类产品总产量的25%）。 4. 资料的提供：商务部调查时，利害关系方应如实反映情况，提供有关资料。利害关系方如不能如实提供资料的，商务部可以根据已经获得的事实和可获得的最佳信息作出裁定。 5. 调查终止： ①申请人撤销； ②无足够证据； ③倾销幅度＜2%； ④进口量或损害可忽略不计； ⑤商务部认为不宜。		
措施	1. 临时措施（调查起60天后才可采取，期限不超过4个月，特殊情况可延长至9个月）：①临时反倾销税；②提供担保。 2. 价格承诺： ①出口经营者在反倾销调查期间可向商务部作出价格承诺； ②商务部可建议但不能强迫出口者进行价格承诺； ③商务部作出初裁前不得接受价格承诺； ④商务部可自主决定是否接受价格承诺； ⑤出口经营者违反价格承诺，商务部可立即恢复反倾销调查。 3. 最终反倾销税 ①纳税人：进口经营者； ②税额：不超过倾销幅度；"多退少不补"； ③对象：原则上是终裁决定公布后的进口产品；特殊情况下可对采取临时反倾销措施期间进口的产品或实施临时反倾销措施之日前90天内进口的产品追溯征收。 4. 实施期限：反倾销税的征收期限和价格承诺的履行期限不超过5年，经复审可适当延长反倾销税的征收期限。	1. 临时措施：与反倾销类似，期限不超过4个月； 2. 承诺： ①出口国（地区）政府承诺取消或限制补贴； ②出口经营者承诺修改价格。 3. 最终反补贴税	1. 临时措施：提高关税（不超过200天）； 2. 最终保障措施：提高关税、数量限制； 3. 非歧视实施； 4. 实施期限：保障措施的实施期限不超过4年，符合一定条件可延长，但最长不超过10年。

第五章　世界贸易组织

第一节　世界贸易组织概述

【知识点】

一、世界贸易组织法律制度和前关税与贸易总协定法律制度的关系

世界贸易组织（WTO）根据《马拉喀什建立世界贸易组织协定》（以下称《世界贸易组织协定》）于 1995 年 1 月 1 日成立，总部设在日内瓦。

世界贸易组织的前身是关税与贸易总协定（GATT）。严格意义上讲，关税与贸易总协定并非国际组织，而只是一个多边条约；但在实践中，关税与贸易总协定又作为管理该协定的国际机构而存在。世界贸易组织具有独立的法律人格，是真正的国际组织。作为国际机构的关税与贸易总协定，已为世界贸易组织所代替；但作为多边条约，《关税与贸易总协定》经过修订仍然有效，它已成为世界贸易组织协议的一部分。

		世界贸易组织（WTO）	关税与贸易总协定（GATT）
区别	1. 适用的法律依据不同	《世界贸易组织协定》，该协定于 1995 年 1 月 1 日生效。	1947 年《关税与贸易总协定临时适用议定书》，该议定书已被 1994 年《关税与贸易总协定》废止。
	2. 约束力不同	WTO 不允许成员对 WTO 规则进行保留或偏离，它要求各成员的国内立法与 WTO 规则保持一致，国内法的规定不应成为不履行有关 WTO 义务的理由。	《关税与贸易总协定临时适用议定书》明确允许在不违反现行国内立法的范围内最大限度地适用《关税与贸易总协定》第二部分，成员可以国内法为借口不履行有关义务。
	3. 法律框架的结构不同	WTO 的法律框架由一系列协议组成，这些协议对所有成员都有约束力，成员不得有选择地参加协议（少数成员参加的诸边协议除外）。	各协议相互独立，不同协议有不同的成员，不同成员承担的义务可能不同。
	4. 调整范围不同	（1）货物贸易（其中包括纺织品贸易和农产品贸易）； （2）服务贸易； （3）与贸易有关的知识产权。	仅调整货物贸易（不包括纺织品贸易），对农产品贸易的调整也缺乏有力约束。
	5. 争端解决制度不同	争端解决制度统一，根据不同协议产生的争端适用相同的争端解决制度。	争端解决制度分散，不同协议适用不同的争端解决制度。

续表

	世界贸易组织（WTO）	关税与贸易总协定（GATT）
联系	1. WTO 协定吸收了 GATT 规则 1947 年《关税与贸易总协定》经过修改，成为 1994 年《关税与贸易总协定》的一部分，被包括在 WTO 规则之中。 2. WTO 遵循了 GATT 的决策方法和惯例指导 （1）WTO 沿袭了 GATT 框架下协商一致的决策方法； （2）GATT 框架下作出的决定、程序和惯例，对 WTO 仍有指导作用； （3）对于争端解决制度，WTO 遵循 GATT 解决争端所适用的原则。	

二、世界贸易组织的法律框架

WTO 文件
《世界贸易组织协定》
附件 1
附件 1A：货物贸易多边协议（《关贸总协定 1994》和 12 个配套协议）
附件 1B：《服务贸易总协定》
附件 1C：《与贸易有关的知识产权协定》
附件 2　《关于争端解决规则与程序的谅解》
附件 3　《贸易政策审议机制》
附件 4　诸边贸易协议（《民用航空器贸易协议》《政府采购协议》《信息技术产品协议》）

WTO 规则按其适用范围不同，可分为以下两类：

1. 多边贸易协议，包括《世界贸易组织协定》及其附件 1、附件 2 和附件 3，对所有成员具有约束力；

2. 诸边贸易协议，由附件 4 组成，包括《民用航空器贸易协议》《政府采购协议》《信息技术产品协议》，只对参加协议的成员具有约束力。

三、中国入世承担的特殊义务

（一）中国根据 WTO 协定享有权利、承担义务的法律框架

1. 各成员都承担的规范性义务：规定在 WTO 各协议条款中。

2. 中国承担的独特义务：规定在《中国加入世界贸易组织议定书》及其附件《中国入世工作组报告》（中国和其他成员谈判的结果和中国作出的具体承诺也是该议定书的组成部分）。该议定书及其附件构成世界贸易组织协定的一部分。

（二）中国承担的特殊义务

1. 贸易经营权

（1）经营权的开放：中国承诺逐步开放贸易经营权，在中国入世后的 3 年内，除国家专营商品外，所有中国企业都有权进行货物进出口。

（2）国家专营企业：①某些商品的专营并不意味着违反了产品的国民待遇；②中国的专营企业在进口程序上应充分透明，在商品质量、价值或产地方面，政府不应采取措施影响或直接指示专营企业；③专营企业出口商品的定价机制，应向 WTO 提供全面信息。

2. 倾销与补贴中非市场经济的规定

（1）倾销的确定：①进口国在比较价格时，可选择中国国内价格或替代国价格；②如果

进口成员国内法含有市场经济标准，中国根据该国内法确立中国在某一产业或部门是市场经济，上述有关选择方法的规定应终止；无论中国能否证明市场经济，上述选择方法的规定在中国入世15年后终止；③如果中国确立某一具体产业或部门通行市场经济条件，上述非市场经济的规定对该产业或部门不再适用。

（2）国有企业补贴：如中国政府提供补贴的主要接受者是国有企业，或者国有企业接受了补贴中不成比例的大量数额，该补贴视为专向补贴。

3. 与贸易有关的投资措施

（1）中国承诺，入世时完全遵守《与贸易有关的投资措施协议》，不适用该协议中有关过渡期的规定；

（2）中国承诺，取消并停止执行通过法律法规实施的贸易平衡要求、外汇平衡要求、当地含量要求和出口实绩要求，同时不予执行含有此类要求的合同；

（3）中央和地方政府对进口许可证、配额、关税配额的分配或对进口、进口权或投资权的批准方式，不以下列内容为条件：①是否存在国内供应商；②任何类型的实绩要求，例如当地含量、补偿、技术转让、出口实绩或在中国进行研究与开发等。

第二节　世界贸易组织的主要法律制度

【知识点】

一、关税与贸易总协定（GATT）

（一）最惠国待遇

1. 特点

（1）普遍性：WTO的任何成员，都可以享有其他成员给予任何成员的待遇；

（2）相互性：任何一成员既是给惠方，又是受惠方；

（3）自动性：一国给予另一国最惠国待遇，应是立即和无条件的；

（4）同一性：享有最惠国待遇仅限于相同情形、相同事项。

2. 适用范围

（1）与进出口有关的任何关税和费用；

（2）进出口关税和费用的征收方法；

（3）与进出口有关的规则和手续；

（4）国内税或其他国内费用；

（5）影响产品的国内销售、推销、购买、运输、经销和使用的全部法律规章。

3. 例外

（1）边境贸易；

（2）对发展中国家的优惠；

（3）关税同盟和自由贸易区；

例1：甲、乙、丙三国于1999年建立"北方国家自由贸易区"，区域内部三国之间的贸易互免关税，但三国对本国与区域外国家之间的进出口贸易仍然征收较高税率的关税。甲、乙、丙三国的做法是否符合关税与贸易总协定？

符合。根据关税与贸易总协定，关税同盟或自由贸易区成员之间相互给予的优惠，可以不给予区域以外的成员。

（4）以收支平衡理由偏离最惠国待遇；

（5）反倾销和反补贴；

（6）一般例外与安全例外；

一般例外：一国为行使主权权利、维护公共利益而采取的某些特定措施可不受现有规定的约束。GATT 第 20 条列举了 10 项措施，成员经常引用的有：①为保护人类、动植物生命健康所必需的措施；②为保护可能用竭的自然资源的有关措施；③为保证实施与 GATT 一致的法律所必需的措施。

安全例外：一国为维护本国基本安全而采取的措施可不受现有规定的约束。例如，1982年，英国和阿根廷就马尔维纳斯群岛问题发生武装冲突，欧共体成员国以国家安全为理由，对来自阿根廷产品的进口加以限制。

（7）豁免例外（WTO 可豁免某成员的最惠国待遇义务）。

【真题示例】

甲乙丙三国为世界贸易组织成员，丁国不是该组织成员。关于甲国对进口立式空调和中央空调的进口关税问题，根据《关税与贸易总协定》，下列违反最惠国待遇的做法是：（2014 -100，不定项）①

A. 甲国给予来自乙国的立式空调和丙国的中央空调以不同的关税

B. 甲国给予来自乙国和丁国的立式空调以不同的进口关税

C. 因实施反倾销措施，导致从乙国进口的立式空调的关税高于从丙国进口的

D. 甲国给予来自乙丙两国的立式空调以不同的关税

（二）国民待遇

1. 适用范围

（1）国内税费方面：对进口产品直接或间接征收的国内税费，不应超过对本国同类产品直接或间接征收的国内税费；

（2）国内法规方面：在关于产品的销售、推销、购买、运输、分销或使用的法律、法规和规章方面，进口产品所享有的待遇不得低于本国同类产品所享有的待遇。

2. 例外

（1）政府采购例外：政府购买货物供自己使用，调整该类产品采购的法律、规章或规定，不受国民待遇义务的约束；

（2）仅对某种产品的国内生产者提供的补贴例外：该类补贴不根据国民待遇义务进行调整，并非不受任何约束；

（3）一般例外与安全例外。

（三）约束关税

1. 原则

（1）WTO 对关税的原则是：约束关税，并不断削减；

（2）各成员在降低关税谈判中作出的关税减少，称为关税减让；各成员对其进口产品作

---

① D。根据《关税与贸易总协定》，只有原产于其他成员的相同产品，才能享有最惠国待遇。A 项中两种空调并非相同产品，征收不同关税没有违反最惠国待遇；而 D 项针对来自不同成员的相同产品征收不同关税，违反最惠国待遇。协定仅要求 WTO 成员对来自其他成员的产品给予最惠国待遇，并不要求适用于非 WTO 成员，B 项中丁国不是 WTO 成员方，甲国对来自 WTO 成员和非成员方的产品征收不同关税，并不违反最惠国待遇。根据协定，允许对造成国内产业损害的倾销进口或补贴进口征收反倾销税或反补贴税，这属于最惠国待遇的例外，C 项并不违反最惠国待遇。

出的关税减让，构成了该成员的关税减让表；

（3）各成员在关税减让表中公布的税率是可以适用的最高税率，通常不得提高，但实际关税税率可以低于该税率；

（4）各次关税减让谈判达成的减让表，均构成 WTO 规则的有效组成部分。

2. 例外

约束关税的义务，不得阻止任何成员对产品进口随时征收下列关税或费用：（1）对于同类产品或用于制造或生产进口产品的全部或部分所征收的、与国民待遇义务规定相一致的且等于国内税的费用；（2）反倾销税或反补贴税；（3）与提供服务的成本相当的规费或其他费用。

例2： 日本在关税与贸易总协定 1964 年肯尼迪回合谈判中，对黑白胶卷的进口关税承诺不超过 40%，在 1979 年东京回合谈判中，对黑白胶卷的关税承诺不超过 30%，1994 年乌拉圭回合谈判中，对黑白胶卷的关税承诺不超过 20%。

（1）肯尼迪回合的关税减让是否依然有效？

依然有效。每一回合的关税减让谈判都会达成新的关税减让表，但在法律上旧表依然有效，各次谈判达成的减让表均构成 WTO 规则的有效组成部分。

（2）如果日本当局认定来自某国的黑白胶卷存在倾销并对本国造成损害，日本当局决定征收 25% 的反倾销税，是否违反关税与贸易总协定？

不违反。约束关税的义务，不得阻止任何成员对产品进口随时征收下列关税或费用：①对于同类产品或用于制造或生产进口产品的全部或部分所征收的、与国民待遇义务规定相一致的且等于国内税的费用；②反倾销税或反补贴税；③与提供服务的成本相当的规费或其他费用。

（3）根据海关提供服务所产生的费用，日本是否可以收取与之相当的服务费？

可以。分析同（2）。

（4）如果日本现在对从美国进口的黑白胶卷适用 15% 的关税，是否违反其关税减让承诺？

不违反。各成员在关税减让表中公布的税率是可以适用的最高税率，通常不得提高，但实际关税税率可以低于该税率。

（四）数量限制

1. 原则：对进出口产品，原则上取消一切数量限制。

2. 例外

（1）为防止或缓解出口成员的粮食或其他必需品的严重短缺而临时实施的出口禁止或限制；

（2）为实施国际贸易中的商品归类、分级和销售标准或法规而必须实施的进出口禁止或限制；

（3）为限制国内产品数量或消除国内产品的过剩而对农产品或渔产品进口实施的限制；

（4）为保障其对外金融地位和国际收支平衡而对进口产品实施的限制。

3. 非歧视要求

（1）如某成员获准对产品实施进口限制，应在非歧视的原则上进行；

（2）在实施数量限制的具体方法上，首先应选用配额方式，在配额不可行的情况下，采取进口许可证的方式；

（3）因维持国际收支平衡而实施数量限制时，可以背离非歧视原则。

（五）《与贸易有关的投资措施协议》

投资措施，指一国政府为管理外国投资所采取的措施。"与贸易有关"则意味着这些措施将会对国际贸易的流向产生重要影响。根据该协议，各成员不得实施与《关税与贸易总协定》

第 3 条或第 11 条规定不一致的与贸易有关的投资措施。具体包括：

（1）与国民待遇义务不符的投资措施

①要求企业购买或使用本国产品或自任何国内来源的产品（当地成分要求）；

②要求企业购买或使用的进口产品限制在与其出口的当地产品的数量或价值相关的水平（贸易平衡要求）。

（2）与普遍取消数量限制义务不符的投资措施

①限制企业用于当地生产或与当地生产相关的产品的进口，或将进口限制在与其出口的当地产品的数量或价值相关的水平（通过贸易平衡限制进口）；

②将企业可使用的外汇限制在与该企业外汇流入相关的水平（外汇平衡要求）；

③限制企业产品出口的数量，或要求企业将产品以低于国际市场价格的方式在国内销售（限制出口，或称"国内销售要求"）。

【真题示例】

针对甲国一系列影响汽车工业的措施，乙、丙、丁等国向甲国提出了磋商请求。四国均为世界贸易组织成员。关于甲国采取的措施，下列哪些是《与贸易有关的投资措施协议》禁止使用的？（2009－84，多选）①

A. 要求汽车生产企业在生产过程中必须购买一定比例的当地产品

B. 依国产化率对汽车中使用的进口汽车部件减税

C. 规定汽车生产企业的外资股权比例不应超过 60%

D. 要求企业购买进口产品的数量不能大于其出口产品的数量

二、服务贸易总协定

（一）适用范围

1. 《服务贸易总协定》具有框架性协定的特点，还缺乏有关的具体义务和规则，这些内容将在以后的相关协议中有所规定；

2. 协定适用于各成员影响服务贸易的措施，包括成员的中央、地区或地方政府的措施，以及经政府授权而行使权力的非政府机构采取的措施；

3. 协定不适用于为履行政府职能而提供的服务（不是在商业基础上提供的、又不与任何其他服务提供者相竞争的服务）。

（二）服务贸易的方式

1. 跨境服务，从一国境内向另一国境内提供服务，如通过电信、网络等跨境提供咨询服务；

2. 境外消费，在一国境内向来自另一国的服务消费者提供服务，如一国居民到另一国境内旅游、求学等；

3. 商业存在，一国的服务提供者通过在另一国境内设立的机构提供服务，如一国的机构到另一国开设银行、保险公司、律师事务所等；

4. 自然人流动，一国的服务提供者以自然人的身份进入另一国境内提供服务，如一国的医生、律师到另一国境内直接提供医疗或法律咨询服务。

---

① ABD。A、B 两项为当地成分要求，D 项为贸易平衡要求，均属于禁止使用的投资措施。C 项为外资股权比例限制，不在禁止之列。

（三）一般义务（所有成员国都要遵守）：最惠国待遇

1. 《服务贸易总协定》的最惠国待遇义务与《关税与贸易总协定》的规则基本一致，区别在于：服务贸易中的最惠国待遇适用于服务产品和服务提供者，而不适用于货物产品；

2. 发展中国家在履行最惠国待遇义务方面享有一定的过渡期，在该期限内其最惠国待遇义务得以豁免，该期限不超过 10 年；

3. 最惠国待遇义务不适用于政府服务采购。

（四）具体承诺（由各成员国作出承诺）：市场准入、国民待遇

1. WTO 成员在服务贸易市场开放方面没有统一规定，是否给予市场准入或国民待遇，依各成员具体列出的承诺表确定；

2. 承诺表采取"肯定式清单"方法（列入其中，必须遵守），各成员只对具体承诺的事项和范围承担义务。

【真题示例】

根据世界贸易组织《服务贸易总协定》，下列哪一选项是正确的？（2013－42，单选）①

A. 协定适用于成员方的政府服务采购

B. 中国公民接受国外某银行在中国分支机构的服务属于协定中的境外消费

C. 协定中的最惠国待遇只适用于服务产品而不适用于服务提供者

D. 协定中的国民待遇义务，仅限于列入承诺表的部门

三、争端解决机制

（一）适用范围

除附件 3《贸易政策审议机制》外，所有 WTO 协议引起的争端都适用。

（二）争端类型

1. 违反性申诉

违反性申诉，指一成员针对另一成员违反 WTO 有关协议的行为向争端解决机构提起的申诉。在该争端中，申诉方须证明被诉方违反了 WTO 有关协议，无须证明本身利益的丧失或受损；被诉方通常需要废除或修改有关措施。

2. 非违反性申诉

非违反性申诉，指一成员所采取的措施虽不违反 WTO 有关协议，但如果该措施导致其他成员利益的丧失或受损，则其他成员可对该成员向争端解决机构提起申诉。在该争端中，申诉方须证明其根据有关协议享有的合理预期利益因被诉方的措施丧失或受损；被诉方没有取消有关措施的义务，只需作出补偿。

3. 其他情形：WTO 没有明确的规定。

（三）解决争端的机构

1. 争端解决机构

争端解决机构本身不负责审理、裁决案件，其作出裁决或建议的职责通过专家组和上诉机构的报告实现。争端解决机构主要负责：①设立专家组；②通过或否决专家组或上诉机构的报告；③负责监督裁决和建议的执行；④授权进行报复，确定报复的范围和水平。

---

① D。协定不适用于为履行政府职能而提供的服务，A 项错误。B 项并非境外消费，而是商业存在，B 项错误。协定中的最惠国待遇适用于服务产品和服务提供者而不适用于货物产品，C 项错误。

2. 专家组

专家组是争端解决机构设立的非常设机构，其职权范围仅限于审查申请书中列明的提交争端解决机构的事项和争端各方引用的协定。专家组审理案件时，既审查事实，又审查法律。

3. 上诉机构

上诉机构是争端解决机构设立的常设机构，负责审理争端当事方对专家组报告进行上诉的案件。注意：上诉机构仅对专家组报告涉及的法律问题和专家组所作的法律解释进行审查，对事实问题不予审查。

（四）争端解决程序

1. 磋商

磋商是必经程序，是申请设立专家组的前提。但磋商仅仅是一种程序性要求，磋商事项以及磋商的充分性，与设立专家组的申请及专家组将作出的裁定没有关系。

【提示注意】在 WTO 争端解决机制下，只能由 WTO 成员方提起申诉，国内企业无权发起争端解决程序。

例 3：甲乙两国均为 WTO 成员国。甲国指称乙国对本国产品进行补贴的行为违反了 WTO《补贴与反补贴措施协议》的相关规定，于是向 WTO 争端解决机构提出申诉，申请成立专家组审理。本案是否可以由专家组受理？

不可以。WTO 争端解决机制中的磋商程序具有强制性，没有经过磋商，申诉方不能直接提出设立专家组的请求。

2. 专家组审理

（1）提出磋商请求 60 天内没有解决争端，申诉方才可以申请成立专家组；

（2）申诉方或被诉方对其提出的诉求均承担证明责任（谁主张谁举证）；

（3）对争端方没有提出的主张，专家组不能作出裁定；

（4）对未经专家组要求而由当事方以外的人或组织主动提供的信息（法庭之友材料），专家组有权决定是否采纳；

（5）对申诉方提起的数个申诉请求，专家组可根据解决争端的必要性，对其中某些诉求不进行审查（司法经济原则）。

3. 上诉机构审理

（1）专家组报告发布后 60 天内，任何争端方都可以向上诉机构提起上诉；

（2）上诉机构只审查专家组报告涉及的法律问题和法律解释，不审查事实问题；

（3）上诉机构可推翻、修改或撤销专家组的法律调查结果和结论，但不得将案件发回专家组重审。

4. 争端解决机构通过报告

（1）通过方式：否定性协商一致（除非争端解决机构一致不同意通过相关报告，该报告即获得通过）；

（2）通过的报告即构成最终的裁决或建议。

5. 报告的执行

（1）被裁定违反有关协议的一方，应修改或废除有关违规措施；

（2）如未能修改或废除有关违规措施，被诉方可对申诉方进行补偿；

（3）如被诉方未能执行有关裁决或建议，且未能提供令人满意的补偿，申诉方可向争端解决机构申请授权报复，对被诉方中止减让或中止其他义务；

（4）中止减让或其他义务，首先应在与利益丧失或受损的部门相同的产业部门实施（平行报复）；如不可行或无效，可对同一协议下的其他部门实施（跨部门报复）；如仍不可行或无效，可寻求中止另一协议下的减让或其他义务（跨协议报复）；

（5）申诉方拟中止减让或中止其他义务的程度和范围，应与其所受到的损害相等。

例4：甲乙两国均为WTO成员国，乙国称甲国实施的保障措施违反非歧视原则，并将争端提交WTO争端解决机构。（1）如专家组在审理中发现某些问题与本案直接相关，但乙国并未就该事项提出过有关主张，专家组是否可就此问题作出裁定？（2）如甲国拒绝履行上诉机构的裁决，乙国可否再向争端解决机构上诉？

（1）对争端方没有提出的主张，专家组不能作出裁定。（2）不能，此种情况下乙国可向争端解决机构申请授权报复。

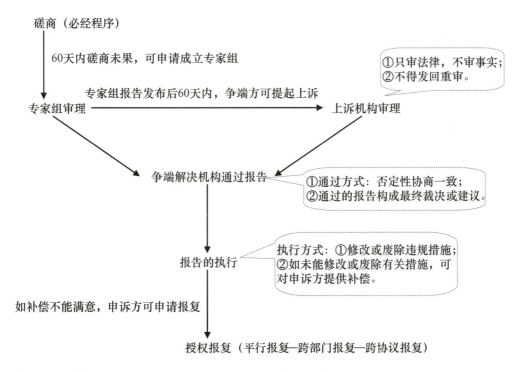

争端解决程序

【深度解析】如何理解"跨部门报复"和"跨协议报复"？

根据WTO《关于争端解决规则与程序的谅解》，申诉方在考虑将中止何种减让或其他义务时，应遵循下列各项原则和程序：（1）平行报复，申诉方首先应在其利益受到损害或丧失的相同部门内寻求中止减让；（2）跨部门报复，如果申诉方认为在同一部门内中止的做法不可行或不能有效，则可寻求中止相同协议中其他部门的减让或其他义务，如，在有关香蕉贸易的争议中，若只提高香蕉的关税还不足以弥补申诉方遭受的损害，申诉方可以提高其他水果、蔬菜的关税，也可提高机械设备产品的关税；（3）跨协议报复，如果上述第二种做法也不可行或不能有效，且情况十分严重，则可在另一适用协议项下的部门内实行中止减让或其他义务，如，申诉方在补贴问题上受到损害，可以在知识产权领域进行报复。

"跨部门报复"和"跨协议报复"也被称为"交叉报复"，交叉报复是有效率的处罚，但只能作为临时性的处罚措施，因为该机制的宗旨是解决争端，迫使被诉方改正其不当做法，而不是为了处罚哪个国家。1995年以后WTO处理的诸多争端中，很少导致交叉报复的实施。

【真题示例】

甲乙两国均为世界贸易组织成员，甲国对乙国出口商向甲国出口轮胎征收高额反倾销税，使乙国轮胎出口企业损失严重。乙国政府为此向世界贸易组织提出申诉，经专家组和上诉机构审理胜诉。下列哪一选项是正确的？(2009－44，单选)①

A. 如甲国不履行世贸组织的裁决，乙国可申请强制执行

B. 如甲国不履行世贸组织的裁决，乙国只可在轮胎的范围内实施报复

C. 如甲国不履行世贸组织的裁决，乙国可向争端解决机构申请授权报复

D. 上诉机构只有在对该案的法律和事实问题进行全面审查后才能作出裁决

【图表精要】

WTO 文件
- 《建立世界贸易组织协定》
- 附件1
  - 附件1A：货物贸易多边协定（《关贸总协定1994》和12个配套协议）
  - 附件1B：《服务贸易总协定》
  - 附件1C：《与贸易有关的知识产权协定》
- 附件2 《关于争端解决规则与程序的谅解》
- 附件3 《贸易政策审议机制》
- 附件4 诸边贸易协定（航空器、政府采购、信息）

一、关税与贸易总协定（GATT）

1. 最惠国待遇的例外
   - ①边境贸易
   - ②对发展中国家的优惠
   - ③关税同盟和自由贸易区
   - ④收支平衡
   - ⑤反倾销和反补贴
   - ⑥一般例外与安全例外
   - ⑦豁免例外

2. 国民待遇的例外
   - ①政府采购例外
   - ②仅对某种产品的国内生产者提供的补贴例外
   - ③一般例外与安全例外

3. 数量限制
   - 原则：取消一切数量限制
   - 例外
     - ①为解决短缺而限制出口
     - ②为实施商品分类标准或法规而限制进出口
     - ③为解决国内产品过剩而限制进口
     - ④为保障国际收支平衡而限制进口

---

① C。WTO没有强制执行机关，争端解决机构的裁决不能强制执行，A项错误。WTO允许交叉报复，可以跨部门或跨协议进行报复，B项错误。如果被诉方未能实施裁决，经申诉方请求，双方应就补偿进行谈判，如未能达成令人满意的补偿，申诉方可以向争端解决机构申请授权报复，C项正确。上诉机构只审法律，不审事实，D项错误。

4. 《与贸易有关的投资措施协议》

不得实施的措施

(1) 与国民待遇义务不符
①要求企业购买或使用本国产品（当地成分要求）；
②要求企业购买或使用的进口产品限制在与其出口的当地产品的数量或价值相关的水平（贸易平衡要求）。

(2) 与普遍取消数量限制义务不符
①限制企业用于当地生产所需或与当地生产相关的产品进口（通过贸易平衡限制进口）；
②限制企业进口需要使用的外汇（外汇平衡要求）；
③限制企业出口的数量，或要求企业将产品以低于国际市场价格的方式在国内销售（限制出口，或称"国内销售要求"）。

二、服务贸易总协定

1. 服务贸易的方式

服务贸易方式	《服务贸易总协定》列举了服务贸易的 4 种形式： (1) 跨境服务，从一国境内向另一国境内提供服务，如通过电信、网络等跨境提供咨询服务； (2) 境外消费，在一国境内向来自另一国的服务消费者提供服务，如一国居民到另一国境内旅游、求学等； (3) 商业存在，一国的服务提供者通过在另一国境内设立的机构提供服务，如一国的机构到另一国开设银行、保险公司、律师事务所等。 (4) 自然人流动，一国的服务提供者以自然人的身份进入另一国境内提供服务，如一国的医生、律师到另一国境内直接提供医疗或法律咨询服务。

2. 一般义务：最惠国待遇

3. 具体承诺
①市场准入
②国民待遇

三、争端解决机制

1. 适用范围：除附件 3《贸易政策审议机制》外，所有 WTO 协议引起的争端都适用。

2. 争端类型
①违反性申诉：申诉方需证明被诉方违反了有关协议；被诉方需要废除或修改有关措施。
②非违反性申诉：申诉方需证明其利益的丧失或受损；被诉方无需取消有关措施，只需作出补偿。

3. 争端解决程序

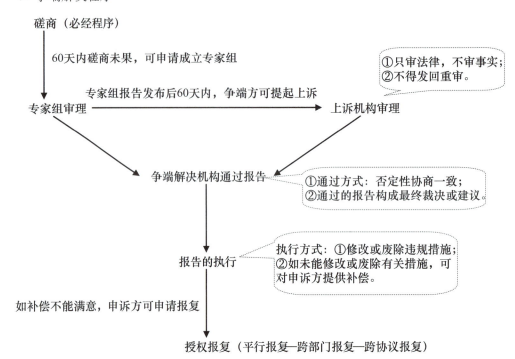

磋商（必经程序）

60天内磋商未果，可申请成立专家组

专家组审理

专家组报告发布后60天内，争端方可提起上诉

上诉机构审理

①只审法律，不审事实；
②不得发回重审。

争端解决机构通过报告

①通过方式：否定性协商一致；
②通过的报告构成最终裁决或建议。

报告的执行

执行方式：①修改或废除违规措施；
②如未能修改或废除有关措施，可对申诉方提供补偿。

如补偿不能满意，申诉方可申请报复

授权报复（平行报复—跨部门报复—跨协议报复）

第六章 国际经济法领域的其他法律制度

第一节 国际知识产权法

码上揭秘

【知识点】

一、保护知识产权的国际公约

(一)《保护工业产权巴黎公约》（规定了对工业产权保护的最低要求）

1. 基本原则

（1）国民待遇原则

适用对象：①公约缔约国国民；②在缔约国有住所或营业所的非缔约国国民。

（2）优先权原则

适用对象：并非适用于一切工业产权，只适用于发明专利、实用新型、外观设计和商标。

申请期限：已在一个成员国正式提出申请发明专利、实用新型、外观设计或商标注册的人或其权利的合法继受人，在规定的期限内享有在其他成员国提出申请的优先权。其中，发明专利和实用新型的优先权申请期限为 12 个月，外观设计和商标的优先权申请期限为 6 个月。

特点：①非自动获得：优先权不能自动获得，需申请人于在后申请中提出优先权申请并提供有关证明文件；②仅以"在先申请"基础："在先申请"被撤回、驳回或放弃均不影响优先权的获得。

（3）临时性保护原则

成员国应对在任何一个成员国内举办的或经官方承认的国际展览会上展出的商品中可以取得专利的发明、实用新型、外观设计和可以注册的商标给予临时保护。

如展品所有人在临时保护期内申请了专利或商标注册，则申请案的优先权日从展品公开展出之日起算，而非从第一次提交申请案时起算。

例1：甲乙丙三国均为《保护工业产权巴黎公约》成员国。2006 年 5 月 1 日至 5 月 7 日，在甲国政府举办的汽车博览会上，乙国奥卡汽车制造公司展出了其新研制出的某种新型汽车发动机。博览会结束后，该公司于 2006 年 6 月 10 日向乙国专利局就该项汽车发动机提出发明专利申请。2006 年 10 月 8 日，奥卡公司向丙国专利局提出专利申请。该汽车发动机专利申请的优先权日为哪天？

根据《巴黎公约》，奥卡公司在临时保护期内申请了专利，其在丙国提出的申请案的优先权日不再是第一次提出专利申请的日期，而是展品公开展出之日，即 2006 年 5 月 1 日。

（4）独立性原则

外国人专利申请或商标注册，由各成员国根据本国法律作出决定，不受他国决定的影响。

2. 对驰名商标的特殊保护

（1）驰名商标的认定不以注册为前提，使用也可成为认定的依据；

（2）各成员国有义务禁止他人使用与驰名商标相同或相类似的商标，拒绝或取消注册与驰名商标相同或相类似的商标；

（3）自注册之日起至少5年内应允许提出取消这种商标的要求，允许提出禁止使用的期限由各成员国规定；对用不诚实手段取得商标提出取消注册或禁止使用要求的，不应规定时间限制；

（4）商标在成员国是否驰名，由行政主管机关或司法机关决定；

（5）某商标未在一成员国使用，如在该国已经为人所知，该商标在该国仍然可能是驰名的。

【深度解析】如何理解优先权原则？

优先权是《巴黎公约》授予缔约国国民的重要权利之一，是指在一个成员国提出发明专利、实用新型、外观设计或商标注册申请的申请人，在一定期限内又向其他成员国提出同样申请的，享有优先于其他申请人申请的权利。换言之，如果申请人在一成员国提出申请，在法定期限内，他在另一成员国提出同样申请，则另一成员国应以第一次申请的日期作为他在该国的申请日。如，A、B两国都是《巴黎公约》的缔约国，甲某发明了一种空气净化设备，于2001年8月10日向A国提出了发明专利申请，后来，他又于2001年10月26日向B国提出了同样的申请，根据优先权原则，甲某向B国提出申请的日期应为2001年8月10日。须注意的是，优先权不能无限期享有，而只能在一定期限内享有，依据《巴黎公约》，发明专利和实用新型为12个月，外观设计和商标为6个月。

（二）《保护文学艺术作品伯尔尼公约》（规定了对版权保护的最低要求）

1. 基本原则

（1）国民待遇原则

适用对象：①"作者国籍标准"：公约成员国国民和在成员国有惯常居所的非成员国国民，其作品无论是否出版，均应在一切成员国中享有国民待遇；②"作品国籍标准"：非公约成员国国民，其作品只要是在任何一个成员国出版，或者在一个成员国和非成员国同时出版（30天之内），也应在一切成员国中享有国民待遇。

例2：甲国为《保护文学艺术作品伯尔尼公约》的成员国，乙国为非成员国。现有如下作品：（1）甲国公民在甲国和乙国同时出版的文学作品；（2）乙国公民在甲国出版的文学作品；（3）在甲国有住所的乙国公民的文学作品；（4）乙国公民在乙国发表的文学作品。依该公约的规定，上述哪些作品可以享有国民待遇？

前三类作品可以享有国民待遇。第1、3种符合"作者国籍标准"，第2种符合"作品国籍标准"。

（2）自动保护原则

享有和行使成员国法律和公约规定的权利，不需要履行任何手续，也不论作品在来源国是否受到保护。

（3）独立保护原则

享有和行使文学艺术作品的权利，不依赖于在来源国受到的保护。

根据该原则：①在保护水平上，不能因为作品来源国保护水平低，其他成员国就降低对有关作品的保护水平；②在手续上，如一成员国的版权法要求其国民的作品要履行一定手续才能获得保护，当作者在其他成员国要求版权保护时，其他成员国不能因作者本国要求履行手续而专门要求其也履行手续；③在是否构成侵权上，来源国以某种方式利用作品不构成侵权，但在另一成员国以相同方式利用却构成侵权，则后一国不能因在来源国不视为侵权而拒绝受理有关侵权诉讼。

【真题示例】

甲国人迈克在甲国出版著作《希望之路》后 25 天内，又在乙国出版了该作品，乙国是《保护文学和艺术作品伯尔尼公约》缔约国，甲国不是。依该公约，下列哪一选项是正确的？(2017 - 44，单选)①

A. 因《希望之路》首先在非缔约国出版，不能在缔约国享受国民待遇

B. 迈克在甲国出版《希望之路》后 25 天内在乙国出版，仍然具有缔约国的作品国籍

C. 乙国依国民待遇为该作品提供的保护需要迈克履行相应的手续

D. 乙国对该作品的保护有赖于其在甲国是否受保护

2. 有关版权保护最低要求的规定

（1）保护的客体

①成员国必须保护的客体：文学艺术作品、演绎作品、实用艺术作品和工业品外观设计；

②成员国可以选择保护的客体：官方文件、演讲或其他同类性质的作品以及民间文学艺术作品；

③不得保护的客体：日常新闻或纯属报刊消息性质的社会新闻。

（2）保护的权利内容

①经济权利：复制权、翻译权、公演权、广播权、公开朗诵权、改编权、电影权和录制权；

②精神权利：署名权、保护作品完整权。

（3）权利的限制

①合理使用。包括：在某些特殊情况下复制文学和艺术作品，合理地引用作品，为教育目的利用作品，报刊、广播转载或转播其他报刊、广播上的时事性文章，以及报道时事时使用作品。

②法定许可（只适用于对广播权和录制权的限制）。公约允许成员国立法以法定许可取代版权人享有的广播专有权和录制专有权，但不得因此损害作者的精神权利和获得合理报酬的权利。

（三）《与贸易有关的知识产权协议》（TRIPs 协议）

1. 基本原则

（1）国民待遇原则

原则：在知识产权的保护方面，一成员对其他成员国民给予的待遇，不得低于给予本国国民的待遇。

例外：成员国在特殊场合可以互惠原则取代国民待遇原则。

（2）最惠国待遇原则

TPIPs 协议首次将最惠国待遇原则引入知识产权的国际保护。

原则：在知识产权的保护方面，任何成员对第三国国民所给予的优惠、特权和豁免，应立即和无条件地给予其他成员国国民。

例外：①基于国际司法协助协定而产生的特权或优惠，且这种协定并非专为保护知识产权而签订；②《伯尔尼公约》和《罗马公约》允许的按互惠原则提供的优惠；③TPIPs 协议未加规定的表演者、录音制品制作者和广播组织者的权利；④《世界贸易组织协定》生效之前已

---

① B。本题分别考查了《伯尔尼公约》的国民待遇原则、自动保护原则和独立保护原则。

生效的有关知识产权保护的国际协定中所派生的权利或优惠。

2. 有关知识产权保护最低要求的规定

（1）版权。①在保护客体方面，将计算机程序和有独创性的数据汇编列为版权保护的对象；②在权利内容方面，增加了计算机程序和电影作品的出租权。

（2）商标。①首次为商标下了定义；②扩大了对驰名商标的特殊保护：一是将相对保护改为绝对保护；二是对驰名商标的保护扩大适用于服务标记。

（3）地理标志。①禁止将地理标志作足以使公众对该商品来源误认的使用，禁止利用商标作虚假的地理标志暗示的行为；②协议特别要求各成员采取法律手段，对酒类商品的地理标志进行保护。

（4）工业品外观设计。各成员可自行确定通过工业产权法或版权法来保护工业品外观设计，但其保护期至少为 10 年。

（5）专利。两种情形不能获得专利：①疾病的诊断、治疗和外科手术方法；②动植物新品种。

（6）集成电路布图设计。与《关于集成电路的知识产权条约》相比，TPIPs 协议提高了保护水平：①扩大了权利保护范围，其保护对象不仅包括布图设计和含有受保护布图设计的集成电路，而且包括含有受保护集成电路的物品；②延长了保护期限，将保护期由 8 年延长为 10 年，并允许成员将布图设计的保护期限规定为自创作完成之日起 15 年；③对善意侵权作出了补充规定。

（7）未披露信息。未披露信息要得到保护必须符合三个条件：①信息是秘密的；②信息因为秘密而具有商业价值；③合法控制信息的人已采取了合理的保护措施。

3. 知识产权保护的实施

（1）一般义务。成员国应在国内法中规定知识产权保护的实施程序，实施程序应公平合理。

（2）民事和行政程序及救济。①各成员应向权利持有人提供关于执行知识产权的民事司法程序；②一旦发生侵权，司法机关应有权责令侵权人停止侵权，并向权利持有人支付损害赔偿；③对于侵权的商品，司法机关有权对其进行处理，禁止其进入商业渠道或命令将其予以销毁。

（3）临时措施。各成员的司法机关有权在侵权行为发生之初采取临时措施，以制止侵权行为继续进行或防止有关证据被销毁。

（4）边境措施。①权利持有人如有证据怀疑假冒商标的商品或盗版商品有可能进口，可以书面形式向进口国主管行政或司法机关提出，由海关中止放行被怀疑侵权的商品；②主管当局有权要求申请人提供保证金或类似担保，以防止权利人滥用权利。

（5）刑事程序。①对于具有商业规模的蓄意假冒商标或盗版案件，成员应规定相应的刑事程序和处罚；②处罚措施包括：监禁、罚款、扣押、没收、销毁等。

【真题示例】

香槟是法国地名，中国某企业为了推广其葡萄酒产品，拟为该产品注册"香槟"商标。

依《与贸易有关的知识产权协议》，下列哪些选项是正确的？（2015-81，多选）①

    A. 只要该企业有关"香槟"的商标注册申请在先，商标局就可以为其注册

    B. 如该注册足以使公众对该产品的来源误认，则应拒绝注册

    C. 如该企业是在利用香槟这一地理标志进行暗示，则应拒绝注册

    D. 如允许来自法国香槟的酒产品注册"香槟"的商标，而不允许中国企业注册该商标，则违反了国民待遇原则

二、中国对知识产权保护的边境措施

2004 年《知识产权海关保护条例》（2010 年修改）主要内容

（1）总则	国家禁止侵犯知识产权的货物进出口。 海关依照有关法律和本条例的规定实施知识产权保护，行使《中华人民共和国海关法》规定的有关权力。
（2）权利人备案制度	①知识产权权利人可以依照本条例的规定，将其知识产权向海关总署申请备案；申请备案的，应当提交申请书。 ②海关总署应当自收到全部申请文件之日起 30 个工作日内作出是否准予备案的决定，并书面通知申请人；不予备案的，应当说明理由。 有下列情形之一的，海关总署不予备案： （一）申请文件不齐全或者无效的； （二）申请人不是知识产权权利人的； （三）知识产权不再受法律、行政法规保护的。
（3）收发货人的知识产权申报义务	进口货物的收货人或者其代理人、出口货物的发货人或者其代理人应当按照国家规定，向海关如实申报与进出口货物有关的知识产权状况，并提交有关证明文件。
（4）权利人申请扣货	①知识产权权利人发现侵权嫌疑货物即将进出口的，可以向货物进出境地海关提出扣留侵权嫌疑货物的申请，提交申请书及相关证明文件，并提供足以证明侵权事实明显存在的证据。 ②知识产权权利人请求海关扣留侵权嫌疑货物的，应当向海关提供不超过货物等值的担保，用于赔偿可能因申请不当给收货人、发货人造成的损失，以及支付货物由海关扣留后的仓储、保管和处置等费用；知识产权权利人直接向仓储商支付仓储、保管费用的，从担保中扣除。 ③海关发现进出口货物有侵犯备案知识产权嫌疑的，应当立即书面通知知识产权权利人。海关发现进出口货物有侵犯备案知识产权嫌疑并通知知识产权权利人后，知识产权权利人请求海关扣留侵权嫌疑货物的，海关应当自扣留之日起 30 个工作日内对被扣留的侵权嫌疑货物是否侵犯知识产权进行调查、认定；不能认定的，应当立即书面通知知识产权权利人。

---

    ① BC。根据《与贸易有关的知识产权协议》，禁止将地理标志作足以使公众对该商品来源误认的使用，禁止利用商标作虚假的地理标志暗示的行为，B、C 正确，A 项错误。"香槟"是法国地名，因此如允许来自法国香槟的酒产品注册"香槟"的商标，并不会构成对地理标志权的侵害，但如果允许中国企业注册该商标，就可能导致消费者误认，这与国民待遇无关，D 项错误。

续表

（5）收发货人的救济	①查看权：经海关同意，知识产权权利人和收货人或者发货人可以查看有关货物。 ②异议举证权：收货人或者发货人认为其货物未侵犯知识产权权利人的知识产权的，应当向海关提出书面说明并附送相关证据。 ③放行请求权：涉嫌侵犯专利权货物的收货人或者发货人认为其进出口货物未侵犯专利权的，可以在向海关提供货物等值的担保金后，请求海关放行其货物。知识产权权利人未能在合理期限内向人民法院起诉的，海关应当退还担保金。
（6）海关放行货物	有下列情形之一的，海关应当放行被扣留的侵权嫌疑货物： （一）海关依照本条例第十五条的规定扣留侵权嫌疑货物，自扣留之日起20个工作日内未收到人民法院协助执行通知的； （二）海关依照本条例第十六条的规定扣留侵权嫌疑货物，自扣留之日起50个工作日内未收到人民法院协助执行通知，并且经调查不能认定被扣留的侵权嫌疑货物侵犯知识产权的； （三）涉嫌侵犯专利权货物的收货人或者发货人在向海关提供与货物等值的担保金后，请求海关放行其货物的； （四）海关认为收货人或者发货人有充分的证据证明其货物未侵犯知识产权权利人的知识产权的； （五）在海关认定被扣留的侵权嫌疑货物为侵权货物之前，知识产权权利人撤回扣留侵权嫌疑货物的申请的。
（7）侵权货物的处理	①没收：被扣留的侵权嫌疑货物，经海关调查后认定侵犯知识产权的，由海关予以没收。 ②用于公用事业：被没收的侵犯知识产权货物可以用于社会公益事业的，海关应当转交给有关公益机构用于社会公益事业。 ③有偿转让权利人：知识产权权利人有收购意愿的，海关可以有偿转让给知识产权权利人。 ④拍卖或销毁：被没收的侵犯知识产权货物无法用于社会公益事业且知识产权权利人无收购意愿的，海关可以在消除侵权特征后依法拍卖，但对进口假冒商标货物，除特殊情况外，不能仅清除货物上的商标标识即允许其进入商业渠道；侵权特征无法消除的，海关应当予以销毁。

三、国际知识产权许可协议

国际知识产权许可协议，指知识产权出让方将其知识产权的使用权在一定条件下跨越国境让渡给知识产权受让方，由受让方支付使用费的合同。协议中提供知识产权的一方为"许可方"，接受知识产权的一方为"被许可方"。

依许可权利的大小不同，国际知识产权许可协议分为以下三种：

（1）独占许可协议，指在协议约定的时间及地域内，许可方授予被许可方技术的独占使用权，许可方不能在该时间及地域范围内再使用该项出让的技术，也不能将该技术使用权另行转让给第三方。

（2）排他许可协议，是指在协议约定的时间及地域内，被许可方拥有受让技术的使用权，许可方仍保留在该时间和地域内对该项技术的使用权，但不能将该项技术使用权另行转让给第三方。

（3）普通许可协议，是指在协议规定的时间及地域内，被许可方拥有受让技术的使用权，许可方仍保留在该时间和地域内对该项技术的使用权，且能将该项技术使用权另行转让给第三方，即被许可方、许可方和第三方都可使用该项技术。

按照被许可方所获权利大小和支付费用高低排序：独占许可 > 排他许可 > 普通许可。

【真题示例】

中国甲公司与德国乙公司签订了一项新技术许可协议，规定在约定期间内，甲公司在亚太区独占使用乙公司的该项新技术。依相关规则，下列哪一选项是正确的？（2016－43，单选）①

A. 在约定期间内，乙公司在亚太区不能再使用该项新技术

B. 乙公司在全球均不能再使用该项新技术

C. 乙公司不能再将该项新技术允许另一家公司在德国使用

D. 乙公司在德国也不能再使用该项新技术

第二节 国际投资法

【知识点】

一、多边投资担保机构（MIGA）

多边投资担保机构根据《多边投资担保机构公约》建立，承保成员国私人投资者在向发展中国家成员投资时可能遭遇的政治风险。

（一）承保险别

1. 货币汇兑险：承保由于东道国采取的任何措施，限制将货币兑换成可自由使用的货币或汇出东道国的风险。导致货币汇兑风险的行为可以是东道国政府采取的积极行为，也可以表现为消极地限制货币兑换或汇出，如东道国政府对投资者的兑换申请长期拖延（见2014年试卷一第99题）。同时，货币贬值不属于货币汇兑险的范畴。

2. 征收和类似措施险：承保由于东道国政府采取的任何立法或措施，剥夺了投资者对其投资的所有权或控制权，或剥夺了其投资中产生的大量收益的风险。但东道国为了管辖境内的经济活动而采取的普遍适用的措施，如东道国制定新的税法导致企业所得税的增加，不应被视为征收措施。

3. 政府违约险：承保因东道国政府违反其与投资者签订的合同，且投资者无法求助于司法或仲裁部门作出裁决，或司法或仲裁部门未能在合理期限内作出裁决，或者有这样的裁决而不能实施。注意：这里的"约"，指东道国政府与外国投资者签订的契约，即合同，并非条约。

4. 战争与内乱险：承保因影响投资项目的战争或内乱而导致的风险。（1）对于战争，这里的战争并不以东道国为一方或发生在东道国领土内为前提，如果战争发生在东道国的邻国，但影响到投资项目的正常营运或造成某些破坏，投资人仍可从多边投资担保机构获得赔偿（见2009年试卷一第100题）。（2）对于内乱，这里的"内乱"须具有政治目的，通常指直接针对

---

① A。本题涉及独占许可，协议约定的区域为亚太地区，许可方乙公司仅在该区域内不得再使用该项技术，也不能将该技术使用权另行转让给第三方，但并不妨碍乙公司在其他地区使用该项技术或转让给另一家公司在其他地区使用，A项正确。

政府的、为推翻政府或将该政府驱逐出特定地区的有组织的暴力活动，包括革命、暴乱、政变等，但单纯的为促进工人、学生或其他特别群体利益所采取的行动，以及具体针对投保人的恐怖主义行为、绑架或类似行为，不能视为内乱。

5. 其他非商业风险：应投资者与东道国联合申请，并经 MIGA 董事会特别多数票通过，承保范围还可扩大到上述险别以外的其他非商业风险。

【真题示例】

甲国 T 公司与乙国政府签约在乙国建设自来水厂，并向多边投资担保机构投保。依相关规则，下列哪一选项是正确的？（2016 - 44，单选）①

A. 乙国货币大幅贬值造成 T 公司损失，属货币汇兑险的范畴

B. 工人罢工影响了自来水厂的正常营运，属战争内乱险的范畴

C. 乙国新所得税法致 T 公司所得税增加，属征收和类似措施险的范畴

D. 乙国政府不履行与 T 公司签订的合同，乙国法院又拒绝受理相关诉讼，属政府违约险的范畴

（二）合格投资者

对于前来投保的跨国投资者，公约要求必须具备以下条件：（1）具备东道国以外的会员国国籍的自然人；（2）在东道国以外某一会员国注册并设有主要营业点的法人；（3）其多数股本为东道国以外一个或几个会员国所有或其国民所有的法人；（4）根据投资者和东道国的联合申请，经 MIGA 董事会特别多数票通过，合格投资者也可以是东道国的自然人、在东道国注册的法人以及多数资本为东道国国民所有的法人。

（三）合格投资

合格投资须满足以下条件：（1）在投资性质上，必须能对东道国经济发展作出贡献，必须与东道国的发展目标和重点相一致；（2）在投资类型上，包括股权投资（如，投资者拥有合资企业的股份）、非股权投资（指通过各种合同安排的投资，如，产品分成合同、技术许可协议等），经董事会特别多数同意，可将担保投资的范围扩大到其他任何形式的中长期贷款；（3）在投资时间上，必须是新的投资，即投保人提出保险申请注册之后才开始执行的投资。

（四）合格东道国

东道国必须满足以下条件：（1）必须是发展中国家；（2）该国同意 MIGA 承保特定风险；（3）投资在该国可以得到公平平等待遇和法律保护。

例3：多边投资担保机构现就一份担保合同请求甲国（发展中国家）政府的批准。投保人为乙国一家公司，投保投资为该公司在甲国某地设立的一家合营企业中的投资，投保金额为1000 万美元，投保险别为货币汇兑险和征收险。甲国当局审查后认为，该合营企业合同在审批程序、贷款担保、外汇平衡等方面不符合本国法律的规定，因而对上述担保请求未予批准。根据《多边投资担保机构公约》，该项担保是否具备多边投资担保机构承保的条件？

《多边投资担保机构公约》第15条明确规定，在东道国同意就指定的风险予以担保之前，多边投资担保机构不得缔结任何担保合同。本例中，由于该项担保申请未获得甲国政府的同意，因而该项担保不具备多边投资担保机构承保的条件。

---

① D。货币贬值不属于货币汇兑险的范畴，A 项错误。"内乱"须具有政治目的，单纯的工人罢工不能视为内乱，B 项错误。东道国为了管辖境内的经济活动而采取的普遍适用的措施，如本题中乙国制定新的税法导致企业所得税的增加，不应被视为征收措施，C 项错误。政府违约险，承保因东道国政府违反其与投资者签订的合同，且投资者无法求助于司法或仲裁部门作出裁决，或司法或仲裁部门未能在合理期限内作出裁决，或者有这样的裁决而不能实施，D 项正确。

（五）代位求偿

MIGA 在支付或同意支付保险金后，有权代位向东道国或其他债务人索赔。

【真题示例】

甲国公司在乙国投资建成地热公司，并向多边投资担保机构投了保。1993 年，乙国因外汇大量外流采取了一系列的措施，使地热公司虽取得了收入汇出批准书，但仍无法进行货币汇兑并汇出，甲公司认为已发生了禁兑风险，并向投资担保机构要求赔偿。根据相关规则，下列选项正确的是：(2014 - 99，不定项)①

A. 乙国中央银行已批准了货币汇兑，不能认为发生了禁兑风险

B. 消极限制货币汇兑也属于货币汇兑险的范畴

C. 乙国应为发展中国家

D. 担保机构一经向甲公司赔付，即代位取得向东道国的索赔权

二、解决投资争端国际中心（ICSID）

解决投资争端国际中心根据《解决国家和他国国民间投资争端公约》建立，受理缔约国与其他缔约国国民之间的投资争端。

（一）中心的管辖权

1. 管辖条件

（1）主体条件：一方必须是缔约国政府（东道国）或其公共机构，另一方是另一缔约国国民（外国投资者）；如果双方同意，也受理东道国和受外国投资者控制的东道国法人之间的争端。

（2）主观条件：双方必须以书面形式同意由 ICSID 管辖；一经同意，任何一方不得单方面撤销其同意。

（3）争端性质：必须是直接因投资而引起的法律争端。

2. 管辖权的特点

（1）专属性：一旦当事方同意中心仲裁，有关争端不再属于争端一方缔约国国内管辖，而属于中心管辖（双方可以无需用尽当地救济即将争端提交中心仲裁，除非缔约国在提交仲裁前，要求将用尽当地救济作为交付中心仲裁的一个条件）；

（2）排他性：中心的管辖排斥投资者本国的外交保护。

例4：甲乙两国均为《解决国家和他国国民间投资争端公约》的缔约国。甲国与乙国大卫公司通过书面约定一致同意，双方之间因直接投资而产生的争端，应直接提交解决投资争端国际中心仲裁。现中心已受理双方之间的争端，在中心仲裁期间，乙国是否可以对大卫公司行使外交保护？

不可以。根据公约，中心的管辖排斥投资者本国的外交保护。已由中心受理的争端，投资者本国不得行使外交保护。

（二）中心的仲裁程序

1. 仲裁申请：当事方应当向中心秘书长提出书面仲裁申请。

2. 适用法律：（1）双方协议选择的法律；（2）如双方未进行选择，适用作为争端方的缔

---

① BCD。导致货币汇兑风险的行为，可以是东道国的积极限制行为，也可以表现为东道国的消极拖延行为，A项错误，B项正确。只有向发展中国家成员领土内的投资，机构才予以担保，C项正确。多边投资担保机构一经向投保人支付或同意支付赔偿，即代位取得投保人对东道国或其他债务人的索赔权，D项正确。

约国的法律（包括冲突规范），以及可适用的国际法；（3）在双方同意条件下，可适用公平与善意原则。

3. 仲裁裁决：（1）仲裁裁决应说明裁决所依据的理由，未经当事方同意，裁决不得对外公布；（2）对中心作出的裁决，当事方只能向中心秘书长提出撤销请求。

4. 裁决的承认与执行：（1）各成员国有义务承认并按本国终局裁决的标准执行裁决；（2）裁决具有终局性，不得进行上诉或采取任何其他除公约规定外的补救方法；（3）成员国不得对裁决进行程序性或实质性审查；（4）如果作为争端当事国的缔约国政府不执行中心的裁决，则投资者本国政府可以恢复其行使外交保护或提起国际要求的权利。

【深度解析】解决投资争端国际中心是否受理所有类型的投资争端？

从投资争端的主体划分，国际投资争端分为三类：（1）不同国家投资者之间的争端；（2）东道国政府与外国投资者之间的争端；（3）东道国与投资者本国因保护投资所发生的争端。其中，解决投资争端国际中心只受理第二类争端，即东道国政府与外国投资者之间的投资争端。

【真题示例】

甲、乙均为《解决国家和他国公民间投资争端公约》缔约国。甲国 A 公司拟将与乙的争端提交根据该公约成立的解决国际投资争端中心。对此，下列哪一选项是不正确的？（2012 - 43，单选）①

A. 该中心可根据 A 公司的单方申请对该争端行使管辖权

B. 该中心对该争端行使管辖权，须以 A 公司和乙书面同意为条件

C. 如乙没有特别规定，该中心对争端享有管辖权不以用尽当地救济为条件

D. 该中心对该争端行使管辖权后，可依争端双方同意的法律规则作出裁决

三、《外商投资法》及其司法解释

（一）《外商投资法》

2019 年 3 月 15 日，十三届全国人大二次会议表决通过了《中华人民共和国外商投资法》。该法共分 6 章，包括总则、投资促进、投资保护、投资管理、法律责任、附则，共 42 条。《外商投资法》自 2020 年 1 月 1 日起施行，原《中外合资经营企业法》《外资企业法》《中外合作经营企业法》同时废止。其主要内容如下：

1. "外商投资"	本法所称外商投资，是指外国的自然人、企业或者其他组织（以下称外国投资者）直接或者间接在中国境内进行的投资活动，包括下列情形： （一）外国投资者单独或者与其他投资者共同在中国境内设立外商投资企业；（设立企业） （二）外国投资者取得中国境内企业的股份、股权、财产份额或者其他类似权益；（取得股份） （三）外国投资者单独或者与其他投资者共同在中国境内投资新建项目；（新建项目） （四）法律、行政法规或者国务院规定的其他方式的投资。 （第 2 条）

---

① A。只有获得双方的书面同意，中心才可对争端进行管辖，A 项错误，B 项正确。中心的管辖不以用尽当地救济为条件，除非缔约国要求将用尽当地救济作为交付中心仲裁的条件，C 项正确。中心应依双方同意的法律规则对争端作出裁决，如果双方没有达成协议，则应适用作为争端一方的缔约国的国内法（包括其冲突法规范）以及可适用的国际法，D 项正确。

续表

2. 投资促进	（1）提高外商投资政策的透明度	制定与外商投资有关的法律、法规：应征求外商投资企业的意见；与外商投资有关的规范性文件、裁判文书等：应及时公布。（第10条）
	（2）保障外商投资企业平等参与市场竞争	原则：外商投资企业依法平等适用国家支持企业发展的各项政策。（第9条） 外资平等参与三事项 { 标准制定（第15条）政府采购（第16条）公开发行股票、债券（第17条）
	（3）加强外商投资服务	为外商投资企业提供咨询和服务（第11条） 各级政府简化办事程序（第19条）
	（4）鼓励和引导外商投资	设立特殊经济区域，促进外商投资（第13条） 鼓励和引导外国投资者在特定行业、领域、地区投资（第14条） 县级以上地方政府可在法定权限内制定外商投资促进和便利化政策措施（第18条）
3. 投资保护	（1）加强对外商投资企业的产权保护	不征收保证（第20条） 货币汇入、汇出保证（第21条） 知识产权保护：国家鼓励在外商投资过程中基于自愿原则和商业规则开展技术合作，行政机关及其工作人员不得利用行政手段强制转让技术（第22条）
	（2）强化对制定涉及外商投资规范性文件的约束	各级政府制定涉及外商投资的规范性文件，应当符合法律法规的规定；没有法律、行政法规依据的，"三不得"：{ 减损外商投资企业的合法权益或者增加其义务，设置市场准入和退出条件，干预外商投资企业的正常生产经营活动。
	（3）促使地方政府守约践诺	地方各级政府应当履行向外国投资者、外商投资企业依法作出的政策承诺以及依法订立的各类合同；改变政策承诺、合同约定的，应予以补偿。（第25条）
	（4）建立外商投资企业投诉工作机制	①外商投资企业或者其投资者认为行政机关及其工作人员的行政行为侵犯其合法权益的，可以： 通过外商投资企业投诉工作机制申请协调解决 申请行政复议 提起行政诉讼（第26条） ②外商投资企业可以依法成立和自愿参加商会、协会（第27条）

续表

4. 投资管理	(1) 对外商投资实行准入前国民待遇＋负面清单管理制度	准入前国民待遇：在投资准入阶段给予外国投资者及其投资不低于本国投资者及其投资的待遇； 负面清单：国家规定在特定领域对外商投资实施的准入特别管理措施；国家对负面清单之外的外商投资，给予国民待遇。 负面清单由国务院发布或者批准发布。（第4条）
		负面清单管理： ⎧ 负面清单规定禁止投资的领域：不得投资 ⎨ 负面清单规定限制投资的领域：投资应符合负面清单规定的条件 ⎩ 负面清单以外的领域：按照内外资一致的原则实施管理 （第28条）
	(2) 明确按照内外资一致的原则对外商投资实施监督管理	①办理投资项目核准、备案（第29条） ②办理许可手续（第30条） ③外商投资企业的组织形式、组织机构及其活动准则：适用《公司法》《合伙企业法》等法律（第31条） ④劳动保护、社会保险、税收、会计、外汇等（第32条） ⑤并购中国境内企业：依照《反垄断法》的规定接受审查（第33条）
	(3) 建立外商投资信息报告制度	国家建立外商投资信息报告制度，外国投资者或者外商投资企业应当通过企业登记系统以及企业信用信息公示系统向商务主管部门报送投资信息。（第34条）
	(4) 对外商投资安全审查制度作了原则规定	国家建立外商投资安全审查制度，对影响或者可能影响国家安全的外商投资进行安全审查。 依法作出的安全审查决定为最终决定。（第35条）

【法条引述】

《中华人民共和国外商投资法》

第一章 总则

第1条 为了进一步扩大对外开放，积极促进外商投资，保护外商投资合法权益，规范外商投资管理，推动形成全面开放新格局，促进社会主义市场经济健康发展，根据宪法，制定本法。

第2条 在中华人民共和国境内（以下简称中国境内）的外商投资，适用本法。

本法所称外商投资，是指外国的自然人、企业或者其他组织（以下称外国投资者）直接或者间接在中国境内进行的投资活动，包括下列情形：

（一）外国投资者单独或者与其他投资者共同在中国境内设立外商投资企业；

（二）外国投资者取得中国境内企业的股份、股权、财产份额或者其他类似权益；

（三）外国投资者单独或者与其他投资者共同在中国境内投资新建项目；

（四）法律、行政法规或者国务院规定的其他方式的投资。

本法所称外商投资企业，是指全部或者部分由外国投资者投资，依照中国法律在中国境内经登记注册设立的企业。

第3条 国家坚持对外开放的基本国策，鼓励外国投资者依法在中国境内投资。

国家实行高水平投资自由化便利化政策，建立和完善外商投资促进机制，营造稳定、透明、可预期和公平竞争的市场环境。

第4条 国家对外商投资实行准入前国民待遇加负面清单管理制度。

前款所称准入前国民待遇，是指在投资准入阶段给予外国投资者及其投资不低于本国投资者及其投资的待遇；所称负面清单，是指国家规定在特定领域对外商投资实施的准入特别管理措施。国家对负面清单之外的外商投资，给予国民待遇。

负面清单由国务院发布或者批准发布。

中华人民共和国缔结或者参加的国际条约、协定对外国投资者准入待遇有更优惠规定的，可以按照相关规定执行。

第5条 国家依法保护外国投资者在中国境内的投资、收益和其他合法权益。

第6条 在中国境内进行投资活动的外国投资者、外商投资企业，应当遵守中国法律法规，不得危害中国国家安全、损害社会公共利益。

第7条 国务院商务主管部门、投资主管部门按照职责分工，开展外商投资促进、保护和管理工作；国务院其他有关部门在各自职责范围内，负责外商投资促进、保护和管理的相关工作。

县级以上地方人民政府有关部门依照法律法规和本级人民政府确定的职责分工，开展外商投资促进、保护和管理工作。

第8条 外商投资企业职工依法建立工会组织，开展工会活动，维护职工的合法权益。外商投资企业应当为本企业工会提供必要的活动条件。

第二章 投资促进

第9条 外商投资企业依法平等适用国家支持企业发展的各项政策。

第10条 制定与外商投资有关的法律、法规、规章，应当采取适当方式征求外商投资企业的意见和建议。

与外商投资有关的规范性文件、裁判文书等，应当依法及时公布。

第11条 国家建立健全外商投资服务体系，为外国投资者和外商投资企业提供法律法规、政策措施、投资项目信息等方面的咨询和服务。

第12条 国家与其他国家和地区、国际组织建立多边、双边投资促进合作机制，加强投资领域的国际交流与合作。

第13条 国家根据需要，设立特殊经济区域，或者在部分地区实行外商投资试验性政策措施，促进外商投资，扩大对外开放。

第14条 国家根据国民经济和社会发展需要，鼓励和引导外国投资者在特定行业、领域、地区投资。外国投资者、外商投资企业可以依照法律、行政法规或者国务院的规定享受优惠待遇。

第15条 国家保障外商投资企业依法平等参与标准制定工作，强化标准制定的信息公开和社会监督。

国家制定的强制性标准平等适用于外商投资企业。

第16条 国家保障外商投资企业依法通过公平竞争参与政府采购活动。政府采购依法对外商投资企业在中国境内生产的产品、提供的服务平等对待。

第17条 外商投资企业可以依法通过公开发行股票、公司债券等证券和其他方式进行融资。

第18条 县级以上地方人民政府可以根据法律、行政法规、地方性法规的规定，在法定权限内制定外商投资促进和便利化政策措施。

第19条 各级人民政府及其有关部门应当按照便利、高效、透明的原则，简化办事程序，提高办事效率，优化政务服务，进一步提高外商投资服务水平。

有关主管部门应当编制和公布外商投资指引，为外国投资者和外商投资企业提供服务和便利。

第三章　投资保护

第20条 国家对外国投资者的投资不实行征收。

在特殊情况下，国家为了公共利益的需要，可以依照法律规定对外国投资者的投资实行征收或者征用。征收、征用应当依照法定程序进行，并及时给予公平、合理的补偿。

第21条 外国投资者在中国境内的出资、利润、资本收益、资产处置所得、知识产权许可使用费、依法获得的补偿或者赔偿、清算所得等，可以依法以人民币或者外汇自由汇入、汇出。

第22条 国家保护外国投资者和外商投资企业的知识产权，保护知识产权权利人和相关权利人的合法权益；对知识产权侵权行为，严格依法追究法律责任。

国家鼓励在外商投资过程中基于自愿原则和商业规则开展技术合作。技术合作的条件由投资各方遵循公平原则平等协商确定。行政机关及其工作人员不得利用行政手段强制转让技术。

第23条 行政机关及其工作人员对于履行职责过程中知悉的外国投资者、外商投资企业的商业秘密，应当依法予以保密，不得泄露或者非法向他人提供。

第24条 各级人民政府及其有关部门制定涉及外商投资的规范性文件，应当符合法律法规的规定；没有法律、行政法规依据的，不得减损外商投资企业的合法权益或者增加其义务，不得设置市场准入和退出条件，不得干预外商投资企业的正常生产经营活动。

第25条 地方各级人民政府及其有关部门应当履行向外国投资者、外商投资企业依法作出的政策承诺以及依法订立的各类合同。

因国家利益、社会公共利益需要改变政策承诺、合同约定的，应当依照法定权限和程序进行，并依法对外国投资者、外商投资企业因此受到的损失予以补偿。

第26条 国家建立外商投资企业投诉工作机制，及时处理外商投资企业或者其投资者反映的问题，协调完善相关政策措施。

外商投资企业或者其投资者认为行政机关及其工作人员的行政行为侵犯其合法权益的，可以通过外商投资企业投诉工作机制申请协调解决。

外商投资企业或者其投资者认为行政机关及其工作人员的行政行为侵犯其合法权益的，除依照前款规定通过外商投资企业投诉工作机制申请协调解决外，还可以依法申请行政复议、提起行政诉讼。

第27条 外商投资企业可以依法成立和自愿参加商会、协会。商会、协会依照法律法规和章程的规定开展相关活动，维护会员的合法权益。

第四章　投资管理

第28条 外商投资准入负面清单规定禁止投资的领域，外国投资者不得投资。

外商投资准入负面清单规定限制投资的领域，外国投资者进行投资应当符合负面清单规定的条件。

外商投资准入负面清单以外的领域，按照内外资一致的原则实施管理。

第29条 外商投资需要办理投资项目核准、备案的，按照国家有关规定执行。

第30条 外国投资者在依法需要取得许可的行业、领域进行投资的，应当依法办理相关许可手续。

有关主管部门应当按照与内资一致的条件和程序，审核外国投资者的许可申请，法律、行政法规另有规定的除外。

第31条 外商投资企业的组织形式、组织机构及其活动准则，适用《中华人民共和国公司法》《中华人民共和国合伙企业法》等法律的规定。

第32条 外商投资企业开展生产经营活动，应当遵守法律、行政法规有关劳动保护、社会保险的规定，依照法律、行政法规和国家有关规定办理税收、会计、外汇等事宜，并接受相关主管部门依法实施的监督检查。

第33条 外国投资者并购中国境内企业或者以其他方式参与经营者集中的，应当依照《中华人民共和国反垄断法》的规定接受经营者集中审查。

第34条 国家建立外商投资信息报告制度。外国投资者或者外商投资企业应当通过企业登记系统以及企业信用信息公示系统向商务主管部门报送投资信息。

外商投资信息报告的内容和范围按照确有必要的原则确定；通过部门信息共享能够获得的投资信息，不得再行要求报送。

第35条 国家建立外商投资安全审查制度，对影响或者可能影响国家安全的外商投资进行安全审查。

依法作出的安全审查决定为最终决定。

（二）2020年最高院《关于适用〈中华人民共和国外商投资法〉若干问题的解释》

2019年12月，最高人民法院出台《关于适用〈中华人民共和国外商投资法〉若干问题的解释》，于2020年1月1日起施行。该司法解释聚焦投资合同效力的确定问题，主要内容如下：

1. "投资合同"	指外国投资者即外国的自然人、企业或者其他组织因直接或者间接在中国境内进行投资而形成的相关协议，包括设立外商投资企业合同、股份转让合同、股权转让合同、财产份额或者其他类似权益转让合同、新建项目合同等协议。 外国投资者因赠与、财产分割、企业合并、企业分立等方式取得相应权益所产生的合同纠纷，适用本解释。
2. 合同效力的认定	（1）负面清单之外的领域形成的投资合同，应认定为有效。 （2）负面清单规定禁止投资的领域，应认定为无效（法院裁判作出前，因负面清单调整，投资不再属于禁止或者限制投资的领域，认定为有效）。 （3）负面清单规定限制投资的领域，当事人违反限制性准入特别管理措施的，应认定为无效（法院裁判作出前，当事人采取必要措施满足准入特别管理措施的，认定为有效）。

【法条引述】

最高人民法院关于适用《中华人民共和国外商投资法》若干问题的解释

第1条

本解释所称投资合同，是指外国投资者即外国的自然人、企业或者其他组织因直接或者间接在中国境内进行投资而形成的相关协议，包括设立外商投资企业合同、股份转让合同、股权转让合同、财产份额或者其他类似权益转让合同、新建项目合同等协议。

外国投资者因赠与、财产分割、企业合并、企业分立等方式取得相应权益所产生的合同纠纷，适用本解释。

第2条

对外商投资法第四条所指的外商投资准入负面清单之外的领域形成的投资合同，当事人以合同未经有关行政主管部门批准、登记为由主张合同无效或者未生效的，人民法院不予支持。

前款规定的投资合同签订于外商投资法施行前，但人民法院在外商投资法施行时尚未作出生效裁判的，适用前款规定认定合同的效力。

第3条

外国投资者投资外商投资准入负面清单规定禁止投资的领域，当事人主张投资合同无效的，人民法院应予支持。

第4条

外国投资者投资外商投资准入负面清单规定限制投资的领域，当事人以违反限制性准入特别管理措施为由，主张投资合同无效的，人民法院应予支持。

人民法院作出生效裁判前，当事人采取必要措施满足准入特别管理措施的要求，当事人主张前款规定的投资合同有效的，应予支持。

第5条

在生效裁判作出前，因外商投资准入负面清单调整，外国投资者投资不再属于禁止或者限制投资的领域，当事人主张投资合同有效的，人民法院应予支持。

第6条

人民法院审理香港特别行政区、澳门特别行政区投资者、定居在国外的中国公民在内地、台湾地区投资者在大陆投资产生的相关纠纷案件，可以参照适用本解释。

第三节 国际融资法

【知识点】

一、国际贷款协议

（一）国际贷款的种类

1. 政府贷款：指一国政府以其预算内资金向另一国政府以特定协议方式提供的优惠性贷款。该类贷款具有期限长、利率低、程序复杂等特点。

2. 国际金融机构贷款：指国际金融机构作为贷款人向成员国政府、机构或公私企业提供的贷款。该类贷款的贷款人，既包括全球性国际金融机构，也包括区域性国际金融机构。

国际货币基金组织是目前世界上最大的政府间国际金融机构，其发放贷款的对象仅限于成员国政府机构，不对私人企业贷款。

特别提款权（SDR），是国际货币基金组织按各国认缴份额的比例分配给会员国的一种使用资金的特别权利。各会员国可以凭特别提款权向基金组织提用资金，因此特别提款权可与黄金、外汇一起作为国际储备。成员国在基金开设特别提款权账户，作为一种账面资产或记账货币，可用于办理政府间结算，还可以用于偿还基金组织的贷款，但不能用于企业间的支付。

3. 国际商业贷款：又称国际商业银行贷款，指一国的商业银行作为贷款人以贷款协议方式向其他国家的借款人提供的商业贷款。国际商业贷款具有利率较高、数额较大、使用不受限制等特点。

4. 国际银团贷款：又称辛迪加贷款，指数家国际商业银行联合组成银行集团，按统一的贷款条件，向同一借款人提供的数额较大的贷款。

5. 国际项目贷款：又称国际项目融资，指对某一特定的工程项目发放贷款，并以项目建成后的经济收益还本付息。国际项目贷款主要适用于一些大型工程项目。

（二）国际贷款协议的共同性条款

国际贷款协议因种类不同而内容各异，但都具备某些共同性基本条款。

1. 陈述与保证

借款人在该条款中须对贷款人据以决定贷款和签约涉及的借款人的重要法律事实、财务事实及经营事实进行说明和承诺，并保证其真实、准确和完整。

2. 先决条件

只有在先决条件已经得到满足时，贷款人才承担或履行提供贷款的义务。先决条件分为两类：一类是总括先决条件；另一类为每笔贷款发放的先决条件。

3. 约定事项

约定事项条款，指借款人在协议中作出的若干保证或自我限制，其目的在于保障贷款的收回。主要包括：（1）消极担保条款，指借款人在偿还全部贷款之前，不得在自己的资产及收益上，为其他债权人维持或设定任何担保物权。（2）平等位次条款，规定借款人保证无担保的贷款债权人至少应与借款人的其他无担保债权人处于按比例平等的受偿地位。（3）财务约定事项，该条款规定借款人应定期向贷款人报告自身的财务状况和经营状况，并遵守各项财务指标，如保证其负债率不超过一定比率。（4）贷款的用途，国际商业贷款一般不限制用途，但从法律角度应注意贷款不能用于非法目的。如用于非法目的，必然导致贷款协议无效，使其无法强制执行。（5）保持资产条款，该条款的目的是使借款人能保持较强的清偿能力。一般借款人须承诺下列义务：非经贷款人同意，不得出售、转让、出租或以其他方式处置其资产的全部或大部；有义务对其企业资产向保险公司投保；未经贷款人书面同意，借款人不得改变其经营性质和范围；禁止借款人与其他公司、企业合并；禁止借款人过度举债等。

4. 违约事件及救济方法

借款人违约分为实际违约和预期违约两类。

实际违约，指借款人违反贷款协议本身规定的事项。主要包括：（1）借款人到期不支付或不如数支付贷款的本金、利息或有关费用。其救济方式为解除借款协议，宣告贷款加速到期。（2）借款人违反在协议中所作的说明与保证，如其说明与保证与事实不符等。其救济为暂时中止发放贷款，直到说明与事实相符。也可解除借贷协议、加速到期、损害赔偿等。（3）借款人违反约定事项。在这种情况下，贷款人可采取中止或撤销贷款的提供，宣告贷款加速到期，要求损害赔偿，请求法院判决实际履行等救济方法。（4）借款人没有履行借款协议为其规定的其他任何义务。

预期违约，指在贷款协议约定的履行期限到来之前，借款人自身行为或客观事实表明其届时将无法履行或无法完全履行。主要包括：（1）借款人的交叉违约，也称串连违约，即对其他债务有违约行为；（2）借款人丧失清偿能力，如破产、财产被法院扣押或可强制执行等；（3）借款人公司被征用或被国有化；（4）借款人的状况发生重大不利变化，此为概括性的规定，贷款人有合理根据认为有重大不利变化将会导致借款人违约时，即可按违约对待。

二、国际融资担保

（一）信用担保

1. 见索即付担保

见索即付担保，又称见索即付保函，指一旦主债务人违约，贷款人无须先向主债务人追偿，即可无条件要求保证人承担第一付款责任的保证。这里的保证人通常是银行。其具有如下特征：(1) 独立性，担保人的义务独立于基础合同，担保人不能以基础合同对抗受益人；(2) 无条件性，担保人仅凭受益人提出的要求即应付款，而不问付款要求是否有合理依据及所担保的主债务是否履行；(3) 单一性，担保人所承担的义务是付款义务，而不是实际履行本应由申请人（借款人）履行的义务。

2016 年 11 月，最高院发布了《关于审理独立保函纠纷案件若干问题的规定》，该规定于 2016 年 12 月 1 日实施，其主要内容如下：

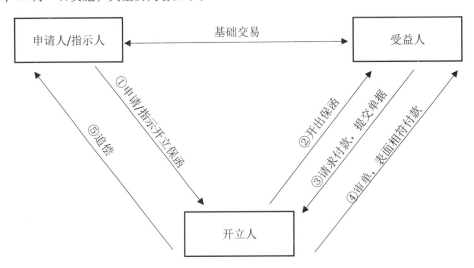

定义及认定	（一）定义	独立保函，是指银行或非银行金融机构作为开立人，以书面形式向受益人出具的，同意在受益人请求付款并提交符合保函要求的单据时，向其支付特定款项或在保函最高金额内付款的承诺（第 1 条）。 单据，是指独立保函载明的受益人应提交的付款请求书、违约声明、第三方签发的文件、法院判决、仲裁裁决、汇票、发票等表明发生付款到期事件的书面文件（第 1 条）。 单据 ⎰ 受益人付款请求书、违约声明——**"见索即付独立保函"** ⎱ 第三方签发的文件（如，商检证书、公证书）、汇票、发票等——**"提交第三方证明独立保函"** ⎱ 法院判决、仲裁裁决——**"提交法院判决或仲裁裁决独立保函"** 类型：未载明可撤销，即为不可撤销（第 4 条）； 　　　未载明可转让，即为不可转让（第 10 条）。

续表

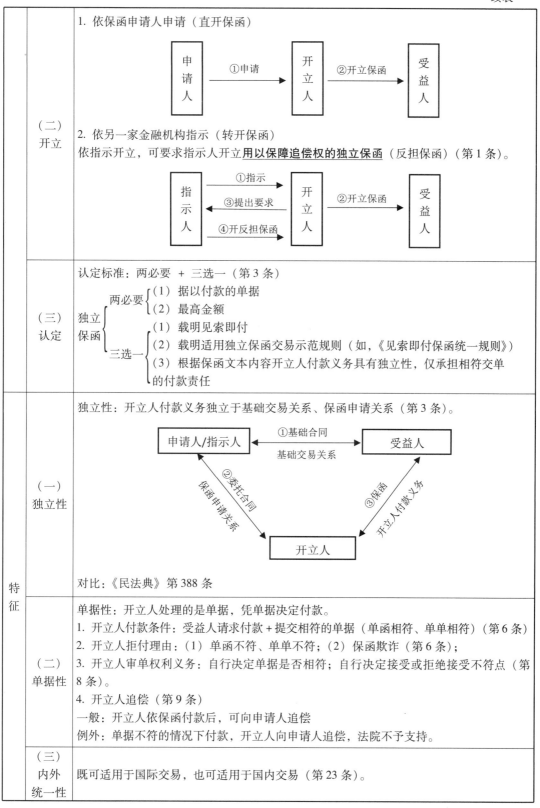

特征	（二）开立	1. 依保函申请人申请（直开保函） 2. 依另一家金融机构指示（转开保函） 依指示开立，可要求指示人开立**用以保障追偿权的独立保函**（反担保函）（第1条）。
	（三）认定	认定标准：两必要 + 三选一（第3条） 独立保函： 　两必要{（1）据以付款的单据　（2）最高金额 　三选一{（1）载明见索即付 　　　　（2）载明适用独立保函交易示范规则（如，《见索即付保函统一规则》） 　　　　（3）根据保函文本内容开立人付款义务具有独立性，仅承担相符交单的付款责任
	（一）独立性	独立性：开立人付款义务独立于基础交易关系、保函申请关系（第3条）。 对比：《民法典》第388条
	（二）单据性	单据性：开立人处理的是单据，凭单据决定付款。 1. 开立人付款条件：受益人请求付款 + 提交相符的单据（单函相符、单单相符）（第6条） 2. 开立人拒付理由：（1）单函不符、单单不符；（2）保函欺诈（第6条）； 3. 开立人审单权利义务：自行决定单据是否相符；自行决定接受或拒绝接受不符点（第8条）。 4. 开立人追偿（第9条） 一般：开立人依保函付款后，可向申请人追偿 例外：单据不符的情况下付款，开立人向申请人追偿，法院不予支持。
	（三）内外统一性	既可适用于国际交易，也可适用于国内交易（第23条）。

保函欺诈及止付	（一）欺诈的表现	具有下列情形之一的，人民法院应当认定构成独立保函欺诈：（第12条） （1）受益人与保函申请人或其他人串通，虚构基础交易的；——无真实交易 （2）受益人提交的第三方单据系伪造或内容虚假的；——单据欺诈 （3）**法院判决或仲裁裁决认定**基础交易债务人没有付款或赔偿责任的； （4）**受益人确认**基础交易债务已得到完全履行或者确认独立保函载明的付款到期事件并未发生；⎫受益人滥用付款请求权 （5）受益人明知其没有付款请求权仍滥用该权利的其他情形。
	（二）保函止付	1. 止付申请（第13条） 申请主体：保函申请人、开立人、指示人 申请时间：诉讼或仲裁前／诉讼或仲裁过程中 2. 止付条件（第14条） 止付条件 ⎰（1）证明欺诈情形的存在具有高度可能性； 　　　　⎱（2）不止付将给止付申请人造成难以弥补的损害； 　　　　 （3）止付申请人提供了充分的担保。 例外：依指示开立的保函下，开立人已善意付款，对保障该开立人追偿权的独立保函（反担保函），人民法院不得裁定止付。——目的：保护善意第三人/维护银行信用 3. 止付程序（第16条）：**48小时**内作出裁定；裁定中止支付立即执行；**30日**内未提起诉讼或仲裁，解除止付。
开立保证金	（一）性质	性质：金钱质权 条件：特户管理 + 移交开立人占有（24条）
	（二）措施	法院可以冻结，但不得扣划（第24条）
管辖和法律适用	（一）管辖	1. 独立保函纠纷（第21条第1款） （1）保函载明的依保函； （2）保函未载明的，由**开立人住所地**或**被告住所地**法院管辖； （3）基础合同争议解决条款，不能适用。 ‖ 2. 独立保函欺诈纠纷（第21条第2款） （1）当事人有协议的依协议； （2）没有协议，由**开立人住所地**或**被告住所地**法院管辖； （3）基础合同争议解决条款、独立保函的争议解决条款，不能适用。
	（二）法律适用	1. 独立保函交易示范规则的适用（第5条）⎰（1）保函载明 　　　　　　　　　　　　　　　⎱（2）开立人和受益人在一审法庭辩论终结前一致援引 2. 独立保函纠纷（第22条第1款）⎰（1）有选择的依选择 　　　　　　　　　　　　　　⎱（2）未选择：开立人经常居所地法/ 　　　　　　　　　　　　　　　　　　　　分支机构开立——分支机构登记地法 3. 独立保函欺诈纠纷（第22条第2款）⎰（1）有选择的依选择 　　　　　　　　　　　　　　　　⎱（2）未选择⎰有共同经常居所地：共同经常居所地法 　　　　　　　　　　　　　　　　　　　　　⎱无共同经常居所地：开立人经常居所地法/ 　　　　　　　　　　　　　　　　　　　　　　　　　　　　　分支机构开立——分支机构登记地法 4. 独立保函止付保全程序——中国法（第22条第3款）

【提示注意】第一，独立保函，本质是银行等金融机构提供的一种担保，但与民法上的保证不同，民法上的保证具有从属性（"担保合同是主合同的从合同，主合同无效，担保合同无效"），独立保函具有独立性，独立于基础交易关系和保函申请关系。

第二，独立保函在很多方面类似于信用证，如：开立人只处理单据，要求单函相符、单单相符才会付款等，也有人将其称为"披着保函外衣的信用证"，故在学习时可对比信用证。

第三，独立保函下，受益人请求付款须提供单据，此处的"单据"应作广义理解，其范围远超信用证下须提交的提单、发票、原产地证明等单据，只要是能表明发生付款到期事件的书面文件，均属于这里的"单据"。

第四，独立保函可依申请人申请开立，也可依另一家金融机构指示开立，此时开出的保函被称为"转开保函"；实践中，中国企业赴外国投资或从事贸易，有些国家的当事人不愿接受中国金融机构开出的保函，还有些国家法律规定，本国人只能接受本国金融机构开出的保函，为解决此类问题，通常由一家中国的金融机构指示一家外国的金融机构向该外国当事人开立保函，此即为"转开保函"。

第五，在转开保函中，外国金融机构依中国金融机构指示向受益人开立保函后，可要求中国金融机构开立用以保障追偿权的独立保函，此类保函实质为一种反担保函。

【真题示例】

中国甲公司在承担中东某建筑工程时涉及一系列分包合同和买卖合同，并使用了载明适用《见索即付保函统一规则》的保函。后涉及保函的争议诉至中国某法院。依相关司法解释，下列哪些选项是正确的？（2017－82，多选）①

A. 保函内容中与《见索即付保函统一规则》不符的部分无效

B. 因该保函记载了某些对应的基础交易，故该保函争议应适用我国《担保法》有关保证的规定

C. 只要受益人提交的单据与独立保函条款、单据与单据之间表面相符，开立人就须独立承担付款义务

D. 单据与独立保函条款之间表面上不完全一致，但并不导致相互之间产生歧义的，仍应认定构成表面相符

2. 备用信用证

担保人（开证行）应借款人的要求，向贷款人开出备用信用证，当贷款人向担保人出示备用信用证和借款人违约证明时，担保人须按该信用证的规定付款的一种书面承诺。具有如下特征：（1）担保人是银行；（2）贷款人出具违约证明时，担保人即向贷款人付款，并不需要对违约的事实进行审查；（3）开证行作为担保人承担第一位付款责任；（4）贷款协议无效时，开证行仍须承担担保责任，即备用信用证独立于贷款协议这一基础合同。

【提示注意】备用信用证不同于商业跟单信用证——前者本质是一种融资担保，适用《国际备用信用证惯例》；后者是一种支付方式，适用《跟单信用证统一惯例》。

---

① CD。《见索即付保函统一规则》仅为交易示范规则，属于国际惯例，具有任意性，当事人在保函中的约定并非必须与该规则相符，A项错误。2016年最高院《关于审理独立保函纠纷案件若干问题的规定》第3条第2款规定："当事人以独立保函记载了对应的基础交易为由，主张该保函性质为一般保证或连带保证的，人民法院不予支持。"B项错误。该司法解释第6条第1款规定："受益人提交的单据与独立保函条款之间、单据与单据之间表面相符，受益人请求开立人依独立保函承担付款责任的，人民法院应予支持。"C项正确。该司法解释第7条第2款规定："单据与独立保函条款之间、单据与单据之间表面上不完全一致，但并不导致相互之间产生歧义的，人民法院应当认定构成表面相符。"D项正确。

3. 担保意愿书（安慰信）

一国政府或母公司根据其下属企业（借款人）的要求，向贷款人出具的表示愿意帮助该借款人偿还贷款的书面文件。担保意愿书一般不具有法律效力，只有道义上的约束力。

（二）物权担保

1. 动产担保：在动产上设置的物权担保。

2. 不动产担保：在不动产上设置的物权担保。

3. 浮动担保：借款人以现有的和将来取得的全部资产，为贷款人设定的担保物权。具有如下特征：（1）担保物的价值和形态处于不确定状态；（2）不转移对担保物的占有，借款人在经营中仍可自由处分其财产；（3）担保物的范围是债务人的全部财产；（4）在约定事件发生时转化为固定担保。

【深度解析】如何区分备用信用证和商业信用证？

	备用信用证	商业信用证
1. 概念	担保人（开证行）应借款人的要求，向贷款人开出备用信用证，当贷款人向担保人出示备用信用证和借款人违约证明时，担保人须按该信用证的规定付款的一种书面承诺。	银行根据买方的请求，开给卖方的一种保证银行在满足信用要求条件下承担付款责任的书面凭证。
2. 性质	银行担保	支付方式
3. 付款条件	贷款人提供单证证明借款人存在违约。	单证相符、单单相符。
4. 开证申请人	借款人	买方
5. 开证行和开证申请人的期望	开证行并不希望按信用证的规定对受益人付款，因为这表明开证申请人和受益人之间的交易出现问题。 开证申请人总是力图否认自己有违约行为，设法让开证行拒绝对受益人付款。	开证行期待并愿意按信用证规定对受益人开出的汇票及单据付款，因为这表明开证申请人和受益人之间的交易在正常地进行。开证申请人也希望开证行对受益人提供的符合信用证要求的单据付款，以便取得单据项下的货物，从而使买卖交易的最终目的得以实现。

【真题示例】

实践中，国际融资担保存在多种不同的形式，如银行保函、备用信用证、浮动担保等，中国法律对其中一些担保形式没有相应的规定。根据国际惯例，关于各类融资担保，下列哪些选项是正确的？（2008－86，多选）①

A. 备用信用证项下的付款义务只有在开证行对借款人的违约事实进行实质审查后才产生

B. 大公司出具的担保意愿书具有很强的法律效力

C. 见索即付保函独立于基础合同

D. 浮动担保中用于担保的财产的价值是变化的

第四节　国际税法

【知识点】

一、国家税收管辖权

（一）居民税收管辖权

指一国政府基于纳税人与本国存在着居民身份关系的事实而行使的征税权力。纳税人在该征税权下负无限纳税义务，即纳税人要对其来源于境内外的一切所得承担纳税义务。

1. 自然人居民身份的认定

主要包括：（1）住所标准；（2）居所标准；（3）居留时间标准；（4）国籍标准。中国法律同时采用住所和居留时间标准。

【提示注意】关于居留时间要求，旧的《个人所得税法》规定为1年，2019年1月1日起施行的新《个人所得税法》改为183天。《个人所得税法》第1条第1款规定："在中国境内有住所，或者无住所而一个纳税年度内在中国境内居住累计满183天的个人，为居民个人。居民个人从中国境内和境外取得的所得，依照本法规定缴纳个人所得税。"

2. 法人居民身份的认定

主要包括：（1）法人登记注册地标准；（2）实际控制与管理中心所在地标准；（3）总机构所在地标准。中国法律同时采用法人注册地和总机构所在地标准。

（二）所得来源地税收管辖权

指征税国对非居民来源于该国的所得享有的征税权力。纳税人在该征税权下负有限纳税义务，即纳税人仅对来自征税国境内的所得承担纳税义务。所得包括：营业所得、劳务所得、投资所得、财产所得。

1. 营业所得

指纳税人在某个固定场所从事经营活动取得的纯收益。各国对非居民营业所得的征税普遍采取"常设机构原则"，即仅对非居民纳税人通过在境内常设机构而获取的工商营业利润实行征税。常设机构包括：管理场所、分支机构、办事处、工厂、车间、作业场所、矿场、油井、采石场等。而陈列、展销、商品库存、为采购货物等而保有的场所，其他具有准备性、辅助性的固定场所则不构成常设机构。

2. 劳务所得

包括个人独立劳务所得和非个人独立劳务所得。

（1）个人独立劳务所得，指个人从事独立性专业活动所取得的收入，如医生、律师、会计师、工程师等从事独立活动取得的所得。确定独立劳务所得来源地的标准包括"固定基地原则"和"183天规则"，即以境内设有从事专业性活动的固定基地（如诊所、事务所等），或者以提供劳务的非居民某一会计年度内在境内连续或累计停留达183天，为征税的前提条件。

（2）非个人独立劳务所得，指非居民受雇于他人的所得，一般由收入来源国一方征税。

3. 投资所得

包括股息、利息、特许权使用费等。对于投资所得，各国一般采用从源预提的方式征税，即征收预提税。

4.财产所得

指非居民转让财产的所得。对于不动产的转让所得，一般由财产所在国征税。对于转让从事国际运输的船舶、飞机的所得，一般由转让者的居住国单独征税。对于动产的转让所得，各国主张的标准不同，通常由双边税收协定具体划分。

二、国际双重征税

(一)国际双重征税的概念和区别

	国际重复征税	国际重叠征税
1.概念	两个或两个以上国家各自依据其税收管辖权，对同一纳税人就同一征税对象，在同一时期课征相同或类似的税收。	两个或两个以上的国家各自依据其税收管辖权，就同一笔所得对公司和股东分别征税，形成对不同纳税人的同一所得征收两次以上税收的行为。
2.两者的区别	(1)纳税主体不同。国际重复征税是对同一纳税人的同一所得重复征税；国际重叠征税是对不同纳税人的同一所得多次征税。 (2)税种不同。国际重复征税适用的税种始终相同；国际重叠征税适用的税种有可能不同。	

例5：甲国人汤姆在甲国有住所，2007年3月离开甲国去乙国从事经营活动，在乙国居住8个月并取得一笔收入。2007年11月汤姆回到甲国后，先后收到甲国和乙国要求其缴纳个人所得税的纳税通知。甲国税法规定，在甲国有住所且离境不满1年的为甲国纳税居民；乙国税法规定，在乙国居住时间超过180天的为乙国纳税居民。甲乙两国均向汤姆主张税收管辖权的现象属于什么？

甲乙两国各自依据其税收管辖权，对汤姆就同一笔所得，在同一时期课征个人所得税，属于国际重复征税。

(二)国际重复征税的解决

1.**通过双边协议划分征税权**：通常规定将某一征税对象的征税权划归一方，从而避免重复征税。

2.**免税法**：居住国对来源于国外的所得免于征税。

(1)全额免税法：居住国在确定纳税人应税所得的适用税率时，完全不考虑应免税的国外所得部分；

(2)累进免税法：居住国对纳税人的国外所得不予实际征收，但在确定应税所得的适用税率时，仍将这部分国外所得考虑在内（多数国家采用）。

3.**抵免法**：允许纳税人用已在来源国缴纳的税款，抵销其应向居住国缴纳的税款。

(1)全额抵免：居住国允许将纳税人在来源国已缴的税款全部用来抵销其在居住国应纳税额；

(2)限额抵免：可以用来抵销的已缴税额，不得超过纳税人的境外所得按照居住国税率算出的应纳税额（多数国家采用）。

4.**扣除法**：允许纳税人将国外已缴税款视为一般费用支出，从本国应纳税总所得中扣除。

例6：乙国公民麦克在甲国和乙国共取得50万元所得。其中，在甲国所得为20万，甲国税率15%；在乙国所得为30万。(1)如果乙国实行5%~40%的累进税率（其中30万适用税率为 10%，50 万适用税率为 20%），按照全额免税法和累进免税法，麦克应向乙国缴纳多少税款？（2）如果乙国实行 10% 的税率，按照抵免法和扣除法，麦克应向乙国缴纳多少税款？

（1）全额免税法：$30 \times 10\% = 3$ 万

累进免税法：$30 \times 20\% = 6$ 万。

（2）抵免法　全额抵免：$(20\ 万 + 30\ 万) \times 10\% - 3\ 万 = 2\ 万$

限额抵免：$(20\ 万 + 30\ 万) \times 10\% - 20\ 万 \times 10\% = 3\ 万$

扣除法：$(20\ 万 + 30\ 万 - 3\ 万) \times 10\% = 4.7\ 万$。

三、国际逃税与避税

（一）国际逃税

指跨国纳税人采取某种违反税法的手段或措施，减少或逃避其跨国纳税义务的行为。国际逃税是一种违法行为。常见的国际逃税方式包括：（1）不向税务机关报送纳税资料；（2）谎报所得额；（3）虚构、多摊成本、费用、折旧等扣除项目；（4）伪造账册和收支凭证。

（二）国际避税

指跨国纳税人利用各国税法上的差异以及其他不违反税法的方式，减少或规避其跨国纳税义务的行为。国际避税只是一种不道德的行为，本身不具有违法性。常见的国际避税方式包括：（1）纳税主体的跨国移动；（2）征税对象的转移：①利用跨国关联企业转移定价；②利用避税港避税。

（三）同申报准则（Common Reporting Standard，CRS）

1. 概念

为了在打击跨境逃避税方面进行有效的国际合作，经合组织（OECD）于 2014 年 7 月发布了《金融账户信息自动交换标准》，其中即包含"共同申报准则（CRS）"。根据 CRS，在实施 CRS 的国家或地区之间，一国或地区应自动将掌握的非居民纳税人的涉税信息向其税收居住地所在国或地区报告。具体而言，先由本国的金融机构完成对非居民纳税人金融账户信息的调查，然后将此类信息报送给本国税务主管部门，最后由本国税务主管部门向非居民纳税人税收居住地所在国或地区税务主管部门报告。

通过实施 CRS，一国税务机关将掌握本国税收居民的境外所得。截至 2018 年 8 月底，已有 149 个国家或地区承诺实施 CRS，中国已于 2017 年 7 月开始实施。

2. 特征

目前，世界上有大约 3000 多个避免双重征税的协定，其中绝大多数都包含情报交换条款。但是，这些情报交换是根据申请进行，并非自动完成，申请时需要提供涉税的证明材料，所以实践中作用非常有限。

与双边税收协定中的情报交换不同，CRS 将是自动的、无需提供理由的信息交换，交换每年进行一次。

3. 中国实施 CRS 的时间表

2017 年 12 月 31 日前，中国境内的金融机构完成对存量个人高净值账户（截至 2016 年底金融账户加总余额超过 600 万元）的尽职调查。2018 年 12 月 31 日前，中国境内的金融机构完成对存量个人低净值账户的尽职调查。2018 年 9 月，中国首次对外交换非居民金融账户涉税信息。

4. 交换的信息内容

（1）资产信息，包括存款账户、托管账户、投资机构的股权或债券权益账户、基金、信托计划、专户/集合类资产管理计划、具有现金价值的保险合同或者年金合同等。

（2）个人信息，包括但不限于个人账户、账户余额、姓名、国籍、出生日期、年龄、性别、居住地等。

5. 信息交换的识别依据

根据账户持有人的税收居住地，而不仅仅依账户持有人的国籍，作为识别依据。即，你应该在某国纳税，你的金融信息就会被发送到那个国家。

例7：中国籍公民张某在澳大利亚定居，属澳大利亚税收居民，其在英国某银行开立一账户，根据CRS，英国应将该信息发送给哪个国家的税务主管部门？

澳大利亚。因为张某虽然国籍为中国，但税收居住地在澳大利亚，应向张某的税收居住地税务主管部门发送其金融信息。

6. 不受CRS影响的情形

并非所有资产信息都要报告，CRS规定了门槛限制和类型限制，以下两种情形无须报告：（1）小额账户，境外税务居民所控制的公司拥有的金融账户在25万美元以下的；（2）不产生现金流的资产，投资海外房产、珠宝、艺术品、贵金属等不属于金融资产的品类（只有产生现金流的资产才须报告，不产生现金流的资产无需报告）。

四、中国对外签订的国际税收协定

（一）对常设机构的限定

一般采取《联合国范本》的规定，以连续存在6个月以上者视为常设机构。

（二）对预提税的征税限定

一般规定预提税的限制税率不超过10%。

（三）对个人劳务所得的征税限定

1. 对独立的个人劳务所得，应仅由居住国行使征税权；但如取得独立劳务所得的个人在来源国设有固定基地，或者在一个纳税年度内在来源国连续或累计停留超过183天者，则应由来源国征税。

2. 对非独立个人劳务所得，一般规定原则上应由来源国行使征税权；但如该人在一个纳税年度内在来源国连续或累计停留不足183天，且该劳务报酬既非来源国的居民所支付，又非雇主设在来源国的常设机构或固定基地所负担，则该非独立个人劳务所得应由其居住国行使征税权，来源国不得征税。

【深度解析】如何理解国际避税的主要方式？

（1）纳税主体的跨国移动。这是自然人常用的避税方式。各国通常以居所或居住时间作为行使居民税收管辖权的依据，而各国税负高低不同，这为纳税人避税提供了可能。如，纳税人可将居所从高税率国向低税率国转移，以低税率国居民身份纳税；再如，有些国家税法规定，在一个纳税年度内在境内居住满12个月即为居民纳税人，某人可通过不断变换居所而缩短停留时间，以逃避在任何国家以居民身份承担无限纳税义务。

（2）征税对象的转移，指将应税所得从高税率国向低税率国转移，从而实现避税。主要包括以下两种：①利用跨国关联企业转移定价。关联企业，指资金、经营、购销等方面彼此存在直接或间接拥有或控制关系的企业和经济组织，包括在上述方面直接或间接同为第三者所拥有或控制的企业，如，母公司与子公司、总公司与分公司等。跨国关联企业之间存在着共同的股权和控制关系，出于关联企业集团整体利益或经营目标的需要，常人为地抬高或压低交易价格或费用标准，从而将关联企业某一实体的利润转移到另一实体。如，母公司所在国税率为

20%，子公司所在国税率为10%，两者进行交易时，母公司将出售给子公司的货物价格故意压低，从而使货物利润转移到子公司账上。②利用避税港避税。避税港，指对所得和财产不征税或征收税率很低的国家或地区，如巴哈马、开曼群岛、巴拿马等。纳税人利用避税港进行避税，主要通过在避税港设立基地公司，将在避税港境外的所得和财产汇集在基地公司账户下，从而达到避税的目的。

【真题示例】

为了完成会计师事务所交办的涉及中国某项目的财务会计报告，永居甲国的甲国人里德来到中国工作半年多，圆满完成报告并获得了相应的报酬。依相关法律规则，下列哪些选项是正确的？(2015 – 82，多选)①

A. 里德是甲国人，中国不能对其征税

B. 因里德在中国停留超过了183天，中国对其可从源征税

C. 如中国已对里德征税，则甲国在任何情况下均不得对里德征税

D. 如里德被甲国认定为纳税居民，则应对甲国承担无限纳税义务

【图表精要】

一、国际知识产权法

1. 《巴黎公约》
   - ①国民待遇——对象：缔约国国民，或在缔约国有住所或营业所的非缔约国国民
   - ②优先权
     - 对象：发明专利、实用新型、外观设计、商标
     - 申请期限
       - 发明专利、实用新型：12个月
       - 外观设计、商标：6个月
   - ③临时性保护：成员国应对在任何一个成员国内举办的展览会上展出的商品中可以取得专利的发明、实用新型、外观设计和可以注册的商标，给予临时保护。
   - ④专利商标保护的独立性：外国人专利申请或商标注册，由各成员国根据本国法律作出决定，不受他国决定影响。

2. 《伯尔尼公约》
   - ①国民待遇原则
     - 作者国籍标准：公约成员国国民和在成员国有惯常居所的非成员国国民；
     - 作品国籍标准：非公约成员国国民，其作品只要是在任何一个成员国出版，或者在一个成员国和非成员国同时出版（30天之内）。
   - ②自动保护原则：享有和行使成员国法律和公约规定的权利，不需要履行任何手续，也不论作品在来源国是否受到保护。
   - ③独立保护原则：享有和行使文学艺术作品的权利，不依赖于在来源国是否受到保护。

---

① BD。里德虽是甲国人，但其所得来源于中国，中国可根据来源地税收管辖权对其所得征税，A项错误。对于独立个人劳务所得，通常由居住国行使征税权，但如取得独立劳务所得的个人在来源国设有固定基地或者连续或累计停留超过183天，则应由来源国征税，B项正确。里德为甲国纳税居民，即使中国已对其征税，甲国仍可根据居民税收管辖权对其征税，C项错误。在居民税收管辖权下，纳税人承担无限纳税义务，D项正确。

3. 《与贸易有关的 知识产权协议》

基本原则：国民待遇、最惠国待遇（首次引入知识产权保护）

权利内容
①版权：A. 对计算机程序和有独创性的数据汇编进行版权保护；
B. 增设电脑程序和电影作品的出租权。
②商标：扩大了对驰名商标的保护（将相对保护改为绝对保护；对驰名商标的保护扩大适用于服务标记）
③专利 例外：A. 疾病的诊断、治疗方法、外科手术方法；
B. 动植物新品种

实施程序：民事、行政、刑事

二、国际投资法

（一）海外投资保险制度：多边投资担保机构（MIGA）

1. 承保险别	（1）货币汇兑险（积极行为／消极拖延）（不包括货币贬值）； （2）征收和类似措施险（不包括东道国的合法管理行为）； （3）政府违约险（"约"：东道国政府与外国投资者签定的契约）； （4）战争与内乱险（"战争"不以是否发生在东道国境内为前提，如果战争发生在东道国邻国，但影响到投资项目的正常营运或造成某些破坏，投资人仍可获得赔偿；"内乱"须具有政治目的）； （5）其他非商业风险（应投资者与东道国联合申请，并经 MIGA 董事会特别多数票通过）。
2. 合格投资者	具备以下条件的自然人和法人，均有资格取得机构的担保： （1）具备东道国以外的会员国国籍的自然人； （2）在东道国以外某一会员国注册并设有主要营业点的法人； （3）其多数股本为东道国以外一个或几个会员国所有或其国民所有的法人； （4）根据投资者和东道国的联合申请，经 MIGA 董事会特别多数票通过，合格投资者也可以是东道国的自然人、在东道国注册的法人以及多数资本为东道国国民所有的法人。
3. 合格投资	合格投资须满足以下条件： （1）在投资性质上，必须能对东道国经济发展作出贡献，必须与东道国的发展目标和重点相一致； （2）在投资类型上，不包括出口信贷； （3）在投资时间上，必须是新的投资，即投保人提出保险申请注册之后才开始执行的投资。
4. 合格东道国	（1）必须是发展中国家； （2）该国同意 MIGA 承保特定风险； （3）投资可以得到公平平等待遇和法律保护。
5. 代位求偿	MIGA 在支付或同意支付保险金后，有权代位向东道国或其他债务人索赔。

（二）国际投资争端解决：解决投资争端国际中心（ICSID）

1. 中心的管辖权	（1）主体条件	①原则：一缔约国政府（东道国）——另一缔约国的国民（外国投资者）； ②例外：东道国政府——受外国投资者控制的东道国法人（条件：双方均同意）。
	（2）主观条件	双方书面同意ICSID管辖。
	（3）争端性质	直接由于投资而引起的法律争端。
2. 管辖权的特点		（1）一旦当事方同意中心仲裁，有关争端不再属于争端一方缔约国国内管辖，而属于中心管辖（即，双方可以不用尽当地救济即将争端提交中心仲裁，除非缔约国在提交仲裁前，要求将用尽当地救济作为交付中心仲裁的一个条件）； （2）中心的管辖排斥投资者本国的外交保护； （3）任何一方不得单方撤销对提交中心仲裁的同意； （4）对中心作出的裁决，只能向中心秘书长提出撤销请求。
3. 法律适用		（1）适用双方协议选择的法律； （2）如双方未进行选择，适用作为争端方的缔约国的法律（包括冲突规范），以及可适用的国际法； （3）在双方同意条件下，可适用公平与善意原则。
4. 裁决的承认与执行		（1）裁决具有终局性，不得进行上诉； （2）各成员国有义务承认裁决，并赋予该裁决等同于国内法院终审判决的效力； （3）如果当事国政府不执行裁决，投资者本国政府可恢复行使外交保护或提起国际要求。

（三）《外商投资法》及其司法解释

1. 《外商投资法》

1."外商投资"	★本法所称外商投资，是指外国的自然人、企业或者其他组织（以下称外国投资者）直接或者间接在中国境内进行的投资活动，包括下列情形： （一）外国投资者单独或者与其他投资者共同在中国境内设立外商投资企业；（<u>设立企业</u>） （二）外国投资者取得中国境内企业的股份、股权、财产份额或者其他类似权益；（<u>取得股份</u>） （三）外国投资者单独或者与其他投资者共同在中国境内投资新建项目；（<u>新建项目</u>） （四）法律、行政法规或者国务院规定的其他方式的投资。 （第2条）

续表

2. 投资促进	（1）提高外商投资政策的透明度	制定与外商投资有关的法律、法规：应征求外商投资企业的意见 与外商投资有关的规范性文件、裁判文书等：应及时公布 （第10条）
	（2）保障外商投资企业平等参与市场竞争	原则：外商投资企业依法**平等适用**国家支持企业发展的各项政策。（第9条） ★外资平等参与三事项 标准制定（第15条） 政府采购（第16条） 公开发行股票、债券（第17条）
	（3）加强外商投资服务	为外商投资企业提供咨询和服务（第11条） 各级政府简化办事程序（第19条）
	（4）鼓励和引导外商投资	设立特殊经济区域，促进外商投资（第13条） 鼓励和引导外国投资者在特定行业、领域、地区投资（第14条） 县级以上地方政府可在法定权限内制定外商投资促进和便利化政策措施（第18条）
3. 投资保护	（1）加强对外商投资企业的产权保护	**不征收保证**（第20条） **货币汇入、汇出保证**（第21条） ★**知识产权保护**：国家鼓励在外商投资过程中基于自愿原则和商业规则开展技术合作，行政机关及其工作人员**不得**利用行政手段强制转让技术（第22条）
	（2）强化对制定涉及外商投资规范性文件的约束	★各级政府制定涉及外商投资的规范性文件，应当符合法律法规的规定；没有法律、行政法规依据的，"三不得"： 减损外商投资企业的合法权益或者增加其义务， 设置市场准入和退出条件， 干预外商投资企业的正常生产经营活动。
	（3）促使地方政府守约践诺	地方各级政府应当履行向外国投资者、外商投资企业依法作出的政策承诺以及依法订立的各类合同；改变政策承诺、合同约定的，应予以补偿。（第25条）
	（4）建立外商投资企业投诉工作机制	①外商投资企业或者其投资者认为行政机关及其工作人员的行政行为侵犯其合法权益的，可以： 通过**外商投资企业投诉工作机制**申请协调解决 申请行政复议 提起行政诉讼（第26条） ②外商投资企业可以依法成立和自愿参加商会、协会（第27条）

续表

4. 投资管理	(1) 对外商投资实行准入前国民待遇+负面清单管理制度	★**准入前国民待遇**：在投资**准入阶段**给予外国投资者及其投资不低于本国投资者及其投资的待遇； ★**负面清单**：国家规定在特定领域对外商投资实施的准入特别管理措施；国家对**负面清单之外**的外商投资，**给予国民待遇**。负面清单由国务院发布或者批准发布。（第4条）
		★**负面清单管理**： 　负面清单规定**禁止投资**的领域：不得投资 　负面清单规定**限制投资**的领域：投资应符合负面清单规定的条件 　**负面清单以外**的领域：按照内外资一致的原则实施管理 （第28条）
	(2) 明确按照内外资一致的原则对外商投资实施监督管理	①办理投资项目核准、备案（第29条） ②办理许可手续（第30条） ③外商投资企业的组织形式、组织机构及其活动准则：适用《公司法》《合伙企业法》等法律（第31条） ④劳动保护、社会保险、税收、会计、外汇等（第32条） ⑤并购中国境内企业：依照《反垄断法》的规定接受审查（第33条）
	(3) 建立外商投资信息报告制度	★国家建立外商投资**信息报告制度**，外国投资者或者外商投资企业应当通过**企业登记系统**以及**企业信用信息公示系统**向商务主管部门报送投资信息。（第34条）
	(4) 对外商投资安全审查制度作了原则规定	国家建立外商投资**安全审查制度**，对影响或者可能影响国家安全的外商投资进行安全审查。 ★依法作出的安全审查决定为**最终决定**。（第35条）

2. 2020年最高院《关于适用〈中华人民共和国外商投资法〉若干问题的解释》

1."投资合同"	指外国投资者即外国的自然人、企业或者其他组织因直接或者间接在中国境内进行投资而形成的相关协议，包括**设立外商投资企业合同、股份转让合同、股权转让合同、财产份额或者其他类似权益转让合同、新建项目合同**等协议。 外国投资者因**赠与、财产分割、企业合并、企业分立等方式取得相应权益所产生的合同纠纷**，适用本解释。
2. 合同效力的认定	(1) **负面清单之外的领域**形成的投资合同，应认定为**有效**。 (2) **负面清单规定禁止投资的领域**，应认定为**无效**（法院裁判作出前，因负面清单调整，投资不再属于禁止或者限制投资的领域，认定为**有效**）。 (3) **负面清单规定限制投资的领域**，当事人违反限制性准入特别管理措施的，应认定为**无效**（法院裁判作出前，当事人采取必要措施满足准入特别管理措施的，认定为**有效**）。

三、国际融资法

2016 年最高院《关于审理独立保函纠纷案件若干问题的规定》（2016 年《独立保函规定》）

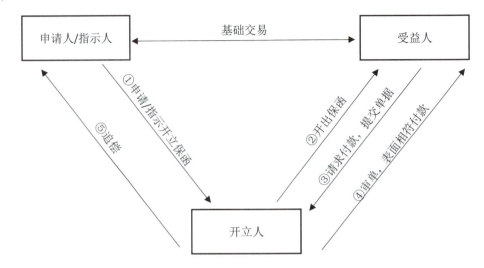

客观题　主观题

内部嘟学班

▶ 录播课 **+** ▶ 直播课

全年保姆式课程安排

| 01 针对在职在校学生设置 | 02 拒绝懒惰没计划效率低 |
| 03 全程规划督学答疑指导 | 04 学习任务按周精确到天 |

你仅需好好学习其他的都交给我们

- ✓ 每日督学管理
- ✓ 个人学习计划
- ✓ 阶段测评模拟
- ✓ 专辅1V1答题
- ✓ 个人学习档案
- ✓ 考点背诵任务
- ✓ 主观题1V1批改

扫码立即
咨询客服

扫码下载
小嘟AI课APP

客观题 主观题

面授密训班

内部密训课程 ✓ 内部核心资料 ✓ 揭示命题套路 ✓

直击采分陷阱 ✓ 传授答题思路 ✓ 强化得分能力 ✓

全封闭
管理

专题式
密训

专辅跟班
指导

阶段模拟
测评

点对点
背诵检查

手把手
案例批改

1V1
督学提醒

扫码立即
咨询客服

扫码下载
小嘟AI课APP